クアトロ・ラガッツィ　上

天正少年使節と世界帝国

若桑みどり

集英社文庫

本書は、二〇〇三年十月に集英社より単行本として刊行されました。
文庫に収めるにあたり、二分冊といたしました。

目次

（下巻目次）

世界を行く天正少年使節
0
500km
太平洋
ヴェネーツィア共和国
ヴィチェンツァ
パードヴァ
マントヴァ
ヴェネーツィア
スペイン領
ミラーノ
ミラーノ
フェッラーラ公国
フェッラーラ
ボローニャ
ジェノヴァ共和国
ジェノヴァ
イモラ
ピサ
リヴォルノ
フィレンツェ
ロレート
シエナ
アッシージ
トスカーナ大公国
ローマ
ローマ教皇領
ナーポリ
ァアルクディア
ルカ島
地
中
海

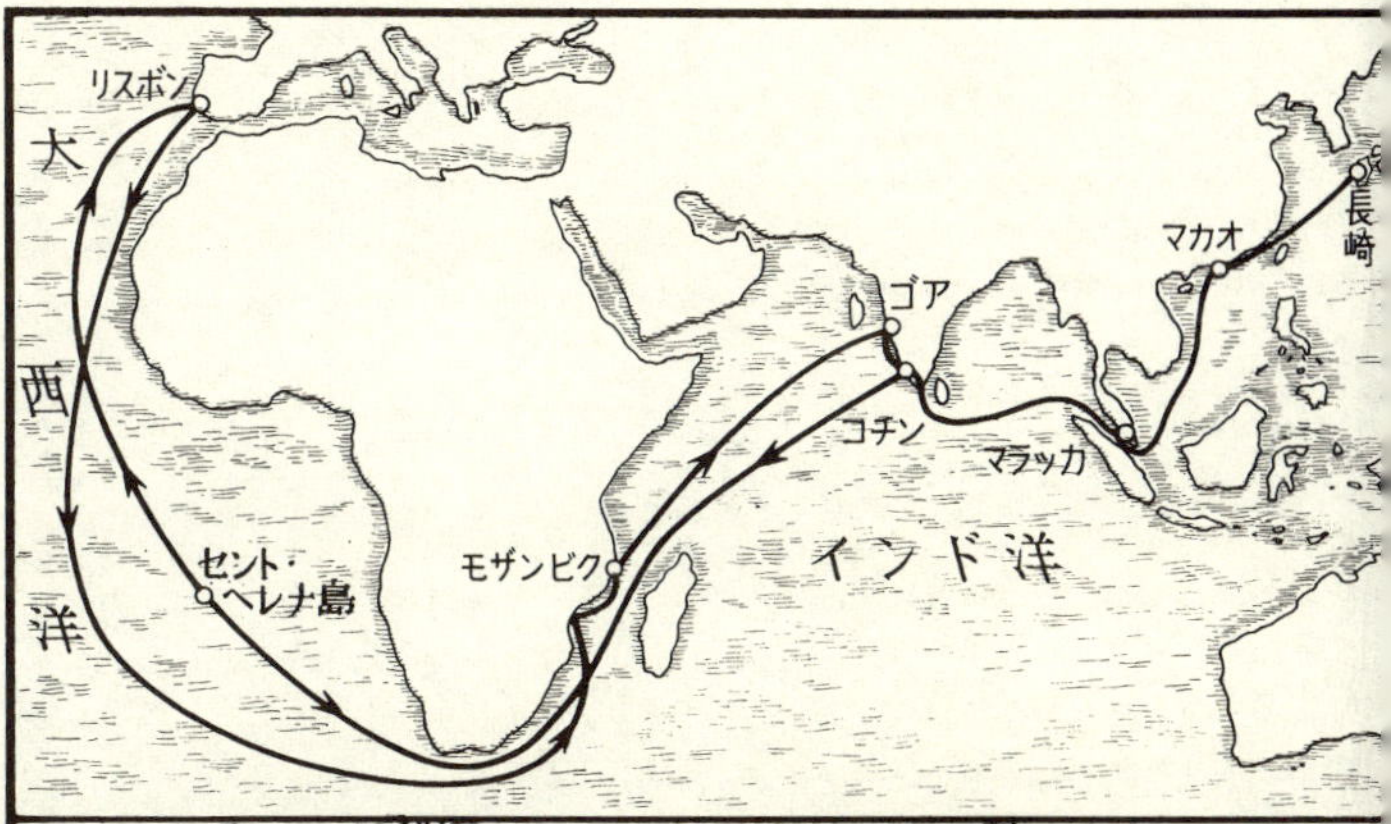
リスボン
大西洋
セント・ヘレナ島
モザンビク
ゴア
コチン
マラッカ
マカオ
長崎
インド洋

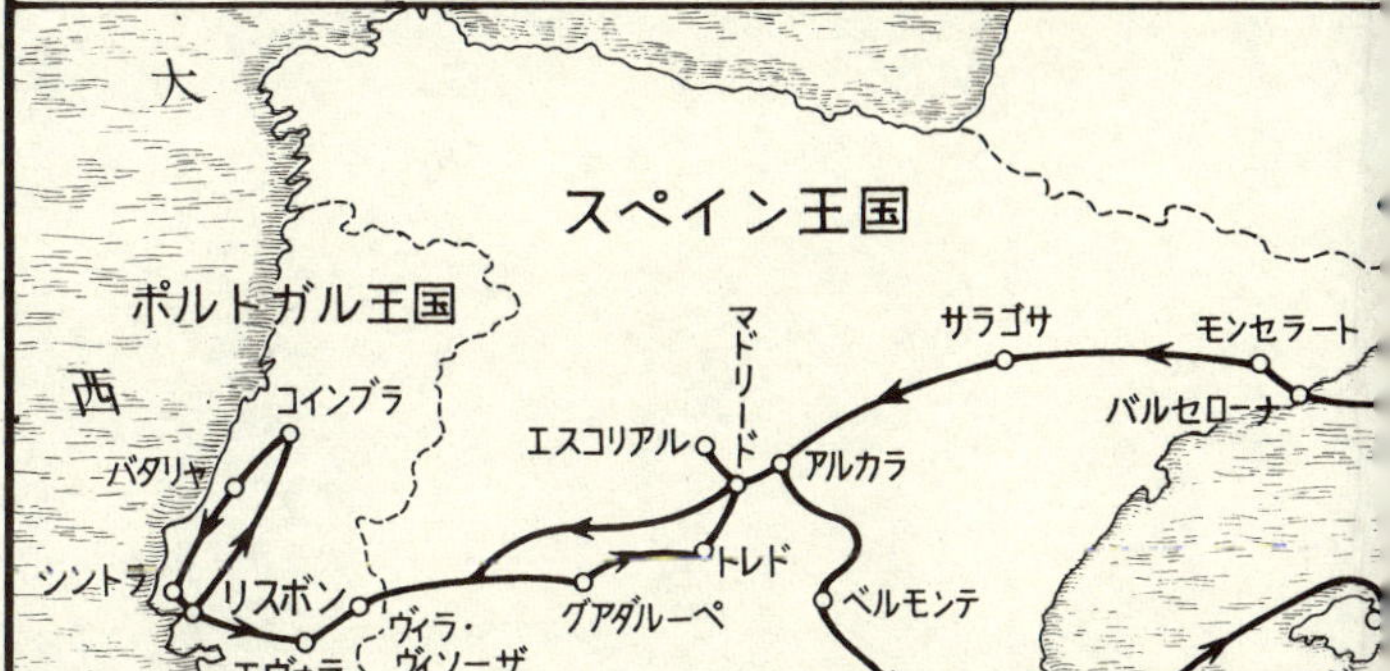
大西洋
スペイン王国
ポルトガル王国
コインブラ
バタリヤ
シントラ
リスボン
エヴォラ
ヴィラ・ヴィソーザ
グアダルーペ
トレド
エスコリアル
マドリード
アルカラ
ベルモンテ
ムルシア
アリカンテ
サラゴサ
モンセラート
バルセローナ
マジョ

クアトロ・ラガッツィ——天正少年使節と世界帝国　上

プロローグ

なぜ今、そしてどうして私が、四百年以上も前の天正少年使節の話などを書くのだろう。

日本では信長がその権力の絶頂で明智光秀に討《う》たれ、秀吉が天下をとって全国統一をなしとげようとしていたころに、九州のキリシタン大名三人がヨーロッパに派遣した四人の少年は正式な使節として遠く海をわたっていた。

彼らは中国、インド、ポルトガルを経て、スペインにわたり、その領土に「太陽は沈まない」と言われた国王フェリペに親しく謁見《えっけん》した。彼らはそこからイタリアにわたり、ルネサンスの最後の栄光をまだ輝かせていたフィレンツェの大公フランチェスコ・デ・メディチの熱烈な接待を受け、芸術史上の大パトロン、ファルネーゼ枢機卿《すうきけい》に迎えられて永遠の都ローマに入り、カトリック世界の帝王であるグレゴリウス十三世と全枢機卿によって公式に応接され、つぎの教皇であり大都市建設者であったシクストゥス五世の即位式で先導を務めたのである。八年後に彼らは日本に帰り、秀吉に親しく接してその成果を報告し、西欧の知識・文物と印刷技術を日本にもたらしたのだった。

つまり彼らは、十六世紀の世界地図をまたぎ、東西の歴史をゆり動かしたすべての土地をその足で踏み、すべての人間を、その目で見、その声を聞いたのである！　そのとき日本人がどれほど世界の人びとともにあったかということを彼らの物語は私たちに教えてくれる。そして、その後、日本が世界からどれほど隔てられてしまったかも。

私は一九九五年、ちょうど日本の敗戦から五十年たった年に、大学を一年休んでしばらくものを考えることにした。敗戦の年に十歳だった私にとって、戦後の五十年めとは、自分の人生や、日本の運命について考えなくてはならない節目の年に見えたのである。戦後、数多くの日本の若者たちが、世界に取り残され、孤立していた日本を変えようとして、西欧の科学や文化を吸収し、それを日本に持ち帰り、日本を世界のなかに置くためにその人生を賭けてきた。毎年、何艘《そう》の船が向学の精神をもった若者を満載して神戸や横浜から西欧に向けて帆をあげただろう。一九六〇年代までは貧しい学生はみな船でヨーロッパに行っていたのである。一九六一年に横浜を旅立った私もそのなかのひとりだった。

私は研究の土地としてローマを、研究のテーマとしてカトリック美術を選んだ。焼跡からじゅうぶんに立ち直っていなかった貧しい日本から来た私には、壮麗なローマの都市はまばゆいばかりの栄光に満ちていた。蒼白のサン・ピエトロ大聖堂、宇宙的なミケランジェロの天井画の下で、うちのめされたまま呻吟《しんぎん》した私は、自分をかぎりなく矮《わい》小《しょう》な、かぎりなく貧しいものと感じた。最初私はカラヴァッジョを研究しに行ったのだが、ヴァティカンでミケランジェロを見てしまったので、それに圧倒されてしまった。

それから三十数年、私はミケランジェロと格闘し、彼を理解し、彼の芸術をわがものと思うために研究した。そして一九九五年、敗戦の五十年め、ある夜、私はこういう声を内心に聞いた。「東洋の女であるおまえにとって、西洋の男であるミケランジェロがなんだというのか？」

ミケランジェロをいくら研究しても、私は「西洋美術を理解する東洋人の女」であるにすぎない。それまでは無我夢中だった。その結果、私はミケランジェロの本質がわかってきていた。まるで年来の知己のように彼のことがわかってきた。だが、そのことがとてもむなしかった。私と彼をつなぐものがなにもないからだった。なぜなら、彼は白人男性で、十六世紀のイタリア人であり、私は現代の日本人だからだ。日本人として西洋と日本を結ぶことを研究したい。究極、この今の私と結びつくことを研究したい。そのテーマはいったいなにか。それがわからなかった。そして自分のほんとうのテーマを探すために大学に一年間の休学を申し出たのである。

そのとき、一九六一年に横浜から船に乗ってマルセイユまで行った最初の外国旅行の強烈な体験が、無意識の蓋をあけたように復活してきた。この船はフランスの郵船で、ベトナム号といった。同じ船には文化人類学者として高名な川田順造さんや、同じく映画学者としてカリスマ的な蓮實重彦さんもいたといえば、留学生がつくってきた日本の戦後の歴史の一端がわかるだろう。ベトナム号は、横浜を出帆して、香港、サイゴンへ、セイロン島のコロンボ、そしてボンベイ、北東アフリカのジブチ、そこからカイロ、地中海へ一ヶ月の船旅を続けた。私が知ったのは、日本がヨーロッパからとても遠いということだった。それだけではない。日本とヨーロッパのあいだには、いくつもの不穏な海、いくつもの、荒涼とした灼熱のヨーロッパ植民地が横たわっていたのだ。

東アジアの小国に生まれながら、西欧型知識人の環境と教育によって、イタリア・ルネサンスをはじめとする西欧文化をわがものと思い、奢《おご》り高ぶっていたが、じつは世界などなにひとつ知りはしない。東アジアについても東南アジアについても、アフリカについても、近東についても、なにもなにひとつ知ってはいない。

船のなかでは、フランス語を流暢に操るフランス政府留学生がおおぜいいて、客室の世話をするコルシカ人のメートル・ドテル（客室主任）は彼らを尊敬し、名誉白人のように扱っていた。彼はコルシカ島がイタリア領であったことを誇っていた（自分をナポレオンの生まれ変わりだと言っていたが）。私がイタリア語を話すので、私も名誉白人の仲間に入れていた。彼は、香港から臭い匂いのする質素な身なりの中国の少女が私と同室になったことをひどく詫《わ》びた。むろん、私もひどくいやな気分で、一日部屋に帰らないことが多かった。

あるとき、彼女は、私が寝過ごして朝食を食べそこねるのではないかと心配して私をゆり起こした。私は英語もフランス語もイタリア語も通じないこの中国娘に僻易《へきえき》して、紙片にでたらめな漢文で「われ眠りを欲す」と書いた。彼女は大笑いをして紙片をとり、「わが名は黄青霞」と書いた。私は起きて彼女を見たが、私たちがとてもよく似ていることにそのときはじめて気づいた。「われは香港の祖母のもとを出て今サイゴンの父母のもとへ行く。汝《なんじ》いずくより来たり、いずくへ行かんと欲するや」。「われは日本より来たり、ローマへ行かんと欲す。かしこにて学を修めることを願う」。青霞は私の肩を叩いて紙片を見せた。「われ汝の成功を祈る」

サイゴンで黄青霞は手をふって降りていった。メートル・ドテルは犬を追っ払うようなしぐさで、「マドマゼル、追っ払いましたよ！」と言った。でも、私は傷ついた。青霞は私だったからだ。まぎれもなく私は黄青霞の「仲間」、「黄色い」東アジア人なのだ。その日から私は名誉白人の仲間には入らなかった。この経験を私はひそかに、「わが心の黄青霞」と呼んでいた。そして筆談の紙片をたいせつにもっていた。でもそのときは、それが自分にとってどういう意味があるのかをわかっていなかった。

このとき、おおぜいの日本人の留学生のなかに、ひときわ私の注目を惹くグループがあった。非常に若い、質素なシャツを着た三人の青年だった。彼らはほかの乗客のようにばか騒ぎをせず、ダンスパーティーに出ず、とても静かで、とても日常的だった。甲板では読書をしていることが多く、たまには卓球をしていた。好奇心にたえかねて、あるとき、彼らがどこへ行くのかを尋ねた。彼らはみな神学生だった。そして選ばれてローマのコレジオ（神学校）に神学を学びに行くのだった。私はこの船ではじめてローマに行く人をみつけてうれしかったのでこう聞いた。「イタリア語はできる？」。三人はさわやかに笑いイタリア語はできないと言った。「では不安でしょう？　授業はどうするの？」。ひとりの青年が答えた。「でもラテン語ができますから」。それからひとりの黒いシャツを着た青年をさして言った。「彼はとくにできます」。畏敬の念でいっぱいになって（エラス！　私はラテン語が不得意だ！）、「ではラテン語ができるから留学生に選ばれたの？」と聞いた。黒いシャツの青年が答えた。「たぶん幼児洗礼を受けているから選ばれたのだと思います」（？？？？）

あるとき、退屈まぎれにひとりの中年の画家が彼らをからかった。「きみたちは一生童貞なの？　もったいないねえ。これからきれいなおねえさんのいる青春まっただなかのイタリアに行くっていうのに」。青いシャツのさわやかな笑顔の青年が答えた。「家族をもてば、人間はみな、その家族が世界のなによりもだいじになります。ぼくたちが家族をもたないのは、世界のあらゆる人間を愛するためなのです」

ローマに着いたのは十一月で、クリスマスが近づくころ、ヴァティカンのそばで、私は黒い長いスカートに黒いつばのある大きな帽子をかぶり赤い線の入った帯をしたすてきな三人の神父さま（まだ神父ではなかったが）に会った。彼らはまるで昔からローマに住んでいたように見えた。彼らはクリスマスイヴには、ウルバヌス八世の創建した大学の礼拝堂でのミサに招いてくれた。彼らにはおおぜいの仲間がいて、同じ祈り、同じ歌を同じことばで語っていた。外国に行く興奮で日本人留学生が緊張しきっていたのに、船の上で彼らがあんなにも平安だったのは、彼らが外国にではなく、その祖国に向かっていたからだった。かつてローマに行った少年たちの手記が、彼らがいつもとてもおだやかで平和だったと書いていたように。

最初の留学から三十四年後、一九九五年に私はふたたびヴァティカンにいた。こんどは「東アジアへのキリスト教布教についての第一次資料」を探しにだった。ヴァティカン秘密古文書館の館長は親切に、「それならここよりはウルバヌス八世大学付属図書館がいいでしょう。館長は友だちだから電話してあげます」と言った。

そこで、テヴェレの傍《かたわら》の丘を上って大学の図書館に行き、やさしく優雅なヘンケル館長に会い、そのまま一年間、十六世紀のカトリックの東アジアの布教について調査することになった。最初はキリシタンの美術について調べていたが、しだいに、天正少年使節についての文書がとても多いことがわかった。それを読んでいると、それに引きつけられ、ほかのことが考えられなくなった。少年使節が聖天使城のそばを通ってローマじゅうの歓呼とファンファーレに迎えられ、大砲の響きが町をゆるがすところでは、思わず興奮した。なぜならこの図書館からはその聖天使城が太陽の光に照りはえて見えたからである。そして、なぜそれまで思いもしなかったのか、図書館の前のホールは、かつてクリスマスの聖歌をあの三人の青年と聞いた礼拝堂だった。

しかし、聖天使城の白昼夢は、そのまま夢に終わりそうだった。多くの史料をかかえたまま、大学での業務に追われて、そのまま五年が過ぎた。退官して学生たちへの義務を終えたら、こんどは聖天使城の近くに部屋を借りようと思っていた。奇蹟的に、目の前に聖天使城が見えるルネサンス時代のパラッツォ（建物）を借りることができた。しかし、そのときには、少年使節をめぐる世界の物語はただの回顧ではなくなっていた。二十一世紀の最初の一年は、平和な世紀を予告しはしなかった。それどころか、異なった宗教、異なった言語、異なった文化のあいだで、今や地球を破壊しかねない戦争が起こったのである。

この世紀は、十六世紀にはじまる、世界を支配する欧米の強大な力と、これと拮抗《きっこう》する異なった宗教と文化の抗争が最終局面を迎える世紀になるだろう。人類は異なった文化のあいだの平和共存の叡知《えいち》を見いだすことができるだろうか。それとも争い続けるのだろうか？　それこそはこの本の真のテーマなのである。

この五百年を回顧することは、世界のなかでの日本のありかたを示してくれるかもしれない。私たちはいま五百年単位で歴史を考えるときがきている。そのような思いで、二〇〇二年九月、ツイン・ビルの悲劇から一年後に、七年をかけたこの本の第一稿を完成した。

私はずいぶん旅をしてきた。でもこれでほんとうに私がやりたかったこと、知りたかったことが書けた。この主人公は私と無縁ではなかった。彼らは描かれたばかりのミケランジェロの祭壇画を仰ぎ見、青年カラヴァッジョが歩いた町を歩いたのだ。ローマの輝く空の下にいた四人の少年のことを書くことは、まるで私の人生を書くような思いであった。島国日本を出て広大な異文化の世界を行く船の旅はあらゆる意味で私の生涯の転換点であった。ローマのコレジオに留学する三人の若い神学生の輝く青春の姿が、天正の四人の少年の姿にいつも重なって見えた。アジアからヨーロッパへ行く船の上に、彼らといっしょに、青春のさなかにあった自分の姿もまた重なって見えたのである。そして日本に帰ったあとの四人の少年の苦渋と苦難のいくぶんかも、私のものであった。なぜならこの四人の少年の運命は日本の運命にほかならないからである。そのことはこの本の最後のページを措《お》かれたときに読者にはおわかりになるであろう。

第一章　マカオから大きな船がやってくる

船長アルメイダ

一五四九年（天文十八年）にザビエルが鹿児島に着いてからわずかに三年後の一五五二年、そして天正少年使節が長崎を出帆する三十年前に、二十七歳のひとりのポルトガルの青年が長崎に上陸した。

この人物が、大航海時代のポルトガル人の典型、金儲けのために、荒れ狂う海も、凶暴な海賊もものともせず世界を行く男、船長ルイス・デ・アルメイダだった。アルメイダは医師の免許をもった前途有為の若者だったのに、ポルトガル、スペインの世界征服の波にのって、アジアでの一獲千金《いっかくせんきん》を夢見て、リスボンから船に乗ってインドのゴアに行き、さらに中国のマカオに向かった。そして中国で生糸を仕入れて日本で売りさばく有利な貿易に投資し、自分でも貿易船を乗り回して、三十歳になるかならぬかで、もう巨万の富を蓄えていた。

世界をまたにかけるこのような男がスペイン、ポルトガルには何百、何千といた。この両国は強力な王権をバックにし、前世紀に行われた地理上の発見や、すばらしく機能的な帆船や、破壊力抜群の大砲を武器として、このとき世界をぐるりと囲む世界帝国を築きあげていた。帝国が築いた植民地や、その植民地をつなぐ海のルートを通って、ルイスのような青年がいっせいに世界ビジネスに飛び出していったのである。

だが、いったいどうしたことか、この男、大航海時代のヒーロー、一獲千金を夢見て祖国ポルトガルを捨て、仲介貿易で巨利をむさぼった野心満々の若者が、祖国から遠い島国日本で、その全財産を投げうち、貧者の救済に献身して日本に骨を埋めてしまったのである。

そう、だからこそ、この男ルイス・デ・アルメイダを知ったからこそ、私にはすべてが見えてきた。世界帝国がはりめぐらせたグローバルな経済網、そのエージェントである冒険家たち、そして彼らとともに、アジアに大量に押し寄せたキリスト教宣教師たちが、いったいなにを考えていたのかが。ルイスはこのとき世界に起こっていたふたつのこと、つまり、投機的な世界経済と、キリスト教の世界布教の双方を一身に体現していた。歴史書で見なれてはいたものの、いっこうに現実味をもたなかった世界史上の出来事が、この男を見ているうちに、血も涙もある身近な人間の物語に見えてきたのである。

それればかりではない。われわれの天正少年使節がなぜヨーロッパに送られることになったのかについても、もとをただせば、この男が日本でやったことと深い関連があるのである。

ふたりの子供をひざに抱く細面《ほそおもて》の端麗な風貌の老人の銅像が今は大分市の大通りに建っているが、かつてはその名を知る人もいなかった。

ルイス・デ・アルメイダは一五五五年（弘治元年）から一五八三年（天正十一年）まで二十八年間も日本にいて日本で死んだ。そのため西洋でもその名はたいして知られていない。その生涯を調べたレオン・ブルドンは、この人のことを、

「さまざまな異なった文化を理解する態度と、賢明な洞察をもって、この太陽の昇る帝国の南で、もっともうるわしい成果をおさめた」と絶賛した。[*1]

日本のキリスト教の歴史を書いた歴史家はひとりのこらずこの人物の仕事について書いているが、彼がどうして日本にくることになったのかも、なぜイエズス会の神父になったのかもよくわかっていない。[*2]

リスボンで一七一〇年に出たソウサという人の記録では、ルイスはどこでいつ生まれたのかもなぜイエズス会に入ったのかもわからないと書かれている。[*3]

二十世紀になって、シュルハマー師が、ローマのイエズス会古文書保管所で、やっとその身分を明らかにした。それによると、彼はリスボンのかなり富裕なユダヤ人か、イ

スラム教徒かで、新しくキリスト教に改宗した家族の出だということである。

十六世紀の日本のことをくわしく書いたイエズス会の宣教師ルイス・フロイスは、アルメイダが一五八三年に日本で死んだときには六十歳に近かったと言っているし、アルメイダが一五五五年(弘治元年)にマカオから書いた手紙には、自分が「三十代に入った」とあるので、生まれたのは一五二五年ごろというふうに考えられる。

日本でいっしょに働いていたフロイスにも、自分がイエズス会に入る前になにをしていたかはなにも話していなかったらしい。けれどもフロイスは「ルイスはラテン語がとてもよくできた」と書いている。それは彼がどこかの大学でいわゆるヒューマニズム(人文主義)的な教養を身につけたことがある証拠である。

二十世紀になってレオン・ブルドンの調査によって、ルイスはポルトガル王ドン・マヌエルの「王付き大医者」の位にあったメストレ・ギルのもとで医学を学び、一五四六年の三月三十日に、王領のどこでも外科医として開業できる資格を得た医者だったことがわかった。この学位授与記はドン・ジョアン三世の文書館に保存されているそうである。[*4]

しかしどういうわけか彼はポルトガルで医者にならずに、「そのほかの多くの若者と同じように」幸運をもとめてインドに出かけた。そのころポルトガルの首都であり世界通商の中心母港であったリスボンからインドのゴアへの船は数年に一度しか出なかったので、いろいろな可能性を考えると、彼が乗った船は一五四八年に出たサン・ペドロ号かコンチェイサン号で、そこにはのちに日本で宣教したバルタザール・ガゴ、ルイス・フロイス、そしてジョアン・フェルナンデスなどのイエズス会士が乗っていた。冒険者と宣教師をいっしょにアジアに運ぶ、これは運命の船だったかもしれない。別のイエズス会士アカシオ・カシミーロによると「彼は一五五〇年ごろにオリエントに出かけ、貿易に励んで巨万の財産を築いた」そうである。[*5]

別の著者ペレグリーノ・ダ・コスタは、「ルイス・デ・アルメイダは、インド、中国、それに日本で数年間貿易をやって、フランシスコ・ザビエルを乗せたあの有名な船《サンタ・クルス》号の船長になり、聖人を上川島《サンシャン》に運んでいった。そしてそこで亡くなった聖人の遺体を同じ船でマラッカに運んでいった」と書いている。

さらにペレグリーノは「一五五二年、ザビエルが、友人のディオゴ・ペレイラの船《サンタ・クルス》号でマラッカから中国へ行きたいと言ったときに、そのときのマラッカの統治者ドン・アルヴァーロ・アタイーデが個人的な理由で反対したので、その友人はルイス・デ・アルメイダに船長として行ってもらうようにした」と書いたので、この話はキリスト教信者のあいだでほんとうのように思われていた。大儲《もう》けをした野心的な若者が、聖人ザビエルの死にあって劇的に回心し、ザビエルの魂の残る島日本で布教する決心をしたとすれば、それは納得がゆくし、第一ドラマチックである。

しかし、一九七〇年に「宣教師、医者、商人ルイス・デ・アルメイダ」という論文を書いたテイシェイラ師は、この話は、事実とちがっていると書いている。ルイスはこの船の船長ではなく、船長をしていたのはアフォンソ・デ・ロジャス、マラッカの統治官はアルヴァーロではなくてその兄弟のペドロ・ダ・シルヴァ・ダ・ガマだった。このふたりはどちらも、インド航路の発見者ヴァスコ・ダ・ガマの息子だった（世襲！）。マラッカ海軍総司令官だったアルヴァーロは、ザビエルが中国にわたることに強硬に反対した。それでザビエルはいくつかの請願状で、教会関係者が彼を説得するように懇願した。[*6] 結局この布教妨害の罪でアルヴァーロは破門されてしまった。このあいだ、ザビエルは悲しみのあまり家から出てサンタ・クルス号に泊まってしまうことを考え、中国にわたることができなければ「悲しみのあまり死んでしまうでしょう」と書いている。ザビエルが情熱的な人であったことがわかる手紙だ。また広東《カントン》沖にあった上川島《サンシャン》に着いてからの最後の手紙でザビエルは自分が中国に行くことを妨害したのは悪魔のしわざだったと述べている。[*7]

その上、さらに悲惨なことだが、上川島《サンシャン》で、ザビエルは病気になって「船付きの理髪師」に手術を二回も受けるはめになった。刃物をもっていればだれでもいいというものでもなかったろうに！ ペレグリーノによれば、この理髪師は静脈を切らなければならなかったのに、顔面神経に「触れて」しまった。そのためザビエルは人事不省に陥り、高い熱と激しい痙攣《けいれん》を起こし、一五五二年十二月二日に、念願の中国大陸に足を踏み入れることなく亡くなった。この悲惨な話は聖ザビエルの栄光に満ちた伝記では読んだことがない。聖人は、亡くなる前に自分を中国の大地の上に寝かしてくれと言ってベッドを降り大地に横たわった。

もしもこの船に外科医のアルメイダが乗船していたのなら、こんな悲劇は起こらなかったはずである。このことからこの船に外科医アルメイダは乗っていなかったとテイシェイラ師は結論づけている。もっと問題がこみいってしまったのは、中国の記録を書いたディオゴ・デ・コウトが、サンタ・クルスにはルイス・デ・アルメイダというパイロットがほんとうに乗船していたと言っている[*8]ことで、どうやらそれは同姓同名の人だったらしい。今筆者がポルトガル語を教えてもらっているブラジル人もルイス・アルメイダという名前なので、この名前は多いらしい。

このように、学者たちの調査のおかげで、アルメイダの実像がだんだんはっきりしてきたが、しかし、どうしてもはっきりしていないのが、なぜ彼が儲け仕事をやめて突然入信してしまったかという理由である。状況証拠から考えると、東アジアで交易をする商船には必ず宣教師が乗っているので、船中で洗脳されたか、あるいは宣教師のやっていることに共感したかということが考えられる。だがその回心はあまりにも劇的なので、通常の体験ではないなにか強烈な出来事が、三十代の若者を転身させたのだとしか思われない。

多くの記録を読んでいるときに私はあるおもしろい手記に出会った。天正六年に日本に来たアフォンソ・デ・ルセナという宣教師が書いた手記で、中国のマカオまで来た西洋人たちもよほどの儲けがなければそこから日本にはわたらなかったそうで、その理由はマカオから日本までの海域ほど危険な航海はなかったからだそうである。とくにしばしば襲ってくる台風のせいで、莫大な財産を積んだ多くの船がその犠牲になった。商人も宣教師も同じ運命を辿った。この危険な海域でよりによって大型台風に出会ったルセナは大波に翻弄《ほんろう》される船の恐怖を「船を天までおしあげたり、覆いかぶさって船を海底へ葬ってしまう」ような波について語り、さらに、「その荒れる船のなかでは、最大の恐怖と生命の危機にあったときに示す最奥の人間性がむきだしになる」と書いている。[*9]

このとき、日頃不信心だった男たちは、同船していた神父にしがみついた。「五人のポルトガル人が神父にすがって、ふたりが腕を、ふたりが足を、ひとりが胴をつかまえて、わたしたち六人はいっしょに海に入って死にましょうと言った。そして腰をおさえていたひとりが耳に口を近づけ低い声で『もしこの嵐から生きて逃れることができたらイエズス会に入ります』と神に誓った。彼は富裕な商人で、自分の商品を陸揚げしてから、今後は修道士として生きるために修道会に身をおいた」

このとき乗船していた商人のなかのふたりがその後入信したということである。生命と財産が自然の猛威の前ではじつにはかなく消えてしまうものだという体験は、人間にとってほんとうにだいじなものはなにか、永遠に滅びることのないものはなにかという宗教的回心を呼び覚ます契機であったことは疑いがない。このなかで、神父が果たす役割は非常に大きかった。彼は自分自身も恐怖にさらされながら、肉体の身がはかなく滅びても永遠の霊魂の救済を祈れと言って、彼らに最後の告解《こっかい》（懺悔《ざんげ》）をさせる役割だった。奇妙なことだが、このように生命を賭けてでも日本にやってくる人間には二種類あった。ひとつは莫大な利益を狙う欲望に命を賭けた商人である。そしてもうひとつは最初からこの世の生命を棄てている神父たちだった。しかし、この二種類の人間たちは、しばしば地獄の底でひとつになったのである。

フロイスはその『日本史』のなかで、一五五二年に、「ルイス・デ・アルメイダという名前の若くて金持ちの男がコスメ・デ・トーレスに会いに平戸から山口に来た」と書いている。[*10] しかし、こんどもまた二十世紀の歴史家がこれはフロイスが書いたたくさんのまちがいのひとつだと言っていて、ブルドンによると、外科医のアルメイダは、一五五五年に、船長ドアルテ・ダ・ガマの船で日本に来たという。また有名な『巡行記』を書いたメンデス・ピントは、一五五五年十一月二十日のゴアのコレジオの教師にあてた手紙で、「アルメイダはガマの船の船長だ」と書いている。たしかにガマとアルメイダがいっしょに一五五五年の六月に平戸に着いたことはブルドンも確認している。

でもフロイスは前にも書いたように、彼が日本に来たのは一五五二年で、そのときこの青年はもう三千クルザドスの財産をもっていたとしるし、それでも彼はその後二年ほど中国、マラッカ、日本のあいだを航海して商売を続けさらに財産をふやし、一五五四年になって日本に定住したと書いている。

しかしテイシェイラ師はフロイスのうろ覚えの歴史よりも、豊後の古参の宣教師ガゴ神父が、一五五五年の九月二十日にポルトガル王ジョアン三世に書いた手紙のほうを信用している。そこには「この年、ひとりのポルトガル人、名前はルイス・デ・アルメイダが、イエズス会で精神の修業をするために、豊後にとどまることを決めました」とある。一五五五年の七月にガマの船で平戸に着いたルイスは、船の乗組員が告解を受けられるように、神父を迎えるために府内《ふない》（大分）に向かい、数週間後神父ガゴを連れて船にもどった。ところが、彼はほどなくして、神父といっしょにかどうかわからないが、船にもどらないで、府内に行って、そのままそこにとどまってしまった。

アルメイダは一五五五年九月十六日の日付けで、平戸からマカオにいたイエズス会のインド管区長ベルヒオール・ヌーネス・バレート神父につぎのように書いている。「神はすべてを命令される。そして神はわたしに、この地（日本）に残れと命じられた。わたしはここで神に奉仕をすることができるし、それがわたし自身を救うことにもなると思った。この地にとどまることに決めた第一の理由は、われらの神にすこしばかり奉仕するためで、わたしはもう三十歳に近く、教会はわれわれに、この年代にはひとりひとりがその人生を選択することを教えている。主がわたしに示した道を行くこと、そして恐るべき罪にみちた人生を送らないことを。思うに、主はわたしにこの道を行くことを運命づけられたのだから、一年この土地でパードレ・バルタザール・ガゴのもとにとどまるだろう。このような聖なる奉仕が、またわたし自身をも救うかどうかがわかるまで[*11]」

この書簡を紹介したブルドンは彼のこのときの決心はかならずしも宗教的なものばかりではなかったとコメントしている。たしかに、ポルトガル商人たちは、航海のできない冬のあいだ日本に滞在していることがあって、このひまな時間を、ガマといっしょにガゴ神父のもとで過ごそうとしたので、このときはためしの一年間だった。それでもこの青年は、このままいままでのように生きていたら「恐るべき罪にみちた生涯」を送ってしまうのではないかと予感している。

そのときアルメイダの財産は四千か五千クルザドスあったと推定されている。アルメイダはこの金のうち二千クルザドスを、インド管区長のベルヒオール・ヌーネスに送金した。そのことは、一五五五年十一月二十三日のヌーネス師の手紙でわかっている。神父は「ルイス・デ・アルメイダが、わたしがまだ日本に行けないでいるのは金が不足しているからだろうと思って、わたしが日本に行く船を買えるように友人に二千クルザドスを託してきた」と書いている。この金といっしょに、さっき引用したアルメイダの平戸発一五五五年九月十六日の手紙もとどけられた。「師よ、ここに二千クルザドスあります。それを中国に行くヌーノ・アルヴァレスに託します。これで船を買って日本に来てください。もし不要なときは師が決めただれかに渡してください」

この行動はとても唐突に見える。インド管区長のヌーネスが日本に来ることに、どうしてアルメイダはそんなにこだわったのだろう。命がけで稼いだ財産を半分も出すほどに？　アルメイダについて書いたフランス人のマルセル・ピエールは、その当時の航海では病人が多く出てそれで死ぬ宣教師や船員も多かったので、アルメイダが船中でイエズス会士を助けることもあっただろうから、そこでヌーネス師と出会って感化されたのではないかと書いている。[12] いろいろ考えてみると、船医でもあり、商人でもある若者と、アジアに行く宣教師の出会いの場所はやはり船の上でしかないだろう。

いっぽう、メンデス・ピントやフロイスは、ベルヒオール・ヌーネス師は一五五四年から五五年にかけてマラッカに寄港しながら日本に向けて旅立ったが、この船はシンガポールの海峡で座礁してしまったと書いている。この地域はポルトガル商船の宿敵だったマレーシアの海賊パラオスが出没する危険な海域であった。そこであわやヌーネスの船が海賊どもに襲われようとしたときに、座礁してしまった。これを救ったのが、ヌーネスのすぐあとにマラッカを出帆した船の船長だった。その船の船主はガマで、船長をしていたのはルイス・デ・アルメイダだったということだ。ブルドンも、このときガマはルイスに船長をやらせていたことを確認している。ルイスの船は、賢明にも暗礁の多い南岸をよけて海峡の北をとおっていてぶじだったので、ルイスは船員や水夫を動員して、満潮時に、ヌーネスの乗った船をぶじ暗礁から引き出し、正しい位置に置きなおすことができた。危難を脱したヌーネスの船は破損していたが、どうにかそこから近い中国の島かどこかに向かうことができた。

日本にぶじ着いたアルメイダが、日本に来るはずだった管区長のヌーネスがなかなか日本にこないので心配したのはなぜかということが、これで説明できる。そして彼が日本にこられないのは、破損した貧弱なカラベル船しかないせいだろうと思って、新しい船を購入するための大金を送ったのである。しかし、ヌーネスは別の船で日本に行くことになっていたので、この金をルイスに返した。そしてヌーネス自身は一五五六年に上《サン》川《シャン》島から別のポルトガル商船で日本に向かった。その船もまた岩に衝突して船体を破損し、ほうほうの態で危機を脱したが、こんどは入港する港をまちがえて豊後《ぶんご》の大友氏に反逆した家臣たちが占拠している港に着いてしまい、そこで「日本にいる宣教師はみな死んだ」などというガセネタを吹き込まれて惨憺《さんたん》たる思いで日本に上陸した。その後なんとか豊後のイエズス会本部に辿り着いたが、こんどは「日本の米飯や莚《むしろ》に寝る生活のために」（と神父自身が嘆いている）病気になって、おまけに「国内は戦争でいっぱいだから、この日本で得るところはなにもない」と失望して、インドに帰ってしまった。ところがまたこの帰路で彼の乗った船はかつてない暴風雨に五日間もさらされ、死の危険のさなかでただ神に祈るだけだったそうである。よくよくついていない人である。

そんなわけで、アルメイダがヌーネス神父に捧げた金は友人のアルヴァレスがまた日本にもって帰ってきた。そしてこんどは、ルイスは、その金を大分に病院をつくるために投げ出した。手もとには四千ほど残っていたことがわかっている。というのは、その四千クルザドスをルイスはマカオの商人に投資して、そこから利息を得て、それを宣教師が生活したり慈善をしたりするための資金にしたからである。『フィリピンのイエズス会士たち』を書いたオラショ・デ・ラ・コスタは「マカオの商人ルイス・デ・アルメイダは、その後イエズス会に入り、布教を助けるために四千クルザドスを何人かの友人の商人に投資し、イエズス会士たちがただその利息だけを受けとれるようにした」と書いている。[*13]

高瀬弘一郎氏によると一クルザドスは永楽通宝約二十文にあたるそうだ。また東野利夫著『南蛮医アルメイダ』によると府内病院が開設された一五五七年（弘治三年）の米の値段は一石（一五〇キログラム）千六百文、そうすると一石の米を買うのに八十クルザドス必要だったことになる。[*14] 当時の記録ではおよそ千クルザドスで病院は建ったけれども、病院のみんなが食べていくには米を買わなければならなかった。そこで投資をすることにしたのである。

あとで日本のキリスト教会の大問題になることとだが、日本の布教は最初から宿病とも言えるような財政難に苦しんでいて、宣教師たちの手紙に金の話が出てこないことはないくらいだった。神父たちは、どうして仏教寺院は金持ちなのにわれわれは貧乏なのだろうと嘆いているが、その理由はなんといっても大口の寄付をしてくれる金持ちの信者が少なかったからである。また、初期のキリシタンには貧しい人びとが多く、金は逆に出て行くばかりだった。キリスト教の布教を財政的に支える義務を負っていたのはポルトガル王、のちにスペイン・ポルトガル王で、日本教会が布教につかう費用はインド管区から送金されることになっていた。しかしその送金は会計事務の遅滞や船の難破や盗難などでとどこおりがちで、このころ日本のイエズス会は、六年間に一度だけ、それもわずかしかゴアから受け取っていないありさまだった。

窮状を見かねた船長のドアルテ・ダ・ガマは全財産である三千クルザドスを寄進してしまった。もともとこの財産は、船長自身が自分でやった商売の利益であった。アルメイダもまた、見るに見かねて財産を投げ出してしまった。最初に浄財をはたいたほか、イエズス会に入信してからあとも、やはりその困窮を見かねて、神父たちが困ったときにはたえず私財を寄進していた。アルメイダがイエズス会に提供した財産は当初だけでも四千から五千クルザドスで、日本の教会は長いあいだそれを頼みの綱としていた。[*15]

大航海で儲けた金を日本での慈善に投げうってしまった、その奇妙な行為の理由はどこにあったのだろうか。

府内の孤児院

最初は日本に宣教師が来る船を買うために私財を投げ出したアルメイダは、こんどは大分に病院を建てるために財産を寄進した。アルメイダの医者としての仕事を調べたペレグリーノ・ダ・コスタは彼についてこう書いている。

「ルイス・デ・アルメイダ、日本における最初の病院の設立者。十五世紀リスボンにおけるトードス・オス・サントス病院と同様のものを極東の地にて建設。日本の孤児を救うため、豊後に孤児院をつくる」

例の不運なヌーネス師はマカオからゴアの神父に出した一五五五年の手紙のなかでアルメイダについてこう書いた。

「われわれの同国人、ルイス・デ・アルメイダのふたつの美しい行為についてお伝えします。彼はわれわれのあいだで非常に有名な人物でしたが、ことし日本にいて豊後でバルタザール・ガゴに会い、その地で行われている悪習を知りました。この国では貧しい女が子供を生むと生まれたばかりの子供を殺すのです。子供を殺すことを望まなかったガゴ神父とアルメイダは、豊後の王のもとに行って子供を殺さずに育てることができるように命令と金を出すことを頼んだようです。また、ルイスはその私財を病院をつくるためにつかったようです。この子供たちをうけとり、育て、洗礼を与えたいという慈悲の思いで、彼は豊後にとどまりました」

いっぽう当のガゴ神父は一五五五年九月二十日にポルトガル王ドン・ジョアン三世にあてて手紙を送った。

「ルイスは病院の建設のために一千クルザドス出しました。そして豊後の王に子供を殺さないように禁令を出してくださいと頼みました。ルイス・デ・アルメイダは、嬰児《えいじ》殺し——つまり貧しい人びとが赤ん坊を殺すこと——をなくすために、そういう親たちが、だれにも知られないようにひそかに子供を施設に連れてきて育てることができるようにするために一千クルザドスを提供しました。またキリスト教徒の女性たちが乳を出す雌牛を二頭寄進してくれて、赤ん坊を養うことができるようにし、また医薬品を用意して赤ん坊が飢えや病気で死ぬことがないようにし、さらにこの子供たちに洗礼を与えてキリスト教徒として育てることを考えました。それを聞いて殿はたいそう感心し、自分も赤ん坊を殺すことはたいへんな罪だと思うと言ってそのことに賛成しました。殿の助けを得て彼はすぐに家を建て、親たちが、神への愛のために、この家に子供を預け、子供が生きてゆけるようにするように願いました」

フロイスは一五五六年の手紙で、アルメイダがこの孤児院のほかに、老いた身寄りのない人たちのために養老院もつくったと書いているが、ブルドンはそれはフロイスがそうであってほしいと思って書いたのであって、養老院はまったく建設された気配がないと書いている。

ここで、アルメイダがなぜたった一年だけイエズス会で修業でもしてみようかと思ってやってきたのに、一生ここに住みついて財産までそこでつかってしまったのか、その理由がわかる。それは豊後で暮らしているうちに、赤ん坊がたくさん殺されるのを見たからなのだ。それが貧しさのためであることはすぐわかったので、彼は、困った母親が赤ん坊をひそかに預けることができるような病院があれば子供たちを救えると思った。そのとき彼には自分が今まで儲けてきた金があって、しかも医者であるから、自分こそ彼らを助けられると気づいた。それこそ自分がこの世でやるべき仕事なのだと思ったのである。

しかし、この孤児院は仏教の僧侶やキリスト教をよく思っていない人びとによって攻撃され非難される標的になってしまった。日本には古くから赤子《あかご》殺し、間引き（生まれたばかりの嬰児を殺すこと）の習慣があった。しかし、おそらく死生観や世界観の相違のためであろう、日本では間引きは「子返し」と呼ばれて、比較的罪悪観なしに行われていたのだという研究[*16]がある。日本には「七つまでは神のうち」ということわざがあって、幼い子供の生命はまだ神の世界（あの世）とこの世の境界線上にいるので、間引かれた赤ん坊はまた神の世界にもどってゆくし、また生まれ変わることもできるという生命観があったそうだ。

いっぽう千葉徳爾氏によれば、日本には昔から子供を子宝として尊ぶ風習があって、安産や成育祈願のための民俗行事がひろくさかんに行われてきた事実もある。だから、間引きが近世まで一般常習となっていたという通説には疑問があるということである。[*17]そして中世から子殺しが一般に行われていたという史料は、おもに日本にやってきた宣教師によるものであって、日本側にはそれを確証する人口統計もないし、信じるに足りる史料も不足しているそうである。

実際、十六世紀に日本にやってきた宣教師は一様《いちよう》に自分たちとは異なった日本の風習にびっくりし、恐怖さえ感じたらしい。ザビエルが来て最初に山口で辻説教をしたときから、日本人の三大悪習として「偶像崇拝、男色、間引き」をあげているくらいで、偶像崇拝は信仰の自由だからさておくとして、また男色も、これは好みであるから、さておくとして、子殺しは殺された子もかわいそうなら、殺す親も気の毒なので、人間の情として棄ててはおけない悲劇である。[*18]

アルメイダが孤児院を設立する動機を説明した手紙や、宣教師ガスパール・ヴィレラの手紙などでは、当時の日本には赤子殺しは頻繁にあったということになっている。ガスパール・ヴィレラは「彼らはふしぎに子女を虐待し、多数は必要なし、その家を維持するにはひとりまたはふたりをもってたれりと言いて、幼少なるときこれを殺せり。悪魔はまたほかの欺瞞《ぎまん》の方法を用い、女子を生む婦人はみな地獄に行きて救われることを得ずと説けるがゆえに、婦人はこれを恐れ出産前薬を飲みて胎児を殺すことあり」と報告書に書いている。[*19]

また巡察師ヴァリニャーノの一五八三年の『日本諸事要録《スマリオ》』のなかの一節にも、「もっとも残忍で自然の秩序に反するのは、しばしば母親が子供を殺すことであり、流産させるために腹中に薬を呑みこんだり、あるいは産んだあとに赤子の首に足をのせて窒息させたりする」[*20]とある。またフロイスもその有名な『日本史』のなかで、「日本では婦人の堕胎はきわめて頻繁で、ある者は貧困のため、ある者は多くの娘をもつことを嫌うため、あるいははしたためであるため、その他の理由で出産後赤子の首に足をのせて窒息せしめ、ある種の薬草を飲み、堕胎にみちびく」と書いている。[*21]なかにはそれを十八回もやったという女性がいるが、彼女らには人を殺したという観念はなく、生まれて七日以前は人間ではないと思われているともフロイスは書いている。

フロイスの話では、あるキリスト教の司祭が犬に食われる寸前の赤子を助けて、貧しい漁師に金をやって育てさせたところ、その行為に対して堺のキリシタンが「今後はそういう慈善をしないように。そんなことをしたら、一般大衆、女中、貧しい女性たちが子供を夜運んできて、夜が明けると八人も十人もの生きている子供が司祭の館の門前に置かれているようになってしまう」と文句を言ったということである。ドミニコ会の宣教師コリヤードの著した『懺悔録《ざんげろく》』でも、子供を六人もって、それも養育しかねて避妊・堕胎・間引きをくり返したきわめて貧乏な女性信者の懺悔が記録されている。*22

しかしアルメイダは、たとえ子供を殺すことが罪であっても、そういう母親を、あわれみも同情も理解もなく攻撃しようという気持ちはなかった。なぜなら彼は、自分が一五六一年（永禄四年）に平戸に近い小島生月《いきつき》島に布教に行っていたときに聞いた話をつぎのように書いているからである。

「あるキリシタンの婦人が、妊娠中に子供をおろすためにある薬を用いて、そのために病気になり、まもなく死んだ。キリシタンたちは彼女が大罪を犯した状態で死んだことを見て、彼女をキリシタン墓地に埋葬することを欲せず、異教徒として外の野原に葬ろうとした。ところがその数日後、ある若いキリスト教徒が重い病気になって瀕死の状態になったところ、その女性が現れてこう訴えた。『キリシタンたちはわたくしをキリシタン墓地に葬ろうとしなかったけれど、いまわたくしはあの人たちが想像しているところ――地獄――にはおりません。なぜかというと、わたくしが死ぬ前に主はわたくしの痛恨と涙をごらんになって、わたくしの霊魂にお慈悲をお示しになったからです』と言った。この話を若者がみなに話したところ、若者の病気はよくなったそうだ」

あやしい堕胎薬で死んだ女性は人類の過去にどのくらいいたかわからない。そしてそれがその女性ひとりの罪になってしまうのも世の常だった。でもそれは彼女ひとりの罪ではない。キリスト教の神は弱い者、後悔した者の神でもあることをアルメイダは語ろうとしている。この話は、宣教師がよくやる奇蹟話ではなくて、この病気になった若者が、堕胎薬を飲んで死んでしまった女性のおなかのなかの子供の父だったのではないかと考えると、心のドラマに見えてくる。

日本の歴史家のなかのある人びとは、日本で間引きが多かったとする日本側の史料や記録はないし、人口統計によっても証明されないという。しかし、宣教師が日本のイメージを悪くしようとして口をそろえて嘘を言っているのでなければ、貧しい人の子殺しはほんとうに多かったのはたしかだ。

日本側にも、司馬江漢の『春波楼筆記』には「紫陽所々の子多きことを欲せず、五子あれば二子を殺す。……子の多きことを欲せざる国、筑前、筑後のみにあらず。豊前、豊後、日向或いは常陸、出羽、奥羽に至て農夫はやく娶《めと》る。故《ゆえ》に子を産む事十に過ぐる。殺す者多し」という文章がある。[*23] この書は一八一一年だから江戸時代のことである。同じく江戸時代に寺や神社に間引きを禁じる「間引き絵馬」が架《か》けられていたが、そこには赤ん坊を踏み殺す女が描いてあって、その女の陰に鬼のような角が描いてあった。[*24] しかし、これらの絵馬はそのまま間引きをする女が多かったということを証明するのではなく、むしろ教訓的なものであるし、またある意味では罪業消滅的な祈願をこめたものであったかもしれない。金津日出美氏の論文では、仏教的な立場では、子供殺しを大罪として禁じるというよりは、むしろ死んだ子の菩提《ぼだい》を弔《とむら》ったり、供養したりすることの重要性が強調されていたそうだ。*25

このように仏教とキリスト教では、この問題についてて非常にちがった考えをもっていたので、このことはキリスト教が日本に入ってきたときに起こった多くの文化摩擦のなかでもとくに深刻な問題をひき起こした。しかし、西洋でも前近代までは子殺しは相当はびこっていた。キリスト教だから子殺しがなかったということは絶対にない。たとえば、ローマでもっとも古い、十二世紀にまでさかのぼるサント・スピリト病院の起源は、教皇インノケンティウス三世の治世に、漁師がテヴェレ川で魚をとっていたところ、網のなかに生まれたばかりの赤ん坊の死体がたくさん入って来たので、それにびっくりした教皇が川べりに病院をつくって未婚の母とその子供を収容したことにあると書かれている。*26 今でも救急病院として活動しているこの病院の壁には、生まれたばかりの赤ん坊を殺す母親の絵が描かれている。産児制限の知識がなかった時代には、人間はどこでもさまざまな理由で赤ん坊を殺してきた。西洋でもまったく同じである。

ただ、日本とちがうところは、キリスト教は、人はこの世にただ一回生を授かるので、この生命を授かったということは神の意思でそうなったのだから、生命をだいじにすることが神の第一の掟だったということである。そのためにキリスト教では自殺も殺人だとみている。それでキリシタン武士は切腹しなかった。そのため、カトリック教会は、中世からあらゆる福祉施設——棄《す》て児養育院《ご》や乳児院などを建てて、貧しかったり、未婚で男に捨てられたり、暴力にあって妊娠したりした母親と赤子を救済する手立てを講じていた。アルメイダはそういうふつうのキリスト教徒として、西洋にあるような施設をつくって貧しい母親が罪を犯さなくてすむようにしたいと思ったのである。

しかし、文化の相違はこの点では非常に深いものがあった。仏教の僧は、白人の宣教師が赤ん坊を集めているのはそれを「食うため」であるという噂をたてた、とフロイスは書いている。外国人の宣教師は肉を食べるので、台所には肉や骨や血がある。じつはそれは集めた赤ん坊を食っているのだという噂が広まった。そのため孤児院はほどなくして廃止されたとフロイスは書いている。

府内の病院

その同じ手紙のなかで、フロイスは、「アルメイダは、まわりにいる貧乏なキリスト教徒たちが窮乏したり、よるべもなく打ち捨てられていたりすることに同情して、病院をつくり、そこに貧しい人びとを収容してたいへんな愛情と慈愛とをもってこれを看護

と福音書ではキリストはなんども重い皮膚病患者を救っている。というのはそのころにはこれらの病気は不治の病いと思われていたので、また世間の人からとくに嫌われ、恐れられ、隔離され、打ち捨てられていたので、キリストはほかのだれよりもそういう人を救ったというふうに書かれたのである。だから中世からハンセン病病院は教会によって建てられてきた。宣教師がそれをアジアにも建てたのは必然のなりゆきだった。でも日本でそれができたのが、ひとりのもと商人の財産によってだったということはなりゆきではない。だれかがやらなければならないと思わなければなにごともできないのである。

このほか、日本では一六〇四年に長崎にもこのような病院ができた。ハンセン病や、癌、そして梅毒などに苦しむ人を階級の別なく受けいれて、百二十人ものイルマン（修道士）がこれを治療し、その心をも慰めた。堺にもそれがあった。府内ではさらに一五五九年、この貧者の病院の向かいに、もうひとつ、もっと大きい病院が建った。これは二階だてで、十六室もある大きな病院で、アルメイダは、そこに外科手術のための特別なベランダをつくった。それは部屋のなかが暗いので外光のもとで手術をやるためだったという人と、メスで人間の体を切るということで仏教の僧侶らが、白人が人間の肉を食うという風評を広めたので、それを防ぐために、だれからもなにをやっているかがわかるようにしたという人とがいる。

この新しい病院は、「貧しくない人びと」のためのものだった。孤児院と同じように、貧乏な人間やハンセン病の人が通う病院を、武士や位の高い人は毛嫌いして、そこへは行きたがらなかったからである。この病院はたいへん評判になった。そこで治療を受けるために五十里、六十里の遠くからやってくる患者もあった。位の高い武士や、仏教の僧侶さえもが治療を受けにきた。一五五九年、トーレスはこの二年間で二千人が治療を受けたと書いている。西欧の歴史家のなかには府内の病院がほんとうに建設されたことを疑う人さえいるが、前にあげた東野氏はさんざん苦労をして古地図などを探した結果、今から四百年以上も前の最初の洋式病院は現在の大分市の顕徳町二丁目付近にあったことが立証できるとしている。*29

アルメイダの専門は腫瘍とか皮膚病などの外科だった。彼は航海のときにいつももっているビロードで裏打ちした木製の薬箱にさまざまな道具や薬をもってきていた。そこには、そのころ西欧ですでに使われていた注射針、非常に細く鋭い先端をもった、ときには彎曲《わんきょく》したさまざまな形のメス、小さいガラス瓶や陶器の壺にヤシ油や軟膏を入れたものを引き出しにおさめるようになっていた。*30 しかしこれでは薬が不足したので、彼はマカオに薬を注文して取り寄せている。

海老沢有道氏の『切支丹《キリシタン》の社会活動及び南蛮医学』では、治療のカルテは残っていないが、このときアルメイダのもとで実地に学んだ医者や医者の卵が、日本の教会が滅亡しても残っていて、戦争の際に数多く出る刀傷、銃傷、打ち身などに苦しむ人を救っていたと書いている。[*31] またこれは江戸時代長崎オランダ医学にも受けつがれて日本外科医学のはじまりになった。

一五五九年には、彼は二百人もの病人を治した。そのなかには癌などの重病の者もいた。アルメイダ自身、あまりにも回復率が高いので自分で驚いたと書いている。それは処置や薬がいいのはもちろんであるが、いろいろ調べてみると、病院の食事が相当に影響したのではないかと考えられる。フロイスらが書いているところをみると、まず貧しい者にはけっして口に入らない米が主食で、魚、犬、猿、猪、鶴、猫などの肉、野菜に味噌汁というバランスのよい食事で、その上、牛乳、バター、チーズ、鶏卵などが栄養食として出されていた。牛乳は七世紀に中国から伝わって古代では醍醐《だいご》と呼ばれおいしいものの代名詞だった。したがって、日本には古くからあった食品だったが、この当時はあまり一般的ではなかったようだ。また肉を食べることで仏僧が宣教師を激しく非難した。とはいえ、ともかくこのタンパク質で多くの食うや食わずの病人が死から生還したであろうことは疑いがない。

フランシスコ会士であるシリング博士が書いた『日本におけるポルトガル人による医学の導入』という本によれば、日本に西洋医学を教えたヨーロッパ人はアルメイダがはじめてではない。けれども、まずなによりも体系立った医学教育をはじめてやったのは彼である。まず薬草の使用法を教え、焼瀉《しようしや》、癌の治療などを課程に盛り込んだ。ドアルテ・ダ・シルヴァとともに十二人の日本人の弟子を教えたが、彼らは先生と同じ住居に住み込んで修業していたということである。[*32]

いっぽう、加藤知弘氏によれば、府内病院の医学教育のきっかけをつくったのは、もともと「仏僧であり、しかも第一級の医者」（フロイス）だったキョウゼン・パウロであった。彼はすぐれた漢方の医学を知っていて、府内病院で使用される薬は、したがって、アルメイダがマカオを経て西洋から取り寄せる薬と、パウロが処方する漢方薬であった。この漢方薬はよくきくという評判だったので、アルメイダはこれを高く買っていて、自分も身体が弱かったので（彼の手紙には、たえず自分が病気して日本人に親切に看病してもらった感動が書かれている）、いつも旅には漢方薬と西洋薬を両方もっていった。

中国の医学は四千年の歴史があり、その薬の威力をアルメイダは完全に納得し、尊敬していた。いっぽう西洋の医学は古代ギリシャからの伝統があり、そこでは常に人間を身体と霊魂の双方の融合とみる思想があったので、医者は薬といっしょに心のめんどうをみることになっていた。だから医者であり、宣教師である彼らはすばらしい東西融合の医療、物心両面の病院を経営できたのである。[*33]

このように内科医として外科のアルメイダと協力していたパウロは一五五七年に死んだが、同じ名前のパウロという医者を育て、また薬の処方や医学の解説をその死の床《とこ》で行った。この年若いパウロのほか、ミゲル、トメなどの日本人イルマン、ポルトガル人イルマンのドアルテ・ダ・シルヴァが献身的に助け、日本語のうまい神父フェルナンデスも加勢をした。

一五五九年には病人の数が非常に増え、治療にあたるものが六、七人になったが、それも朝早くから午後おそくまで働いた。また府内十二人の修道士も交代で看護にあたった。彼らはまた病人の入院手続きや、寄付金支出の規定をつくったりしたとアルメイダは書いている。それればかりでは、通いの病人のほかに百人もの入院患者（一五六二年）がいるような大きな病院を動かすことはとうていできないので、ヨーロッパやマカオにならったミゼリコルディアが組織され、看護や事務などをボランティアで手伝っていた。この会は一五五六年（弘治二年）に結成されて、会員が互選で会長（組頭）ひとり、幹事（慈悲役）四人を選び、日曜の午後に週番の家で会合して相談し、会計や活動計画を話し合い、看護などのときには病院のそばの家で宿泊して働いた。そして世界のミゼリコルディアと同じように、病人の世話ばかりではなく貧乏な家族を援助したり、囚人を見舞ったり、葬式を世話したりした。これはガゴ神父たちが教えたのであろう。日本ではこれが最初のミゼリコルディアだった。

内科、外科、看護士、薬剤師をそろえた日本最初の病院は、ひろく名声を馳《は》せ、遠方からも患者が来たのは、前にも述べたとおりだが、じつは船で悪い病気がはやって全員が病気になったりした外国船も、ここで治療を受けるために寄港したことがあった。一五五九年の、ギリエルメ・ペレイラ船長の船がそうだった。しかし、患者のおおかたは近辺の貧乏な人たちで、寄付なしに病院を維持してゆくことはとうていできなかった。豊後の殿の大友義鎮《よししげ》の援助や土地提供があり、大口の寄付は奇特な船長やアルメイダが出し、あとは零細な信者の寄進だけで、若いパウロはまったく無給で奉仕していたとフロイスは書いているし、修道士らやボランティアの愛と労働に支えられてやっと運営していたというのが実情だった。

しかし、おどろいたことには、一五八三年には、早くも、こういうほんとうの慈善はイエズス会自身によって歯止めがかけられた。日本ではハンセン病患者や梅毒の患者が非常に嫌われていたので、彼らが教会やその病院施設におおぜい集まってきたことで、そういう人たちを忌み嫌う日本人たちのあいだでカトリック教会の評判がひどく落ちたのだと歴史家は言う。

貧しい人や病気の子供をもった人びとが遠くから来て病院の評判があがったという話は嘘ではないが、そのいっぽうで、カトリック教会全体のイメージが悪くなって、この宗教は病人や貧民のものだからということで、「りっぱな」人たちがよりつかなくなり、大名や武士などの支配階級を改宗させなければ日本をキリスト教化することはできないとする考えからみれば、このような事業が本来の布教に支障をきたすようになったというのだ。

のちに紹介することになる巡察師のヴァリニャーノは、一五八三年に書いた有名な『日本諸事要録《スマリオ》』の末尾で、イエズス会の総会長に、宣教師が最高六クルザドスまで金を貸し付けることができるよう許可を願い出ている。利息は年一〇パーセントである。当時、この土地の日本人の金貸しの利息は年七〇から八〇パーセントだったので、困っているキリスト教徒にはありがたいし、またそれによって得た利益で「あわれみの村、モンテス・デ・ピエダーデ」病院を建設する、そこでは受けいれるのはキリスト教徒だけで、しかも武士か貴族だけに限る、ハンセン病や性病の患者は「日本では忌み嫌われるから」いっさい受けいれない、と書いている。巡察師は低い階級の人間を入れると病院も宣教師も評判が悪くなると説明している。[*34]

これは、ルイス・デ・アルメイダがはじめた慈善の心とはまったくちがうものであった。しかし、本部はこれを認めた。それでもまだ一六〇〇年代に長崎にはハンセン病患者のための隔離病棟があった。しかし一六一二年には決定的な禁止が命令された。「イエズス会士はいっさい薬学も外科も学んではならない。すでに学んだ者も治療してはならないし、医学その他の書物をもってもいけない。同宿も同様である」。このような政策の転換がどうして起こったのかはあとで述べることになる。

貧しい時代

キリシタン研究の権威姉崎正治氏は、日本にやってきた宣教師がすぐにでも貧しい病気の人びとや子殺しを救う仕事にしたがわなければならなかった原因は、この時代の日本の情況にあるという。キリスト教が日本に入ってきたのはまさに戦国時代の末期で、この世は武力がすべてであり、戦争は日常茶飯事であった。武器も力ももたない貧窮の下層民は身も心もしいたげられていた。彼らの心や生命を救うことができるのは、この時代には宗教だけだったのであるが、もともと慈悲を旨とする仏教も、莫大な財産をもっぱら戦国の闘争につかってしまっていた。*35

思えば、西洋文化を代表するキリスト教が、伝統的な宗教である仏教と激しく対決したにもかかわらず、なぜ、伝道後数十年にして信者が九州の全人口の三〇パーセントをこえる三十万に達したのか。この謎はどこにあったのか。姉崎博士は、このような現象は、単にわが国宗教史上のみならず、広く世界宗教史または東西交渉史の上からみて注目すべきことだと言っている。それには、ずっと述べてきたように、キリスト教がまず貧民の救済事業を行ったということが大きく関係している。

応仁・文明の乱以降日本は戦国時代となり、実力闘争いわゆる下克上の争いのなかで中世的な秩序が崩壊し、分裂抗争する戦国大名がそれぞれに富国強兵策をとってひたすら自己の所領の拡大という欲望の追求のために戦争に明け暮れていた。『応仁記』は、この時代の精神をこのように言いあらわしている。

只天下は破れば破れよ。世間は滅ば滅よ。人はともあれ我が身さえ富貴ならば、他より一段栄様に振舞はんと成ゆきけり。

戦乱は庶民から平和な暮らしを奪ったばかりでなく、その労働力や生命をも奪っていった。『応仁記』はこうも語っている。

百姓は耕作をしえず。田畑をすてて乞食し、手足に任せて悶え行けり。

このような状況のなかで、家族は分散し、子女は売られ、棄て児、堕胎、間引きは公然のこととなったのである。戦乱の世には、重税があり、略奪があり、農地が放棄されれば飢饉が起こり、栄養と衛生が悪くなれば疫病が流行《はや》る。兵火によって町々は荒廃し、ハンセン病者の病棟も打ち捨てられていた。ハンセン病者は捨てられるか、または仲間の集団をつくって生きるしかなかった。ザビエルが京都に来たときには死体を町に捨てる者が多く、毎日六十体をくだらなかったそうだ。

『日本史』を書いたフロイスは、ちょうどアルメイダが日本に来た一五五四年から五五年(天文二十三、二十四年)当時の日本の山口、周防《すおう》のようすをつぎのように伝えている。このころ、毛利元就《もとなり》と大内氏の戦争が続いていたのである。

「いくつもの戦争があったために、じつにはなはだしい物価騰貴と飢饉とがあって住民はそのために塗炭《とたん》の苦しみを味わわねばならなかった。夫は妻と別れ、子供は母親と別れ、召し使いは主人と離ればなれになって、男も女も痩せ衰え、目を窪《くぼ》ませ、色つやを失った黄色い顔をしていた。この土地の荒廃と困窮は死の絵姿ないしは描写であった。人びとは食べものを求めて山中に草の根を求めて掘った。しかし憔悴《しょうすい》しきっていたので、草の根を引き抜くと同時に霊魂が身体を離れ、草の根を握ったまま死んでいる死体があった。

町に覆いかぶさっているものは、悲惨な、不安な静寂であった。前には雑踏や鍛冶屋《かじや》などのさわがしい音があったのに、いま聞こえてくるものは、餓死する者の呻《うめ》きと嘆きだけであった。朝、家を出てゆくと、最初に出会うものは、往来の此処彼処《ここかしこ》に横たわっている死人であった。……(女たちは)両手をあげて教会にきて、自分のため、小さな兄弟のため、それから衰弱してもう起きあがれない老父母のために、施しを乞うのであった。父母の着物にしがみついて食べ物をくれとせがむ子供や乳飲み児が泣き叫ぶありさまは、心を引き裂かれる思いの悲惨な光景であった。

　トーレスは貧しかったが、多少の金を投げ出して、遠方から高価につく米をたくさん買わせ、やっとのことでそれを夜陰に乗じて運びこませることができた。それで毎朝大きな釜にいっぱい粥《かゆ》を炊《た》かせ、このほどこしを待ち構えていた群集に手ずからこれを分けてやった。この配給は絶えず行われたので、貧しい人びとは遅れてきたときには、当然自分がもらうはずだった決まった分け前のように、あとから定量を請求した」[*36]

　ここでやめておけばよいのに、狭隘《きょうあい》なフロイスは、当然のことのように分け前を請求する住民について「その人たちに対してなんの義務を負っているわけでもなく、またその人たちが、自分たちの説く教えを奉じているわけでもないのに」と付け加えた。しかし善良なトーレスは相手がキリスト教徒かどうかを問うこともなく、飢えているものはみな同じであり、また彼らが請求したのは、それを一口食わねば死んでしまうからだということをわかっていたにちがいない。

　このようななかで、キリスト教の宣教師が貧窮者や病人、とくに子供を救おうとすることは、この宗教の本来の性格からして当然のことであった。この宗教の教祖ともいうべきイエス・キリストの教えの基本が「慈愛」にあったからで、イエスは一番だいじなキリスト教の掟として「神を愛すること」と「自分自身のように隣人を愛すること」（「マタイ伝」二十二章の三十七、三十九）と言ったほどであった。どのような宗教も、信仰する人間の救済を約束するとともに、そのためになにをするかを告げるのであるが、キリストは、人間が地獄に行くか、天国に行くかを裁く「最後の審判」について話したときに、天国へと救われた人びとに向かってなぜ彼らが救われたのかをこう説明している。「おまえたちは、わたしが飢えているときに食べさせ、のどが渇いているときに飲ませ、旅をしていたときに宿を貸し、裸のときに着せ、病気のときに見舞い、牢にいたときに訪ねてくれたからだ」(「マタイ伝」二十五章の三十一—三十六)

すると救われた人びとはみなおどろいて言った。いつわたしたちはあなたを助けたでしょうか? このときイエスは「わたしのきょうだいであるもっとも小さい者のひとりにしたのは、わたしにしてくれたことなのである」と言う。いっぽう、永遠の罰を受けることになった人びとに向かってイエスは「おまえたちは、わたしが飢えていたときに食べさせず、のどが渇いているときに飲ませず、旅をしているときに宿を貸さず、裸のときに着せず、病気のとき、牢にいたときに訪ねなかったからだ」と言う。「こうして、この者どもは永遠の罰を受け、正しい人たちは永遠の命にあずかるのである」

これはとてもわかりやすい教えで、キリスト教徒でない著者にもよくわかることであるが、だからといってキリスト教徒がみなこういうやさしさをもっていたとはとうてい思われない。しかし、キリスト教の本体はこういうわかりやすさ、つまりあの世でいい思いをするには、たったいまなにをすればいいかということを、無学な人にも子供にもよくわかるように教えたこの教えにあったことはたしかである。

　というわけで、この「食べさせる」「飲ませる」「着せる」「宿を貸す」「病人を訪ねる」「牢を訪ねる（これは死刑囚をなぐさめるために訪問すること。そこで秀吉が二十六人を処刑したときに、多くのキリシタンが最後まで彼らについて行っていたのである）」という「慈悲の六つの行い」はさまざまな教会や写本に、美しい女性の姿で描かれて、字の読めない人びとにもわかるように宣伝されていた。

　むろん仏教においても慈悲は一切衆生《いっさいしゅじょう》に対するあわれみで、それは仏のなかに完全に具現されているものであり、大乗仏教では他人への愛が仏と同じほどに修行者にはだいじにされる。キリスト教の慈愛と仏教の慈悲はとてもよく似ている。しかしそこには非常な相違もあった。貧乏や病気をどうみるかというところに大きな相違があったのである。キリスト教では貧乏や病気は本人の罪ではない。しかし、仏教には輪廻《りんね》と前世の業《ごう》の思想があって、貧乏や病気は、本人が前世で悪行を働いた結果だという見かたがあった。

　実際に、国家を安泰におさめるために、聖徳太子をはじめ、天皇家や貴族によって、「鎮護国家」の政策として日本に導入された仏教の社会福祉は、国家の強い権力による政治や政策と結びついたので、慈悲を行うのはもっぱら高位の人びとであった。聖徳太子は四天王寺に四院（施薬院《せやくいん》、療病院、そして孤独で貧窮している老人や孤児を収容する悲田院《ひでんいん》、それに、人びとを救う仏をまつる敬田院《けいでんいん》）を建てたと言われている。奈良時代養老七年（七二三年）に光明皇后が、東大寺に悲田院、天平二年（七三〇年）には施薬院を設けたことはたいへん有名である。鎌倉時代には忍性《にんしょう》が鎌倉の極楽寺に四院を設け、その上、病気になった馬の病舎までつくって、忍性菩薩と呼ばれるようになったほどである。

このように、近代以前の社会では、この世で財もなく力もない病人や孤児や寡婦や老人は、いつでも他人への愛と奉仕を本来の仕事としている宗教に救いを求めるほかはなかったし、また宗教は、利益《りやく》や名声を追求する強い人間たちばかりが勝ち抜いていくこの俗世間のなかで、まさに利益も名声も求めず他人への愛ややさしさを与えるものだからこそ、社会にとって非常に必要なものであった。もしそういう集団やそういうことを専門にやってくれる人間がいなかったならば、この世はほんとうに弱肉強食の動物のような世界になって、結局人類は滅びてしまったかもしれない。

このように他人へのあわれみを教えのなかの重要なものとして、実際にそのような働きをしていた仏教寺院も、戦国時代には、みずからが分裂抗争して衆徒を巻き込む一揆《いっき》や戦争の場となり、戦火に巻き込まれてその慈悲の役割の多くを失ってしまった。戦国時代は、戦国大名どうしの覇権戦争で血塗られているが、この時代は戦国大名の戦争と並行して、一向一揆に代表される宗教一揆の続発した時代だった。一向一揆は親鸞を祖とする浄土真宗本願寺系の人びとを中心にした戦いだったが、それは十五世紀から十六世紀まで百年以上も日本じゅうを巻き込んだのである。[*37]

西欧の歴史家たちは、このような宗教戦争を、まったく同時代に起こっていた西欧の宗教改革やそれにともなって起こった西欧の宗教戦争に似たものとして位置づける傾向がある。西欧の場合には、マルティン・ルターの唱える新しい宗教理念が、伝統的な権威を保ってきたローマ・カトリック教会と対立し、この宗教的な対立に、中世から近世へと移行しつつあった社会の階層間の抗争が結びついて全ヨーロッパを巻き込み、十五世紀の後半から十七世紀までの大混乱を招いた。つまりこのころは西も東も大混乱だった。

一向宗の中心になった蓮如《れんにょ》も、阿弥陀以外のなにも拝まないという親鸞の説に立ってそのほかの指導者を排除したので、既存の仏教勢力から反発を受け、新興の職人階級や商人、百姓までの勢力を結集して対立する宗派と仏法の独立のために戦ったが、ただでさえ中央勢力の変動の激しいこの時代には、しばしば一方の権力者に加担して戦うことによって、しだいにみずからが権力闘争へと巻き込まれていった。これはやがて、仏法自立を壊滅させることによって全国統一をなしとげようとする信長に敗北していった。

宗門どうしの争いも激しく、一五三六年（天文五年）には、「天文法華の乱」といって、比叡山の信徒が京都の日蓮法華宗徒を襲撃して二十一の寺を焼き払う事件があった。

このために三条より南の下京《しもぎょう》が全部焼失し、上京《かみぎょう》も三分の一が焼けてしまった。この乱が起こったのは、一条烏丸《からすま》の観音堂で、比叡山天台宗の華王房《かおうぼう》と、日蓮宗信徒の松本新左衛門が宗義論争をして、比叡山側が負けたのがきっかけだった。

そのあと、キリスト教が入ってきてから、いくたびもさまざまな宗派との「宗義論争」があったのも、このようにみると、この時期には宗派どうしの論争はよくあったのだということがわかる。ただ、それによって二十一もの寺や一般の人の暮らす町を焼き尽くしてしまうという騒動はとてもふつうではない。

ザビエルが日本にキリスト教をもって入ってきたのは、このような天文法華の乱のあった十三年後のことだった。このように仏教はたがいに異なった宗派で対立していたので、最初のころ人びとは新しく来たキリスト教も天竺《てんじく》(インド)から来たたくさんの宗派のひとつだと思ってたいして驚かなかったということである。

できるかぎりポルトガル人のもってきたカトリックの日本における布教の成果については、ひいき目にではなく、冷静に判断しようとして『日本論』を書いたオランダ人、当然新教徒のズィール・ファン・ハーレンも、キリスト教が日本で大きな成功をおさめたことを認めて、その理由を、ひとつには大名たちが日本を支配する絶対権を得ようとして戦争をしていたので、そのために金がかかり、ポルトガル人がマカオから大型船で運んでくる商品との交易が莫大な利益をもたらすことで、商人たちが尊敬していた(とハーレンは書いている）パードレ（神父）たちを優遇したからだ、つまり、それは日本の領主とポルトガルの商人たちの利益にかなったからだと言っている。[*38]

このような現実的な理由はだれにも納得のいくことであり、いうまでもなく、カトリック信者であっても、そうでなくても、おおかたの歴史家が言っていることである。しかし、そうやって上から与えられただけの宗教が、はたして人びとの心に入っていくだろうか。ハーレンは一般の庶民にとってもこの新しい宗教は魅力があったのだと言っている。それは、日本では貧困は天罰だとされていたが、新しくやってきたパードレたちは「貧困は美徳だ」と説教したからだと。そして「いたるところで貧しい者、不幸な者を探し出して」惜しみなく慰安と食べ物を与えたからだと。つまり新教徒の目からみると、宣教師は宣伝のために貧者や病人を助けていたというのである。

一五七九年（天正七年）に日本の布教の状態を視察にきたヴァリニャーノ神父は「ヨーロッパとちがって、日本では貧しいということはたいへん不名誉なことである。ヨーロッパでは司祭は貧しい服装をしているほうが尊敬されるが、日本では服装をよくしなければまず尊敬されない。したがって日本で司祭が尊敬されようとするなら、服装をよくしなければいけない。日本では仏僧が絹や緞子《どんす》の着物を着ているので尊敬される。われわれも禅僧が着ているような黒い絹の衣服を身につけたほうがよい」と書いている。そのあと、イエズス会士のあいだでは、絹を着るか、それとも毛織を着るかで意見が対立した。

おくれてやってきたスペイン人のフランシスコ会士は、もちろん教祖であった聖フランチェスコの着ていた有名な毛布のような粗《あら》い服を着替えなかったし、裸足《はだし》でサンダルのまま歩き回って、日本の礼節になじもうとしていたイエズス会士をはらはらさせた。布教しようとする国になじんだやりかたをするのがいいか、自分たちがやってきたことをとおすのがいいか、これは異なった国に布教する場合にはいつも起こる重大な問題だった。

前にも書いたように、キリストが基本的に貧しい者のための宗教を説いたということは真実である。有名な「マタイ伝」のなかの山上の垂訓はいきなり「貧しい者は幸いである」ということばではじまっている。「天の国はその人たちのものである」。またこうも言っている。「金持ちが天国に行くことはラクダが針の穴を通るよりもむずかしい」。また「ルカ伝」ではこうも言っている。「ある人が盛大な宴会を催そうとしておおぜいの人を招いた……するとみな、つぎつぎに断わった。最初の人は『畑を買ったので、見に行かねばなりません』と言った。ほかの人は『牛を二頭ずつ五組買ったので、それを調べに行くところです』と言った。また別の人は『妻を迎えたばかりなので、行くことができません』と言った。……主人は怒って、僕《しもべ》に言った。『急いで街の広場や路地へ出て行き、貧しい人、体の不自由な人、目の見えない人、足の不自由な人をここへ連れてきなさい』。やがて、僕が、『まだ席があります』と言うと、主人は言った。『通りや小道に出て行き、むりにでも人びとを連れてきてこの家をいっぱいにしておくれ。あの招かれた人たちのなかで、わたしの食事をあじわう者はだれもいない』」（「ルカ伝」十四章の十五―二十四）

この大宴会のたとえは、いろいろなことを暗示している。私はキリスト教徒ではなく神学者でもないが、このたとえはわかりやすいのでだれにでもわかる。私の考えによれば、この盛大な宴会とは神の国のこと、つまり天国のことである。神が天国に招いているのに、畑をもっている人は買った畑を見に行くからという理由で、また牛のつがいを五組買った人は牛を調べに行くという理由で、妻をもらったばかりの人は妻がいるからという理由で天国に行くことを断わった、つまりこの地上に財産や愛する者をもっている人間には天国はいらないのである。いちばん天国を求めているのは貧しい人、体の不自由な人、そして広場や路地にいる庶民なのである。そういう人を救うのが宗教なのだとキリストは言ったのである。「まだ席があります」というのは、必ずしも貧困や身体の不自由がなくても、財産や家族に執着しない人ならば来てよいということにちがいない。

あるいはまた、畑や馬をもっている最初に招かれた人たちは、自分たちを神によって「選ばれた民」だと信じていたユダヤ人のことで、彼らはキリストを拒否したということかもしれない。また「まだ席があります」というのは、キリストの天国はだれにでも開かれているという意味でもあるだろう。たとえというものはどのようにも解釈できるのである。

キリスト教もはじまって千五百年もたてば、地上の財産や権力に無縁の人ばかりの集まりであるはずがなく、もともと四世紀にこの地上で最大の帝国であった古代ローマ帝国の皇帝と結びついたのであるから、いまやそれが地上のもっとも大きな権力になっているというのは事実である。しかし、実際に街頭に立って説教し、毎日集まってくる貧しい人びとを目の前にしないわけにはゆかないほんとうの末端の、あるいは先端の神父たちは、キリストのそういう精神なしには一日も働くことはできなかった。実際にザビエルが鹿児島で布教したときに、ミゲルという改宗した武士がザビエルに願ったことは、この土地には医者も薬もないから病気を治す記念品をくれということだった。

このときにザビエルは「霊魂のための薬です」と言って聖母マリアの小さい画像を拝むためにわたして、それから「これは肉体のための薬です」と言って苦行に使う鞭をわたし、「熱病にかかった人をこれで五回打てば治ります」と言ったそうだ。[*39] フロイスの話では、このミゲルはその後も十四、五年生きていて、多くの病人をこの鞭で治したそうである。またザビエルが京都に行ったときも道中で男や女がいろいろな病気のために、または患《わずら》っている子供たちのために薬を請うと、福音書からの一句を書いて首にかけさせ、そうすれば元気になるでしょう、と言ったそうだ。

フロイスの話にはこういう奇蹟がたくさん書いてあるが、彼に『日本史』を書くことを命じたヴァリニャーノ神父はこういう迷信を好まず、日本ではいっさいこういう奇蹟はなかったと書いている。そういう布教の初期のことを考えると、専門の医学を修めたアルメイダがやったような病院建設や医療介護の創始という事業がはじまったことには大きな意味があった。

それにしても、前に述べたような戦乱や一揆や火災や疫病や飢饉などが当然のことであったこの時代に、どれほどの病人や肢体不自由者や、飢えのために子供を殺すしかない妊婦などが巷《ちまた》にあふれていたかは、この時代の絵巻物である病草紙、地獄草紙、餓鬼草紙などからも推測できる。*40

またヴィレラは「日本人は貧窮なる者を犬のごとく少しの儀式もなく埋葬するので、十字架を捧げ、嘆願の祈禱《きとう》を捧げて埋葬する宣教師に感激した」（一五五七年書簡）と書き、一五六一年、イルマン・ジョアン・フェルナンデスは「死者の埋葬、病いの治療と薬は、キリシタンらを精神的および肉体的に強くし、また異教徒を教えに導くふたつの事業にして……右の事業によりわれらに対して嫌悪を抱くことなく、かえって親密となるにいたれり」と書いている。

またフロイスは「貧しい兵士や見捨てられた人びとが亡くなると、聖《ひじり》と称せられるある種の人びとが彼らを運んでいって火葬にする習慣がある。聖たちは、非常に卑しい階層の者とみなされ、通常よるべない人たちである」と報告している。

中世では、悲田院に収容された病人、孤児、貧民が非人とされ、葬送にかかわる場所にいたことが網野善彦の研究でわかっている。[*41] しかしキリスト教の神父らはどのような貧しい者にも荘厳な葬式を行ってその霊魂が救われるように祈りをもって送ったので、貧しい人びとはそのことに感謝した。このような報告は数多く書かれている。

しかし当時の上層階級の人間にはそれはキリシタンの人気取り政策に見えた。キリシタン宣教師が「病人狩り」をしていると書いた当時の書物はそのありさまをこう伝えている。

「非人乞食を集めて、いぐち、癩病、やうちゃう、唐がさ、腫物等、結縁に治療し、わが門徒に入れ、洛中洛外に人を出し、あるいは山野の辻堂、あるいは橋の下などに至るまで尋ね探し、非人乞食などの大病難病などのもの召連れ来たらしめ、風呂に入れて五体を清め、衣服を与へて之を暖め、療養しける程に、昨日の乞食、今日は唐織の衣服を身にまとひ、病も自ら回復せる類おほし。就中《なかんずく》、癩瘡《らいそう》などの難病、南蛮流の外療を受け、数月を経ずして全快し、誠の仏菩薩、今世に出現して救世済度し給ふなりと、近国他国風説区々たり」[*42]

このような書きかたのなかには、オランダ人が書いていたように、「わざわざ病人を探し出して余計なことをしているが、それにはむろん隠れた意図――宗教の宣伝――があるのだ、つまり純粋なものではない」という気持ちと、「癩病」を治すのだから「今《いま》様《よう》菩薩と言われるのもむりなかろう」というような感嘆の念もある。仏教では、『日本霊異記』などに書かれているように、「わが重き病いを得しは、殺生の「業《ごう》」によるゆえ」、つまりこの世で病気になったのは前世で殺生をしたせいだという業の考えがあったので、病人とそれにともなう廃物は、忌《い》み嫌われ、打ち捨てておかれたものとみえる。それでも仏教はそれをあわれむ思想をもっていたはずであったが、このような乱世になり、朝廷が統一権力で仏教的政策を行うことのできた奈良朝などとはちがって、宗派は多く、力は抗争に注がれているとすれば社会福祉は手薄になり、いっぽうではこのような前世の業という考えで病いをみることによって、ある意味ではしかたのないことだと諦めを得ることができたし、そうしなければならなかったのだろう。それゆえにこそ、病いをもつ人や、その家族や親、そしてあわれみぶかい人びとには、キリスト教がほんとうに救いであったにちがいない。

　アルメイダは、薬品をマカオから買ったり、医者の卵を育てたり、病院を経営したりするために非常に金がかかり、その上、宣教師は貧乏なので、その仕事を助けようとして、資金の調達を考えるようになった。それには、彼が熟達していた商人としての腕を利用した。

　ガゴ神父は教会や信者のために費やす金をほとんどもらっていなかった。日本は遠すぎたので、ゴアからの援助はほとんどなく、ガゴ神父は一五五二年に、いままでの六年間に一通しかゴアから手紙を受けとっていないと書いている。その上、日本に宣教師や金などを送るはずだった船が一五五四年に中国の沿岸で海賊に襲われて、その船に乗っていた者は全員殺され、積んでいたものは全部略奪されるという災難があった。前に言ったように、彼らの苦境を救ったのはいつも船長ドアルテ・ダ・ガマだった。彼は自分の財産を宣教師になんどもさしだした。しかし彼はもう老いていて、一五五五年が最後のアジアへの航海だった。アルメイダも自分の残った金をたえず寄進していた。あるときは府内の教会に美しい祭壇を寄付するために、百クルザドスをポルトガルに送ってそれを作らせたりした。

そうした事情から彼は、中国と日本の貿易に投資してそれで布教の資金をつくり出そうとし、実際それに成功した。もしアルメイダの商才がなかったら病院は維持できなかっただろう。一五八三年のマカオ・日本交易の年表にひとつの記録が残っている。この年ルイスは天草《あまくさ》で死んだ。そこには、彼が一五五六年に四千から五千クルザドスをマカオの絹交易に投資してこれを日本の教会に寄付したと記されていた。[*43]

黄金のオリエント

かつては、ヨーロッパとアジアのあいだに巨大なトルコ帝国が横たわり、インド洋を支配していたのも回教徒の商人だったが、十六世紀の初頭にポルトガルの圧倒的な勝利があってからは、これは新型のカラック船と大砲のおかげだと歴史家たちが言っているが、有名な和辻哲郎がこれもまた有名な『鎖国』という本で縷《る》々《る》書いたように、ついにむこう一世紀のあいだアジア交易はポルトガルの支配に帰した。

ポルトガルは国土が狭く中世から海外への膨張策をとっていた国だが、一四一五年にアフリカのモロッコの商業都市セウタを征服したのを皮切りに、大探検家で王子であったエンリーケの指揮のもとに大西洋諸島を植民地化し、西アフリカ沿岸を探検して直接スーダンとのあいだの金の取引に成功した。これについで国王はインド航路発見の計画を立て、一四九八年にヴァスコ・ダ・ガマがインド航路を発見、一五一〇年にはインドのゴアを攻略してポルトガル領とし、いっぽうでは一五〇〇年にはブラジルを征服、一五三八年には中国のマカオを植民地とした。ポルトガルは軍事力と航海術でインド洋の覇権を握り、大海洋帝国を築いたのである。

このようにポルトガルが海外支配に向かったのは、国土の地理的条件からみてほかには発展のしようがなかったからである。海外への進出は、通商の拡大を狙う商人の利害や、権威の高揚や財政の増加を狙う国王の野望のほかに、土地を相続することのできない貴族の次男や三男の野心を担《にな》ったし、これが推進力になった。この侵略によってポルトガルは奴隷という労働力、土地、砂糖や穀物などの食料、漁場確保によるタンパク質、香辛料、木材、地金《じがね》などを集め、リスボンはその一大集散地になった。

十四世紀から海上探検に国をあげて集中してきたポルトガルだったが、一四九八年にヴァスコ・ダ・ガマが大西洋を迂回して喜望峰を通過し、そこで回教徒の水先案内人のおかげでインドのカリカットにやっと着いたときに、ポルトガル海上帝国の夜明けがあった。このときも、しかし、彼がそこでやろうとした香料の交易はイスラム商人の妨害にあってできなかったのである。*44

実際には中国もインドも日本もすぐれた海洋国民だったとボクサーは書いている。しかし十六世紀にはこれらの「海上大国」(になったであろう国々)には国内の内紛があってポルトガルほどまとまっていなかったので、それがポルトガルの一国支配(パクス・ルシタニカ)にさいわいした。インド洋もシナ海もアラビアやマレーや中国や日本の海賊的な船乗りが跳梁していてけっして安泰ではなかったし、実際に、多くの商船が、略奪や殺戮《さつりく》にあってはいるが、やはりそれらはヨーロッパの巨大な利害を代表して国家をあげてやってくるポルトガル大型船の敵ではなかった。

ポルトガルとアジアの交易のなかで最大の利益を生んでいたのは、インドと中国と日本を結ぶ三角貿易だった。ポルトガルの商船は黄金のゴア（ゴア・ドラド）を出てマカオから長崎に向かった。その絶頂期は十六世紀の最後の二十五年間くらいで、その隆盛のありさまをエリザベス朝のイギリス人冒険家のラルフ・フィッチはこんなふうに述べている。

「ポルトガル人はマカオから日本に行くとき、中国からたくさんの絹糸、金、陶器などを持ってゆく。彼らは大きいカラック船でどんなところへも行ける。……これを日本の銀に換えるのだが、これは年間二十万クルザドスの価値がある」*45

一時的にせよポルトガルがこの交易で儲けることができたのは、明《みん》と安土桃山時代の日本が政治的に緊張関係にあって、この両国がじかに公の貿易ができなかったためでもある。また、中国、日本、ヨーロッパの金と銀のレートがちがっていたためでもあった。

ボクサーが紹介している無名のスペイン人の記録によると、ナウ船（大型定期船）はゴアを四月から五月くらいに出て、おもに、二十万から三十万クルザドスくらいの銀貨、象牙、なめし革、百五十か二百樽のワイン、マカオに住むポルトガル人のためのオリーブの実とオリーブ油を運んだ。

（それで思い出すのは、フロイスが越前の柴田勝家のところに行ったとき、オリーブの実の入った小箱を献上したら、彼はそれを刀で切って家来がみなで分け合って食べたという話で、これはこのころの日本人がオリーブを食べていた――おいしいと思ったかどうかわからないが――こととと、勝家がいい人だったということをうかがわせる。またこの話は商船の運んだオリーブがポルトガル人にだけ消費されずに、日本にも来ていたことを知らせる）

その無名のスペイン人は、ワインなどはマカオではポルトガル本国と同じくらいの値段で売られていたので、儲けはなく、船のほんとうの目的は中国で買い付け、日本とインドで売る交易にあったと書いている。彼の記録によれば、ポルトガル人が広東《カントン》で買い付け、日本で売るおもな品目が十八ほどある。六百ピクル（一ピクルは六二キロ弱）の絹の白糸、これは広東で八十タエルで買い、日本で約二倍の百四十から百五十で売れる。つぎが四百から五百ピクルの色絹布で、広東では四十から五十タエルで買って、日本で、その品質によって百から四百タエルで売る。このほか手描きの絹布、粗金、精製した金などおよそ広東の二倍から三倍で長崎でさばかれた。このほか、木綿、水銀、口紅（これは日本の女が高い値段で買ったそうだ）、鉛、錫《すず》、だいおう、つげ、砂糖、陶器などがあげられている。

長崎から帰る船の積み荷はおもに銀で、これで広東で品物を買い付け、日本で儲ける。中国の漆《うるし》の家具、いくらかの絹や陶器や金はゴアからヨーロッパに向かった。

日本では十六世紀に石見《いわみ》をはじめとする銀鉱が発見されてザビエルの時代には日本は

「イスラス・アルジェンタリアス（銀の島）」と呼ばれていた。金については、足利時代には日本から中国に金が行っていたが、この時代には逆で、これは商船が中国から長崎に持っていくおもなものだった。当時日本にどのくらいの金が産出されていたのかはよくわからない。信長も秀吉も金を溜めることには非常に熱心で、大名たちは、自分の領地に金山があってもそれを隠していたと言われている。いずれにせよ、一五七〇年代には中国と日本では金と銀のレートがちがったので、ポルトガル人としては銀を中国に、金を日本にもって行くことで利益があがった。*46 また日本では、中国やヨーロッパよりも金の価値が高かった。しかもまた石見その他の鉱山の開発によって銀が豊富だったので、ポルトガル人は日本の銀と中国の金を交換することで莫大な利益をあげた。

アルメイダが投資をはじめた一五五六年の一年前にまさにマカオがポルトガル領土として確立されたので、ポルトガル人がここをベースとして中国と日本との三角貿易を本格的に開始した。マカオは中国産の絹の大市場である広東にもっとも近く、この絹を仕入れて、日本で売る交易は非常に利益があがった。ボクサーによると、絹は日本でも生産されていたが、日本人は中国の絹糸や絹織物を非常に欲しがったそうである。宣教師たちの日本でのそのころのファッションについての記述を読むと、僧侶や大名や高位の武士のステイタス・シンボルは上等な絹の着物を着ていることだったそうで、そのために、宣教師が着ていた粗末な毛織りは、その外見だけでだれからも軽蔑されたということである。それを憂えた上長が、みなに絹を着るように命令したりしている。

一五七一年にはスペイン人がフィリピンのマニラを占領したので、それ以後、ここはスペイン人による中国・メキシコ交易の中心になった。一五八〇年にスペインとポルトガルがひとりの王によって統合されたが、そのあとでも、日本との交易はもっぱらマカオに基礎がおかれ続けた。すべての交易が長崎に限定される一六三四年までは、こうして「マカオから来る大きな船」が日本と中国と西洋をつないでいたのだ。なぜなら、そこに積まれてくるものは中国の絹やダマスク織ばかりではなくて、西洋の文物や書物、機械、道具、医薬品、楽器、食べ物、菓子、衣服そして動物やおまけに宣教師、画家まで運んで来たのだから。

通常、ポルトガル商人は広東で年に二回開かれる絹の市場で商品を買い付け、また中国の金を買って、モンスーンを待ってマカオで待機して、夏、五月から六月以後は日本へ、冬はインド、ヨーロッパへ船を出していた。ポルトガル人が日本から持っていったものは銀のほかに剣、槍などの武器(一六二一年以降はすべての武器の輸出が禁止された)、漆器、金屏風などの工芸美術品、それに銃を鋳造するための日本の銅も重要な輸出品だった。一時は日本から奴隷が輸出されたこともある。この奴隷貿易は秀吉の禁令の理由のひとつになった。

この時期にマカオを前線基地として日本との交易が開けたことは、ポルトガル商人にとって非常にすばらしいビジネスチャンスだった。なぜならときは戦国時代で、大名は戦争に打ち勝つためにあらゆる種類の西洋の文明を必要としていたし、交易からあがる巨大な利益を戦費にしたがったからである。

この日本・ポルトガル貿易の中心的なヒーローは、カピタン・マジョールつまり大型ナウ船の船長で、これはポルトガル王か、またはゴアの副王に任命権があって、高い利益があったために、ときにこのポストが売買されることがあった。ディオゴ・デ・コウトによると、一回の周航で大船長は一財産（十五万から二十万クルザドス）を稼いだ。船長のほかに大パイロットと交易管轄責任者が重要な任務を担っていて、それぞれ相当の収益があった。これらは全部ポルトガル人で、水夫はインド人や黒人奴隷だった。

こういったアジア交易の歴史のなかで、イエズス会宣教師は最初からポルトガル商人と日本の領主や商人との仲介者として重要な役割を果たしていた。商人からみれば、宣教師は日本語を知っていたし、殿のような重要で高位の人物を知っていたという利点があり、日本の領主や商人からみれば彼らはポルトガル語と日本語ができ、商人たちに尊敬され、信仰のために不可欠な存在とされていたので、貿易の仲介をしてもらうには最適であった。豊後の大友、島原の有馬、肥前の大村などがイエズス会士と緊密な関係を結んだのは、なによりもまず自分の領土の港にナウ船に来てもらいたいからであった。また宣教師も船を来させるぞという利益をちらつかせて布教したという見かたが日本の歴史家のあいだでは一般的である。また秀吉も家康も、ほんとうは宣教師など一掃したかったのだが、それに手間どったのは彼らを追放すると交易ができなくなる心配があったからだと言われている。

実際多くの歴史家たちは、黒船つまりポルトガル商船と、ポルトガル人宣教師によるキリスト教布教が密着していることをいかがわしいと思ってきた。あとで秀吉は宣教師のうしろに商人がいて、その背後に征服帝国スペインの軍隊がいると思って宣教師追放令を出すことになるが、少なくともポルトガルがまだスペイン王国と合体せず、ポルトガル商人が中国と日本の仲介貿易でぼろもうけをしたいとせっせと地域ビジネスをやっていたかぎりにおいては、そして日本の天下人《てんかびと》がキリスト教をまあまあ寛大にみていたあいだは、日本を征服したり植民したりすることはポルトガル国王の考えのなかになかっただろう。それは費用がかかりすぎる上に危険すぎ、基本的にビジネスにとって利益がない。それに、これは宣教師の報告でもわかることだが、日本と中国は征服して搾取するにはあまりにも高度な文明をもっている、あまりにも完成された国家だったのだ。そしてなによりも日本は入植するにはあまりにも狭く貧しい土地だったのである。きな臭いにおいがしてくるのは、征服者の心性をもったスペイン王国がポルトガルを併合し、秀吉がアジア征服の野望を持ちはじめてからのことだった。これは双方とも征服者（コンキスタドーレス）であったためだ。

とにかく、日本にいる宣教師たちと商売との結びつきは、大名を吸引するためもあったが、なによりも金のためだった。あまりにも世界じゅうにひろがったキリスト教の教区を維持するために嵩《かさ》むいっぽうの費用をカトリック王が出し惜しんだり、難破や盗難などの事故のために送金がとどこおりがちだったために、日本の教会は信者が増えれば増えるほど、神父が増えれば増えるほど、深刻な財政難に陥ったので、宣教師らは自分でもこの有利な交易に投資して費用を捻出しようとするようになった。しかしこのような「神と金」の結びつきは、王も教皇庁も信仰の純粋さを汚すものとして非難した。しかし、そうかといって、彼らがそれにかわってアジアの教会を維持する金や慈善事業の金を出してやるわけではなかった。じつのところ、日本での布教は長いあいだマカオとの交易によって支えられていたのである。アルメイダはそのことにたずさわったひとりだった。ほかの神父とちがっているところは、神父が商売をしたのではなく、商人が神父をしたのである。

宇宙解釈を求める日本人

医者としても商人としても非常に才能があったアルメイダは、日本の布教に非常に役に立つ人だった。彼ほど日本の異教徒の心をとらえて、心から改宗させた人はいないと言われている。たぶん、彼ほど日本人に愛されたポルトガル人はいなかったので、上司のコスメ・デ・トーレスはこの医師をたえず、改宗させるのがむずかしそうな土地につかわした。彼と同じほど日本人に好かれて、改宗者をたくさん出したのは、近畿で大成功したイタリア人の宣教師オルガンティーノ（うるがん様）くらいである。

フランス人イエズス会士マルセル・ピエール師は『キリストの外科医』という伝記のなかで、アルメイダをいかなる報酬ももとめなかった珍しいポルトガル人だと書いている。

病院では、弟子が増えて治療や看護にあたるイルマンも増えてきたので、しだいにアルメイダは上長の命ずるままに方々に改宗説教に出かけるようになった。彼が派遣された目的がおもに大名の説得のためだったのは、その人品と知性、論理性、そして科学的知識などがそれにふさわしくみえたからであろう。アルメイダの改宗説教旅行があまりにも頻繁だったので、フロイスは彼のことを「永久機械（エネルギーを補充しないでも自分自身で動く機械）」と呼んでいた。

まずアルメイダが最初に派遣されたのは一五六二年（永禄五年）の薩摩だった。ここはザビエルが最初に布教して以来、だれも行っていなかったが、多くの古い信者が一行を歓迎したありさまがくわしく報告されている。各地でアルメイダは信者たちに熱いもてなしを受けて心から感動し、こんなにいい人びとはいない、自分の親の家だってこれほどあたたかくは迎えてもらえないと書いている。またどの宿に泊っても住民が外人を珍しがって、むらがって見に来て説教を求め、数回説教をしたあと、聴いていたみなが洗礼を受けたいと言ったと報告している。アルメイダは、「最近発見された多くの国のなかで、これほど明らかな知性をもった人びとをわたしは知らない」と書いている。

鹿児島に福昌寺という寺の住職がいて、かつてザビエルと親交があったので、アルメイダは彼が眼を患っていると聞いて眼薬を持っていった。治療には時間がかかったので、そのあいだにこの住職は神父にいろいろな質問を浴びせた。神父によると、この人は「すこぶる知識欲に燃えていて、日本人にしては謙虚」な人だった。彼は宗教のことや神のことばかりではなく、宇宙の森羅万象について尋ね、しまいには「とうてい答えることのできない質問」に夜半までつきあわなければならなかった。それはちょうど子供が親に向かって「なぜ地球は動くの」とか「どうして太陽は落ちてこないの」とかいう質問を浴びせかけるのに似ていた。その上、答えることができないとわかったとたんに宣教師の権威は失墜してしまいかねないので、宣教師は日本ではよほどの教養がないと勤まらなかったのである。

ザビエルは一五五一年十一月二十日の手紙でこう書いている。

「日本人は非常に好奇心に富み、知識に渇し、問題を出し、またその答えを聞いて、少しも疲れない。新事物を聞くこと、とくに宗教上のことを聞きたがるのは、そのもっとも好むところで、われらが来る前にも始終宗論を戦わして自分の宗派のえらいことを争っていた。しかるにわれらの宗教を聞いて以来、キリシタン宗以外のことは語らず、家内でも路上でもデウスの法について論じているのは驚くべきものがある。彼らが持ち出す問題をくわしく記せば、尽きることを知らない」

また一五五二年一月二十日の手紙にはこうある。

「われらが説く教えに対して彼らがはなはだしく異議を提出することのひとつは、この教えがわれらの渡来以前には日本に示されていなかったということであり、もしデウスの教えに従わぬ者が地獄に堕ちるというのであれば、デウスは日本の先祖には教えを示さなかったということになる。それに対して日本人も中国人も殺し、盗み、詐利《きょうり》その他の悪事は悪いと知っており、それと知らずに善悪の分別はあったのだから、デウスの教えを知っていたのだと教えるのである」

ザビエルをはじめすべての宣教師が言うことによれば、この世界で日本人ほど質問好きな国民はなかった。ザビエルはとうとううんざりして、日本に送る宣教師はなにもかも知っている知識のかたまりのような人間でなくてはだめだと書いている。

「……日本に来る神父は日本人のする無数の質問に答えるための学識をもつ必要がある」とザビエルは一五五二年四月九日の手紙に書いている。「神父はよき哲学者であることが望ましい。また、日本人との討論において、その矛盾を指摘するために、弁証法学を知っていることがなおけっこうである。それから宇宙の現象のことも知っているとますます都合がよい。なぜなら日本人は、天体の運行や、日蝕《にっしょく》や、月の満ち欠けの理由などを、熱心に聞くからである。また雨の水はどこから生じるのかをはじめ、雪や霰《あられ》、彗星、雷鳴、稲妻など、万般の自然現象の説明は、民衆の心を大いに引き付ける」。またザビエルはこうも書いている。「彼らは地球が丸いことも知りません。太陽の軌道についても知りませんでした」[*47]

ザビエルは民衆の質問が宇宙現象に集中し、彼らの関心がそこにあるので、それに答えないと民衆の心をとらえることができないからと、知識をむしろ布教の方便とみているように感じられる。しかし、日本に長くいて日本語と日本文化を研究し、世界最初の日本語の辞書を編纂《へんさん》出版したジョアン・ロドリゲス・ツーズ（一五六一―一六三四）は、もっと深い考察を行い、信仰心と真理探究の関係についてこう書いている。「この東洋のあらゆる人のなかで、彼らは神聖なものに対する帰依や崇拝をもっとも強くもっている人びとである。彼らは偽りの神に長命、健康、富、繁栄、子孫などの現世的な恵みを願うばかりでなく、来世の救済もひたすらに求めているのである。……この証拠は壮麗な寺院、僧侶への大いなる尊敬と崇敬、偶像への祈願と喜捨において示されている。……しかし福音が日本に述べ伝えられてからは、偶像に対するこの信心や熱心さは急激に冷えていった。というのは、彼らは継続的に真理について聞き、それが彼らの闇をはらしつつあるからです。神の恩寵《おんちょう》によって真理を知るようになったからです」

薩摩の住職がアルメイダに聞いたことは、「なぜ四季がうつろうのか」「なぜ雨が降るのか」「日蝕月蝕はどうして起こるのか」「なぜ満潮干潮があるのか」「宇宙の創造主は存在するのか」ということだった。そこでアルメイダは自分が大学で習ったアリストテレスの形而下学を説明し、天文学の要点を話した。住職はすっかり感心して、フロイスによればたいそう歓喜した。この住職は以前ザビエルと会ったときにも同じような質問をしたが、通訳がいなくてその答えがわからなかったのである。ザビエルの前の手紙に*48はこのときの経験が入っていると思われる。いま科学者のアルメイダがやってきて、ザビエルが願ったような宣教師であることを証明した。いったいアルメイダが実際にどんな答えをしたのかは記録が残っていない。

宣教師たちが書いたくわしい報告をまとめて文章にするのがフロイスの役目だが、彼は科学にはほとんど興味がなくて悪魔や呪文や奇蹟に関心があった。それでのちに、自然科学、医学、哲学の中心であるパードヴァ大学（数十年後、かのガリレオが数学を教えた）を卒業した巡察師ヴァリニャーノがやってきてフロイスの『日本史』にはそういうたぐいの迷信がいっぱいであることを批判し、それだけが理由ではなかったが、その出版をさしとめたくらいである。そしてヴァリニャーノは日本では奇蹟など一回も起こっていない、と言っていた。とはいえ『日本史』のおかげで、いまわれわれは悪魔や奇蹟をもふくめてこの時代の西洋人や日本人の世界の見かたを知ることができるのである。

このように日本の民衆や、とくに知識人、僧侶などが熱心に知りたがることがらについて、宣教師は教会に学校をつくって組織的に教える必要を感じた。むろん、キリスト教を教えることが眼目だが、そのカリキュラムをみると、初等知識全般になっている。一五六一年（永禄四年）ごろからキリシタンの子供に初等教育――日本語、漢字、数学などをはじめたことが同じ年の、日本語のできるジョアン・フェルナンデスの書簡に書いてある。一五六九年ごろには五島で教会学校用教科書『貴理師端《キリシタン》往来』ができたりした。一五八一年には全国で二百校もあったそうで、庶民の子供、女子にももちろん、読み書き、音楽、作法、ローマ字その他を教えて、夜間には大人の学校もあった。[*49]

このことは、イエズス会という宗教集団のもつ性格と関係がある。イエズス会は一般の青少年の教理教育を中心に、青少年の教養に役立つすべての学問と技芸を教える教育機関を世界の各地に造っていた。中心はコレジオ・ロマーノ（ローマのコレジオ）で一五五一年に創設、コレジオ・ジェルマニコ（ドイツのコレジオ）は一五五二年、そしてセミナリオ、ノヴィシャド（修練院）などの教科課程、教育方法は一五九五年に制定され、基礎教養科目から専門課程にいたる組織的学制をつくったが、それは世界の教育史上画期的なもので、近世教育のさきがけであった。[*50]

ここでの教育の新しさは科学と数学が重視されたことで、グレゴリウス十三世が断行した太陽暦の制定にたずさわったローマのコレジオの教授クラヴィウスが大きな役割を果たした。中国に布教した有名なマッテーオ・リッチ、日本で布教したスピノラらのイタリア人宣教師はクラヴィウスの弟子だった。巡察師ヴァリニャーノがやってきて組織的な学校制度を整備し、そこでヨーロッパの最新の科学知識も印刷出版された。もちろん、活版印刷の技術や機械をもってきたのも、この同じ巡察師だった。教科書ができて、科学の苦手な宣教師たちはさぞほっとしたことだろう。これらの教科書は残っているので、宣教師がどう答えたかがおよそ推測できる。しかし、アルメイダが鹿児島に行ったのは一五六二年、そしてなにしろコペルニクスが『天体の回転について』で地動説を公にしたのが一五四三年、種子島《たねが》に鉄砲が来た年のことである。中世まで絶対の権威を振るったアリストテレスを批判して、太陽が自転し、天体が地球の周りを回るのではなくて、地球が回っているのだということを確認してコペルニクスの地動説を擁護したガリレオが生まれたのが一五六四年、有名なピサの斜塔で重力の法則を発見したのが一五八五年か八六年。そう考えると、この時期の宣教師が、いかに科学に造詣が深いとしても、まさに人類が天動説から地動説へ、アリストテレスからガリレオ、ニュートンへと移行して行くさなかの、いわば中世から近世への過渡期のさなかの知識を日本にもってきたのである。

一五九〇年に日本のコレジオの教科書になったペドロ・ゴメスの『二儀略説』には、

やはり、日本人が知りたかったことがたくさん書いてある。たとえば「四季の転変、日夜の長短、寒暑、温冷、みな日宮の巡環より生ず」をはじめ、「されは、日月の蝕する月蝕、日蝕といふは、日月めくり合て、太陽は上に、太陰は下に居して、月の体日光のさはりとなるをもつて、その通の下界を照らさぬ事。月蝕といふは、日月対看する時節、大地をその間に挟むをもつて、太陰日光をうける事を得ずして、月蝕となるなり」。雨の降ることについては「雨の質は雲なり」。潮の干満のことについては「潮の干満を論ずるに、是月輪の所為也。その故は、月の性徳は湿気を司るもの也。月輪は磁石の鉄を吸ひ、琥珀の塵を吸ふ性あるがごとく、月輪は海水をしたかへる性徳をもてり」*51とある。

　このころの日本語はわかりにくいので、ゴメスのラテン語の原文『デ・スフェラ（天体について）』を参照すると、やはり宇宙論の基礎はアリストテレスの形相《けいそう》・質料論によっていて、天体は球形で、なににも動かされず、自分で動く、つまり固有に運行するとなっている。ものごとを運行するにはエネルギーとか動因がないとまずいし、存在そのものにも原因が必要。そこで万物を創造し、最初の動きを与えたものが必要となる。カトリックの場合、その最初の創造者が「神」であり、宇宙すべての存在の原因であるとする。おかしいのは、天体は天使が動かしていると書いてあることで、それを聞いたあるイタリア人が「それはすごく疲れるだろう！」と同情していた。

　しかし、こういう文章を読むと、科学と宗教がここでは一致して宇宙の理由を説明しようとしていることがわかる。キリスト教徒でない人には（私もそうだが）奇妙にみえるかもしれないが、少なくとも、この時点では、キリスト教は世界を説明する原理でもあったのである。それだから、キリスト教徒の文明が近代的な宇宙観を形成できたのだった。キリスト教のなかには、世界を理論づける理屈も含まれていたのである。ただ教会がガリレオを宗教裁判にかけて自説を撤回させたり（一六三三年）、宇宙の無限性を主張したドメニコ会士ジョルダーノ・ブルーノを焼き殺したり（一六〇〇年）しはじめると、宗教が科学の敵になったように見える。（一九九二年に教皇はガリレオに対して教会がまちがっていたことを認めてその名誉回復をした。ガリレオは生きていないが、霊魂は不滅だとキリスト教徒は考えているのでそういうことにも意味が出てくるし、生きているときに迫害されたり、理解されなかったりした人にとっては、死後に名誉回復されるという希望は非常にだいじなことだ。しかし、そういうことが信じられないわれわれは、結局だまって、なにも期待せずにみずからの信じる道を行くしかない）

しかしガリレオもまたキリスト教徒であったから、自分が神に反対するものではなくて、「創造主の論理を明らかにすること以外、なにひとつ望まなかった」「世界を創造したのは、おそらく神だろう」と書いている。[*52]

さて日蝕月蝕の説明の原文では、「太陽とわれわれのあいだに介在する月が地球と太陽との中間に位置するとき、また太陽が地球の影を月に落とすとき」生じるとある。これによって地球が球体であることが証明される！　海もまた球体の上を覆っていることが、船のマストがしだいに見えなくなることで証明される。地球の逆の半球にも人が住むことが確認された。長い航海によって、地球のほとんどことごとくの場所に、人が住んでいることが明らかにされた。そして一度ならず、船がある港から西に向かって航海し、長年月のあとまた同じ港に帰ってきた。このことから逆半球に人がいることを先に理性で知ったように、今地球が球体であることを経験で知ることができるのである、と。

では四季の説明をみてみよう。「世界の構成要素は四つの元素であり、その混合によって万物が生じるが、その作用はすべて天体に依存している。太陽と月が光と運動によって下界に影響を与える。太陽がその光線で地に熱を生じ、すべてに生命を与える。太陽の光線が直接に注がれるとき、春、夏が生じる」

雨の説明はこのようである。「雲は大地から多量に上昇する湿った熱い蒸気が凝集し中空で冷却し凝縮する。雨は雲から発生する。強度の寒冷があるとき、蒸気は水に変化する。その水の本性は空気より重いゆえに下降し、雨となる」

このほか、風、雷鳴、台風、彗星、虹、海の塩分、地震その他の現象が同様に説明されている。万有引力の法則はまだ発見されていないので、「土がもっとも重い元素だから、球体の反対側のものも落ちない」となっているのはご愛嬌である。

さて、アルメイダもおそらくこのような説明をしたあと、福昌寺の末寺である南林寺という禅宗の寺の住職に招かれて、彼の部屋に泊まって日夜質問を浴びせられた。「ついに疲れはててふたりとも眠さのあまり倒れてしまったほどだった」と宣教師は書いている。[*53]まるで議論好きな学生仲間のようだ。この禅僧はたいへん博学で、部屋には書物が床から天井までぎっしり置かれていた。しかし彼は宣教師とこうやって何日も議論したあとこう言った。

「あなたの説明で今まで濃霧のようにはっきりしなかった疑問がすっかり晴れた。拙僧《せっそう》がなにより驚いたのは、釈迦の教法の書物が七千巻以上あり、中国で印刷され、それを伝えた天竺、中国、朝鮮のおもだった人びとによって校閲、吟味され、たいそう尊重されていたことで、それゆえに、それを信ぜぬわけにはゆかず、また他方においては、デウスの教えにこそあらゆる真理の根本と真髄が存すると思われるので、ひそかに洗礼を受けたい。この寺にくる人びとに対してははじめは禅宗の瞑想を教え、あとには福音の教えの真理を認めさせるように導くこととしたいがどうだろうか」

このとき宣教師は、当然キリスト教の神を信じるなら禅宗の住職であることをやめなければならないと言ったので、住職はやむなくキリスト教徒になることを諦めた。奇妙にも思えるが、この住職はキリスト教と仏教とを相いれないものとは思っていず、なんとかいっしょにできるといいと思ったのだろう。そういうとらえかたをした人たちはじつは多かったのではないかと思われる。

この住職は自分の得た知識をそのほかの学僧にもぜひ伝えたいと考えて、法泉寺から大数学者である僧侶忍室《にんしつ》を招いて、「わたし（アルメイダ）に日蝕月蝕、潮の干満について説明させ、わたしはこれらの質問の解答をみな記録していたので、二、三の証明を絵で描いて示し、彼を目の前でたちまち満足させた」とアルメイダは書いている。

このとき、彼は日本人の学僧から、その当時の日本の知識人がどのような宇宙観をもっていたかを聞き出した。それによると、「日本人は釈迦の教説にしたがって、天まで届き地中にのびている山が北にあると信じている。彼らはそれを須弥山《しゅみせん》と名づけている。それは砂時計のようなかたちをしていて、太陽はその周りを子供の独楽《こま》のひものようにぐるぐる回っている。それゆえ、太陽が毎日運行するとき、だんだん下がってきて、中央にある頂点に近づけば近づくほど、世界はだんだん熱せられて、熱度はますます大きくなってゆく。しかし太陽が昇っていってもっとわれわれから遠くなると、冷えを感じる」。そこで僧侶はアルメイダにこのことをどう思うかと聞いた。このとき仏僧が言った須弥山というのは、仏教の宇宙観のなかで、宇宙の中心をなすとされた巨大な山のことである。この山は世界の基礎である三つの輪――風輪、水輪、金輪の上の中心部に聳《そび》えて、その半分は水中にあり、頂上には帝釈天《たいしやくてん》の宮殿があり、山腹には四天王のすまいがあるとされる。その山の周りには九山八海がある。仏教辞典によればこの金輪とは

「有情の業力、別風を感じて、起こしてこの水をうち撃ちて、上結して金と成る」とあるが、まったくなんのことかわからないのは私に教養がないせいだろう。[*54]

アルメイダには仏僧の説明がよくわかったらしく、そのような宇宙の構造はありえないと言い、「太陽は天から離れない物体だ」と答えて、球体である地球と、その上を運行する太陽などの天体のことを説明した（まだ地球が宇宙の中心におかれていたのは、コペルニクスやジョルダーノ・ブルーノの新説が大学教育までとどいていない世代だったからだ）。しかしこの宇宙観を聞いて僧侶たちは「手をたたいてうなずいた。それは事柄の新奇なためでもあるが、われわれの科学が理性の軌範によって律せられているので満足したからであった」[*55]

私の思うところでは仏教のこのような宇宙観はむしろ象徴的な宇宙の概念図であって、いっぽうアルメイダのほうはなんとか目に見える現象を説明するために理屈や経験をつなぎあわせようとしているのであり、いっぽうは哲学でいっぽうは科学である。そのあと忍室はキリスト教を信仰していることを公にしはじめたとアルメイダは報告しているが、彼らのような知識人がキリスト教を認めたのは、彼らが理屈や経験をだいじに思う種類の人だったからだろう。

まだまだアルメイダは方々で病気を治したり宇宙談義をしたりしておどろくほどの信者を獲得していった。フロイスはこの時期の宣教師のなかで、彼ほどすばらしい成果をあげた神父はいなかったとほめている。どうやら、貧しい人びとは自分が癒《いや》してもらったり、子供を救ってもらったりして改宗し、知識人たちは経験している世界に理屈ある説明をしてもらって改宗していった。これらの報告を読んでいると、日本人は、ほんとうにザビエルの言ったとおり、非常に理性的で、好奇心が強く、理屈のとおったことが好き、つまり本来「科学的」な国民ではなかったのだろうかと思う。

豊後の王の改宗

ハンセン病などの病院を設けるための土地をあたえてこれを奨励する殿がいなかったならばこの慈善もできなかっただろう。このようなことをしたのは豊後の大名大友宗麟《そうりん》だった。彼が宣教師を優遇したのは、日本の歴史家によればやはり商船誘致のためで、改宗もその結果だったということだが、病院などをつくらせるのはまったく藩の利益にはならないことである。

宗麟（義鎮《よししげ》）は鎌倉時代から二十代も続いた古い家系、豊後、肥後両国の守護職という名家の長男で、一五三〇年（享禄三年）豊後府内に生まれた。その生涯や事蹟については外山幹夫氏をはじめじつにたくさんの本がある。[*56] 宣教師側にもたくさんの記録文書があって、その人間がどういう人であったかについてはその双方が相違しているので、いまはどちらとも決めがたい。

彼の人生で最初の大事件は、これはどの本にも書かれているが、一五五〇年（天文十九年）二十歳のときに起こった家督相続の殺傷事件に巻き込まれたことである。義鎮は長男だったが、その父親の義鑑《よしあき》は長男がきらいで、自分が寵愛している側室が産んだ三男に家督を継がせようとした。そこに定石《じょうせき》どおり側室が籠絡《ろうらく》した年寄がいて、義鎮をわるく言い、三男をほめあげたりしたので、あるとき、義鑑は藩の年寄四人を呼んで三男を家督にしたいと相談した。しかしその四人はみなそういうきまりを守らないことをやると藩が乱れるもとになるから、賛成できないと答えた。すると義鑑はこの言うことをきかない四人を謀殺しようと思ってふたたび呼び寄せた。このとき素直に出かけたふたりは殺されてしまった。あぶないと思って仮病を装って行かなかったふたりは、そのときは一命をとりとめたが、いずれ殺されるだろうと思い、義鑑の邸《やしき》を襲って義鑑に重傷を負わせ、三男とその母親と同腹の娘ふたりを殺してしまった。そしてこのふたりもそこにいた家臣に成敗されてしまったのである。この血なまぐさい大量一家殺人は大友の屋敷の二階で起こったので、大友二階崩れの変と言われている。このような事件のあとで家督を相続したので、反対派がたえず謀反を起こしたりして治世はなかなか安定しなかった。

この話のなかで、いかに反則的な主人であっても、やはり年寄ふたりがその主君を討って重傷を負わせ、その幼い子供や妻を殺したという惨劇のなかにいかにも殺伐とした当時のありさまが見える。

その翌年の天文二十年には北九州にまで大きな勢力をもっていた守護大名の大内義隆がやはり家臣の裏切りで滅びた。ザビエルが天皇よりも実権があるのは彼だからといって、彼に時計や楽器を贈って布教の許可を得た大名である。もっとも、ザビエルは大内義隆の前で彼の男色癖を非難するというかにもザビエルらしいことをやったので、この殿はキリシタンにはならなかった。しかし、山口の教会はずっと栄えていた。主君の大内を討って自殺させた陶隆房《すえたかふさ》は、自分は、自分を悪く言う家臣がいたために、もし主君を殺さなかったら自分が主君に殺されただろうから、先手をうって、自衛のために攻めたので、自分が君主になる気はなく、もともと血縁のあった大友家の次男つまり、義鎮の同腹の弟晴英《はるひで》を迎えて大内氏を継がせたいと義鎮に言ってきた。そのとき、義鎮は容易には陶を信用しなかった。つまり実権は陶が握って晴英は傀儡《かいらい》だろうし、もしその傀儡がいらなくなれば簡単に殺されてしまうだろうと予測したのである。しかし晴英は将来を恐れて大内に行かなければ臆病と言われる、危険を承知で乱国の大将となるのが武門の面目であると答えて大内家に入った。一説には、このとき晴英は山口においてキリスト教を保護したいと言ったとも伝えられる。事実、天文二十一年に彼は日本で最初のキリスト教教会大道寺を建立した。*57

ときは戦国であったから、弘治元年（一五五五年）陶は毛利元就《もとなり》に討たれて死に、義《よし》長《なが》と名乗った晴英も二年後に毛利に殺された。このとき、山口のキリスト教教会も壊滅し、ザビエルがここに残した神父トーレスらは豊後にひきあげた。義鎮は、自分に援軍を求めた実弟に兵を出さなかった。その前の年の一五五四年、義鎮は将軍義輝《よしてる》や幕府の要人に多額の金品を贈って肥前国守護職を買い取った。その五年後に義鎮は九州探題という要職を得た。その上、自分の弟の死後の大内氏の名跡を彼が相続するという将軍の許可も得た。

これらの経歴には権威を追求し勢力の拡大をはかる野心的で冷静かつ冷血な戦国大名の姿しか見えてこない。しかも彼は権力を追求することにかけてなかなか有能である。義鎮は北九州に勢力をのばしてきた毛利元就と対決し、これと結んだ肥前の龍造寺孝隆《よしたか》とも対立して北九州は緊迫した情況に置かれていた。そのなかでも大きな危機があったのが一五六五年（永禄八年）、一五六六年（永禄九年）の大友一族立花鑑載《あきのり》、高橋鑑種の謀反《むほん》で、彼らは毛利と通じて義鎮に背《そむ》いたのである。

この鑑種は義鎮の信頼が厚く、重く用いられていた重臣だったので、この裏切りに関しては、『九州治乱記』『高橋記』などでは、鑑種が義鎮に謀反したのは、彼の兄一万田《いちまだ》弾正忠親実の妻が「無双ノ美人」であったため「御屋形、是ニ御心ヲ移サレ」誑《たばか》りをもって彼を殺害し、妻女をわがものにしたためだということになっているが、外山氏はこれは江戸時代の文献なので、どこまで信頼できるかわからないとされている。[*58] しかし同じく江戸時代の『陰徳太平記』にも、義鎮は若い美女を領内から集めて酒池肉林に溺れ、家臣服部某の妻が九州一の美女であることからこの服部某を近習《きんじゅう》の者に命じて殺害させ、その妻を奪ったと書かれているので、これらの江戸時代の文書の記すところによれば、この殿はとんでもない殿だったということになる。

　これらの江戸時代の義鎮像とはまったく反対なのが宣教師の語る人間像である。同時代の宣教師たちも義鎮のことには頻繁にふれているが、その人間像はずいぶんちがっている。彼は一五五一年（天文二十年）二階崩れの翌年にザビエルが大分を訪ねたときに大いに彼を歓迎した。ザビエルは「豊後の領主はポルトガル人とたいへん仲のよい友人であり、勇敢な武将たちを抱え、広い領地を支配している。彼はポルトガル王が偉大であることをよく知っている。そして国王と親善を結ぶため、書簡を書き、友愛のしるしに武具ひとそろいを持たせ、インド副王に親愛の情を捧げるために家臣を派遣した。この使節はわたしとともにインドへ来てインド副王から歓待を受け、大きな名誉を与えられました」と書いている。[*59] フロイスは「神父やポルトガル人たちに対してこれほどの親愛を示した異教徒の王は、それまで日本国じゅうにひとりもいなかった」と書いている（『日本史』第六章）。

　実際、ザビエルがインドに帰るとき、義鎮はインド副王に敬意を表し、彼と親交を結ぶために進物を持たせた家臣ひとりをザビエルに同行させた。このときポルトガル王ドン・ジョアン三世にも親書を託した。これは日本の大名がポルトガルの為政者、元首に対して行った最初の外交使節であり、のちに彼がわれらが少年使節を送ることになったその路線のはじまりであった。

『キリシタン大名』を書いたシュタイシェンは「彼はようやく二十歳にしてあっぱれ天《てん》稟《ぴん》の才に恵まれ、珍しく正しい人であった」と絶賛、その理由は、義鎮自身がフロイスに語ったところによると、「十六歳のとき、府内に近い港に中国人のジャンクが入港し、六、七人のポルトガル人商人がやってきた。そのなかのひとりはジョルジ・ファリャという金持ちだった。そのとき、中国人の航海士が父義鑑に向かって、ポルトガル人を殺して財産を奪えとそそのかした。しかし、義鎮は、罪なくまた理由なきにその庇護のもとに貿易をなさんため遠方より来《きた》れる外国人を殺すべきにあらず、彼らを庇護すべしと述べたり」という逸話にもとづいている。*60 これを見ると、彼は少年のころから国際交流の良識をもっていたように思われる。

このとき十六歳の義鎮に命を救われたファリャなるポルトガル商人は、その後、一五四五年ごろにふたたび義鎮のもとに来て三年間滞在したらしい。義鎮は一五七七年にフロイスに向かって「ひとりのポルトガル人が三年間わたしのところに滞在した。彼はのちに山口の領主になった弟晴英があやまって鉄砲でけがをしたのを治療した」と述懐しているが、シュルハマー氏のザビエル伝では、このポルトガル人というのはファリャだった可能性が高いということである。[*61] 義鎮はこの外人に「ポルトガルやインドの状況や政治についていろいろ聞いて、キリスト教の修道士の規則や行状についてもあれこれ尋ねた」、「そこで聞いたことがほんとうかどうか確かめるために、ザビエルがインドに帰るときに家臣を使節として随行させたのだ」と義鎮は言う。そうするとポルトガル王らへの親書をいきなり持たせたというよりも、少年時代に外国への興味が培《つちか》われていて、それがザビエルを得て実現したのだということであろう。またこの話でおもしろいのは、弟の鉄砲傷を外人が治療してくれたという個人的な経験がアルメイダの医術への信頼につながったのかもしれないということだ。種子島の二、三年後には豊後にも鉄砲がきていたらしいということもわかる。

　このあと、キリスト教徒になって帰ってきたこの家臣から、「ポルトガル人が言っていたことは嘘ではなくむしろ控えめであった」とその盛況を確認している。いっぽう帰国するザビエルのほうでも、学問のある僧侶をふたりくらいインドに連れて行きたいと思った。なぜなら彼は（おそらく忍室やその周辺の僧との親交から）日本の最高の知識人は僧侶だということがわかって、彼らの知識欲を愛していたので、このような知識人を、ポルトガルやインドで見せれば、みなが日本人の優秀さをわかってくれるだろうと思ったのだ。このことはあまり知られていないが、一五五二年四月八日のポルトガルのシモン・ロドリゲス神父宛の手紙には、そのことが書いてある。

「わたしは僧侶をポルトガルに送って、日本人がどれほど才能があり、知性に富み、鋭敏であるかをあなたがたに知ってもらいたいと思い、ふたりの僧侶を連れて帰りたかったのですが、彼らは衣食に困らない、上流階級の人だったので、来ることを望まなかったのです。……そちらへマテオとベルナルドが行きます。ポルトガルやローマに行ってキリスト教世界を見て帰国し、見聞したことを日本人に証言したいと願って、わたしとともに日本からインドに渡航しました。なぜなら彼ら自身の口から証言を聞けば、日本人はきっとわたしたちを大いに信用するでしょう。日本人はこの世に自分たち以外には人間がいないと思っていますが、それは今から八年か九年前にポルトガル人が日本の島を発見するまでほかの国の人と交際しなかったからです」*62

けれども、このふたりの日本人はその目的を果たさなかった。マテオは山口で入信した人で、ゴアの聖パウロ学院で学んだが病気で死んだ。ベルナルドは鹿児島で洗礼を受けた人。ふたりともザビエルの「果実」である。ベルナルドは、まだ存命で総会長をやっていたイグナチオ・デ・ロヨラの配慮でイエズス会士となり、七ヶ月ほどローマにいて、帰途コインブラで病死した。フロイスによるとベルナルドはりっぱな人だったが、「容貌がいかにも優れなかった」そうだ。じつはこれが日本最初のローマ留学生であった。

目的は果たされなかったとはいえ、このように大友とザビエルの双方が日本人をローマに送って世界の情報を日本に知らせたり、世界に日本人のすぐれているところを知らせたりしようということを考えたのが、早くも一五五二年（天文二十一年）のことだったということを忘れてはならない。やがて三十年近くのちに、この同じ義鎮《よししげ》と、ヴァリニャーノとがとうとうローマのキリスト教の中心教皇庁めざして、三国の代表使節を送ることになったのは、けっして突然のことではなかった。それは長い試みと願望の、もっとスケールの大きい実現だったのだ。

すこし話の筋からはずれるが、マテオとベルナルドをよろしくという手紙のなかで、ザビエルは前に引用したように、日本人の知性の優秀さをほめた。しかし、その同じ手紙で、ある重大なことが言われている。ザビエルは神聖ローマ皇帝でもあり、スペイン王でもあるカール五世（在位一五一九—五六）に向けて、（ポルトガル王か王妃から）日本には艦隊を送ってくれるなと警告してほしいと願っているのである。

それというのも、「スペイン人たちが日本を『銀の島』と呼んでいて、メキシコからモルッカ諸島へ行くスペイン人は、日本の近くを航行するそうです。……メキシコを経由して銀の島を探究する艦隊をこれ以上派遣しないように警告してください。どんなにたくさんの艦隊が行っても、すべて難破してしまいます。たとえ島に着いたとしても、日本人はたいへん好戦的で強欲ですから（それらの船を）すべて捕縛してしまうでしょう。その上、日本の土地は肥沃ではないから船員たちは餓死してしまうでしょう。かててくわえて、日本は暴風雨が激しいので、友好関係を結んでいる港に停泊しないかぎり助かる見込みはありません」

それからまたザビエルは付け加える。「前に述べたように、日本人は強欲ですから身に着けている武器や衣類を奪うために船員をすべて殺してしまうでしょう」。どうしてこんなに熱心になんども頼むかというと「この銀の島を探し求めてメキシコからたくさんの艦隊が出帆しても、途中で難破してしまうと聞くと悲しくなりますから」

この手紙にはいろいろな意味があり、いろいろなとりかたができる。字義どおりでは、日本人は強欲で暴力的で危険だから近づくな、または沿岸や近海には暗礁や暴風があって船が航行できないから行くな。行っても食べ物がないから餓死するだけだ、ということになる。ザビエルはほんとうにスペイン艦隊のことを心配して警告したのだろうか。実際この警告は一五九六年（慶長元年）にスペイン船サン・フェリペ号が漂着したときに、現実のものになった。でもそのとき船員は殺されず高価な積み荷が没収されて秀吉の財布に入っただけだった。船が焼かれ、六十一人の船員全員が斬《き》られたのは一六四〇年（寛永十七年）のことである。

そうでなくてもザビエルは戦国の日本人の殺傷をその目でたくさん見たので、日本人が暴力的で強欲だという感想はもっただろう。

「日本人は自分たちを非常に高く評価している。彼らは自分たちの勇気や武器の扱いにまさるいかなる国民もないと思っているからである。そのため彼らは自分以外の国をすべて軽蔑している。彼らは自分たちの武器を自慢し、金や銀で飾られたよい武器を、この世のほかの何物にもまして手に入れようとする。彼らは刀や剣を家のなかでも外でも持ち歩き、眠るときにはまくらもとに置いて眠る。わたしは人生のなかで、これほど武器に頼っている人間たちを見たことがない。

彼らはすぐれた射手であり徒歩で戦う。彼らはたがいに非常に礼儀正しい。しかし、外国人にはその鄭重さを示すことがない。なぜならば彼らは外国人を軽蔑しているからである。彼らはその金をすべて衣装、武器、下僕につかい果たし、いかなる宝物も貯えない。彼らは非常に好戦的で絶えず戦争をしている。そこで戦争に強い人間が最高の君主になる。しかし、彼らはひとりの王（天皇）をもっている。彼らはしかし百五十年ものあいだこの王に従っていない。だから内戦が絶えることがない」

しかし、いっぽうから見れば、むろんザビエルはスペイン人だから、祖国のことは心配かもしれないが、日本の銀と中国の生糸の貿易で巨額な利益を得ているポルトガル人をふだんからスペイン人が羨望していたことを知っていたので、その利権を目当てに、日本人に劣らず好戦的で征服的なスペインが日本に押し寄せること、そして平和が乱され、ようやくにして整ったイエズス会の布教の基礎が破壊されることを恐れたのではないだろうか。ザビエルのもっとも心配したのはスペインの艦隊の安否ではなく、日本の教会の安否だったにちがいない。
またザビエルは日本人がスペイン人よりも戦争に強いということを強調している。戦っても勝ち目がないか、または骨が折れる（からやめたほうがいい）。それはのち一五八二年にヴァリニャーノがスペイン領フィリピンに送った手紙によく似ている。そこでヴァリニャーノは「日本人はたいへん高貴で、能力があり、理性的に判断する。征服できるとは思えない。また土地はたいへん痩せていて、今まで見た国々のうちでもっとも貧しい。住民は非常に強く、絶えず戦っているので、武力で屈服させることはできない」と書いている。後半はザビエルと同じだが、前半はちがう。ヴァリニャーノは文化的に高い民族だから、征服の対象ではないと言ったのだ。（ついでに言えば、ザビエルは「日本人より中国人のほうが優れている」と手紙に書いている。彼が中国に行きたかったのもそのためである。しかし、ヴァリニャーノは日本と中国は同じように優れていると言っている）
このような点でもザビエルの布教方針の後継者はヴァリニャーノだったことがよくわかる。しかし、宣教師がみなこういう考えだったのではない。なかには軍隊を送って征服してしまえと言った宣教師もいた。宣教師のなかにも多くの異なった考えがあった。みな出身がちがうし、教育もちがう。価値観もちがう。ひとりひとりが別の顔をした人間だった。日本人のほうもそうだった。このようなことはみなのちに述べることになる。なぜならそのことがやがて日本の運命を決める「鎖国」につながっていくからだ。

さて、インドに送った義鎮の使節への返礼として、一五五二年九月にインド副王からの書簡をもった神父ガゴが、日本語のうまいフェルナンデスとそのほかふたりといっしょに義鎮のもとへやってきた。彼らは、豊後と、義鎮の弟の晴英《はるひで》つまり大内義長《よしなが》の治下《ちか》山口で、やはりキリスト教布教を庇護してくれるようにと願った。そのとおりに、山口でもこの月、義長がトーレスに裁可状を下付している。翌年の一五五三年、義鎮はインド副王に返書を書き、これをインドに帰る修道士に託して「これで自分が久しく願っていたインド副王との修好が結べるようになったとたいそう喜んだ」とフロイスは書いている。

このような義鎮のキリスト教保護政策と、前に述べた病院や慈善などによって、大分はキリスト教布教がもっとも盛んな土地になった。さらに一五五七年に、キリスト教の庇護者であった大内義長が討たれ、山口にあった布教本部が豊後に移って、布教長トーレスも府内（大分市）に移ってきたので、これ以後ここが日本キリスト教の布教本部になった。

一五五九年（永禄三年）には、かつて親書を託したポルトガル王の後継者ドン・セバスティアン新王の返書が届いて、義鎮にキリスト教保護の礼を述べて、さらなる保護を願った。そこで義鎮は、翌年インドに向かったガゴ神父に託して、ポルトガル王ドン・セバスティアンに、黄金の蛇が巻き付いた鞘《さや》のある短刀をプレゼントした。王はまだ五歳か六歳だったので、小さい刀のほうがいいと思ったのだろう。この短刀はいつものようにシナ海で台風にあって破損したので、日本で修理するために送り返されてしまった。その二年後の永禄五年に、義鎮は、インドの副王に豪華な鎧《よろい》ひとそろいと、銀細工の柄《え》のついた長刀を贈った。これはひどく喜ばれたとガゴ神父の書簡にある。

一五六二年(永禄五年)に第二回のポルトガル王の親書がきて、さらに宣教師らの保護を願うと同時に、彼自身のキリスト教改宗を要請した。しかし彼はすべてにおいて教会と宣教師と布教と慈善を保護し、その領地には信者を増やしながら、自分では改宗しなかった。フロイスはそれを彼の「高慢と偏見」のせいだと思っていた。

「日本人は生来自尊心が強く、また彼らは道理と真理にかなうことを確信し、われわれの仕事はそれ自身英雄的な仕事であり、大きな慈善心と愛と隣人への同情から出た仕事で、そういうことは仏教の僧侶などには思いもよらない遠いことであるということを確信しており、またそれを否定することもできないにもかかわらず、なおかつ、(貴人たちの)軽蔑の念と反感は強いものである。また自分たちも二度三度説教を聴き、多言を弄《ろう》してその教えをほめそやしながらも、じつはそれを軽蔑して低級なことだと考えている。そこでやはりキリシタンにはなれない」*63

フロイスはこの文章をまさに義鎮を念頭において書いている。なぜならすぐこれに続いて「この高慢と偏見とは、フランシスコ王（義鎮の洗礼名）にもあって、彼は二十年以上も信者にならなかった」と書いているからである。最終的に彼が入信したのは一五七八年（天正六年）、家督を息子義統《よしむね》に譲って隠居してからのことだった。そのとき彼はザビエルの名を自分の洗礼名にしたいと希望した。

外山氏は、彼が長いあいだ入信せず、それでも宣教師を優遇し、キリスト教を保護したのは軍事経済の利益のためだったからではないかと考える。しかし、そこがこの歴史家の客観的なところだが、宣教師たちは、島津貴久や松浦隆信が欲だけで優遇しようとしたときにはそれを嫌って立ち去っているので、彼らの目をごまかすことはできなかっただろうから、利益だけではなかったろうとも書いている。

ただいろいろな史料からみて、義鎮はいわゆる国際感覚をもった政治家であったのではないかと思われる。ポルトガル王やインド副王への使節派遣は、ただクロフネが来て当座儲ければいいといった商売人の感覚ではなく、九州や日本で大をなす一国の王になるには、経済・軍事・文化（宗教）とも国際的な規模のネットワークや支援を背景にやろうと、非常にスケールの大きいことを考えていた野心家のすることではなかっただろうか。少なくとも彼は日本のなかで大きな力を得るには海外と連係しつつその文明を利用していくことがいいと思っていた。そのことはやがて信長が考えることと同じである。

したがって西欧の王と協力的な国際交流をやるという施策のなかに、当然彼らの宗教文化の受けいれも含まれていた。しかも彼は同時に仏教も擁護している。府内の禅宗の寺を保護し、臼杵《うすき》に禅寺を作り、禅の修業をした。あとで彼は、そうやって禅とキリスト教を双方勉強していたのだと語っている。そこのところがこの謎を解く鍵である。彼が正式にキリスト教徒になったのも、家督を譲って隠居してからであったことを考えると、彼が入信しなかったのは、領内をまるくおさめるためではなかったかと思われる。政治をやっているあいだは、どの宗教にも傾かない施策をとっていたのであろう。アルメイダの病院に大賛成で土地を与えたのも、理性に照らしてそれは人道的によいことだと思ったからであろう。

同時にそこから、豊後が軍事的な危機に陥ったときには、ポルトガル領インドに援助を求めることにもなった。一五六七年（永禄十年）九月、彼は毛利を討つために、山口に火薬の原料である硝石を輸入させることを禁止し、自分のところに毎年輸出しろと中国に滞在中の司教カルネイロに書簡を送った。むろん、その理由は、山口のキリスト教会を擁護するためと書いた。また一五六八年にはインド副王が彼に大砲を一門贈ってくれたのに、船が難破して沈んだことを残念がり、もういちど送ってくれるように書簡を送っている。

また豊後の港には、布教のごく初期からクロフネが来ていた。その船員を義鎮は友人のように歓迎した。彼がどれほど彼らに尽くしたかは、一五六二年のガゴ神父の手紙が伝えている。「貴族出身の、あるカピタン・マジョールが殿を歓待するために船に招いたとき、ポルトガルの商人たちがその周りに群がった。殿は彼らと笑い、冗談を言い、食べ物をとって与えた。しかし船長は帽子を手にして立ったままでまったく敬意を示さなかった」

御屋形《おやかた》様と言われた大名がこういう無礼を許したのはまことに珍しい。日本の武士は傲慢だというが、このポルトガル貴族も、自分もまた高い地位をもっている貴族だし、名誉ある人間だと思っていた。しかし、このような態度は、義鎮にはたいしたことではなかったかもしれないが、ひとたび相手が秀吉だと致命的なことになった。

義鎮がキリスト教に入信した前後から、実際に豊後は内外とも騒然としてきて領国支配は危機に陥った。それがキリスト教入信のせいなのか、同時に家督を譲った息子義統《よしむね》の無能のせいなのか、はたまた九州を襲った全国的な天下争奪戦のせいなのかは一概には言えない。

キリスト教改宗に先立って、一五六二年（永禄五年）三十三歳で義鎮は入道し、剃髪《ていはつ》して宗麟と名乗った。またその二年後またはその翌年（史料によって異なる）、彼は居城を臼杵に移した。*64 彼が剃髪入道した理由は、重い病気だったという説と、永禄四年に門司《もじ》城奪還をめぐって毛利に敗北したからだという説と、義鎮が京都から招いた台雲和《だいうんお》尚《しょう》に心酔したからという説と、彼一身の不行跡の始末だという説があってはっきりわからない。

前に述べたように江戸時代の書には義鎮が度を越した好色漢であることが書かれていたが、『大友記』には、義鎮の不行跡を正室の奈多《なた》氏が憎み、国じゅうの僧山伏《やまぶし》に命じて日夜祈願をさせたが、そのことが義鎮の耳に入って、彼はこの山伏らを皆殺しにしろと命令した。それを吉岡長増《ながます》に諫《いさ》められて彼らを国外追放に処した。ところがその直後、義鎮は姿を消してしまった。国じゅうを探しまわったところ、彼は府内に近い「五味《ごみ》浦《うら》」というところの小屋のなかにたったひとりでいて、紅葉の景に引かれて浮かれて出てきたので、もう府内には帰らないと言った。まさに殿ご乱心である。そこで家臣は彼を臼杵の丹生《にぶ》島に移した。実際には、臼杵に移った理由は、毛利水軍の攻撃を受けても耐えるような堅固な城を築き、大型船の入港できる港臼杵の便を考慮してだったというのが納得のいく説明である。*65

悪女イサベル

いっぽう、義鎮の正室奈多《なた》氏は、宣教師たちや、それをもとに書かれた西洋の歴史家のあいだではきわ立った悪役として個性の鮮やかな女である。宣教師はこの正室をイサベルと呼んでいた。この人は大分県の奈多八幡宮の大宮司《ぐうじ》奈多鑑基《あきもと》の娘である。名前に鑑の字があることからみて、義鎮の父義鑑《よしあき》から名をいただいたものである。その兄は田《た》原《わら》家を継いで田原親賢《ちかかた》と名乗った重臣であった。義鎮は彼女とは三十年近くいっしょにいて、嫡出子義統（一五五八年＝永禄元年生まれ）をはじめ、次男親家《ちかいえ》（永禄四年）、三男親盛《ちかもり》（永禄十年）と全部で六、七人の子供をつくった。義統以外は別腹だという史料もある。[*66]

一五七〇年代、つまり義統や親家などの若殿が少年期になると、たぶん父の思案で教会に説教を聴きにくるようになり、一五七五年、布教長ポルトガル人イエズス会士フランシスコ・カブラルの書簡によれば、このふたりの若殿はどちらも洗礼を受けることを希望していたという。アルメイダは義統が四歳ではじめて教会に来たときに、少年たちにヴィオラを演奏させて歓迎したが、そのとき子供はその音色に心を奪われてわれを忘れて立っていたと書いている。また義鎮の娘たちが教会に来たとき、フィゲイレド神父が紅茶をすすめ、世界の造り主の話やアダムとエバの話をし、壁にかかったキリスト像の説明をすると、おもしろがったという。義鎮は子供たちを西洋文化に触れさせようと思ったらしい。

義鎮が行動を起こしたのは、親家をキリスト教に入信させようとして、カブラルを滞在中の大村から呼び寄せたときである。戦国時代には、息子がふたりいる場合に、家督を継がないほうの息子が謀反を起こす（部下もろとも）恐れがあったので、家督を継がないほうの息子を僧侶にすることがならわしだったと外山氏は言っている。同じことが西欧でもみられる。ただ西欧の場合、肉親に謀反するということはほとんどないので、だいたいは財産を散逸させないためか、教会権力を獲得して一家の繁栄をはかるためである。

義鎮の場合には、自分が家督を継ぐときに惨劇があったから、いっそう危険を避けておきたかったのであろう。ただ、フロイスの書いているところによれば、この次男坊はまったく手に負えないほどわんぱくで、激しい気性をもっていて、最初父親が彼を禅宗に入れようとして、寺に京都から高僧を迎えてまで準備したのに、「若い息子は断じて僧侶になることを望まず、寺にいて書物を読んで学ぶかわりに、武術にいそしみ、剣術、相撲、そのほかの修業に励み、もし王が是が非でも僧侶にしようとするなら、腹を切って自殺するか、海に身を投げるかするであろうと言った」

フロイスの話では、こういう激しい気性を鎮《しず》め、おだやかな心をつくるにはキリストの信仰がいいと、カブラルのほうから入信をもちかけたことになっている。

カブラルにとっては、はじめての大名クラスの貴人の改宗だったので、どちらが言いだしたにせよ、大喜びだった。親家自身もキリスト教徒になりたいと希望していたそうだ。天正三年に親家はポルトガル王の名前をとってドン・セバスティアンという洗礼名をもらい、その家臣とともに入信した。長男の義統の義は足利将軍義昭から一字をいただいたもの（あとで秀吉の吉をいただいて吉統《よしむね》と変えた）だから、兄弟で東西の支配者の名にあやかったというわけだ。

この入信をきっかけにして、以前から改宗したいと内心思っていた大友の家臣たちが、続々改宗した。この天正三年（一五七五年）が、その後、キリスト教が武士階級に拡大していくひとつの画期になった。親家は熱心な教徒で、府内の仏教寺院を破壊するなどし、それが国内の仏教僧侶の怒りを買うことになった。

しかし、もっともよくないのは、義鎮の正室奈多氏が、その生まれが神道であり、かつ熱心な仏教徒でもあってキリスト教を衷心《ちゆうしん》から憎悪していたことである。親家がキリスト教に改宗してから、奥方の耶蘇《ヤソ》嫌いが露骨になって、これが大友家をも豊後武士団をも分裂させることになった。その最初の顕著な事件が、エステバンという少年をめぐる迫害である。この少年は跡継ぎの義統に仕えていたが、主人の不興を買って、都の大身《たいしん》に嫁に行った義統の妹のもとに追いやられた。この妹は母イサベルに劣らぬキリシタン嫌いだったので、この少年がキリシタンだとわかると、彼に寺に護符をとりに行くように命じた。少年はそれはできないと言うと、彼女は彼を死罪にすると脅し、少年は命にかえてもそれを拒否した。主命拒否は死罪に価するものだった。娘からことのしだいを聞いた奥方は臼杵を留守にしていた夫に使者を送り、宣教師らは仏を否定し、慣例を破壊し、家臣をして領主に背かしめ、国を滅ぼすもとであると、のちに秀吉や徳川が言ったようなことを言って、夫に対し、早々にこのいまいましいキリスト教神父らを国外追放すべきだと書き送った。

このとき義鎮はなんとか宣教師を守ろうとしたので、奥方は息子の義統に裁決を求めて、少年に死罪を宣告し、こののち家臣が改宗することのないように禁令を出させることを決心させた。このとき、少年の命を助けたいと思った父母や親族は、かたちだけでも主人の命令に従うように懇願したが、少年とこれを守るキリシタン武士たちはそのまま臼杵の教会で殉教という寸前まで行った。カブラルは少年を府内に逃がし、義統に対し、「キリスト教徒である家臣は神に背くということがない限り君主を裏切ることなく生命を失うまで服従するのが常である。神はそのように命じている」と述べたので、義統は死刑執行をのばし、義鎮に相談して決めるというところまで譲歩した。

このとき義鎮は、少年に対して、仏教の護符をとりに寺に行けば仏を礼拝せざるをえず、キリスト教徒としてこれは従えないという気持ちはわかるが、キリスト教徒として護符をとりに行くことができない理由をはっきり説明しなかったのは少年にも責任があるのだからと言って、妹にとりなすことを約束し、事態を丸くおさめることができた。

この事件は、奥方がその夫とまったく考えが合わず、自分の考えを息子をとおして実現しようとしていることをあらわにした。そこで、大友家には主人と奥方という対立する勢力があり、娘と息子は奥方に支配されているという事態が浮かび上がってきた。
その亀裂を決定的にしたのは、奥方の実兄である田原親賢《たわらちかかた》（または親堅）の養子親虎《ちかとら》の改宗事件であった。この騒動について一番くわしいのはフロイスである。彼はなぜか彼女を「イサベル」としか呼ばない。イサベルとは、旧約聖書に出てくるイスラエルの王アハブの王妃で、ユダヤ教に敵する偶像を崇拝し、預言者エリヤを迫害し追放した「悪女」である。

まず最初の騒動は田原親賢が公家の柳原家から迎えた養子親虎がキリスト教徒になってしまったことから起こった。この少年は養子にきたときには七歳だったが非常に美しくしかも聡明だったので、義鎮もその妻もいずれ自分の娘婿にしようと思っていた。親虎がキリスト教に心惹かれたきっかけはやはりたまたま教会に連れていかれたからだが、それは養父の親賢が、好奇心から臼杵の教会を訪問し、そのとき十四歳の親虎をともなってゆき、「冗談ごとのように、デウスのことの説教を聴けと言った」とフロイスは『日本史』に書いている。いっぽう書簡では、このとき親賢はカブラルに将来この子を切支丹《キリシタン》にしたいと言った、となっている。白水甲二氏は『きりしたん大名大友宗麟』[*67]のなかで、これはフロイスが仲間を正当化するためにつくった嘘だと断言している。あとでカブラルは少年の改宗を助けることになるのだが、それを正当化した。親賢を違約者にするための嘘だということである。

たしかに教会に行く機会がなければ少年はキリスト教に心惹かれたりはしないから、だれかが連れていったことは事実だろう。そのとき日本人が、心からそう思っていなくても、儀礼としてよく説教を聴けとかいうようなお世辞を言うことはありうるし、私自身もけっこうそういうことをやる。しかしそういう挨拶を、高位の武士の入信を熱望している、そしておおよそそういうだいじなことを儀礼では言わない西洋人が聴いたとき、どういう誤解が生じるかも私には想像できる。将来キリスト教徒になってほしいなどとまでは、その後の猛反対をみると言ったはずがないが、説教を聴けぐらいは言ったかもしれない。それを神父がどう拡大解釈したかまではわからない。将来そうなってほしいと神父が思ったのはたしかだろう。おまけにカブラルは日本語ができない。すべてはフロイスの言説である。

さらにフロイスによれば、少年は生命にかえてでも入信したいと決心を固めたので、親賢とイサベルは少年を隣国の豊前《ぶぜん》に隔離した。少年はそこに二年ほどいたが、それでも決意を変えず、十六歳の時に臼杵にもどった。そして養父に隠れて深夜「裸足でびしょぬれになって小川ふたつを歩き」教会に通った。少年の懇願に負けて神父が洗礼を授けたのは一五七七年（天正五年）四月七日だった。腹心の部下数名も洗礼を受けた。

それがフロイスの物語である。白水氏は、「喜んだのはカブラルである。親家に次ぐ第二の獲物だ。これによって臼杵の教会の名はあがり、新しい信者があとに続くだろう」、「カブラルは洗礼を強行した」と書いている。

そのあとは解釈の余地のない事件が続く。激怒した親賢はイサベルとともに親虎を迫害した。親虎は幽閉と迫害の苦痛を書いた書状を厠《かわや》に置き、信頼する家来がこれを拾い、その家来から百姓へと通じて宣教師に送った。親賢も教会に対して書状を送った。それは以下のようなものである。

「神父に言っておく。予が主たるこの田原の家は、軍の神である八幡《はちまん》に属していて、我が先祖以来の義務として当豊後国でかくも崇拝されている神々に祀《まつ》りを行うことになっている。倅《せがれ》がキリシタンになればその結果重大かつ忍びがたいわるい状態が生ずる。第一は我が家は神々の祀りを騙《だま》しとられる。第二は、倅は政庁においても軍においても国王に仕えることができない。第三は、我が家が前述のふたつのことに依存しているので、これがなくなれば我が家は廃《すた》れ、やがては滅びるであろう」。そのかわりに、もし神父が親虎にキリシタンを断念させてくれれば、「予の家臣四千人ないし五千人」をキリシタンにし、「豊前、筑前両国に多数の教会を建てる」。もしそうしなければ「親虎と教会にいるすべての人びとを亡《な》き者にするであろう」

この手紙には親賢の必死の思いがにじみ出ている。彼の領土には社寺が多く、その寄進が収入の多くを占めていた。その当主がキリスト教徒になってしまっては社寺が破壊されて収入がなくなってしまう。彼はその現実をカブラルに訴えたのである。じつのわが子ならともかく、養子なのだから、廃嫡《はいちゃく》してまた養子にすればいいのに、これほど親虎にこだわったのは、ほんとうにわが子のように思っていたからだろう。イサベルは家の恥辱と不面目だと言って兄を責め立てていたが、親賢にはなんとしてもわが子をとりもどしたいという思いがあった。

カブラルは、「最初に息子に説教を聴けといったのはあなた自身である。神父は日本人を真理へと連れていくことはできるが、すでに善道に入る者を外《はず》れさせることはできない。信仰を守れという以外のことを勧めることはできない。その結果死ぬことがあっても、それは最高の喜びである」と答えた。

そこで親賢はさらに「もし神父が親虎を回心させなければ、ただちに教会を破壊し、そこにいるすべての者を殺す」と言った。いっぽう、親虎はひそかに手紙を神父に届けた。「わたしが閉じ込められている部屋から、神父や修道士が譲歩しないばかりに、あなたがたを殺し教会を破壊しようとして親賢がたえず行っている協議が聞こえます」「わたしは棄教するくらいならば、親賢の家も、その富も、地位も、相続財産も、まだその上に生命も失う決心です」

親賢が豊前から呼び寄せた武装した兵士が臼杵に着いたので、その日か夜かに教会が襲われるという噂がひろまった。この日死者を埋葬して帰ってきたフロイスは三、四十人のならず者が、もし兵士が教会を破壊したならば、金目のものを略奪しようとして棒や細引きをもって教会の前に群がっているのを見た。神父や修道士たちは死の祈りをはじめたが、カブラルは狩りに遠出していた義鎮に急使を送った。

そのとき教会のなかに、強い信仰をもつ人たちが集まっていたが、しだいに非常に弱い人びとや、どちらかといえば煮えきらなかった人々も集まりはじめ、ふだんあまり熱心でもない信者もわれさきにと教会に向かって歩いてきた。信者のなかに紛れ込んでいた法華宗の僧侶たちがこれを見て、「これほどみずから進んで我が身を死に捧げるこの人たちは、死後に期待する至福をもう肉眼で見ているように思われる。われわれもその至福にあずかるために信者になろう」と言ったそうだ。また「生来弱く臆病な婦人たちにも同じようなことが起こった」。夫がすでに立てこもっている奥方たちが、どうしても家に帰ろうとせず夫とともに死のうとして、「大祝日のようにもっともりっぱな着物を着て、戦うために、その着物の下に大小の剣を帯びていた」

フロイスは、このときは教会で死ぬために急いだ人びとが「ほかのひとにおくれまいとして」われさきに教会に向かったと述べている。宣教師にはそれがひたむきな殉教へのあこがれに見えた。しかしこれはすこしちがう。この人たちは、そこを死に場所だと思った。戦国の世のなかでは命はだれにとっても不確かで長くない。みな死に場所を探し、せめてその名誉ある死でこのはかない生をまっとうしようとしていたし、そう教えられてもいた。もしそうなら、この人びとはいざ教会で宣教師と少年が死ぬのなら、そここそ名誉ある死に場所だ、戦場におくれをとるまいと行く人々のように、彼らは教会に向かったのである。

武士道とキリスト教信仰

この話のなかで、カブラルが義統《よしむね》にあてて「よきキリスト教徒は忠義な家臣である」という意味の手紙を送ってエステバンの処刑を猶予してもらったというくだりがあるが、これを宣教師のでまかせの詭弁だとは私は思っていない。ヴァリニャーノはつぎのように書いている。「彼らは世界でもきわめて特殊な支配の形態をもっている。すべての男はその家族および家来を絶対的に支配しており、なにもさまたげられることなく彼らを理由の如何《いかん》を問わず殺すことができる。またその男が主人をもっていても、彼の子供や家来を殺すことが許されている、主人はそのことになんら関心を持たない。彼は自分の子供を殺すことができるだけではなく、彼が望むときに相続をさせることを断つ（廃嫡する）ことができる。日本での支配・統治の形式とは、王または貴族が、その領地の絶対的な支配者であることである。彼はそれを家来に分かち、自分自身はその半分以下を所有する。しかし戦時であろうと平時であろうと家来は常に主人に奉仕する義務がある。もっとも貧しい百姓であってもその身分と必要に応じて君主に奉仕する」

イギリス人のリチャード・コックはこう観察する。「この日本の国の統治は、世界にもかつて類を見ないような、おそらく世界で最大最強の圧制である。君主に対してすべての国民はさながら奴隷である」

岡田章雄氏は昭和二十四年の論文で、日本でキリスト教が敗北した原因は、神仏信仰と拮抗《きっこう》したからだけではなく、封建社会の道徳がこれによって破壊される危険があったからだと述べている。[*68] 主君の命令には断じて従うのが臣道であった封建制下において、主君の命令よりも自分の信仰をだいじにしたエステバンはその典型的な例だから、それはまちがいのないことかもしれない。しかし、ものごとには二面あって、命をかけての神への忠誠は、もし主君の命令が神の命令に背くのでさえなければ、裏切りなどをしない、忠誠な家臣になる心の道徳をもっているということでもある。事実、秀吉は最初、キリスト教徒の高山右近《うこん》が下克上などしない信頼できる部下だと信じて近くに重用していたし、そのほかのキリシタン大名についてもそうであった。したがって、ただひとつの条件、信仰に背かないという一点さえ確保できれば、キリスト教徒の武士は忠義な武士である資質が高い。

ただ、十七世紀に入って秀吉や家康のキリスト教迫害が本格化し、君主か神かというふたつにひとつを選ぶように迫られるような事態になると、つまり、追いつめられた場合、それはどちらかを選ぶことになり、あるいは神を選んで殺されることになる。優劣、軽重は人によって異なるが、最初から絶対相いれないということではない。もしも事態が二者択一でないならば、キリスト教徒の武士は、これをふたつながら矛盾なく統合できた。たとえば、一五六二年（永禄五年）アルメイダが平戸で布教している最中、藩の祐筆《ゆうひつ》に向かって、もしも殿がお前はわたしから封禄を得て暮らしているのだから、キリシタンになってはいけないと言われたらどうするかと聞いたところ、彼はすぐにこう答えた。「殿はわたしが忠実にお仕えすることを望むであろうか。御主君を愛し、御主君のものを盗まず、御主君に忠誠にして、謙遜かつ忍耐強く、慈悲深きことを望みたまうか。もし殿がこれを望みたまうのであれば、キリシタンとなれと命じてもらいたい。だがもしキリシタンになるなと命じたまうのならば、そのような家臣にはなるなと命じているのだと申し上げるでしょう」と言った。[*69]

これは主君への忠誠がキリスト教の美徳と一致していると考えている例である。石田三成の迫害にあった小笠原アンデレというキリスト教徒の父親は、死ぬまぎわに「主君のために死することが名誉なら、我らのために御命《おいのち》を捧げたもうたイエスのために一命を落とすことは何たる名誉であろうぞ」と叫んだのも、これは死を選んだ例だが、自分は武士として名誉なことをしているという考えであった。[*70]

岡田氏はまた「主君に対する忠誠の表現としての殉死、自己の責任を負うための最高の美徳としての切腹や介錯《かいしゃく》などの封建的な美徳は、キリシタンの思想からはすべて自殺または殺人行為として罪悪と見なされていた」と書いているが、これも裏返すと、神や信仰のための殉教は、つまりは信ずるもののための殉死であって、いずれの場合にも自分の生命よりも本分をまっとうするという点、言ってしまえば命を粗末にし、死を栄光化する点では同じである。

非常におかしいのは、宣教師たちが切腹や介錯、敵の大将の首狩りなど、やたらに血を流す日本人に嫌悪の念をもってこれを野蛮人のように報告しているいっぽう、秀吉は禁教の重要な理由のひとつとして、キリスト教徒がやたら喜んで殉教するのは、身体髪《しんたいはつ》膚《ぷ》これを父母に受けたからだいじにしなきゃいけないという儒教の道徳に反するからダメだと言っていることだ。もしほんとうに両親からもらった身体がなによりもだいじなら、彼らが平気でやった切腹の命令などやれるわけはないのである。結局なんのために死ぬか、なんのために命をかけるか、それがたがいにちがっていたにすぎない。

一九六〇年に関根文之助氏が「武士道とキリシタン」という論文を書いた。これは要するに、徳川時代に大量の殉教者がなぜ出て、それがなぜ武士階級が多かったかについて書いてあるのだが、武士道とは主君のために命を棄てることであって、これらの武士は徳川幕府にではなく、キリスト教の神に武士道をもって殉死したのだということである。[*71]

そうでないと、家光が十二年間に二十八万人のキリスト教徒を殺害できたという理由がよくわからない。改宗しさえすれば殺されないのだから、改宗しないで死を選んだ日本人が非常に多かったということである。もちろん農民や庶民もおおぜい死んだからすべてをそうだとは言えないが、徳川が自分以外に忠誠を誓う者は根だやしにする必要があったという点では同じである。およそ武士道と言われるものは、人を死にやすくする教えである。これは中世において「弓矢の道」と言われ、主君への献身、そのためには死を恐れぬ勇気という戦闘者の教えであって、まさしく戦国武士に求められたものである。しかし、近世では武士の社会的な位置が変化してもっと儒教的な道徳を備えることが優先された。

たとえば山鹿素行《やまがそこう》（一六二二―八五）は、直接生産に従事していない武士の職務は、人倫を重んじ、模範的に行動し、これによって主君に仕えるものとした。大内三郎氏は、明治時代のプロテスタントは、「このような儒教的な訓練を受けた真摯《しんし》な武士出身の青年が、西洋文明の根底をなす道徳にふれて、……キリスト教の伝道師となった」と書いている。[*72] たしかに、時代は明治であるが、キリスト教思想の代表者新渡部稲造《にとべいなぞう》が『武士道』（明治三十年）を書いたことはその証拠だろう。また明治三十三年に植村正久が『武士気質』で、「キリスト世の罪のために己れを捨てたることのごとき、武士風の教育を受けたる人の心には了解さるることは容易にして」と述べている。

しかし武士道は、いっぽうでは、一七一六年（享保元年）に出た『葉隠聞書』のように「武士道とは死ぬこととみつけたり」という極端な思想に凝縮され、近代現代の戦争時にも有効に作用して若者に死ぬことを教えた。火が、飲食暖房にも武器殺人にも使用されるように、伝統的な武士道はその時代とその状態とによって変化し、さまざまな要素と合体し、多様なかたちで現れる。

そして戦国時代には、死を美化する戦国の心のありかたが、教会と信仰を守る場を死に場所であると武士に教え、生きていても辛いだけの凄惨な貧困にある者には、ここで死ぬことによって至福の天国に再生する望みを与え、女たちにはあるいは夫や息子と共に死ぬことを望ませ、異なった階級で、異なった思いで、人びとは死ぬために教会に歩いていったのである。

親虎の廃嫡

親賢はおおぜいの者が教会といっしょに死ぬ覚悟をしているという知らせを聞いて、死ぬ決心をしている人たちに攻撃を加えるなどということは無鉄砲だと言う部下たちもおり、襲撃を実行する気になれなかった。そうこうするうちに義鎮《よししげ》の使いが書状をもってきたが、そこには自分は教会の保護者であることは隠れもないことであり、教会が襲撃されるようなことがあればドン・セバスティアンとふたりで教会を守ると書いてあった。領主の命令が出たので親賢もふりあげた拳《こぶし》をおろすことができた。

このとき義鎮はわざと狩りに出ていたという歴史家もいるが、だれからも距離をとっておこうとしてそうしたのかもしれない。カブラルの使いで義鎮に会ったジョアン修道士に向かって、義鎮は「信仰のことは自由にして各人もっともよしと思うものを選ぶべし」と言い、会堂は自分の保護下にあり、これに反対する親賢は、自分の家臣であるから「会堂を保護することに反対するならその首を斬るべし」と筋の通ったことを言っている。

ここでフロイスは、日本の歴史家が言うのとはちがうことを書いている。というのは、親家《ちかいえ》すなわちドン・セバスティアンは、親虎《ちかとら》が豊後一の地位と財産をもつ親賢から放逐《ほうちく》されることを願っていたのだと。なぜなら、二男の彼自身はなにも相続できぬ上に、親虎が公家柳原の出であるということで、いつも彼の上座にいたからだ。親賢は数日後に親虎を廃嫡し、追放した。しかし親虎が教会にいたときに、彼がふだん着ていたりっぱな絹の着物が詰まった櫃《ひつ》と、親賢がかつて養子に与えた高価な剣をひとふり持っていかせた。これには七歳から育てた養子への愛が感じられる。しかし、親虎はこれを返した。

フロイスは重ねて、ドン・セバスティアンはなんどか親虎を訪ねてきたが、そのときはもう軽蔑するような口ぶりで彼に話しかけ、「座るときも上座に座った」とこだわる。「親家の主たる望みは親虎の相続財産を継ぐことだった」ので、母イサベルを説得し、数ヶ月後に目的を果たしたというのである。フロイスは親家がキリシタンであったにもかかわらず、昨日まで上座にいて敬語をつかっていた親虎に向かって、逆境に落ちるとみるや、見下すことばをつかい、上座を占めたというこの人間をにくにくしげに描写している。げすな人間だということがよくわかる。親家はのち天正十四年に、薩摩の島津が府内を占領したとき、恐怖から島津に内通した。このとき義鎮の逆鱗《げきりん》に触れ、すべての所領を失った。

こういう人間を、親賢がとうてい親虎のかわりとして愛することができたとは思えない。実際に一五七九年（天正七年）親家は、親賢の家を出て、奈多氏の本家田原家の相続人になり、三男の親盛《ちかもり》がかわって親賢の養子になった。腑に落ちないのはこのふたりの兄弟ともキリスト教徒であったのに、田原を継ぐことができたということで、その裏には、加藤知弘氏の言うように、イサベルが自分の子供に有利な相続をさせるために、ことさらキリシタン排撃で兄をけしかけたという疑いも生まれる。結果としてイサベルは自分の産んだ次男、三男を莫大な収入のある実家と兄の家の相続人とすることに成功した。これは身内びいきの名家の出身の女性としては快挙であった。そうすると親虎をあれほど激しく弾劾《だんがい》したのは、キリシタンであることもあったが、それを口実に、親賢の心配の火に油を注いで追い出したのかもしれないという意地悪い憶測ができる。そうでないと、実際に相続したふたりがどちらもキリシタンだったのだから、説明がつかない。

いっぽう赤貧状態になって部下からも愛想をつかされそうになり、公家の若様でありながら明日もわからない身分になった親虎に対し、イサベルはしばしば密書を送って、こうなったのもみなお前のせい、デウスのせい、神父のせいだと彼を攻撃した。むしろあわれをとどめるのは許嫁《いいなずけ》になっていたイサベルの娘である。彼女もまた頻繁に密書や進物を送ってきた。男女の心理にうといフロイス、女性を〝誘惑するエバ〟だと信じている神父フロイスは、これはイサベルが親虎の心に許嫁を思う炎を起こさせ、回心させようとしてやらせたのだと書いているが、それはまったくわかったことではない。手紙やプレゼントを送っていたのなら、愛していたのかもしれない。親虎はとても綺麗な若者だったというし、四歳のときから許嫁だったのだから、このような結果になったのが一番悲しかったのは彼女かもしれない。でもそんな娘心は歴史には書かれずに消えてゆく。

迫害と殉教の雛形

思うに、この豊後の国で布教の最初期に起こったことは、その後の日本で起こった迫害と殉教の構造の雛形《ひながた》のようなものである。仏教や神道は、政治や経済や権力としっかり結びついてこの国に根を張っており、その構造はとうてい一朝一夕で変えられるものではない。仏教や神道はただ個々の人間の信仰や心の問題ではなく、日本の国家の構造そのものになっていた。だから、新しい宗教がきたとき、この構造を支えている支配階級の人にとっては、その新しい宗教に走ることは、自分の身分や地位、そして経済的基盤や支配の形式さえも破壊の危機にさらすことになってしまう。いきおい、自分が仮にその宗教に入りたいとか、またそちらがいいと思っていたにしても、なかなかそこに入ることはできない。

いっぽうなにもこの地上にもっていない圧倒的多数の貧困な人びとは、この世においてこれ以上失うものはなにもない、そればかりか、貧乏や戦乱が永久に続くとなれば、貧乏人の心をなぐさめ、神の国での平等な幸福を約束してくれる新しい宗教を恐れる理由はなにもない。この世になにも失うもののない人びとは、それだけ自由なのだ。

さらに、ここには鮮やかに若者たちの姿が浮かびあがる。彼らはキリスト教の教えだけではなく、その背後の西洋、いまだ見ぬ国、世界を感じ、音楽を聴き、画像を見、甘い紅茶を飲み、そのすべてにあこがれ、そこにいままでになかったものを見て、あこがれ、そこへ行きたいと願った。若者はまだこの世で席を得ていないから、自分をとりかこむ不自由な世界を抜け出て新しいものへと向かう。成人した家族の古い掟や義務は若い魂を束縛するものにしか見えない。教えは純粋に彼らの心に入っていってしまう。若者は恋と革命が好きだ。それは若さの権利であり、それは古いかたちを守っている大人には危険で度しがたい無分別に見える。

義鎮《よししげ》や親賢《ちかかた》は巨大な伝統と権力をひきつぎ、それを自分が先祖からひきついだときのように、あるいはそれをもっと大きくして次代に伝えなければならない。だから自分の心のありのままに行動することはできない。義鎮がなかなか改宗しなかったし、こんどの場合も、親賢の立場と宣教師の立場と若者の立場のまんなかに立ってこれという指導性を発揮しなかったのは、彼が古い世界に対し責任をもっていたからで、家を棄て、家督を譲り、すべてを放棄してからやっと個人になることができ、そのときやっとある程度の自由を得たのである。

上層武家階級がなかなか改宗しなかったのはこのような理由による。貧困な人や女性たちが最初に改宗したのもこのような理由による。若者の悲劇もこのような理由による。そこでもしも宣教師が貧乏人を世話するばかりでは日本教会の未来はない、大口の寄進や広い土地や法的な保証を得て、日本教会を発展させるには支配階級の入信が不可欠だと判断し、支配層の改宗に重点をあててそれに熱心になったならば、かならずや問題が起こる。方針は彼らにとって当然だが、問題はそのやりかたにある。彼らが支配階級のなかの純粋な魂を利用したのなら、それは許されない。

しかし、これはカブラルの独断ではなく、ザビエル以来、イエズス会宣教師には、もっとも強力で有効な宣教手段は、最高の権力者を味方にすることだという考えがあった。ザビエルというよりは、それがイエズス会の布教の基本理念だったと言える。『教皇ユリウス三世の認可によるイエズス会の基本精神綱要』（一五五五年）にはこのような理念が示されている[*73]。

旧来布教のしかたには、大衆のあいだの辻説法という水平型伝道と、封建制下の君臣―主従関係における上下垂直型伝道とがあったが、この会憲では垂直型が規定されている。「権威や統治のもとにある者が益を受けるなら、その人またはその場所を優先する。したがって一般的信徒の場合には、領主、貴族、行政官、司法官のような人々、教会聖職者の場合には高位の者、公職にある者あるいは学問や権威の点ですぐれている者への霊的な助けは、利益がより普遍的であるという点で、いっそう大切にしなければならない。また同じ理由でインド人のような偉大な民族や、主要都市、大学のように、わたしたちの助けを受けてのちにほかの者を助ける働き手となるような人々が集まっているところへの助力を優先させるべきである」

このような会の方針にもとづけば、宣教師は社会的上層部へのはたらきかけを不可欠とすることになる。どうしてこのような布教方針をイエズス会はもったのか、それにはふたつの原因が考えられる。まず第一に、彼らの活動が始まったのが、十六世紀なかばであり、これは西欧において封建制がしだいに変容し、強力な権力をもった王による絶対主義が確立した時代であって、君主を絶対とする社会制度が、その道徳をも支配していた時代だったからである。君主の権力なしには宗教活動もできない。実際、布教の擁護をしているのもポルトガル王、スペイン王だった。こういう社会から日本に来たのだから、布教もまた日本の最高君主の公認のもとにやるべきだと、宣教師はたえず努力してきた。ただ困ったことには、戦国時代だったから、いったいだれが最高権力者なのかがわからないことが多かったということである。その上、日本は群雄割拠していたので、どの殿様にも話をつけていかなければならなかった。

もうひとつの理由は、この会の創立メンバーや総会長らがほとんど貴族の出身だったということもある。ロヨラはスペイン貴族の出身で、中世騎士道的な教養と精神をもち、青年時代には軍人としてパムリュヌの戦闘で左足に負傷して捕虜となり、九死に一生を得て、パレスティナに巡礼し、異端征伐の志をたててパリ大学で神学を修めた。このときの大学の友が同じスペイン貴族出身のザビエルだった。

こういう貴族的で騎士道的な会の精神は、封建時代の日本の武士や大名の生きていた世界と根底で共通のものだったから、貴族出身の宣教師たちは、ザビエルもヴァリニャーノも本能的に日本の武士が好きで、日本の大名たちも、礼儀正しく威儀を重んじる彼らと共感することがあった。これは聖フランチェスコを模範にするフランシスコ会の民衆的な手法や考えとは真っ向から対立し、日本でもこの両派の対立と葛藤が多くの問題を引き起こすことになる。しかしザビエルがたえまなく辻説法をやっていたように、またトーレスやアルメイダがいつも民衆のほうを向いていたように、イエズス会は垂直型しかやらなかったわけではない。ただ非常に君主の力が強く、主従関係が私生活にまで及ぶこの日本では、君主を味方につけなければなにもできないという認識だっただろう。しかし、問題はそのやりかたである。

原則的に垂直型の布教を推進したのが、布教長のカブラルだった。したがって大友家をゆさぶった改宗事件には、いつもカブラルが陰にいた。エステバンの場合も親虎の場合も、もしも少年とかかわった神父が彼以外の人物だったら問題がここまでこじれなかったかもしれないという感慨を拭《ぬぐ》いきれない。だれであっても、純粋無垢で考えのない、しかも長い人生を生きてゆく少年に対しては、その少年がほんとうに自分の人生を決定できるほどの知識や自覚があるのかを考慮すべきであり、なによりも、彼がもっと成長し、自己の人生を決定できるまでは、選択をのばすように言うほうがいい。アルメイダは、人生を自分で選ぶのは三十歳と書いていた。

カブラルの方針には、もうひとつ問題があった。それは自分が日本人の心や習慣に合わせるのではなく、自分の心や習慣に日本人を合わせようとしたことである。これはキリスト教が全世界の異なった文明とまじわるときに犯した大きなあやまりのひとつだった。日本人は日本の国で長いあいだ生きてきて、そこで彼らとはじめて出会った。出会いがすばらしいものになるのは、それが出会って新しいものが生まれることであって、片ほうが、いっぽうに同化されることではない。カブラルの手法や、その人間性がにわかに問題化するのは、ヴァリニャーノ巡察師が彼の十年にわたる布教を点検したときである。彼はその失敗を問われて日本を去った。すこし先の話である。

イサベル狂乱

すべてにおいて主人である男性の意志が家族を支配している家父長制の強固なこの時代では、主人が改宗すれば家臣も改宗し、夫が改宗すれば妻も改宗するのがまず当たり前のことだったが、イサベルは絶対に改宗しないどころか、常に長男義統《よしむね》を説得し、反キリスト教政策をとるように助言した。信仰は自由であるから、その点、彼女はこの時代には珍しく自分の考えをもった自立した強い女性である。彼女は、キリスト教が領域支配を危険にすると信じていた。仏教が制度をも国をも守ってくれると信じており、キリスト教にうつつを抜かす夫にいらだっていた。しかし、義鎮《よししげ》にとっては、彼はすでにその行動のすべてからみて内心キリスト教徒だったから、心のなかの一番深い思いを妻と共有できず、それどころか彼女と激しく対立しなければならない。このことはまさに家庭を地獄にすることである。それでも彼は家族や親族や領内の安泰を思って離婚できないと、神父に心を打ち明けている。

義鎮伝記が伝える酒池肉林、家臣の美貌の妻を盗み妾《めかけ》とするなどの不行跡はこのような鬱屈から出たことであったかもしれない。いっぽう奥方のほうでは、浮気封じのために山伏に祈願をさせたり、キリスト信者になった女性のロザリオを首からひきちぎったり、画像を火に投げ込んだり、たえまなく怒りを爆発させていた。あるいは奥方は、キリスト信者になってしまった夫と心をかわすことができず、しかも、たえず裏切られて、狂気のような思いになっていたのかもしれない。さらに、夫の愛を失ったことが完全にわかったとき、イサベルは発作を起こし、惑乱状態になって暴れまわり、多数の侍女が彼女を押えつけて寝所の戸を締めきらなければならないほどだった。「御簾中《ごれんちゅう》ご狂乱」の知らせで、臼杵の町や、近くの神仏に平癒《へいゆ》祈願の男女が詣《もう》でた。

この狂乱の時期は、フロイスによると、親虎《ちかとら》が改宗してからすぐあとのことだったというが、このように気丈な女性が、ここまで狂乱するのは、心底堪《た》えがたいことがあったからだと推測するほかはない。理由はどの歴史家もわかっていないと書いているが、一説にはこのとき義鎮が離婚の意志を彼女に告げたのではないかという。夫が妾を蓄えるのは、一夫多妻の時代には、正室の権威を冒すものではないが、離婚ということになると、ほかの女性に妻の座を奪われることになり、しかも彼女は名家の出で政治にも権力を振るっていたとはいえ、それはあくまでも殿の正室としてであるから、その権力も失うことになる。世子《せいし》の義統をとおして支配することはできるが、たよりない立場になることはまちがいない。なによりも堪えがたいのは、自分以外の女性がいま自分の占めているすべてを得ることである。夫の愛がさめたことも堪えがたいが、誇り高い女性は、自分の誇りを支えている地位をほかの女性に奪われることはさらに堪えがたい。浮気は愛を傷つけるが、誇りは奪わない。このように考えると、この狂乱は夫が離婚を告げたか、あるいは夫が浮気ではなく真剣にだれかを愛し、彼女と結婚しようとしていることがわかったか、また、その女性がどうしても許すことのできない相手だったか、またはその全部であると思われる。

義鎮が心惹かれていた女性は、正室の世話をしていた侍女頭《がしら》だった。白水氏によるとこの女性はイサベルの姉だったそうだが、ほかの史料ではそれが出てこない。しかしこの名前もわからない女性の娘のひとりは親家の妻になっていることは系図で確認されているので、身分のある女性であり、ただの侍女ではなかったことは推察できる。この女性は夫と死別して娘三人を連れてイサベルのところに身を寄せ、もうすでに四十五、六歳になっていた病身の女性で、イサベルの身の周りの世話をしていた。実の姉であるかどうかはともかく、侍女の身分の女が夫の新しい妻になるということは、まさにイサベルにとって青天の霹靂《へきれき》で、もっとも堪えがたいことであっただろう。踏みつけにされた彼女の心中は察するにあまりあるものがある。

その結果、義鎮はイサベルを追い出すのではなく、自分のほうが臼杵城を出た。天正六年に、町のはずれにある海辺の五味浦《ごみうら》に館《やかた》をつくり、そこに新しい妻と移り住んだ。これとともに、彼は洗礼を受けるべく五、六ヶ月のあいだ修道士ジョアンの説教を聴き、天正六年七月二十五日についに受洗して、フランシスコと名乗った。ザビエルの名前である。この新しい妻は彼よりも五、六ヶ月早くその連れ子とともに洗礼を受けて、洗礼名をジュリアといった。ジュリアのほうが先に洗礼を受けたのは、加藤氏の穿《うが》った推測によれば、義鎮が離婚を禁じるカトリックの掟を知っていて、自分の離婚の正当性を納得してもらうために、異教徒の妻と離婚してキリシタンの妻と結婚するということにしたのではないかということである。あるいは、夫人は彼よりも早く洗礼を受けるための準備のできたキリシタンであったので、この宗教がふたりを結びつけたのかも知れない。

フロイス書簡によれば、イサベルは「前日まで自分に仕えていた者が新たな奥方」になったのを見て、「これほどの大いなる責め苦に生きるよりは自ら生命を断つほうがましだと決意して、短刀を肌身はなさず構え」ていたので、侍女たちは彼女のそばを離れなかった。

敗れた夢

洗礼を受ける準備が整ったとき、義鎮《よししげ》は教師ジョアンに向かい、二十一歳のときにザビエルの教えを聴いてから四十八歳の今日まで、「この教えは予にふさわしいものに思われ、胸中ではよいものであると認めてはいたものの、国を治める者の責任と、日本仏教の奥義を究める努力をしてからにしようとして、洗礼に踏み切らなかった」と語った。それで彼が宗麟《そうりん》という名で入道し、家督を早めに息子に譲り、城を出て異教徒の妻と別れ、キリシタンの家族とともに新しい人生を踏み出そうとしていたことがわかる。

このとき、彼は日本人修道士ダミアンに、その後、日本とポルトガルの交通史上の重要事項として有名になる思い出を語った。前に述べたように、彼が十六歳のときに沖浜に入港した中国人と父義鑑《よしあき》が財宝を奪うため富裕なポルトガル商人を殺害しようとしたのを救ったという話で、義鎮はこのときのわずかばかりの神への奉仕がいま神から恵みを受けていることのはじまり、と説明した。彼が十六歳というのは一五四五年で、前にも述べたように種子島の二年後、非常に早く彼は西欧と接したことになる。

さらに前に述べたように義長の鉄砲傷を治癒してくれた、おそらく一五四三年ごろの商人の到来、また同じくダミアンに語ったディオゴ・ヴァス・デ・アラゴンというポルトガル商人の府内での五年の滞在、そのとき彼らの敬虔《けいけん》な信仰心に深くうたれたとも語った。彼はすでにポルトガル王やインド副王との親善外交もはじめていた。いま彼は、はばかるところなくキリシタンとなって、若年の夢を実現すべく、さらにスケールの大きい事業を構想した。

そのなかでも驚愕すべきもののひとつは、ヴァリニャーノが指摘する「神の国」の建設である。[*74]

黒田俊雄氏によると、この「神の国」とは、宗教をもって政治の基本理念とするという点で一向一揆の政治理念と共通するものだった。[*75]封建社会にあっては紛争や合戦は日常であり、このような社会では生活上の安心や庇《ひ》護《ご》が、所領の確保、人格的な従属と庇護によってなされるのがふつうである。仏法ではそれが阿弥陀の救済にたよることでなされるとし、仏法の庇護のもとにある念仏者の集団を仏法領《ぶっぽうりょう》といった。これは宗教による統治という点では異色だが、結局世襲の教祖によってその統治が受け継がれるという点では、世俗的所領の観念の投影したもので、封建社会に適合的な領土支配の考えかたであった。

じつは西欧でも、カトリック教会が「地上の天国」を実現するものとされたが、これも西欧封建社会に適応した宗教形態で、両方とも封建所領の姿をイメージしている。[*76]

天正六年三月に義鎮《よしむね》は大友義統と六万の兵を送って島津と戦い日向《ひゅうが》を占領していた。

この勝利の報を聞いたとき、義鎮は、この日向にキリスト教のユートピアを築く構想をたててカブラルに相談した。フロイス書簡では、この国の兵士はすべてキリスト教徒にすること、建設する都市はすべて日本とは異なった新しい法律と制度(これは彼がすぐれたものと思っているポルトガル国の法・秩序である)をもっていること、そこではすべての住民がことごとくキリスト教徒となってたがいに兄弟のように愛しあうこと、領主の居城を築く前に優先して教会を建設し、収入を与えて神父や修道士を常駐させることなどである。

この「神の国」つまりはキリシタン都市の建設に関する記録はただ宣教師側の資料にのみあって、日本側にはない。一五七八年(天正六年)十月十六日付けの臼杵からのフロイスの書簡がそのおもなもので、それによれば、宗麟は、義統が親族にあたる伊東義《よし》賢《かた》が島津に奪われた日向の所領を奪還し、その国の神道と仏教の寺院を破壊したことを聞いたときに非常に満足して、そのとき司祭に向かって「かの地に建設する予定の市」について語った。[*77]

白水甲二氏は、「神の国」建設のおもな理由を宗麟の個人的な悩み――イサベルとその兄田原親賢の暴慢からの避難だったと書いている。[*78] 実際、イサベルは新夫人ジュリアと宗麟のあいだに生まれた子は男女にかかわらず殺せと、今は当主となった義統に命じていたとされるので、宗麟は豊後にいては新しい家庭をも、新しい信仰をもまっとうすることができない状態だった。

どうして日向なのかといえば、日向（今の宮崎県）の都於郡《とのくり》の城主伊東義益《よします》は、宗麟の姪であった一条喜多《きた》の夫で、ふたりのあいだには、とら、義賢、祐勝《すけかつ》の三児がいた。永禄十二年（一五六九年）に義益が病死し、その跡目をついだ義賢が城主になった。ところが、天正五年十二月に島津がここを襲ったので、義賢母子は伯父の宗麟を頼って臼杵に亡命してきたのである。われらの少年使節伊東マンショの母町上《まちのうえ》は義益の妹、つまり城主義賢の叔母である。父親も伊東家の分家で伊東祐青《すけきよ》といって、伊東本家、義益の父義祐《よしすけ》の重臣であった。というわけで、マンショの本名も伊東祐益《すけます》で、由緒ある祐と益がついている。

伊東義賢を日向から追放したのは島津だったが、その陰には、伊東とともに大友の幕《ばっ》下《か》にいた土持親成《つちもちちかしげ》がいて、これが裏切った。そこで宗麟は天正六年の三月に土持の松尾城を焼いて親成を自害させた。この結果日向の角川（延岡市の南、日向市の北）から、西の松尾を結ぶ北側が宗麟の支配に入った。この角川の北十五キロの地点の務志賀《むしか》（または無鹿）に宗麟は「神の国」を建設しようとしたのである。その地点の安全を確実なものとするには、角川の南十五キロにある耳川までの一帯を押える必要があった。

「神の国」を建設するために日向に出発したとき、宗麟は新夫人ジュリアとカブラル、アルメイダのほか二名の宣教師を同行した。[*79] その上、ここには例のかつての娘婿候補であり、キリシタンになったために田原親賢から絶縁され、いまは旧姓にもどって柳原シモンとなった、かの親虎も加わったとフロイスは告げている。つまり臼杵湾から日向に向けて出帆した船の中央に立つ宗麟は、その左右にはジュリアと親虎、その背後にはカブラル、アルメイダ、そしてふたりの修道士を従えていたことになる。

この状況をみると、宗麟という人間がかなり理解できる。イサベルに押され、脆弱な支配基盤の上に立っていたために四海平穏を考えて煮え切らなかった宗麟は、親虎の悲劇に際しても圏外にいたように装っていたが、いま自分の生涯のすべてをかけたキリストの王国を建設しようとしたとき、この親虎をそば近く呼び戻したのであった。宗麟は心に刻んだ人間を深く遇する人である。宗麟は意を決したときに宣教師に向かって「余は生来、一度決めたことは変えぬ気質の人間である」と語っている（フロイス書簡、一五七八年十月十六日）[*80]。

日向発進のようすをフロイスはつぎのように書いている。「聖フランチェスコの日（陰暦九月四日）に、彼は奥方ジュリアとともにはなはだよく整った大きな船に乗って土持領に向けて出発した。その船には白い緞子《どんす》に赤い十字架と錦糸《きんし》で飾りつけをした旗（インド副王ドン・アルフォンソ・デ・ノローニャのもので、ヌーネスが来たときに彼に贈ったものであった）と多数の十字架の軍旗を備え、彼や同乗した武士はみなコンタツ（ロザリオを唱えるための数珠《じゅず》）をたずさえ、首には『聖なるキリストの影像（ヴェロニカ)』を懸《か》けていた。相当の艦隊がこれに同伴したほか、多数の大身が陸路によってかの地に向かった」

その日臼杵湾には宗麟の船をはじめ、親衛隊三百人が分乗した船団にも十字架の旗がはためいていたであろう。南蛮風の衣装を着た宗麟や神父らの姿をはじめとしてそれはまるで南蛮屛風に見るような異国的な情景であった。しかし、その後の歴史を知る者には、それが奇妙にはかなく空恐ろしいものに見える。まるで蜃気楼のようだ。

江戸時代に出た戦記、たとえば『大友興廃記』(寛永十二年)、『陰徳太平記』(元禄八年)、『両豊記』(明和六年)などによると、このたびの日向出陣には重臣から兵卒までもが反対であって、士気は最低だったとなっている。おまけに、日向入りしてからも宗麟は実際の戦場から「二日路ほど」離れている無鹿《むしか》に本営をおいて、そこに教会を建て、毎日説教とミサに明け暮れ、再三の出陣要求を無視した、だから士気が低下したとされている。芥川竜男氏もこの戦いには最初から老臣の反対があったと書いている。[*81]

しかし、戦記によれば最悪の事態は、宗麟がその理想を実現するために、日向で神社仏閣を焼き払わせたことである。フロイスさえもが、「この地の寺院で行われた破壊はすさまじいものであった。かつて同国で無上の尊敬と名誉を受けていた者は今ではうち萎《しお》れ、その寺院も屋敷も解体され、その偶像は壊され、彼らはこの地を逃げ去るか、またはまったく収入も信用もなしに過ごさなければならなかった」と『日本史』で語っている。神道や仏教の寺院の破壊は、たしかに士気に影響したであろう。

日向発進の際の大友氏の重臣すなわち「年寄」は、志賀道輝《みちてる》、佐伯宗天《さえきそうてん》、田原親賢、朽網宗歴《くたみそうれき》、田北鎮周《たきたしげかね》、吉岡鑑興《よしおかあきおき》の六人だった。[*82] このうち四人が戦死した。指揮にあたる総大将は田原親賢であった。大友勢四万三千を率いた親賢は、陸路を南下した。先鋒《せんぽう》の佐伯宗天・田北鎮周は十月に、島津家・山田有信が守る高城《たきじょう》を攻撃した。しかし、救援に駆けつけた島津家率いる三千の兵を高城に入れてしまうという失態を犯し、戦線は膠着《こうちゃく》状態に陥ってしまった。

大友勢は高城に対して攻略を行ったが、落とすことはできず、逆に損害ばかり増やす結果となった。そこで、城の周囲を包囲し、外部との通行を遮断して兵糧《ひょうろう》攻めに作戦を変えた。十一月初め、島津義久は高城救援のために四千の兵を率いて、日向佐土原《さどはら》に着陣し、島津義弘も飯野《いいの》を出発し、財部城《ざいぶじょう》に兵を入れた。

一方、野津《のづ》に後詰《あとづめ》として陣を置いた大友義統は、肥後の相良義陽《さがらよしひ》と協力して肥後から日向を攻撃する作戦を立て、志賀親教《しがちかのり》・同鑑隆《あきたか》・朽網宗歴・一万田宗慶《いちまだそうけい》らの南郡諸将を肥後に送り込んだ。しかし、これらの南郡衆は日向攻めに反対した武将たちで、相良義陽と合流することなく、一ヶ月以上も肥後から動こうとはしなかった。木村忠夫氏は、歴史家のなかでは唯一この大敗は戦略の失敗というよりは、いわゆる大友幕下《ばっか》の南部七衆のサボタージュが最大の原因で、もともと大友の領国支配が脆弱《ぜいじゃく》だった上に、情勢不備なまま戦争に踏み切ったことが敗因だとしている。[*83]

しかし、戦況をみるかぎり、総大将の作戦ミスも明らかである。大友軍の総大将である田原親賢は、島津勢を小勢《こぜい》と侮《あなど》り、小丸川を渡河《とか》して、十一月十二日、高城を中心として、島津軍と激突した。島津軍は正面から島津義弘、側面から島津義久、さらに高城から島津家久が大友に攻撃を行った。三面から攻撃を受けた大友軍は、支え切ることができず壊滅的な打撃を受けて敗走した。逃げる大友軍を追撃する島津勢は「耳川」で大友軍を捕え、大友方で討たれる者、溺死する者は数知れず、戦死者は四千余りとなり、結果は島津軍の大勝利となった。

このときに敗戦した豊後軍が、高城から耳川まで島津に追撃され、逃げまどうありさまを見て、もと軍人で実戦に参加した経験のあるカブラルが、義鎮のいた本陣は堅固だから、敗軍を収拾していかにもそこに大軍がいるかのようにみせるべきだと作戦に口を出した。これは信長や秀吉が考えそうな軍略である。逃げまどう兵隊を見て、そう言わずにはいられなかったのだろうが、こういうことになると、神父の本分をはるかに超えたことだったのはたしかだ。思わず一瞬軍人にもどったのか、もともと本性が軍人だったのか、それはわからない。このほかにもカブラルはしばしば軍事に介入することになり、やがてそれが恐ろしい結果を招くことになる。

カリオン神父の書簡では、大将の親賢は「空を切って逃走し」、その後一ヶ月ほどたって姿をあらわしたとある。[*84]『豊後大友物語』では、親賢は敗戦の責任を問われて総攻撃を受けるのがいやで、ほとぼりがさめるまで身をかくしていたとし、外山幹夫氏は「一時戦死を伝えられていた総指揮官の親賢が、一月余りの後豊後に姿をあらわし、敗因を宣教師のせいに転嫁して吹聴した」と述べている。[*85]

『日本史』もまた耳川から敗走する兵士のあいだに、この敗戦は、領主が宣教師にそそのかされてキリスト教徒になったがための神罰だという流言がひろまり、これを信じた兵士のあいだに不穏な気運があって宣教師は身の危険を感じたとある。さらに、親賢が豊後に生還して大敗の原因を神罰とすることばを告げると同時に、あらゆる反キリスト教的勢力が火を噴き、「われらの平和はたちまちにして動揺攪乱《かくらん》されはじめた」とカリオンは語る。[*86]

宣教師の報告は、この失敗から宗麟と教会を守ろうとしているので、全部は信用できない。いっぽう、親賢ひとりの責任にしようとする宣教師報告に対して、白水甲二氏は親賢を強く弁護し、宗麟と宣教師を非難している。白水氏はこの戦争を起こした宗麟に全責任がまずあり、耳川の敗戦の直接原因は年寄のひとりである田北鎮周の無思慮にあるとする。白水氏によれば日向高千穂《たかちほ》原村の正忠寺住職の手記というものがあって、それによれば決戦前夜、親賢は対岸の島津を引きつけて撃つことに決定していたのに、田北が目前に敵を見て戦わざるは不同意として単独突撃を敢行し、それを見た諸将や部下も渡河してこの一瞬に勝敗が決まったという。[*87]「空を切って敗走した」と言われた親賢が、じつは敗戦のしんがりを務めたのだと白水氏は書いている。つまりこの合戦については、時代によって、書き手の立場によって、じつにさまざまなことが書かれているのである。

大友氏の重臣のなかに強大な勢力をもつ田原本家の当主親広《ちかひろ》がいて、この人物は、敗戦ののちあらたに年寄のひとりになっていたが、もともと自分の領地だった国東《くにさき》、安岐《あき》を義鎮に没収されて、しかもそれを田原分家養子の親賢にとられていたので、当面親賢憎さから宣教師を弁護し、「日向における敗戦は、伴天連《バテレン》たちの責任ではなく、軍勢を見捨てた武将らの過失と過誤によるものだ」と言った。[*88]むろんそれは義鎮にとりいって国東、安岐を奪還する戦略だった。その上、彼の娘は、大友によって自害させられた筑前秋月種方《たねかた》の息子種実《たねざね》の妻だった。というより親広は大友の長年の敵である秋月に娘を嫁にやったというほうがいい。あるいは領地を没収されたことを恨みに思ってあらかじめ敵と通じておいたのかもしれない。

これまで九州の大部分を支配してきた豊後の勢力は、この大敗を機に崩れ、大敵島津をはじめ肥前の龍造寺、筑前の秋月など機会をうかがっていた反大友勢がいっせいに立ち上がることになった。親賢の敗戦責任を追及し、その土地を奪還した親広は、こんどは秋月種実と手を組み、国内外の謀反人と協議して府内の町を襲い、みずから豊後の領主になろうとしていると、天正八年九月十二日のロレンソ・メシア神父の総会長あて書簡に書かれている。

しかしその矢先にもう七十歳の親広はおそらく癌で急死した。息子の親貫《ちかつら》が遺志をつぎ、これに加担して、大友氏の重臣のひとり、大分郡熊牟礼《くまむれ》山城主田北鑑重《たきたあきしげ》、入道して紹鉄《じょうてつ》が義鎮に謀反を起こした。しかし、府内に向かった彼の水軍が暴風にあって壊滅したので義鎮は難を免れた。『大分県先哲叢書大友宗麟資料集』第五には、天正八年（一五八〇年）義鎮が親貫、田北を誅伐《ちゅうばつ》するための命令書が数多くみられる。それが義統の銘でないことから、この時義鎮が義統に代わって万端《ばんたん》の指揮をとっていたことがはっきりわかる。

田北の謀反を追及討伐し、親貫を自刃《じじん》に追い込んで、豊後に一時の平静をもたらしたのはまったく義鎮の器量であった。というのは、逆臣誅伐のために重臣を集めても、武将らはもはや義統に従わず、義統、義鎮、神父を追放する論議さえ出た。一時義鎮はカブラルに向かって、もう教会も神父も保護する力がないから、逃げてもらいたいと申し出ている。このとき宣教師らは、義鎮が重臣らを進物をもって歴訪してみずから説得にあたったとその誠意を称賛しているが、白水氏は、「なりふりかまわない、卑屈な手段」と酷評している。結局、数年間義統に代わってふたたび義鎮が政権の座につくことで彼らを納得させ、ようやく親貫討伐軍が編成された。

もとはといえば、「神の国」の実現のため、無謀にも日向に侵攻したことがこれらすべての荒廃の源であった。「神の国」計画は、耳川の敗戦によって、あっという間に夢と消えた。というよりは最初から夢に過ぎなかったのだ。思えば日向とは、日本神話のなかで、アマテラスの天孫が高千穂の峰に降臨した神道の聖地であった。これをキリスト教の国にしようとはあまりにも大胆で無謀な計画であった。もともと軍事力で「神の国」を建設するという発想自体、戦国の大名にしか思いつかないことである。

しかし、軍事ではじまり、暴力で築かれるその夢が島津の軍事力で滅びたとしても、それはいたしかたないことである。「剣をもって立つ者は剣によって滅びるであろう」とキリストも言っている。その後の宗麟の必死の采配《さいはい》はすべてその壊れた夢の後始末であった。大友氏はこれを機に傾き、やがて滅亡した。

第二章　われわれは彼らの国に住んでいる

違いがわかる男

少年使節の生みの親、この壮大な計画をたててそれを実行した責任者は、イエズス会東インド管区巡察師アレッサンドロ・ヴァリニャーノである。巡察師（ヴィジタドール）というのは、イエズス会が布教している全世界の管区の布教がどのような状況になっているのかを定期的に視察して歩く、いわば監査官であった。

一五七九年（天正七年）にヴァリニャーノが日本にやってきたとき、宣教師たちは大恐慌を起こした。とくに日本の布教方針のいっさいをまかされていた準管区長のポルトガル人カブラルはそうだった。ザビエル日本到来からちょうど三十年。三十年間の日本の布教のすべてが視察され、総括されるときが来た。イエズス会はイグナチオ・デ・ロヨラ以来の厳格な会憲をもった統制のとれた会で、上司には絶対服従という軍隊のような組織である。これはこの会そのものが、あらゆる異端と戦うキリストの騎士団として成立したのだから当然のことであろう。またとくに巡察師は総会長からじきじきに任命された特権をもっていた。カブラルはいままでこの極東の島で存分に権力を行使してきたので、自分より上の、しかも「イタリア人」などが、自分のやっていることを監査しにやってきたことが不愉快だった。争いはここから始まる。

　日本の布教を視察したヴァリニャーノは総会長への報告にこう書いている。

「日本人の性格、風習、挙動は、われわれのそれとははなはだしく異なり、彼らはヨーロッパのほかの諸修道会が有する慣習を受け入れることができない……このことは、われわれの心を日本人の心に、日本人の心をわれわれの心に合致させることが大いに困難であることによって、明白に認められ、証明される。この困難の原因は、ここにあらゆる矛盾があるからである。彼らはこのわれわれとは反対のことがらのなかに堅く腰をすえていて、いかなる点においても、われらのほうに順応しようとしないので、われわれのほうがあらゆる点で彼らに順応しなければならない。このことはわれわれにとってはなはだ苦痛だが、もしわれわれが順応しなければ、彼らの信用を失ってなんらの成果もあげることはできないであろう[*1]」

　これが巡察師の書いたことのなかでおそらく一番だいじなことばである。なぜなら彼は、日本文化と西洋文化の非常な違いに気づき、相互の理解がほとんど不可能、まるで正反対で、しかも日本人はそれを固守しているということに気づいたからである。しかし、彼は「アジアは野蛮で未開」「西欧は高く文明化されている」「だから高い文明を教えて彼らをしつけてやろう」という考えはまったく書いていない。「おそろしくちがう」「相手を変えるのではなく、こっちが合わせよう」と書いているのである。じつはこのような考えをもつ西洋人はこの時代では非常に稀《まれ》で、しかも画期的なことだった。

　このことばは巡察師が書いた『日本諸事要録《スマリオ》』というたいへん有名な報告書のなかにあって、原文はローマのイエズス会古文書館にある。ヴァリニャーノの書いたものはこの古文書館に山ほどあって、まだ紹介されていないものもある。見ればすぐに彼のものだとわかるような非常に美しい流暢な筆跡で、セピア（変色したかも？）のインクで、よく削った上等なペンで書き、書き出しの大文字にすこしばかり気取ったクルクルがある。書くのが好きで、しかも早かった、そしてやや気取り屋だということもわかる。あるいは高すぎる教養のせいかもしれない。

　多くの未公開文書のなかで、ヴァリニャーノの『要録』は宣教師や布教史家によって頻繁に引用され、十六世紀から十七世紀にかけて、西欧人が見る「日本観」の基本になった。ヴァリニャーノの伝記を書いたイエズス会のシュッテ師がまとめた、ヴァリニャーノの「日本人の長所について」という文章を見てみよう。自分たちの長所を外国人に言われるのは、たとえそれが何百年前のことであってもこころよいものである。

まず、彼は「住民の肌はみな白い」と書いている。これは当時にあっては最高のほめことばである。しかも、

「彼らは、きわめて礼儀正しい。貴族ばかりではない。一般庶民や労働者も驚くべき礼儀をもって上品に育成され、それはあたかも宮廷人のようである。この点で彼らは東洋の諸民族のみならずわれらヨーロッパ人よりも優秀である。

人びとは有能であり、すぐれた理解力をもち、子供たちはわれらの学問や規律をすべてよく吸収し、ヨーロッパの子供よりもはるかに容易に、また短期間にわれらのことばで読み書きを覚える。また下層の人びとのあいだにもわれらの国に見るような粗暴で無能なものはなく、一般にいずれもみなすぐれた理性の持ち主で、高尚に育てられ仕事に熟達している」

「国土は、ある地方では彼らの主食である米もとれるし、麦もとれるが、他の地方は不毛で山地となっている。一般的に言って、日本の不毛と貧困は、東洋全域でもっともはなはだしい。牧畜も行われず、土地を利用する産業もなく、彼らの生活を保つわずかの米があるだけである。したがって一般には庶民も貴族もきわめて貧困である。

ただし、彼らのあいだでは貧困は恥とは考えられていないし、ある場合には貧しくても清潔にして丁重に待遇されるので、貧困が他人の目につかない。

日本人の家屋は板や藁《わら》で被《おお》われた木造で、はなはだ清潔でゆとりがあり、技術は精巧

である。屋内にはどこにも畳が敷かれているので清潔であり調和が保たれている」

「日本人は世界でもっとも面目と名誉を重んずる国民である。彼らは侮蔑的な言辞はいうまでもなく、怒りを含んだことばにも耐えることができない。したがってごく下級の職人や農民と語るときにも礼節をつくさなければならない。彼らは無礼なことばは我慢がならず、（それに会うと）収入があってもその職を放棄するか、不利であってもほかの職についてしまう」

「彼らのあいだには世にも奇妙な支配の方法が見られる。彼らはその家庭において、また輩下《はいか》の者に対しても絶対的な君主である。したがって彼らは思いのままに何人《なんぴと》にも気がねすることなく家族や支配下の者を殺すことができる。だれもが自分の子供や家臣を殺す。たんに殺害するのみならず、望むならその財産を没収することができる。

それは日本の統治の方法によっている。主君に対して一定の義務において、平時においても戦時においても、自分の負担でその主人に奉仕する。それであるから、もっとも下層の百姓にいたるまで、定められた日時に自分たちの主君のところへ行ってそれぞれの仕事によって、各自の身分や土地の広さにしたがって奉仕しなければならない」

「このことから、諸国王はいかに大きくあまたの国の領主であっても、経済的には一般にきわめて貧しい。そのわけは、その土地をことごとく分配してしまうので、国王は自分のために残されたわずかな土地からとれるわずかな米を除いては、税金とか貢《みつ》ぎ物《もの》とか俸禄《ほうろく》とかいったものはなにもないからである。彼らのうちのある者はヨーロッパの国王と同じようにみえるほど権力は強大であるが、財産や俸禄の点でははなはだ貧しい。

このようにして、領主はその家臣の生命財産を左右する権力をもっているので、彼らは家臣から特別に恐れられ、敬《うやま》われている。しかし、領主の支配下にある主要な武将が強大な権力をもつときには、しばしば彼らのあいだに同盟が結ばれるので、領主が常に思うままのことができるわけではない。

日本人ははなはだしく武器を重んじる傾向があり、その階級を問わず、十二歳か十四歳になると、みな短刀と太刀《たち》をもって歩く。仏僧は例外であるが、彼らのなかにも根来《ねごろ》と称される人々のように僧兵になるものがいる。国王および領主はできるだけ自分の国を防御しようとするので、そのあいだでは戦争があるが、その領地内では平穏に暮らし、ヨーロッパよりも生活ははなはだ安穏である。それはヨーロッパと異なり、自分の下僕が、その家来でない者を殺すと死刑になるからである。したがって互いのあいだで刀で戦うことは稀である。しかし、一度戦うとなると相手を殺すか双方とも死にいたるまで徹底的に行う」

「牢獄というものはなく、追放、死刑、財産土地の没収以外には処罰方法がない。ただ都のある場所では盗賊やそのほかの悪人が磔《はりつけ》にされる」

「人を殺すときには刀だけを用い、相手が警戒していないときにだまし討ちにする。なぜなら相手は捕らえられようともしないし、殺されようともせず、容易には生命を投げ出さないからである。しかし最高の階級の人びとのあいだでは、このような方法がとれない場合には、多数の兵士をもって相手の屋敷を取り囲み、殺そうとしていることを相手に覚《さと》らせることが習慣である。相手方は敵対して死にいたるまで防衛するか、あるいは自殺するかを選択する。もし相手方が防御することを選んだ場合には、殺そうとしたほうは、敵方の老幼女子といえども許すことがなく、すべての者を殺すまで全力をつくす。もし相手が自殺することを希望する場合には、彼は友人か家臣を呼んで、切腹したらただちに首をはねるように依頼する。そして短刀を抜いて一文字に腹を切るが、勇敢な者はなにも感じないような剛勇さを示す。切り口からは腸《はらわた》が出るので、依頼された者はただちに首を切る。この方法で死んだ者は非常に勇敢で名誉ある者とみなされる。こうして死んだ主君に抱いている愛情と忠誠心を示すために、家臣が主君と同様の方法で切腹することもたびたびある。この切腹は、日本ではしばしば行われる方法であって、非常に年少の子供が父の怒りを買ったために父親の面前で切腹することもたびたびある」

「日本人はきわめて忍耐強く、飢餓や寒気や、人間としてのあらゆる苦しみや不自由を耐え忍ぶ。それは身分の高い人間も同じで、子供のときからこれらの苦しみを耐えるように慣らされているからである。

きわめて強大な領主がその有するものをことごとく失って自国から追放され、はなはだしい窮乏と貧困を耐え忍びながら、まるでなにも失わなかったかのように平静な態度で安らかに暮らしているのをたびたび見かけることがある。この忍耐力は環境が常に変化することに起因している。なぜならこの日本ほど運命の変転がしばしば起こる国は世界じゅうにないからである。ここではなにかことがあるたびに、つまらぬ人間が権勢ある領主になり、また強大な人物がその家を失って滅びてしまう。この現象は彼らのあいだではきわめて一般的である」

「彼らはその感情をあらわさない。心のなかにある感情を抱いても、それを外にあらわさず、怒りや憤りを抑えているので、怒っていることを示すのは稀である。夫妻、親子、主人と使用人が争ったり、罵《ののし》ったりすることがなく、表面は平静を装って、書面を送るか、洗練されたことばで話し合うし、家や国から追放されたり、殺されたりすることがあっても、平然とりっぱな態度で運命を甘受する。この点については(われわれは)理解もできないし、信じることもできない。それは極端であり、だれかに対して復讐しようとしたり、その人物を殺害しようと決心するとその仇敵《きゅうてき》に対してそれまでよりも深い愛情と明るい態度を示し、ともに笑い、ともに喜び、相手がもっとも油断をしたときに、剃刀《かみそり》のように鋭利で非常に重い刀に手をかける。通常、一撃か二撃で相手を倒し、それからなにごともなかったかのように冷静に刀を鞘《さや》におさめ、動揺もせず、ことばも発せず、激した表情も見せない。このように柔和で忍耐づよいという点では、日本人は他国人に秀《ひい》でていることを認めざるを得ない」

ここでこのような観察が非常にだいじだということを言っておかなければならない。あとのことになるが、ポルトガル人でカブラルのあとを継いで布教長になったコエリョは、秀吉が彼にたいへん愛想がよかったということだけで、日本教会を壊滅させるような事件が迫っていることに最後の最後まで納得しなかった。周りの日本人が必死で忠告したにもかかわらず。このラテン系はだれかが愛想よくしている裏で自分を殺そうとしているなどとは考えることができなかったのである。

「交際のしかたも周到で用心深い。ヨーロッパ人と異なって彼らは不平不満を並べないし、窮状を語っても心を動かされない。なぜなら人を訪ねるときに相手に不快の念を起こさせるようなことは言うべきではないと心中で考えているからである。彼らはあらゆる苦しみに耐えることができるし、逆境にさいしても大いなる勇気を示し、苦悩を胸にたたんでおく。そして人と接するときはいつも明るい表情をし、自分の苦労についてはひとこともふれないか、あるいはなにも感じないか、すこしも気にしていないかのような態度で一笑に付してしまう」

「(日本人は)いっさいの悪口をきらうので、他人の生活については語らないし、自分の主君や領主に対して不平を抱かず、天候とかそのほかのことを語り、訪問した相手を喜ばせ、満足させるようなこと以外にはふれない。感情に走らないように、重要なことは書面または第三者を通じて行うのが一般的な習慣である。

そのため日本人のあいだには一致と平穏がよく保たれており、われらのあいだにおけるように平手や拳《こぶし》で殴りあって争うということがない。子供さえそうである。大人のような理性と冷静さが見受けられ、相互に敬意を失うことがない。これはほとんど信じられないくらい極端である」

「(彼らは)服装、食事、その他すべてにおいて、きわめて清潔であり、美しく、調和が保たれている。あたかも日本人のすべてが同一の学校で教育されたかのような秩序と同じ生活態度がある」

「結論的に言って、日本人は優雅で礼儀正しく、すぐれた天性の理解力を有し、ほかのことではわたしたちに劣るけれども、以上の点ではわたしたちよりも優秀であることは否定しえない」

以上がヴァリニャーノが列挙した日本人の長所(とうてい長所とは思えないものもあるが)である。西洋人、とくにラテン系の人は、以上のような態度身ぶりとはまさしく正反対、まったく対照的で、喜怒哀楽の感情表現が強烈で、たえずみずからの運命と戦っており、自己主張が強く、しかも直情径行だから、彼にはこれらのことが驚嘆すべきことに思えたのである。

では同じ人物による「日本人の短所」について見てみよう。

「日本人はすぐれた天性と風習をもち、世界じゅうのもっとも高尚で思慮ありよく教育された国民に匹敵する。しかし悪い面ではこれ以下がないくらいで、善悪の矛盾が極端である」

「貧困は日本人を罪悪や賤《いや》しさに駆り立てない。またうち続く戦乱は人間を残酷にするものであり、邪悪で汚らわしい宗教はあらゆる善を堕落させるものであるが、日本人は真に思慮と道理に従うから、ほかの国民に見られるような節度を超えた憎悪や貪欲を持たず、いくつかの大きな罪悪を有するにもかかわらずヨーロッパ人を驚嘆させるのである」

彼らの第一の悪とは「色欲にふけること」である。しかし「既婚の女性には姦通罪がある。夫や血族は平然として姦婦《かんぷ》をその相手とともに殺す。しかし日本人は妻を信用している（そこが西洋人とちがう）。妻が不義を働くということはほとんど考えない」

「最悪の罪は男色（衆道《しゅどう》）である。これはこの色欲のなかでももっとも堕落したものであり、これを口にするに堪《た》えない。彼らはこれを重大なことだとは思わないから、若衆たちも関係のある相手もこれを誇りにし公然と口にする。仏僧は、女との関係を罪悪として禁じられているために、その悪徳に耽《ふけ》る。

だが日本でキリストの福音《ふくいん》があらわれてから、幾多の人びとがこの闇がいかに暗いものかを理解しはじめ、キリシタンは道理にしたがって、この悪徳を嫌悪し、逃避している。人びとはこの悪徳は僧侶が中国からもってきたものだと言っている」

第二の悪は「主君に対してほとんど忠誠心がないことである」「人びとは主君の敵と結び、都合のよいときにその主君に対して謀反を起こし、みずから君主となる。さらに反転してふたたび味方となり、また新たな事態に応じて謀反する。だがこうやっても名誉を失わない」「こういう事情であるから、自分の領地で安心していられる領主はほとんどいない。そして今われわれが見るようなはげしい変転と戦乱が起こっている。血族や味方同士のあいだで数多《あまた》の殺戮《さつりく》と裏切りがくりかえされているが、そうしなければ自分の希望が実現できないからである」

「この不幸の主要な原因は、本来の正当な君主である内裏《だいり》（天皇）に服従していないからである。この内裏に対して謀反し、非合法的な多数の諸侯によって日本が分割されたために、それぞれの領地よりもより大きい領地を得ようとして彼らのあいだには戦乱が続く」

「日本における主従関係はひどく放縦で、ヨーロッパとは異なっており、諸領主の支配権なり、地位なりは、わたしたちのものとはちがっているので、彼らのあいだには裏切りと謀反が続くのである。仏僧もこれらの反逆に主要な役割を果たすか、その黒幕となる」

第三の悪は「欺瞞や嘘を平気で言う」ことである。「彼らは誤った教えのために、現世の思慮、それは神の前ではおろかな思慮だが、それと真実の思慮の区別を知らない。そして陰険に偽り装い、心中で考えていることを隠す。この思慮深さは道理の限度をこえないならば、多くの徳が生まれるだろう。だが、思慮は悪意となり、陰険になる。その心は知ることができない」「外部に現れたことばや態度では、日本人の心中で企《くわだ》てていることを絶対に知ることはできない」

第四の悪は「軽々しく人を殺す」ことである。「些細なことで家来を殺し、人間の首を切り、胴体を切断する。犬のように。そしてこれを重大なこととは考えていない」「戦乱の際には民家を焼き、民衆を殺戮し、立腹したかまたは敵の手中に落ちないために切腹して自殺する」「もっとも残忍で自然の秩序に反するのは、しばしば母親が自分の子供を殺すことである。流産させるために薬を飲んだり、生んでから赤子の首に足をおいて窒息させたりする。これは子供を育てる苦労を避けたり、貧困のために育てられないというだけではない。仏僧は比丘尼《びくに》と自分たちとの関係を隠ぺいするためにこの悪徳を考え出した。いまでは多数の仏僧が流産のための薬草を人々に与えている」

第五の悪は「酒に溺れること」である。「飲酒、祝祭、饗宴の耽溺《たんでき》に多くの時間をさき、幾晩も夜を徹する」

以上をまとめると、「好色」「裏切り」「虚言」「残酷――生命の軽視」「泥酔」、これがヴァリニャーノが見た日本人の五大悪である。

それから彼は日本人の儀礼と風習について、「すべてが西欧と反対」である点を列挙している。たとえば西洋では黒が喪《も》で白がめでたいが、日本では白が喪で黒がめでたいとか、敬意をあらわすときに、西欧では帽子をとって椅子から立つが、日本では靴を脱いで座り、立って人を迎えるのは無礼にあたるとか、乗馬は西欧では右から乗るが、日本では左から乗るとか、西洋では女性が先で男性があとなのに、日本では男性が先で女性があととかいうことで、このような些細に見える対応のちがいを心得ないと日本では尊敬される交際ができないと彼は宣教師に警告している。そのために彼はエチケット手引き書、『日本人の礼儀作法の心得』を作成することになる。

彼は書く。「日本人はおびただしい礼儀を守って生きていて、彼らは世界が破滅しても(!)その日常の態度や方式を捨てないだろう。(この国では)異なった生活様式をとることは非礼であり無教養なことと見なされる」

結婚制度については、「正妻はひとり」だが「しかし望むだけの妾《めかけ》をもっている。正妻を捨てたいときは離婚するがそのさい夫妻のいずれにも悪感情が残らない(?)。きわめて冷静に離婚を行うことは驚くばかりである」

最後にヴァリニャーノは布教の上できわめて重大なコメントをしている。「彼らのことごとくがあるひとつの言語を話すが、それは知られているかぎりもっとも優秀なものであり、きわめて優雅であり、わたしたちのラテン語よりも語彙が豊富で思想をよく表現する」。すばらしい認識だ。最近私はほとんどイタリア語でくらしているが、いかに日本語が繊細で深遠であるかにやっと気づいてきたところである。十六世紀に〃高慢な西洋人〃がこのような他者認識にいたるのはまさに奇蹟である。

「(日本語には)同一のことを意味する名称が数多くある上に、名誉を重んずる優雅な性質により、すべての人と事物に対し同一の名詞や動詞をもってすることが許されず、相手の人物や事物の階級に応じて、高尚、低俗、軽蔑、尊敬の言語の使いわけをしなければならない。さらに文語と口語は異なり、男女も非常に異なった言語を用いる。文語のなかにも少なからぬ差異があって書状と書物では用語が異なる。日本語はこれほど種類が多く優雅なので、習得するには長い時間が必要である」

結論はこうである。「(このようなことばを使いわけるのだから)これにより日本人の天稟《てんぴん》の才能と理解力がいかに大いなるものであるかがわかる」。西洋人はここで容易にまったく別の結論も出せただろう。いわく「このように煩瑣《はんさ》なことばの習得に時間をとられているので、この国民には進歩がない、あるいは人文科学しかなく自然科学に目がいかない、あるいはばかである」

こうした異国の高度な文明に対する偏見のなさ、あるいはむしろ自然な尊敬は、それじたいが高度な文明と教養の証拠である。キリスト教文化史の権威であるオマリー氏が編纂《へんさん》した『イエズス会の文化・科学・芸術』という最近の本のなかで、ロス氏はこう書いている。*2

「宣教師は非キリスト教、非西欧の他者と否応なく遭遇し、そのことは彼らのアイデンティティーに挑戦するものであった。彼らは他者をみずからのアイデンティティーに変形しようとすると同時に、自分のアイデンティティーを変形しようとした。このような遭遇によって彼らはしばしば自己を変革することを迫られたのである。アレッサンドロ・ヴァリニャーノの中国および日本に対する態度は、このなかでもとくに自分とは異質の文化に出会った者の新しい態度を示すものとして評価されている。

このような非ヨーロッパ文化への自然な尊敬は、じつはルネサンス人文主義の本質(キリスト教に限定された中世にあきたらず、オリエントやアラビアの智恵を総合した)にあったものであり、ヴァリニャーノのルネサンス・イタリア人としての資質や教養を示すものであった(彼がミケランジェロと同じ時期にローマにいたことを考えると、そのことがわかるであろう)。彼の弟子マッテーオ・リッチはそのような教養人の代表であった。彼らは日本や中国の文化に、古代ギリシャやローマとの深い類似を発見していた」

ここでロス氏のあげているリッチは、中国布教と中国の思想科学の西欧への紹介者として有名なイエズス会士で、一五八二年にヴァリニャーノの命令で中国に入り、明《みん》の万《ばん》暦帝《れきてい》の許可のもとに一六〇一年から布教をはじめ、中国におけるキリスト教の基礎を固めた人物で、同時に儒教を深く研究して、中国の知識人から「西方から来た賢者」として尊敬された。そういうことは、自分の国が最高だと思っている中国の歴史上かつてないことだった。

また彼の書簡や報告は当時の東アジアを知る上で欠かすことのできない貴重な記録になっている。この人は東西交流史の上でたいへん有名になっているが、それがヴァリニャーノの弟子で、おまけに彼を中国へ派遣したのもヴァリニャーノだったということはあまり知られていない。最初に中国で布教に功績をあげたのはミケーレ・ルッジェーリで、そのつぎがリッチだったが、ふたりともヴァリニャーノが派遣したイタリア人の宣教師である。

ヴァリニャーノは彼らに、まず最初の数年は中国を知ること、つぎは中国の言語を知ることを命じ、その宗教、文化、学問、言語、政治や風土についてくわしく報告させ、さらに、古典の儒教を学び、自分がそれを知ることができるように、それをラテン語に訳すように命じた。

ザビエルは日本から帰ってのち、中国にわたって教えを説こうと熱望し、その望みを果たさず悲痛のなかに死んだ。なぜ彼があれほど中国にわたりたかったかというと、前に言ったように、彼は日本で布教しているうちに、日本人が中国の文化を崇拝していることを知って、どうしても東アジアを布教するには中国に行かなければならないと思ったからだった。それはほとんど体験と直観による行動だったが、ヴァリニャーノはザビエルが夢見たことをむしろ知的に、体系的に実現した、いわばザビエルのはじめたことを形にしたのであった。ヴァリニャーノ、リッチ、ルッジェーリの三人はみなイタリア人だったが、それは偶然ではなく、すべてはヴァリニャーノとその人文主義（ヒューマニズム）の思考から出たことである。あえて言えば、スペインとポルトガルはイタリアにくらべると本当に成り上がりの好戦的な国だった。

ヴァリニャーノはルッジェーリやリッチが仏教の僧の衣服を着ることを認め、いかにして会員が仏教を学び、また中国の知識人をいかに教えるかについて相談した。彼らは中国に入るイエズス会士が古典としての儒教を学び、その教えをある程度受けいれること、たとえば彼らの先祖崇拝の儀礼を許すこと、また神についての儒教の概念である「天」を考慮することを決めた。これはカトリック教会が認めることができないことで、そのこともあって、二十世紀にいたるまで、多くの布教史家はこの三人に批判的であった。

ヴァリニャーノも、これが変則的であることは知っており、インド、マレーシア、インドネシアのどこでもこのような要求をしていない。ただ「日本と中国は別だ」、そう彼は言ったのである。「日本と中国はまったくちがうやりかたでやる必要がある」と彼は確信していた。しかしポルトガルやスペインの支配下にあったフランシスコ教団などはそうは考えなかった。順応は妥協だと彼らは思っていたのである。

一九九三年に開催されたイエズス会宣教に関する学術会議のなかで、クリストファー・シッパーという学者は、フランシスコ会の抗議についてこのように書いている。「トレント宗教会議（一五六三年に終結したカトリック教会の規則を決めた重大な会議）はいかなる例外もなく儀礼の統一を決定した。どうして中国を例外にできるか？　衣服の制度も厳重である。どうして中国の宣教師が最初は仏僧の、のちには儒教徒の衣服を着ることが許されるだろうか？」[*3]

しかしイエズス会の規則は、神父の着る衣服を決定していないのである。さきほどのオマリー氏によれば、この教えはロヨラの側近でその規則を注釈したジェロニモ・ナダールという神学者が決めたもので、それによると、「ナダールは、イエズス会士は、さまざまな主のぶどう畑において、すなわち、さまざまな人びとのあいだにおいていっそう実り豊かな作業を行うべく、いかなる服制も決めない。それらは宗教上の風習が異なっておりその要求も異なっているからである」[*4]

これはアッシージの聖フランチェスコ以来あの特徴的な制服（秀吉は彼らが着ている独特の頭巾《ずきん》や枯れ草色の衣服を『蓑虫《みのむし》』と言った）を守っているフランシスコ会とはまるで反対の決まりだが、前にも言ったように、フランシスコ会は中世の教団で、イエズス会は新世界発見後の集団だから、ものの考えかたはちがってあたりまえである。聖フランチェスコは東アジアで布教することなど考えていなかった。ところがイエズス会はそのことを最初から考えて集まったのである。実際、いろいろときびしい規則を決めた宗教会議が終わってからも、ナダールの教えは教皇庁からなんの譴責《けんせき》も受けなかった。これはイエズス会の目的や性格からいって妥当であった。彼らは異文明の教化を大目的としていたのだから。それやこれやでこのふたつの教団は日本でことごとに衝突し、大事《だいじ》をひき起こすことになった。

ザビエルの失望

多くの学者は日本人を高く評価した最初の人はザビエルだと言う。たしかに彼は日本人が「白人だ」ということや、道理に従う「理性」があるということ、そして大学教育を受けた知性ある僧侶が多く、全国の言語が統一されているので布教には向いているという基本的な点で日本人に肯定的で、ヴァリニャーノの日本人観と同じ見解だった。

しかし、その日本からの書簡を熟読してみると、ずいぶんちがう意見ももっていたことがわかってくる。要するに、彼の日本滞在は悲惨なものだった。ザビエルのことばのはしばしに、日本への愛と嫌悪が錯綜している。最大の嫌悪はむろん、彼が「偶像」と呼んだ仏像への礼拝であるが、これに劣らないのが、仏僧の犯す女犯《にょぼん》、男色《なんしょく》であったことはそのことばの激しさからわかる。また聖人を苦しめたのは日本人の「議論好き」と儀礼的な「交際好き」で、「つぎからつぎへとたえず討論しなければならず、たいへんいやな思いをしなければなりません。瞑想したり、黙想したり、ミサをあげるひまもないのです……また人びとが訪れたり、話したり、また武士の家に招かれたりするのを断わると、だれもよくは思わず、悪く解釈しがちで、日本人ははんとうにうるさくつきまとう人たちです[*5]」

しかしザビエルの最大の失望は、日本国家の長に会って正式に国王に布教を認可してもらうことができなかったことだった。そのころ、世界に出てゆくキリスト教の布教を保護する義務と権利は、スペイン王とポルトガル王がもっていた。国王が布教を支援するかわりに、教皇はその土地の所有権を国王に許可したのである。宣教師たちは勝手に布教地に乗り込んだのではなく、いっぽうではローマ教皇庁の教皇と、他方ではスペイン・ポルトガル国王の許可のもとに組織的に行動していた。したがって、布教は基本的に国家と国家のあいだの協約でなされるべき性質のものになっていた。軍事力でその国の主権を奪って植民地化するのでないかぎり。それは彼らがインドや南アメリカやフィリピンでやったことで、中国と日本のような独立した国家ではそういう布教方針ではなかった。

中国ではまずなによりも皇帝に拝謁《はいえつ》して、布教の許可をもらったのである。したがってザビエルも一刻も早く「ミヤコ」へ行って天皇に会いたいと思ったのだが、実際に京に行ってみると、「国王とお話しすることはできませんでした。その後、人びとが国王に従っていないという事情がわかりましたので、日本で説教する許可を願うことはあきらめました。……またミヤコではあちこちで戦争が起こりかけていましたので、説教をする状態ではないとわかりました。このミヤコは昔はたいへん大きな町でしたが、今は戦争のために破壊しつくされています[*6]」

この手紙は一五五二年（天文二十一年）一月二十九日にコチンから出されたものである。彼が京都に天皇に会いに行ったのは一五五一年（天文二十年）で、そこで彼は天皇と将軍に謁見《えっけん》を求めたが実現せず、滞在わずか十一日で都を去った。ザビエルは手紙のなかで「数日しか滞在しなかった」と書いているが、このまちがいは、むしろザビエルにとってそれがいかにあっけないものであったかということを示していると思う。

このときの将軍は足利十三代将軍義輝で、フロイスによると「公方《くぼう》様（将軍）は少数の重臣を連れて郊外に（戦乱を）逃れていた。……また日本全国最高の王たる天皇をお訪ねすることができるかどうか試みた。しかし、パードレは貧しい身なりをしていたので、拝謁に必要な献上品をもっているかと聞かれた。パードレはもっているが、それを平戸に残してきたので、必要なら取り寄せようと答えた。しかしこれはものにならなかった」と書いているので、ザビエルが天皇に拝謁できなかったのは、ふさわしい手順を踏まなかったことと、いかにも貧しい身なりだったこと、日本人は服装で階級を判断していたので、それはまずかったということ、さらに、豪華な献上品をもっていなかったからだ。[*7]

しかし、たとえそのすべての条件を満たしたところで、宣教師が天皇に会うことはできなかったであろう。すべての条件がそろったあとも、ただのひとりも宣教師は（直接には）天皇に会っていないからである。天皇は神または神にひとしいものであって、異国の神を奉ずる者が会えるわけはないのだ。このことをザビエルは知らなかった。しかし、天皇と宣教師がただ一回、ある場所で同時に存在したというおどろくべき例外がある。そのことは、次章に述べるであろう。

この打撃があまりにも激しかったので、ザビエルは中国に行こうと思うようになった。なぜなら「中国はたいへん大きな国で、平和で、戦争はまったくありません。そこにいるポルトガル人からの手紙によりますと、そこは正義がたいへん尊ばれている国で、キリスト教国家のどこにもないほど正義の国だそうです。日本やほかの地方で今までわたしが聞いたかぎりにおいては、中国人はきわめて鋭敏で、才能が豊かであり、日本人よりもずっとすぐれ、学問のある人たちだと言われています」[*8]「中国は平和ですぐれた法律によって支配されている国で、たったひとりの国王に完全に従っています」[*9]

このように、ザビエルは日本ではむしろ多くの幻滅を味わって、中央集権の確立した法治国家である中国で布教したい、そのために中国に行きたいと思いながら日本を去ったのである。しかし、ヴァリニャーノは、日本を最初に知ってから三十年以上たって、多くの幻滅を味わったあとも、まだその『日本における布教の開始と展開』という報書のなかでこう書いている。

「ここには神についての知識も真の宗教もないことは疑いがない。さらに悪いことには、ここには常に多くの悪と虚偽がある。しかしつぎのことは真に言える。いかなる異教徒（異教だったころの古代ローマ人を含めて）も日本人ほど礼節をわきまえた謙虚な人間はいない。彼らのあいだにはじつに多くの罪が行われているが、しかし多くのほかの異教徒の国民におけるような公的に権威づけられた不道徳というものは存在しない」

さらにまた「日本の人びとは、大いに理性に従う人びとである。したがってもし理性によって彼らを納得させることができれば、世界には唯一の神がいて、彼が唯一の創造者であり、この世界の支配者であり、善と悪に報いる者だということに納得するであろう」[*10]

日本と中国は古代ローマ人と同じである

ここでヴァリニャーノは日本人は野蛮な未開な人種ではなく、古代ローマ人がそうだったように、異教の大いなる文明人だという考えを示した。この考えは同時代のそのほかの国で布教している宣教師に受けいれられるものではなかったが、卓見であった。日本および中国における布教状況はそのほかの国とはまったくちがっていたのである。まず第一に、日本も中国もヨーロッパの政治的権力の圏外にあったこと。いわゆる「外部世界」であったことだ。第二に、ここでイエズス会は、「とびぬけて進んだふたつの文明」（これはロス氏が書いていることばである）と初めて遭遇した。ロス氏によれば、「キリスト教の何世紀にもわたる布教のなかでイエズス会ははじめて西欧文明と同等の高さをもつ文明と出会った」。だからここでは西欧側の発想の転換が求められたのである。

このような事情によってヴァリニャーノの劇的な方針転換が起こった。注目すべきことは、これらの新しい布教の方針を出したのはすべてイタリア人だったということである。ヴァリニャーノ、リッチ、ルッジェーリばかりでなく、秀吉と信長に信頼され、都の日本人にこよなく愛され、ヴァリニャーノを助けたイタリア人宣教師、オルガンティーノ（ニェッキ・ソルディ）がそうで、彼らはみなヴァリニャーノと同じ人文主義課程に重きを置くイエズス会のコレジオで学んだ。オルガンティーノはヴァリニャーノよりもはるかに「イタリア人」で、熱狂的に日本が好きだった。彼は日本語の知識があって、ロス氏によれば「深く深ーく、日本文化を尊敬していた」

オルガンティーノは一五八九年に書いている。「日本に来るいかなるイエズス会士も、このすばらしい美しさをもつ花嫁への愛をじかに言語を知ることなくして得ることはできないし、また彼女のやりかたに合わせるのでなくてはその愛を得ることはできない。そうでない者はこの神のぶどう園からなにものも得ることなくヨーロッパに帰るであろう」[*11]

最近の研究によると、このように、征服者的ではない、文化教養人的なヴァリニャーノが巡察師に任命されたのには、イタリアとスペイン、あるいはカトリック教会とスペイン・ポルトガル国家とのあいだの政治的な対立が関係していたということである。つまり、イエズス会の総会長は、布教があまりにも王国本位に傾き、宣教師の国籍もあまりにもポルトガル、スペインに傾きすぎることを抑制したいと思った。すべてがリスボンとマドリードの支配下におかれていたからである。だから、イエズス会が慣例を破ってイタリア人をアジアへの巡察師に任命したのは、アジアへのイエズス会の宣教とポルトガル王との関係をバランスのとれたものにする目的があった。むろん会はあらゆる点で王権から無縁ではいられなかったが、ヴァリニャーノの任命にはこの関係をバランスのとれたものに変えるという意図があった。

もうひとつイエズス会内部の困った事情もからんでいた。そのころ、イエズス会のポルトガル管区で、ふたりのポルトガル人会士が国王と親密な関係を結んで、異常に勢力をのばしていたのである。しかもこのふたりは従兄弟《いとこ》同士だった。ゴンサルヴェスとカマラである。前者は王子で枢機卿である人の告解師で、後者は王の告解師だった。

それは会にとって有利だったが、一面ではその弊害もあった。このふたりの従兄弟の権威がまかりとおっていたために、会はうまくゆかず、インド管区もまたその独立性を失い、王権と強力に結びつくことになった。それは王権と同一視される危険さえ生んだ。インドにゆく船の航行や、会長あての書簡や通信さえこのふたりに妨害された[*12]。カマラはロヨラのもとで文書の校正係をしていたこともあって、自分はロヨラのやりかたを一番よく知っている、それは厳格で権威的な方法で律することだと信じていた。しかしそのころ総会長だったメルクリアンは、もっと穏やかな上下関係をつくって温和にことを運びたいと思っていた。実際にリスボンでひどい目にあったヴァリニャーノは、一五七四年の一月二十八日の書簡で[*13]、いかに彼らのやりかたがひどいかを書き、ポルトガル管区のやりかたを批判し、このふたりに逐一挑戦している。

たとえば、ヴァリニャーノはアジアに四十人から五十人のイエズス会士を連れて行きたいと思っていたが、このふたりは二十人以上はだめだと言った。またヴァリニャーノは優秀な宣教師を連れて行きたかったのに、彼がリクルートできた半分は「新クリスチャン」つまり改宗したユダヤ教徒かイスラム教徒で、このような人間のことを、このふたりは王にもポルトガルにもふさわしくないと思った、つまりアジアに追放すべきだと思った人たちだったというのである。

ヴァリニャーノはこのふたりに対して果敢な挑戦をやった。そのひとつはリスボンに専用の監督官を置くことで、彼のみがアジアから会に送られてくるすべての通信を扱うことができるようにした。このふたりや王の干渉を封じるためである。

これで、なぜ総会長がヴァリニャーノを任命したかがわかる。彼はまだ若く、敵から見るとたいへん「高慢」で、激しい気性をもっていた。こういう三十四歳のイタリア人が、既成事実になっているこのふたりの権威に手綱《たづな》をかけることが、総会長のねらいだったらしい。このような総会長の絶対の信頼のもとで彼は改革をまかされていたのだから、日本と中国では彼は総会長の完璧な支持と強い信頼のもとに行動することができたのである。

「日本と中国での布教は、ザビエルが開始したものの、決定的にヴァリニャーノによってかたちづくられたものである。日本における布教は、六世紀以後、カトリック教会が遭遇した世界のすべての教養のある文化の高い地域において、もっとも成功したものなのだ」とロス氏は結論している。[*14]

スペイン人は日本に来てはならない

ヴァリニャーノは一五八〇年に長崎から総会長にあてて、イエズス会以外のどの会も、リスボンから中国や日本に来ないようにしてくれと書いた。またたとえイエズス会士であっても、新スペインとフィリピンから日本に来ないように頼んだ。というのはイエズス会以外の宣教師は、日本と中国でやるべきことが理解できないし、また考えのちがうキリスト教団同士の対立は、異教徒の前でむだな混乱を起こすであろうと思ったからである。彼はイエズス会以外の教団から宣教師がくると、宣教の方法について必ず対立が起こると思い、日本については彼の考えている方法が最良であると信じていた。「わたしはこれから大事業にとりかかるのです」

この大事業という意味は、いままでだれもやらなかったこと、つまりふたつの非常に高い文明の融合という事業である。彼はポルトガル人と日本人の関係は許容できると思った。ポルトガルは領土的野心を宣言していなかったからである。とはいっても中国ではできるかぎり彼らを減らした。明朝《みんちょう》の公的歴史である明史はイエズス会とはイタリア人だと書いているほどである。[*15]

しかし、スペイン人はまったく別、スペインは征服国家であった。そしてそうであることを中国および日本はすでに知っていた。ヴァリニャーノは確信していた。だれもアメリカやフィリピンから来てはならない、たとえイエズス会士であっても、そこ、つまり新スペインとフィリピンはコンキスタドール（征服者）精神に汚染されているからである。ヴァリニャーノはその例としてアロンソ・サンチェス（イエズス会士）の「中国征服計画」をあげている。この宣教師は、一五八一年新しく統合された両国の王への忠誠を誓わせるためにマカオに派遣されたのだが、彼は一五八三年にフィリピンと新スペインで、中国を征服し、占領し、王国を改宗させるというキャンペーンをやった。一五八六年に副王はサンチェスの計画を受け入れ、マドリードに送った。しかしさいわいにも、アメリカにおけるイエズス会の指導者はホセ・デ・アコスタというたいへんえらいイエズス会士であったので、サンチェスの計画を非難する文書を出版し、それはわれわれのやりかたに反すると言った。このアコスタは十六世紀なかばから後半にかけて、メキシコとペルーで布教し、ペルー管区長をやっていたスペイン人宣教師でメキシコやペルーの自然や文化を観察した『新大陸自然文化史』を書き、それは南アメリカの先住文化の貴重な記録になった。彼は文明の段階に応じた布教のありかたを提案した人で、ヴァリニャーノはその影響を受けていたのである。なかでも有名なのは、アコスタの布教住民分類である。[*16]

彼は一五七七年二月二十二日、リマ発、総会長メルクリアンあての書簡で、布教地の住民を、三種に分類した。第一の種類は中国人、日本人そして東インド人で、彼らは西洋文化を羨望しない。つまり彼らみずからがきわめて高度の文明をもつ人種である。第二はイスパニア領アメリカ人、アステカ人とポルトガル領インド人で、白人にくらべるとかなり後進的だが、かなりの文明をもった人種である。最後は「本来の野蛮人」で、大部分は遊牧民であり、「堕落した凶暴な住民」である。

そこでアコスタは、第一の種類の住民に対しては、第二、第三の人種に対するのとはちがった布教政策をとらなければならないと主張した。彼らはキリスト教徒ではなく、その文化ともちがうのだが、けっして低いのではなく独自の高い文化をもっているからである。したがって「第一の住民に対しては使徒時代のギリシャ人、ローマ人、そのほかのアジア人およびヨーロッパ人と同一の方法で布教すべし」

アコスタは中国および日本には行っていないので、イエズス会士アロンソ・サンチェスから情報を得た。ヴァリニャーノはアコスタを読んでいたことが、彼の一五八九年十月九日マカオ執筆の『アポロギア(弁駁《べんばく》書)』によって明らかである。*17 アコスタの布教書が出た一五七七年十月から翌年七月にかけてヴァリニャーノは中国のマカオに足跡をしるし、従来の中国政策の失敗を考えて、総会長にあてて「従来これら東方の諸国のすべての布教国で採用されてきた」ものとはまったく異なった方法で、日本と中国に臨まないと、布教は成功しないと書いている。

スペイン人サンチェスの中国征服計画は実行に移されなかったが、イエズス会士とくにスペイン人はなにを考えるかわからないという疑惑を残し、この疑惑が日本の布教と迫害の遠因になったのである。日本にいる宣教師がこの計画にからんで大流血の原因をつくったことはのちに述べるであろう。

一般に南アメリカやフィリピンなどで、スペイン・ポルトガルがとってきた一般的な方法は、住んでいる人を未開の野蛮な住民とみて暴力で支配して西洋人のやりかたを押しつけるか、または幼稚な子供のようにあわれみをもって導くかだった。どちらの場合もやられるほうはたまったものではない。最初の場合には殺されるか自由を奪われるし、第二の場合には、馬鹿にされることがおそろしく屈辱的である。これはどちらにしても、現地の文化や習慣をやめさせて、西洋の文化や習慣に「同化」させようとする方法で、宣教師の「同化策」と言われている。じつは、ポルトガル人の宣教師カブラルが日本管区の準管区長をしていたのは一五七〇年から八二年まで、つまり十二年の長きにわたっていたが、この神父はもとはポルトガル軍人で、この「同化策」の代表のような男だった。

巡察師ヴァリニャーノが日本に来てすぐ気づいたことは、カブラルのやりかたでは、この日本ではうまくいかないということだった。彼は布教の実態を見て、「溜め息と悲嘆と不安」に襲われた。前にあげた文章のなかで、「日本人の心をわれわれの心と合わせる」ことができないと嘆いたが、それはこの巡察師が、布教というものは、人間の心と心の出会いだということを知っていた、つまりはほんとうの宣教師だった、ということを感じさせる。宣教師というのは心の教師でなければならないのである。相手の心に会いに行くには相手の身になって考えることが必要だ。そのために相手を理解しなければならないし、相手が住んでいる世界に自分も住まなければならない。高い立場から一方的に押しつけては、従わせることはできるかもしれないが、心に会うことはできず、ほんとうの教育はできない。こんなことは宣教師でなくてもどこの教師でも知っている。日本で布教をうまくやっていくには、宣教師の鋳型《いがた》にはめてヨーロッパ的な人間をつくるのではだめだ。ヴァリニャーノは、日本人の独自性を保ったままで築かれる未知の「非ヨーロッパ的なキリスト教文化の出現」を願ったのだと、葛井義憲氏は「布教の方法」についての論文で書いている。[*18]

これは非常にむずかしい問題である。同化するのでないとしたら、混合するのだろうか。しかし、キリスト教の神を、日本の仏教や神道と「習合」することは不可能である。そうではなくて、日本人の、西洋人とは異なった思考法や慣習、そして文化の型を尊重して、それを破壊することなく、しかも、そのなかでキリスト教の精神を育てようというのである。これはあとでキリスト教教会の「順応策」と呼ばれるようになった。今では世界のいたるところで教会はこの政策をとっているが、これをもっとも具体的なかたちで実施したのは、このヴァリニャーノが最初であり、しかも、それがもっとも成功したのが(一時的だったが)日本だったと言われている。これは布教史家がみな認めていることである。ヴァリニャーノの本質的な新しさ、それはふたつの文明の混合ではなく、融合にあった。つまり日本は西洋化されるのではなく、旧《ふる》い日本に固執するのでもなく、両文化の融合の結果として、未知の、まったく新しい日本文化を作るのだという考えである。

具体的には、それは非常にむずかしく、たとえば衣食住などという身体の習慣にことが及んだ場合には不可能に近い。食べ物の好みはどうしようもないので、卑近なことのようだが、アルメイダやトーレスやオルガンティーノのように米の粥《かゆ》と味噌汁とダイコンの葉っぱで満足したり、肉をやめたりすることはだれにもできることではない。でも肉を食べるということで、僧侶たちに、人肉を食すると攻撃されるのだから、それはやめなければいけないのである。僧侶たちは犬の死骸を教会に投げ込んだり、壁に血をつけたりしたとフロイスは書いている。だから、肉は食べないほうがいいのだ。

アルメイダはたえず病気していたが、もしかしたら脚気《かっけ》だったのかもしれない。あるとき、たまらなくなって、旅先でめんどりとおんどりのいる家をみつけて、そこで卵をもらって食べて立ち直ったりしている。ほかの神父は、とにかく味噌汁がいやなにおいがするといって堪《た》えがたかったそうだ。熱湯のような白湯《さゆ》を飲むことも苦痛だったようだ。ただそれを野蛮な風習と思って見下すか、対等なちがいと思うか、それが宣教師を二分することになった。

こういうことを言うと、外国人は日本のよさがわからないと思いがちだが、私のようにたえずイタリアに来ている人間から見ると、おいしいチーズや牛乳を臭いと言って食べない日本人や、米の飯でなければのどをとおらないと言ってたえず下痢をしている人がいるから、馴《な》れたものはおいしいし、そうでないものは辛いというのはおたがいさまだという気がする。

グルメなポルトガル人やイタリア人の宣教師には、肉やワインや砂糖菓子やコーヒーを食べたり飲んだりできないことのほうが、迫害よりずっとこたえたかもしれない。だからよけい、粥と葉っぱで満足していた人たちがえらく見える。彼らは日本の民衆が食べているもので満足しなければ、ほんとうの布教はできないと思っていたのである。

貴族の子

ヴァリニャーノは一五三九年、イタリア中部のアブルッツォ州のキエーティに生まれた。彼の家は、起源はナーポリだったそうで、この地方でもっとも高貴な貴族の家系である。*19 結婚によって君主の血統と交わり、ナーポリ王アンジュー家とも姻戚《いんせき》だった。

キエーティの歴史のなかで十六世紀におけるもっとも重要な事件は、一五二六年のクレメンス七世の勅令《ちょくれい》によって、ここに司教座（カテドラ）が置かれたこと、それによってこの都市がアブルッツォ州の中心となったことであった。この都市はまた学問の中心であり、独自の出版所をもち、一五六八年、トレントの公会議の直後に、ここに神学校（コレジオ）が建った。のちに、ヴァリニャーノが日本に来てやったことがコレジオを建てること、出版所をつくることだったのも当然とうなずける。ヴァリニャーノの家系からは、武勲を誇る騎士も出て、教皇庁とスペインが同盟してイスラム教徒を破った有名なレパントの海戦では、一族のジャン・バッティスタ・ヴァリニャーノが、トロイ戦争の英雄アキレスの紋章をもったキエーティの都市の旗をひるがえして戦った。もちろん、この戦争は彼らが勝った。この戦争には『ドン・キホーテ』を書いたセルバンテスも加わって戦い、左腕をなくしている。

こんな環境に育ったので、彼は明らかに戦国大名や武将と、階級的にも精神的にも近いところにいて、日本で信長に会おうと、戦乱に会おうと、すこしも動ずるところはなかった。というのは、ヴァリニャーノはまちがいなく、故郷で人文主義的で騎士道的な教育を受けて育ったからである。彼の伝記作者たちは、彼が「神を恐れること、ラテン語、騎士道的武道」を学び、少年時代はもっぱら武道に打ち込んでいたと書いている。

やがて彼は武道をすてて勉学の道を選び、父親は彼をヨーロッパ最古の大学のひとつ、名門のパードヴァ大学に送った。そして一五五七年、十九歳で法学（市民法）の学位をとった。まさにエリート中のエリートである。

故郷へ帰った彼は、地方の小さな都市では「彼の激しい性格をいかすことはできない」と考えた。キエーティの司教をしていたジャン・ピエトロ・カラーファが一五五五年に教皇に選ばれてパウルス四世になっていたが、この新教皇が、ローマに来ないかと彼を誘った。

パウルス四世はヴァリニャーノの父ジョヴァンニ・バッティスタの親友だったので、父親は、これで息子アレッサンドロの教皇庁での出世はまちがいないと思ったらしい。しかし即位四年後に教皇は死んでしまったので、結局そのあてはまったくはずれてしまった。教皇が死ぬと、それにあずかって勢力や地位を得ていたグループはいっせいに交代するのである。アレッサンドロは結局二年たらずしか教皇庁にいなかった。あるいは二年も教皇庁にいた、と言うべきか。彼は教皇庁に恐れをもたなかった、あるいは内部事情をよく知っていた、親しみをもっていた、ということが言える。だから日本から教皇庁に使節を出そうと思いついたのだ。神父のなかには一生ローマを見たことのない地方の人が大部分を占めているから、神父だからといって、みなが教皇庁にじかにコンタクトをとろうという発想が出てくるわけではない。たいていのキリスト教信者にとっては、ローマ教皇庁はまるで天国の門のように遠くありがたいところである。（ちなみに私は教皇庁のなかにある図書館に通うためにそこへ通いだしてからも、なかなかその雰囲気に慣れることができない）

パウルス四世のあとを継いだのがピウス四世で、彼はメディチ一族の出身で、一四九九年ミラーノに生まれて一五六五年に死んだ。この教皇の甥《おい》で枢機卿のジッティッヒ・フォン・アルテンプスが、ヴァリニャーノの教養の高さとか、前教皇のもとでの経験を聞いて、彼を教皇庁の裁判官にしようとした。この裁判官というのは、教皇が教会法および市民法の学位をもっている成年のなかから選ぶのだが、これは聖職者でなければならなかった。そこで彼は教皇庁の暮らしを捨ててパードヴァ大学に戻り、一五六一年から六二年の十一月まで滞在した。こんどは神学を学んだらしい。聖職者になろうと思ったのであろう。しかし、ここで彼は大学都市独特の自由奔放な暮らしに身を任せ、その情熱的な性格を露出してしまった。年代記によると、「一五六二年の十一月二十八日、フランチェスキーナ・トローナという女性と激しい口論をして、彼女に十四ヶ所の傷を与えてしまった」。子供のころの剣劇がこんな結果になってしまったのである。この醜聞をはじめて発見したのはタッキ＝ヴェントゥーリという有名な学者で、彼はそれを一八九九年にヴェネーツィアの古文書保管所でみつけた。

ヴァリニャーノは当然投獄され、四年間の追放および二百ドゥカーティの罰金刑に処せられた。裁判記録は残っていない。残っている記録は、ヴェネーツィアの十人委員会のもので、それによると一五六四年三月十八日に、あのリアルト橋の上に宣告文が出された。これは十九世紀末までだれも知らなかったことである。彼は死ぬ前に「イエズス会に入る前の罪」を告白して亡くなったそうだが、その告白の中身は、それを聞いた神父の胸のなかにしかなかったので、最近までだれもこの聖人のような人にこういう過去があるとは思っていなかった。でも、こういう罪が、原因はなんであるにせよ、自分にはまったく罪がなく常に正しいことしかしないと信じている人よりも、しばしばいっそう罪人に対する思いやりを与え、寛大さを与えるのである。ましてそれが、恋の情熱の結果ならば、人間の弱さを知り尽していたにちがいないのである。

この犯罪から四年後、彼は一五六六年の五月二十七日（または二十九日）に、聖職者だった叔父のカルロ・ヴァリニャーノの紹介で、イエズス会の総会長フランチェスコ・ボルジアのもとに行き、イエズス会に入会した。このボルジアとは、かの、チェーザレ・ボルジアの父、アレクサンデル六世の「甥（実は庶子）」ドン・ジョヴァンニとアラゴンのジョヴァンナのあいだにできた息子で、一五六五年の七月から七二年の九月まで総会長だった。ヴァリニャーノの入会試験の記録には「教養が高く知性豊か」と書かれている。

ここでふしぎなのは、イエズス会の会憲には、前科のある人間は入会できないという決まりがあるのに、どうして彼が入会できたのだろうということである。おそらく、改《かい》悛《しゅん》の度合いが深かったのか、または非常に有力で位の高い人物のコネがあったのか、またはその貴族の身分がさいわいしたのか、あるいはそのすべてかであろう。しかし、イエズス会が、前科をまったく知らなかったとは思えない。このように輝かしい履歴をもった若者が、中央のローマで活躍できなかったのは、ひとつにはその過去のせいであろう。

一五六七年五月十八日、彼はイエズス会のコレジオ・ロマーノ（ローマ神学校）で哲学の勉強をはじめた。じつはここの同級生にのちの総会長アクァヴィーヴァがいて、終生の親友になった。この親友が、総会長としてのちに彼のアジア布教政策を支持することになる。泣く子も黙る軍隊組織の長である総会長に向かって、日本の布教に関するヴァリニャーノの主張はけっこう強腰だったが、それは相手が親友だったからである。

彼は一五七〇年二月十二日、ジェス聖堂で三つの荘厳な誓いをたて（その署名は今も保存されている）、その年の三月に神父になった。神父になってすぐ彼は故郷にもどり、七一年に聖アンドレアと呼ばれていたイエズス会の修練院で先生になった。そこで教えた生徒のなかに、のちの中国布教の「賢人」マッテーオ・リッチがいた。たぶん、このころからふたりはキリスト教を東方にもたらすという理想を共有することになったのだろう。この修練院の生徒のなかからはリッチだけではなく、あとで中国、日本に行った未来の神父が育った。そこにはあとでヴァリニャーノが送った少年使節を詐欺よばわりしてけちをつけたので有名な「チクリ屋」ペドロ・ラモンもいた！　彼もやはり師の影響を受けて日本にわたったのだが、日本に来て、ヴァリニャーノから能力的に低い評価を受けたので、師に恨みを抱くようになったと歴史家は推察している。府内のコレジオで、日本語の能力についてフロイスの下に置かれたのが無念だったらしい。私にも覚えがあるが、師弟の仲がいつもうまくいくとはかぎらない。こじれるとひどいことになる。

総会長ボルジアが死んであとを継いだのはベルギー出身のメルクリアンで、彼はヴァリニャーノに、すぐれた異文化への宣教師の素質を認め、前に言ったような事情もあって、彼をインド・アジア管区の巡察師にした。この巡察師は総会長から特別の権利を付与されており、彼が派遣される管区について全権をもっていた。しかしこの任命には異論があった。というのはこの役職を担うには彼は若すぎ、またポルトガル人ではなかったからである。これまで、インド・アジアの巡察師や高位の職は征服国ポルトガル人がなるのがふつうであった。

しかし彼は充分な準備を終えたのち、一五七三年九月、三十四歳で東方へ向かった。彼が東へ向かったこの時期は、近世のカトリックの歴史にとって非常に意味深い年だった。それはカトリック教会の大キャンペーン、対抗宗教改革（宗教改革に対抗する）の最大の高揚期だったのである。じつに、宗教改革の指導者ルターがいなければ宣教師は日本に来なかったかもしれない。すべてはここに端を発する。カトリック教会すなわちローマ教会は古代ローマの皇帝コンスタンティヌスがキリスト教を公認した三一三年以降、西欧世界のなかで一貫して普遍教会の地位を保ってきた。当然ながら多くの異端や分派が常に現れたが、カトリック教会はあるいはこれを排除し、あるいはこれを包含していつも唯一最高の立場を守ってきた。異端や分派が生まれるたびに、宗教会議が開かれて、なにを正統とするか、なにを排除し、なにを許容するかを決め、厳格に組織と教義の統合を維持してきたのである。したがって、アゴスティーノ会士で、神学教授でもあったドイツ人のルターが、一五一七年に教皇庁を激しく批判する「九十五箇条の論題」を発表し、一九年には教皇が教会の首長であることにさえ反対したということは青天の霹靂《へきれき》であった。そこでそのときの教皇、豪華王ロレンツォ・デ・メディチの息子レオ十世は一五二〇年にルターを破門した。ところがルターはこの破門状をウィッテンベルクの教会の前で焼き捨てたのである。

千二百年の神聖な地位、地上における神の代理人である教皇の威信は地に堕《お》ちた。ルターには、彼に賛成する多くの改革者、教皇の権力や信仰のありかたに反対したり、疑問をもったりしているさまざまな知識人、聖職者、農民、民衆までもが味方をし、折から教皇庁の支配権から逃れることを望んでいたドイツ諸侯がこれを援護した。これらの領主は、教会が国家を支配することにもはや堪《た》えられず、教会を国家の上ではなく下におく領封教会制を形成した。これに対してカトリックを信望する地上の勢力――その最大のものが神聖ローマ皇帝だった――が戦い、それまでひとつの教会のもとにまとまっていたヨーロッパはまっぷたつになり、ドイツ、フランス、ネーデルラントは百年も続く宗教戦争に突入した。十六世紀後半から十七世紀前半にかけてのことである。その結果としてカトリックに残ったものは、イタリア、スペイン、ポルトガル、フランス（一応信教は自由だが内部に新教徒を抱えて王はカトリック）、オーストリア、南部ドイツ、ベルギーなどであり、ドイツ北部、スイス、北欧三国、オランダ、イングランドはそこから離れた。このように宗教改革はただ信仰の上での大変革であっただけではなくて、その後近代の世界をかたちづくる国家の独立と抗争という新しい世界の枠組みを生み出したという点で、はなはだ重大な事件だった。

ルターらが最初に抗議の声をあげたのは、教皇が免罪符を売って、天国への救済を保証するという教皇庁の「商売」への疑問からだったが、その結果、教皇や枢機卿など上級の聖職者の道徳的な堕落である聖職売買、親族コネ、性的乱脈――そのころ下級から最上級までヴァラエティーに富んだ娼婦がおおぜいヴァティカンに出入りしていたとか、教皇の「甥」というのはじつは愛人の子であるとか――は、もう公然のことになっていた……全体的に言って規律がゆるみ、世俗的になり、利得に走り、初期の精神を忘れた教会や神父たちへの不満がいっせいに噴き出てきてしまったというわけである。ルターらの批判が一部もっともであり、このような事態を招いてしまったことには教会側の責任もあると思った人びとが教皇庁の内部にいた。その人びとは、カトリック教会を刷新し、綱紀粛正して、威信を復興しなければならないと思った。そのための宗教会議が開かれ、あらゆる宗教会議のなかで、もっとも重大な結果を生むことになった。それが北イタリアのトレントで一五四五年から六三年まで、中断しつつも長期にわたって開かれた、史上有名なトレント宗教会議である。それまで宗教改革に対して有効な対策をとれなかった教皇庁の最初のリアクションだった。

この会議を召集したのはパウルス三世（ミケランジェロに「最後の審判」を描かせた人。この絵はローマ教会最大の危機のなかで描かれた）。この教皇はカトリック教会の内部的な、また精神的な革新の必要性を痛感し、そのために非常に役に立つ新鋭の宗教集団としてイエズス会を公認し、これを支持したのである。公認の勅令は一五四〇年九月二十五日に出た。イエズス会はスペインの貴族の子ロヨラがザビエルら、パリ大学の神学部の学生とともに一五三四年に結成した会だが、その結成の精神も、その動機も、すべてこの宗教改革以後のローマ教会の復興に焦点があった。なぜなら、この修道会は、「世界のどこへでも、もっとも困難な、異教の地にこそ」イエスの福音を述べ伝えることを第一の目的としていたからである。[*20]

なぜ世界布教なのか。第一の理由は、カトリックがヨーロッパ内部で多くを失ったからである。それをヨーロッパ内部で回復することはきわめてむずかしかった。だが、折しも、時代は大航海時代に入っていた。世界は広大になり、ヨーロッパは小さくなった。新しくスペインが植民した南部・中部アメリカへ、新しくポルトガルが植民したインド、マカオ、フィリピンへ、イエズス会は無限の新しい魂を求めて、カトリックを世界規模に広げることを理想とした教団だった。中心人物のロヨラがスペイン人だったことは偶然ではない。

こうして新しく得た土地の人間が、新しく獲得されたキリスト教徒になるとき、そして新しい収穫が、失ったものに優《まさ》るようになったとき、宗教改革の危機は、勝利に変わるのである。世界帝国主義が周縁諸国を植民地化したとき、カトリック教会は失地回復のためにそこへ出かけ、住民をキリスト教化しようとして宣教師を送り込んだ。このふたつの事業は年表の上では明らかに同時発生ではない。地理上の発見と植民が最初にあり、教会の危機は世紀後半にやってきたのである。このふたつは密接にからみあって進行していったが、最初から一体だったわけではない。

読者はこの本の五章で、わが国の少年使節が教皇庁を訪れたとき、老いたグレゴリオ教皇が、「失ったものをあがなうこの喜び」にさめざめと、またとめどなく涙を流したという記録をお読みになることであろう。その涙の理由はこのような歴史に隠されている。

というわけで、ヴァリニャーノが東方に向かった一五七三年は、トレント宗教会議が終結してから十年後、ローマ教会の復興期にあたり、またレパントの海戦（一五七一年）で最強の外敵（内なる敵は新教徒）イスラム教徒のトルコ帝国を破った勝利の二年後、つまり対抗宗教改革教会最大の高揚期であった。

彼は一五七三年九月二十四日にイタリアを船で出発、スペインを経由して同年十二月二十四日にリスボンに着いた。二十六日にポルトガル王ドン・セバスティアンに謁見《えっけん》しその使命を報告した。すでに説明したように、彼はリスボンで、ポルトガル人イエズス会の上長からひどくいやがらせを受けて、多くの困難に遭遇した。そこには、年に一回しか船が出ないので、四十人以上のイエズス会士が集まっていた。そのなかでスペインのカスティーリャ人たちは、圧倒的な数にのぼったので、そのほかの国籍の人間とのあいだに混乱や不信が生まれたのである。リスボンには、インド植民の隆盛期にあたって、通商の拡大、政治的進出、そして植民の欲望が、宗教的情熱とともに渦巻いていた。商人や宣教師はそれぞれの野望を抱いて、いっせいにリスボンから東方に向かったのである。*21

一五七四年三月二十一日に四十四人のイエズス会士がヴァリニャーノとともにリスボンをあとにした。彼らは七四年九月に東インド布教の本部であるゴアに着いた。ヴァリニャーノは七七年の九月までそこに滞在し、このあいだにインドのすべての教区を二回巡察し、すべての教会、すべての学校で教えるなど精力的に働いた。その基礎的な仕事は管区の一致のために会の規則を読ませることだった。彼は一五七五年十二月二十六日に管区協議会を召集し、そこで総括を行った。それによれば、一五五九年以降イエズス会がやってきたインド布教は、経済的困難にもかかわらず、評価すべきものだということであった。このあいだに、インドの大地には五十九人の宣教師が骨を埋めていたが、「今ここには四十万人以上のキリスト教徒がいるし、また毎年何千人も増加している」と巡察師は報告を書いた。

一九九九年に私がゴアに行ったとき、この町のカトリック教会にインドの人がおおぜいミサに来ているのを見た。結婚式もキリスト教式だった。タクシーにはロザリオの飾りがついていた。日曜日にはおおぜいの群集がザビエルの遺骸のあるボム・ジェームズ聖堂に素朴な感動をもって参詣していた。そこにいると、インドはまるでカトリック国であるかのような錯覚に陥った。輝く太陽と、あふれるマンドビ川と、聳《そび》えたつカトリック教会堂のあるゴアは、この地上でもっとも忘れがたいところである。なぜならそこには十六世紀のイエズス会の世界布教の夢がまだ生きているかのように見えるからだ。

さて、一行は一五七七年九月二十日にゴアを発って、マラッカに十月十九日に着いた。日本の島原半島南端、有馬領の口ノ津にヴァリニャーノが着いたのは一五七九年（天正七年）七月二十五日のことであった。

最初の印象

ヴァリニャーノは、ゴアではザビエルの書いたものとか、カブラルの成功話とかを読んだ。当時日本のキリシタンは十五万人、教会は二百を越えていたので、数字の報告だけを見れば誇るに足る情況であった。しかも報告書は、宣教師が知識を共有するためにみなに回覧されるから、だいたいいいことしか書かない。そこで彼はこれらを読んでたいへんな期待をもって日本に来た。しかし、期待に反して、周りの人から九州の状態を聴き取っただけでも、日本教会の前途は非常に暗いことがわかった。

「この国の事情を考えると溜め息が出る。悲嘆に暮れ、大きな不安が襲ってくる」と彼は書いた。その最大の理由は、日本の政情不安、とくにキリスト教会を支えているキリシタン大名の政治的不安定だった。第二の理由は布教の実態があまりにも理想とちがっていることだった。

日本キリスト教会の九州における大きな柱は豊後《ぶんご》の大友宗麟《そうりん》で、彼がいかに長くまた心から教会に貢献してきたかは一章で述べたとおりである。しかし彼は一五七八年（天正六年）に、日向で島津軍に大敗し、これに続く争乱は止むことがなく、九州における覇者の地位を、キリスト教の敵である肥前の龍造寺隆信に奪われていた。

もうひとつの柱であり、日本で最初に改宗した大名として名高い大村純忠《すみただ》は、有馬および豊後と同じく、領土内に良港をもっている大名だったが、大村、有馬もまた反キリスト教大名である龍造寺や、薩摩の島津らに攻撃されて窮地に陥っていた。さらにヴァリニャーノは、彼らのキリスト教入信の動機や、藩主の命令による領民の大量改宗などのありかたにも疑問をもった。インドで現地人の改宗を見てきただけに、そこには強烈な対照が浮かび上がったのであろう。

ヴァリニャーノが『スマリオ』に書いた観察はこのようなシモ（肥前）の改宗への疑問を投げかけている。結局、彼らの入信は自分の港に大きな収益のあがるポルトガルの定期船を迎えたいからではないか。ヴァリニャーノは、九州を視察し終わったあとで都地方に上り、そこでのキリシタン大名が「ナウ船（定期船）」との交易の利得なしに、「純粋に」キリスト教に帰依したことを高く評価して、一五八三年の『スマリオ』にこう書いたのである。

「猊下《げいか》にはぜひともご理解いただかなければなりません。神の恩寵《おんちよう》をのぞけば、日本の布教において最大の貢献をなしたものは『大きな船（ナウ）』つまりクロフネなのです。……とくに九州北部の場合にはそうなのです。というのは、日本の大名たちは通常非常に貧しいので、自分の領土の港に船が来ることは彼らにとって巨大な利益になるのです。だから大名たちはなんとしても船を入港させようとして、しかも、船が宣教師と教会のある港に来るということを知っていたので、たとえ、ほんとうはキリスト教を憎んでいても、争って宣教師を招いたり、教会を建てたりさせるのです」

「その上、日本人は自分の君主の言うことにはなんでも従うので、自分の君主がキリスト教に改宗するように望んだときには改宗するのです。最初に日本人が洗礼を受けるきっかけはそこなのです。そしてこのようにして日本のさまざまな場所で改宗が起こりました。したがって、日本人の改宗は、インドのキリスト教徒のように心からキリストの掟を受けいれたわけではありません。ただし、京都はちがいます。ここにはクロフネから受ける利益などまったくないからです。

とはいえ、インド人と日本人を同列におくことはまったく不可能です。インド人は個人的な動機からキリスト教徒になりますが、なにしろ彼らは『黒い人』です。そしてあまり思慮というものがありませんから、改宗はしますが、それ以上に宗教のことを学んで進歩して最終的によいキリスト教徒になることができないのです。

いっぽう、日本人は、たいていの場合、個人的な動機から改宗するのではなく（君主の利益を考えてそうするので、自分の利益ではないですから）、ただ彼らの君主が命令するからなのです。しかし、日本人は『白人』であって、すぐれた理解力とよいふるまいかたを知っていて、また大いに世間体を気にして教会にも熱心に通い、説教を聴きますので、教育を受けたときには非常にすぐれたキリスト教徒になるのです。

交易から受ける儲けがまったくない京都地方では、今までに改宗した殿たちは、まずわれわれの教義を聴いてそれを正しいと思ったがゆえにそうしたのです。その家臣らは、むろんその殿の気に入るために改宗するのであっても、九州の侍よりはもっと厳密なやりかたで、われわれの教義をよく理解してそうするので、よいキリスト教徒たちです。……しかも彼らはひとたびキリスト教徒になった暁《あかつき》には、まったく偶像（仏教）を崇拝しなくなり、その点でインドのキリスト教徒よりはるかに上です。なぜならインドではキリスト教徒になっても自分たちの偶像を拝む傾向があるからです。

日本のキリスト教社会は、そのほかのすべてのどの国よりもよく、また維持することが可能です。ここで不足しているのは神父です。だからこそ、日本での布教には日本人の助けを得ること（日本人神父をつくること）がそのほかのどこよりも必要なのです[*22]」

ヴァリニャーノは非常によく理解していた。日本人は多くの場合、自分の殿が改宗したときに改宗する。つまり、ここではどこの国よりも「上から下へ」が有効だ。だが、ひとたびキリスト教徒になったときには、それを捨てるよりは死や追放をも辞さないまでに確固とした信仰の持ち主になる場合がある（あとで見るように高山右近がその最良の例である）。したがって、封建的な社会のトップにいる大名の改宗は、交易の利益のためではない場合には、もっともすばらしい改宗の模範になる。なぜなら彼は上司の権力に従ったのでもなく、利害のためでもなく、真に宗教をよいと思ったからなのだと。

だからここに狙いを定めるほうがいい。また、たとえ動機が上長の命令であったとしても、知性が高くよい教育によって真のキリスト教徒になる可能性が非常に高いので、日本ではなによりも教育がだいじだ。

しかし逆のことも言える。交易の利益のために改宗した君主や、彼に従って改宗した人間たちは、利益がなくなったり、その主人が棄教したり没落するときには、簡単に転向する。情勢の変化に応じてどちらへも転ぶ。いちどきに何百人、何千人もの大量改宗は多くの場合こうした質のよくない改宗である。そしてそれは今言ったような理由で、いつ大量の転向にならないとも限らない。ヴァリニャーノは有馬と大村でこのことを感じた。そして冒頭に書いたような「大きな不安」を覚え胸騒ぎがした。

さて、これまで十二年間、日本の布教長をしていたカブラルは、総会長あての日本報告で、日本人は「傲慢で横柄で感情的だ」と書いている。[*23] これは彼の実際の体験から生まれたものであると同時に、「ポルトガル人が年来もっているアジア人蔑視」のせいでもあるとボクサー教授は言う。カブラルは多くの失望を味わっていた。なによりも信じていた最初のキリシタン大名大村純忠は一五七一年（元亀元年）、龍造寺そのほか周辺の勢力からいっせいに攻撃され、彼の兄で島原半島を支配していた有馬義貞は打算で教会に近づき、宗麟は一五七八年（天正六年）島津に殲滅《せんめつ》された。この状況では、悲観的になるのもむりはない。

ヴァリニャーノも来日してすぐ、日本の布教が暗礁に乗り上げていることがわかった。そしてその根本原因を探した。まず最初に気づいたことは、宣教師の多くが日本語を知らないということだった。ヴァリニャーノは日本だけではなくインド、フィリピンなどすべての視察官なので、とくに日本語ができたのではなかったが、彼の弟子マッテーオ・リッチに指示したように、宣教師はまずなによりもその布教する国のことばを知らなければいけないと固く信じていた。ヴァリニャーノは日本に来る前から、カブラルに対して日本に行く宣教師には徹底した日本語教育をしてから布教させるように命令していた。ところがカブラルはその命令を無視し、宣教師のための日本語教育のシステムを造らなかった。その理由は、日本語はむずかしすぎ、文法もない、というものだった。だから体系的に学習することは不可能で、「信者の告白を聞き取るようになるにも少なくとも六年かかり、まして日本語で説教できるようになるには少なくとも十五年はかかるので、事実上不可能だ」と公言していた。

このことは主観的に受け取られた事実である。日本語の難しさ、漢字の多さ、表現の複雑微妙さ、これほど深遠なことばはない。紫色を形容するのにもどれだけ単語があることか。しかし、宣教師が絶対知っていなくてはならないラテン語がやさしいかというとそういうことはない。たしかに文法的には体系立っているけれども、変化形の多さには辟易《へきえき》する。こんなことばを使っていられるのはインテリだけである。事実、民衆は、イタリアでもフランスでもスペインでもそれをもっとやさしい俗語に変えて、今はラテン語は現実には使用されていない。

結局、やる気があるかないかということ、そして軍人だったカブラル個人が外国語の習得に向かなかっただけだ。それよりなにより、信者の心の声をじかに聴きたい、自分で彼らに話しかけたいと思えば石にかじりついてでも練習しようと思うのが宣教師ではなかろうか。その気持ちが彼になかったことが一番問題だ。だいたいそういう人間が日本に来るべきではなかった。日本がきらいでそのことばも覚えようとしない人間がどうして日本に来て日本の布教長をやっていたのかが信じられない。唯一思いつく理由は、彼はキリスト教とヨーロッパをなによりもすぐれていると信じて、それを未開の土地に教えるという義務感（崇高な）でやってきたということだ。自分より根本的に、「人種的に」劣っていると思っているところへ恩恵をほどこすのだから、相手のことを知る必要はない。上から与えればそれですむ。その精神的姿勢がすべての根底だった。

結局カブラルはヴァリニャーノに解任されてしまうのだが彼は日本布教長を解任されてからも、自説を主張する手紙を方々に送ったので、それらを見ると彼がなにを考えていたかがわかる。

たとえば一五九六年（慶長元年）十二月十日付けの、ゴアにいるローマ＝ポルトガル顧問ジョアン・アルヴァレス宛の手紙に彼はこう書いている。「第一に、日本人は生来必要な天賦の才に欠けています。それはまた国の風土と天体の影響によるものであります。それはあたかも不断の落ちつきのなさと絶えまない新奇さを求める気持ちが人びとを支配しているかのようだからです」。日本では「すべての田大野人《でんぷやじん》が狡知《こうち》または暴力で領主たらんとし、奸計《かんけい》を心中に隠しています。家臣はより多くの収入を得るために主君の敵となり、子ですら親を裏切ります。他人を信用する者は皆無です」。このようなカブラルの考えは、姉川の戦いや比叡山焼き討ちのあった年に日本に来て、本能寺の変のあった年まで日本にいた外人が当然もったものかもしれない。

ヴァリニャーノの『スマリオ』を書き起こして出版し紹介したアルヴァレス＝タラドリスはその「序論」で、ヴァリニャーノも、ほかの日本をよく知っている布教者も、みなカブラルのあげたような日本人の欠陥は全部認めていると書いている。たとえば日本語の達人で辞書をつくったジョアン・ロドリゲスも、「日本人は三つの心をもっている」と書いている。「第一の心は偽りの心であって、その心は口にある（世間に向かって彼らが口にする心である）。第二はただ友人にのみ見せる心で、彼らはそれを胸のなかにもっている。第三の心はただ彼のなかに深く秘めていて、だれにも明かさない。その結果としてここではだれもがその周りの状況や機会にあわせて話をする。しかし、ビジネスにおいては、彼らはこのような二重の処理をしない。中国人はビジネスにおいてもこのような策略を弄するが。その結果、日本人はビジネスの点ではもっとも正確である。

しかし外交や戦争という場合には彼らはこのような策略を用いる。それは彼ら自身が欺かれないようにするためである。とくに、彼らがだれかを欺いて殺したいと思っているような場合には（それはそのような謀殺によってより多くの死を避けるためだが）彼らは敵を最大の好意をもって歓迎し、そのさなかに、相手の首を斬り落とす」[*24]ヴァリニャーノもこう書いている。「彼らは子供のころから自分の心をけっして明かさないようにしつけられる。そうすることが賢明であり愚かでないことだとみなしている。すぐに心を明かす人間のことを彼らは愚か者と言い、軽蔑して、彼らはひとつの心しかもたない人間だと言う」

「日本人は、自分の主人を平気で裏切る。したがっていかなる君主もけっして安心ではない」。しかしそれは日本の状況がそうさせているのである。「このような混乱の原因は、真の支配者であり伝統的な権力である天皇が、ひさしくその支配力を失ったからである。天皇に反乱した権力が相互に戦い、自分がすこしでも多くの領土を獲得しようとたえまなく争っている。ここでは国家の統治は西欧とはまったくちがう。したがってこの国に多くの策謀や欺瞞そして不安が溢れているのは当然である。本来僧侶がこれを律するべきだが、彼ら自身がそれらの謀反や反乱に加担しているのである」[*25]

このように宣教師たちは、たがいにだましあうことを誇り、煩瑣《はんさ》な礼儀をこととし、誠実と正直の美徳をもたず、たくみに人を偽る武士に驚き、仏僧も同じく慈悲を忘れ、不遜な野心に燃え、破戒し、分裂して新しい宗派を開き、たがいに抗争すると嘆きあった。

しかし、これらの状況を認識しているにしても、ヴァリニャーノとカブラルの一番大きなちがいは、カブラルがこれを気候風土と「天体の影響」のせいである、つまり日本人の欠陥は「運命的自然的なもの」で、もうどうしようもないのだと考えた（これは西洋人が異文明の人種を見るときによくある〝科学的な〟見かたである）のに反して、ヴァリニャーノは、それは社会の環境の結果で矯正可能と見たことにある。[*26]

太陽の沈まぬ国

アルヴァレス＝タラドリスは、このふたりのちがいを民族的気質のせいだと考えた。つまり楽天的なイタリア人と悲観的なポルトガル人である。「ヴァリニャーノはイタリアのルネサンス時代人の抱負と気質によって、自分の理想を実現しようとした。いっぽうポルトガル人のカブラルは宿命論的な悲観主義をもっていたのである」

個々の人間が楽観的だろうと悲観的だろうと、それはだれも咎《とが》めることはできないが、それがひとつの大きな集団の方針に影響するのならば問題である。またこのいわゆる国民気質というものも運命的自然的なものではなくて、歴史的につくられるものである。

カブラルはスペイン・ポルトガル、つまりイベリア半島独特の国家意識をもつ、もと軍人だったので、植民地の人間を力で支配するという、宗主《そうしゅ》国家の考えからまったく抜けることができなかった。そしてこの大航海時代のスペイン・ポルトガル人の常として、自分たちが劣った民族を発見した主人公だという誇りや傲慢さをどうしても捨てることができなかった。

いっぽうイタリアは、アメリーゴ・ヴェスプッチやクリストーフォロ・コロンボなどの大航海者を個人として出すだけの科学的先進国ではあったが、小国に分裂していて絶対主義大国をつくらなかった。だから、フランスとスペインに占領されて、政治的経済的中心からはずされたのだ。それだけに国家意識は薄く、植民地主義からもかなり遠く、それぞれ自分の生まれた小都市国家を誇りにはするものの、基本的に個人が世界の中心だと思っていた。イタリア人はその国家を誇るのではなく、自分自身の能力を誇るのである。これがアルヴァレスが彼らを「ルネサンス人」と言った理由である。

またポルトガル人が運命論的というのは同国人の著者がそう言うのだから、そうなのかもしれない。しかし歴史から見れば、スペイン、ポルトガルは八百年近くイスラム勢力に征服され、何世紀にも及ぶそのレコンキスタ（再征服または回復）運動を、一四九二年に終結させたばかりで、たえずイスラム教徒との緊張をはらんだ敵対関係によって団結してきた国民である。非キリスト教文化やその人間たちを蔑視し、否定し、これと戦うことによって自分たちのアイデンティティーをつくり、強力な統一王国を築きあげた。異教徒に八百年も占領されていたのだから、古代ローマ帝国の中心にあり、地中海世界のまんなかで誇り高い中世や近世の文化を花咲かせたイタリア人とは世界の見かたも考えかたもちがっていて当然であろう。ときに宿命論的になり、ときに攻撃的になる国民性もそのような歴史的状況によって形成されたものにちがいない。

十六世紀のスペインは新世界に広大な帝国を建設することに成功した。大西洋貿易は一五一〇年から五〇年までに八倍、一六一〇年までにその三倍になった。この貿易の中心は、スペインのセビリヤであった。その事業は国家が独占しており、中核をなす官僚組織がこれを指揮していた。大西洋貿易の基幹は地金《じがね》で、最初はインカ人が採掘して祭儀用に使用していた金を略奪したが、のちには一五四五年にペルーのポトシ、一五四六年にメキシコのサカテカスなどで大きな銀山が発見され、一五六〇年ごろからインディオを強制労働させ、水銀アマルガム法を導入して世界の生産額の八〇パーセントの銀を採掘するようになった。この精錬法は銀に鉛を入れて加熱し、酸化鉛の灰と銀を吹き分ける「灰吹き法」で中国で発明された。これらの大量の銀はスペイン船団によって本国に運ばれた。貿易が嵐のように興《おこ》り、スペインの国力もあがった。

一五一九年スペイン王カルロス一世は、カール五世として神聖ローマ皇帝に選出され、西欧における彼の領地はアラゴンを含むスペイン、ネーデルラント、オーストリア、ドイツ、ボヘミア、ハンガリー、フランシュ・コンテ、ミラーノ、地中海沿岸スペイン領、ナーポリ、シチリア、サルデーニャ、バレアーレス諸島といった空恐ろしいほどのもので、ヨーロッパの全政治空間を飲み込む大きさだった。

カール五世の息子で、スペイン・ハプスブルグを相続したフェリペ二世の所領は、中・東欧をドイツ・ハプスブルグに譲ったものの、スペイン、メキシコ、チリ、ペルーなどアメリカの植民地を加え、ミラーノ、シチリア、サルデーニャ、ネーデルラントを含んでいた。一五八〇年にはポルトガルもその治下におさめた。このようにヨーロッパと新大陸にまたがる大帝国の支配者となったフェリペ二世の領土は「太陽の沈まぬ国」と呼ばれるようになった。

おまけに、宿敵イスラム教のオスマン・トルコの海軍をレパントの海戦で破ったのが一五七一年（元亀二年）のことで、その前年、日本では織田が朝倉、浅井に勝った姉川の戦いのあった年に、カブラルは、当時まさに勝利の絶頂にあるポルトガル人として、日本にやってきたのである。

この海戦は、ヨーロッパののどもとをしめつけ、インド洋、アラビア海を支配して、ヨーロッパを地中海に閉じ込めていた最強オスマン・トルコへの、西洋側のはじめての勝利で、西洋諸国とローマ・カトリックの世界は歓喜に沸き返った。トルコがヴェネーツィア領のキプロス島を攻撃したことがはじまりで、ヴェネーツィア、スペイン、それに教皇軍の連合艦隊が、ギリシャのレパント沖でトルコ艦隊を殲滅《せんめつ》した。しかも西側の指揮官はフェリペの異母弟ドン・ファン・デ・アウストリアであった。彼らにとっては、これは単なる軍事的な勝利ではなく、異教徒を破ったキリスト教教会の勝利としての意味づけがあった。

この戦いの勝利を決したのはフェリペ二世の艦隊で、アルマーダ・インベンシーブレ（無敵艦隊）という勇ましい名前で呼ばれていた。だが、この勝利も長くは続かなかった。一五八八年（天正十六年）、日本では秀吉が天下をとって刀狩りの命令を出した年に、この無敵艦隊ははやくも海洋新興勢力イギリス艦隊にカレー沖で大敗し、スペインの凋落《ちょうらく》がはじまったのである。

この時期、つまり十六世紀から十七世紀にかけて、西洋の世界支配が決定的になった。それはヨーロッパだけが資本主義的発展に乗り出し、その結果「世界経済」を圧倒することができたからである。『近代世界システム』という本を書いて、近代世界史の見かたを大きく変えたウォーラーステインは、ちょうどこの時期、つまり一四五〇年から一六五〇年までのあいだに世界経済の第一期があったと書いている。*27 それはまさに、この日本にキリスト教と西欧文化、そして世界経済の波が押し寄せてきた時代にあたる。日本はこのときから、否応《いやおう》もなく世界システムの波紋にゆさぶられることになる。それはつまり、中心である西欧に植民地化されて、その周縁となるか、あるいはその外部世界としてとどまるかである。

これ以前には、ビザンツ帝国、イタリア諸都市、北アフリカの一部が地中海で貿易を行っているだけだった。北西ヨーロッパは経済的には辺境で、封建制が支配していた。徐々に人口が増え、生産性も上昇したが、剰余物（あまった産物）の大部分は、貴族の身分をもっていて、その上裁判権ももっている領主層のふところに入った。これは余剰ではあっても売らない限りは商品にならない。しかし、しだいに産物が間接消費にまわって市場ができ、都市が発達して農産物を自分の生産物と交換に買い取る職人層が成立した。商人も発展した。そこで資本もできた。

イタリアの諸都市やハンザ同盟の都市など、遠距離商人の現地代理人は、コミュニケーションの未発達と地域間の価格格差を利用して莫大な利益をあげた。しかし、遠距離貿易は奢侈品《しゃしひん》を扱っていて、それはコンスタントな儲けにはならないので、小さい経済圏での食料や手工芸品の手がたい経済活動が経済の中心だった。人口は増加し、十字軍は植民地略奪の利益ももたらしたが、中世末期である十四世紀にはこれが停止し、人口は減り、戦争やペストなどの疫病が起こった。この危機は人口が飽和状態になってそれに追いつく食糧がなくなったことが原因だとみられている。農業、手工業はまだ原始的だったので、食料不足のため物価は上昇し、一三三五年から四五年ごろには、フランスとイギリスの王位継承戦争である百年戦争が起こって、西ヨーロッパは全部戦争体制をとったために徴税を強化し、民衆の暮らしは荒廃の一途を辿った。これは日本の戦国時代の状態とたいへんよく似ている。

この危機は、ひとつのシステムが生産性の最適点をこえてしまったために起こったとウォーラーステインは言う。それが経済的困窮のための領主階級内部の闘争、領主と農民の闘争を引き起こしたとすれば、西ヨーロッパを殺戮と不況から救い出す方法はひとつしかなかった。それは経済上の「パイ」を大きくすることだけである。技術が一定とすれば、開発すべき土地と人口という基盤の拡大しかない。これが十五、十六世紀に興《おこ》った、ヨーロッパの「外への拡張」のほんとうの動機である。

西洋封建制の最盛期には、国家権力はもっとも弱く、領主の支配が全盛だった。時代が下るにつれて貴族が自己の利益をいっそう増進しようとして国家機構を利用するようになるが、依然として国王や皇帝の力は弱かった。領主の立場が経済不振で弱くなって、中央の権力が秩序を維持してくれることを期待するようになると事態が変わった。これが十四、十五世紀に興った王権の拡大である。戦争技術の変化もその原因になった。このことは戦国末期の日本にも見られる。大弓から大砲へ、騎馬から歩兵隊へと戦術が変化したために、おおぜいの兵士の訓練と規律が不可欠になる。戦争コストも増大する。したがって、そのつど徴兵する臨時の兵隊よりも常備軍が必要になる。これは個々の領主にはむりであるし、都市国家にもむりだった。しかも飢饉その他で人口が減少していればまず不可能で、国王が絶対権をもって軍隊をもつ絶対主義への道が必要だった。あれほどにも栄えたイタリアが、十六世紀にフランス王国とスペイン帝国にあっけなく占領されてしまったのを見ると、そのことがいかに真実であるかがわかる。

同時に、資本主義的な世界経済が、封建的な地租に代わった。それは貢納による直接的な民衆からの収奪ではない。はじめは農業、のちに工業の高い生産性を前提にした効率のよい余剰収物を売買するという経済の形態である。それを世界的規模でやろうというのが資本主義的「世界経済」である。このとき、中核国家となるはずの比較的強力な国家機構と、そしてヨーロッパの領土的拡大が必要であった。海外における食糧と農地の確保。それこそが「封建制の危機」からの脱出策の鍵だったのである。この条件がみたされなければ、ヨーロッパでの無秩序状態は常態化し、西洋の発展はなかったかもしれない。

最初に対外発展という正解を出したのはポルトガルだった。ポルトガルが危機のただなかに海外探検に乗り出したのである。その背後には強い王国があり、狭い国土があった。スペインはそれにつづいて世界に出て行った。ヨーロッパのほとんどを支配していたハプスブルグ家から出たスペイン王による神聖ローマ帝国の権力獲得がこれを可能にしたのである。

しかし、そのかげでは、帝国はいつも内部に危機をかかえていた。フランスとスペインは長期にわたってイタリア半島を戦場として戦闘していた。イタリア争奪の理由は北イタリア諸都市の工業と商業の最先端部分をゲットすることで、これを支配することは世界帝国建設に不可欠だった。しかもイタリアは小国に分裂していて、規模も小さく政治的に生き残り得なかった。最大の商工業都市ヴェネーツィア、ミラーノ、ジェノヴァ、フィレンツェの悲願は、封建領主の干渉から逃れ、中央集権的な王の支配を防ぐことで、このため神聖ローマ皇帝と結託したので、一五三〇年から三九年にかけてイタリア半島の大半がスペインの直接間接の支配下に入った。[*28] しかし、これは一種の政略結婚であって、もともと、そのころは、イタリアという国家は存在していなかったので、スペインがイタリアを植民地にしたわけではない。スペイン王は政治的にイタリアを食い物にしたが、イタリアはスペインを経済的に食い物にしたのである。というのはスペインにコロニーを造った北部イタリア人、とくにジェノヴァ人が利益の多くを独占したからだ。新世界から得た収入で儲けたのはスペインではなくイタリアの銀行だったとウォーラースティンは言う。そういえば、コロンブスと呼ばれたコロンボもジェノヴァ人だった。彼は本来商人であり、富への渇望がその冒険心を支えていた。

広大になりすぎたカールの帝国は、一五一七年に起こったルターの宗教改革を収拾することに失敗し、百年におよぶ宗教戦争と一五二五年の農民戦争で、ドイツの経済繁栄は崩壊した。カールはプロテスタントの指導者になれず、帝国を統一できなかったのである。帝国は経済的にも破綻を来《きた》し、カールが息子に国を譲った一五五六年には、帝国をふたつに分けて与えることになった。帝国の分裂である。

スペインとネーデルラントを相続した息子のフェリペ二世も、一五五七年にはみずから破産宣告をした。経済的破綻のために戦争がつづけられず、一五五九年スペインとフランスは、カトー・カンブレージの講和で戦争を終結させた。おまけにネーデルラントでは、カトリックに反対して新教を信仰する北部を中心に、スペインからの独立革命が起こって、八〇年代以後には北部七州が事実上独立した。これはスペインがイギリスの艦隊に負けたのと同じころである。一五八八年（天正十六年）、日本で秀吉が実権を掌握した年には、すでにスペインの凋落がはじまっていた。ウォーラーステインは「全世界がここでつまずいた」と書いている。[*29] これが百年に及ぶ世界帝国の終わりであり、イベリア半島の繁栄の終わりであった。

太陽が沈むとき

十六世紀、世界経済の中心に位置しながら、ヨーロッパ世界経済を自国の支配的社会階層の利益に結びつけることができなかったのが、スペイン没落の原因だと言われている。スペインは基幹となる工業を興さなかった。そして支配階級が商業や金融業に従事して資本をためることをしなかった。彼らは豪奢な芸術に資金を浪費し、産業や商業ではなく、土地に投資した。そしてイタリア人、オランダ人、ポルトガル系ユダヤ人やフランス人がスペイン金融界の中枢を握っていた。

さらに、スペインはその人種的排他政策で自滅に向かった。人口の極度の減少である。一四九二年に、スペインはユダヤ教徒を国外追放した。一五〇二年と二五年にはイスラム教徒を国外追放した。改宗したユダヤ人（マラーノ）も追放した。いま思うと、ポルトガル人ではあるが、改宗したユダヤ教徒である（と推定される）アルメイダが医者の免許をとったのに、さっさとインドに行ったのは、こういう差別のためかもしれない。一六〇九年にはモリスコ（とくに一四九二年以後のスペインに住むイスラム教徒）を大追放した。この数は三十万人で、大部分が農民であったから、土地を耕作する者が減少した。このモリスコは、じつは労働力の基盤を支えていたのに、カスティーリャ地方では一五〇二年、アラゴンでは一五二五年以降改宗か追放かを迫られ、反乱をくり返していた。彼らが追放されたのは、オスマン・トルコの脅威が迫ったときに、「内部の密通者」とみなされたからであった。これは秀吉らによってキリスト教徒や宣教師が追放された理由と同じで、彼らもまた異教徒を敵の潜在的スパイと見たのだった。じつはその追放が、スペインの農業の大損害となり、またユダヤ人が富裕だったこともあって、全般的な人口の減少とともにスペインを荒廃させた。新世界への移民や戦死がこれに拍車をかけた。

さらに、軍事費の増加が財政を圧迫した。ペルーやメキシコからきた銀はスペインを豊かにしなかった。一五〇〇年から一六六〇年までの百六十年間にヨーロッパの銀保有量の三倍にあたる銀がセビリャに着いたが、それは王が取った。そしてこれらの銀の大半は輸入品の支払いや借金の返済のために国外に流出してしまった。おどろくべきことに、一五五七年から一六四七年にわたってスペインは、国外で国家債務の返済拒否をくり返していた。実際、一五五〇年代末に戦争が負担となってすべての列強が財政崩壊を起こしていたのである。ポルトガルも北イタリアもその道連れになった。

ウォーラーステインによれば、十八世紀以降の世界経済の第二期はスペインの失敗をくり返さなかった。これはまったく帝国主義的なやりかたで進行し、世界経済の中核に位置する諸国——列強は、アジアやアフリカなどの辺境に植民し、そこで利益をあげる権利をめぐって争い、経済的、軍事的緊張状態のもとでたえず抗争するという近代のおなじみのすがたがはじまった。ここでオランダとイギリスの海上貿易の異常な膨張が起こって、江戸時代の日本にもその余波が押し寄せたことは日本史でおなじみのことである。そこから江戸末期の「クロフネ」来航までは同じ線上にある。このとき日本は第二波の波及で大ゆれにゆすぶられることになった。日本が世界システムにゆすぶられたのはこのときが最初ではない。十六世紀が第一回だったのだ。

ここでウォーラーステインは、十六世紀にさかんになった世界経済には、「中心」である西欧と、その周りにいて、略奪や植民の対象になる「辺境」とがあったと、世界をふたつに分けているが、「日本はそのどれでもなかった」と考察している。日本は、世界経済にとって「外部世界」であった。つまり十六世紀のポルトガルは日本とも取引があったが、日本は世界経済の一部をなしていたとは言えないというのだ。[*30] しかし新世界（アメリカ）はそこに含まれた。なぜなら世界経済の「辺境」とは、価格の低い商品を生産する広大な土地と大量の奴隷を提供するものでなければならないからだ。その生産物とは、おもに食糧で、西欧人が生きていくのになくてはならないものだった。実際、いまヨーロッパ人にとってなくてはならない食べ物の多くが新大陸からこのときに入ってきたものだと思うと、これらの食糧が入ってくる前のヨーロッパ人の食卓の貧しさは想像もできない。なぜなら、主食に近い根菜のじゃがいも、トマト、不可欠のコーヒー、砂糖、カカオ、タバコ、みなそうだからだ。いっぽう外部世界とは、ただ奢侈品の交易にとどまった。

この考察は、一部に根強くある、「日本がキリシタンを追い出し、鎖国したのは正しい、そうしなかったら世界帝国に植民されていただろう」という思い込みをこわしてしまうものだ。日本は植民される要素がない。広大で肥沃な土地もないしプランテーションで働かせる大量の奴隷も提供できない。日本は自分で思っていたほど、西欧に征服される可能性がなかった。そういえば、後述するように、ヴァリニャーノはしばしば「日本は土地が狭く痩せている」から征服してもなにもならないと書いているし、ザビエルも、前に述べたように、同じようなことを書いていた。

たしかに、アジア貿易はポルトガル経済にとってけっしてどうでもいいものではなかった。一五〇六年には、西アフリカの金とアジアの胡椒《こしょう》、香料が国庫収入の半分を占めた。ポルトガルはこの海域に艦隊ふたつをもってそれをゴア総督府が管理し、その周辺の七つの城塞で守っていた。三つの大中継市場であるマラッカ、カリカット、オルムズに大きな商館をもっていた。最大の市場マラッカには大貯蔵庫があって、商品の集散地となり、季節風のために東方各地から来た船はここで荷揚げせざるを得ないので非常に栄えていた。このような機構は対外進出の旗手アルブケルケによって設営されて、すべての活動は国家が掌握していた。

しかし、ラックという歴史家は、ポルトガルが直接主権を行使できた地域、つまり政治的に支配した地域はごくすこしで、コチンやセイロンでは現地の支配者がポルトガルの「保護下」に入ったものの、しかしそれ以外ではポルトガルは政治的支配を試みることがなかったと述べている。[*31] 彼らはただ「その国の慣習と法や伝統に従って行動し貿易した」。そのため、当時のポルトガル人はむしろ「主としてじゅうぶん統一が保たれ、中央政府が貿易や伝道に好都合な安定した秩序を作ってくれるような国にこそ関心を示したのである」。これは日本の布教についても観察できる。ザビエルもヴァリニャーノも日本の中央政府と安定した協定を結ぼうとして東奔西走しているのである。

ボクサー教授もまた「一五〇〇年から一八〇〇年までの西欧とアジアの関係はふつうアジア諸国がつくりあげた枠組みのなかで展開された。ごく一部の植民地的な拠点にいた者をのぞけば、ヨーロッパ人はアジアでは居住を黙認されていたにすぎない」と述べている。*32 こういう認識は、日本が鎖国したのは帝国がこちらを侵略しようとしたのを防いだから不可欠の施策だったという説を述べてきた、一部の日本の歴史家の見かたとはずいぶんちがう。

オランダ人のラール教授によれば、たしかに最初ポルトガルは略奪をして大儲けをしようと思ったが、経済的にも軍事的にも、まったくそれは不可能とわかったので、アジアではアジア内の仲介貿易に徹するほうがいいと思うようになったと書いている。*33 アジア内貿易の役割は「海運や商業のサービスを輸出することで、大量の輸入品を獲得した」ことにある。つぎの時代、オランダ人の時代には、外国貿易、国際海運、植民地支配はきびしくなったが、しかしそれ以前の段階では、アジア貿易は国際的性格をもってはいたが、「アジア諸国の政治的独立がヨーロッパの勢力によって脅かされる」などという事実はなかった。

ヨーロッパが広大な土地を征服し支配できるようになるのはずっと後代の産業革命を

達成してのことだったとボクサー教授も述べており、ポルトガルの海上支配は脆弱《ぜいじゃく》で表面的なもの（みせかけのもの）で、ヨーロッパにとってアジアはいくぶん不公平な貿易をおしつけることのできる相手ではあるが、あくまでも外部の世界にとどまっていたと考察する。ウォーラーステインによると、ヨーロッパが十六世紀にアジアを征服しなかったのは「それができなかったから」、つまり、ヨーロッパの軍事的優越性は海上についてしか成立せず、内戦はとうていむりだったということである。そういえば、ザビエルもヴァリニャーノも「日本人はすごく武器の扱いがうまくて好戦的だからとうてい征服できない」とくり返している。

どうやら、強大な艦隊が日本にやってきて日本を征服し、植民地にするなどという考えは、時代遅れの、または帝国の実力を過信したスペイン下っ端《ぱ》軍人の誇大妄想だったということになるのか。または侵略と征服以外に政治を知らない、権力にとり憑《つ》かれた日本の最高権力者の被害妄想ということになるのか？　あるいはまた、もっと深く得体《えたい》の知れないなにかの意志がそのような恐怖を煽《あお》って、史上稀にみる大迫害と鎖国を招いたのか？　それは第六章で述べよう。

日本人は黒人である

カブラルは自分たちが日本語を習わないばかりでなく、日本人にもラテン語やイエズス会の公用語であるポルトガル語を習わせなかった。つまり教育機関を整備しなかった。そこには、もっと複雑な心理が働いていた。表向きは、日本人は天然自然に才能がないから外国の言語を覚えるはずがないということだが、実際には、現地でいろいろな体験をしているうちに、日本人は野蛮人ではないどころか、けっこうできる人間たちで、「当然」主人であるはずのポルトガル人が、日本人に主人づらをされるようなことがしばしばあって、そのために、日本人は「傲慢だ」という強い印象をもつようになった。当然、戦国時代のさむらいは外国人を見下していた。こっちはこっちで彼らを野蛮人だと思っていた。南蛮ということばがそれをはっきり示している、これは文字どおり南方（天竺《てんじく》）からきた野蛮人という意味である。このことばはもとは中華思想から出たもので、自分が世界で一番えらいと信じていた中国人がヴェトナムなど南方の民を呼んでいた蔑称である。

カブラルは、自分のほうがえらいというプライドがあったので、油断をすれば日本人に馬鹿にされると思い、日本人に優越感を抱かせないために「永遠の主従関係」を保持するには、日本人に教育をつけるべきではないと信じていたのだ。

カブラルは日本語がまったくできなかったので、なにかにつけて日本語とポルトガル語のできる日本人に頼らなければならなかった。そういうときに、なにかの拍子で何人かの日本人に軽視されたと思ったので、彼らを教会の名簿記載から削除した。たとえば同宿のダミアンである。『日本史』のなかでフロイスは、ダミアンがいたるところで大活躍をしているありさまを書いている。彼は「修院で聖務に従い、外部からの訪問者、および修院に居住するすべての者に湯を常に整える世話をした。それはこの国の風習である。これはすべての人びとともたなければならない交際のため、湯を提供する者はきわめて清潔、かつ愛想がいいことが肝要な職務である。それゆえ、彼がそれを行うのである」「彼はラテン語は理解しなかったが座談の巧みさによって日本語のすぐれた説教者となり多数の改宗者を出した」。彼はいわば外人と日本人のあいだの潤滑油のような人で、前に述べたように宗麟のよき話し相手でもあった。

カブラルは日本人に対する嫌悪を一五九六年十二月十日の手紙でつぎのように書いている。「わたしは日本人ほど傲慢、貪欲、不安定で偽装的な国民を見たことはない。……日本人のもとでは、だれにも胸中を打ち明けず、読み取られぬようにすることは名誉なこと、賢明なこととされている。彼らは子供のときからそのように奨励され、打ち明けず、偽装的であるように教育されるのである。彼ら〈原住民〉は、……ラテン語の知識もなしにわたしたちの指示にもとづいて異教徒に説教する資格を獲得しているが、このためにわれらを見下げたことは一再にとどまらない。日本人修道士が、研学を終えてヨーロッパ人と同じ知識をもつようになると、なにをするであろうか。日本では、仏僧でさえも、二十年もその弟子に秘義を明かさないではないか。彼らは一度知るならば、上長や教師を眼中に置くことなく独立するのである。……日本では修道会に入って来る者は、通常世間では生計の立たぬ者であり、生計が立つ者が修道士になることは考えられない」

このように、自分が永久に相手の上にあり続けるために、日本人が自分の上に出ることを許さないという態度は、やがてイエズス会から多くの棄教者、背教者を出すことになった。誇り高い武士や僧侶の出身である日本人キリスト教徒の場合には、それが堪《た》えられないことになったのである。のち、一五九五年ヴァリニャーノは、カブラルがさんざん彼の悪口を上司に訴えたので、カブラルのこうした性格がいかに布教をだめにしたかを詳細に書き送っている。それは「日本のキリスト教とイエズス会を破滅させるカブラルの指導原理七項目」という文章で、一五九五年十一月二十三日付け総会長あて書簡である。

第一の原則は、「厳格な鞭と苛酷な言葉による統治」である。いわく「彼ら日本人は自尊心が強いものであるから従順にさせておくには厳格に遇し屈服させることが必要だと考えた。彼は常にこの見解にもとづいて苛酷さと激怒で語り、彼らを『ネグロ』とか下等な人間と呼び、名誉を傷つけ、非礼きわまりない言葉で彼らを取り扱っていました。また彼はしばしば『所詮、お前たちは日本人なのだ！』と彼らに言うのが常で、彼らが欺瞞にみちた下等な人間であることを覚《さと》らせようとしました。日本人はたとえ日本人の領主に対してであっても、苛酷なことばをけっして我慢しないので、そのような態度が日本人の心中に生じた結果は想像するにあまりあるのです」

ここで、日本史上もっとも重要な反キリスト教論『破提宇子《はだいうす》』を書いたもと修練士フアビアン・フーカン（不干斎《ふかんさい》）が書いた文章が思い出される。彼はその書のなかで、

「さて慢心は諸悪の根元、謙遜は諸善の礎なれば、謙遜を本《もと》とせよと人には勧めれども、性得の国の習ひか、彼らが高慢には天魔も及ぶべからず。……高慢なる者共なるが故《ゆえ》に、日本人を人とも思わず」と鬱憤《うっぷん》をぶちまけている。

というのはキリストの教えた道徳のなかで、もっともだいじなもののひとつは謙遜だったからである。この文章を書いたフーカンは、熱心なキリスト教徒で司祭志願だった。彼はもと禅僧で、日本人によるもっともすぐれたキリスト教布教書『妙貞問答』を書いたくらいであった。だから、その極端な寝返りは、宣教師にとって大きな痛手だった。

彼が背教した理由は（修道中の女性と駆け落ちしたという事実はあっても）まだほんとうにはわかっていないが、上司に奴隷のように扱われたことも原因のひとつだっただろ

うとされている。この反キリスト教論はそれ以後の日本のキリシタン迫害に理論的な支柱を与えたものであることを思うと、日本キリスト教会を破滅させた一因はポルトガル人のこうした差別的な態度だったにちがいない、少なくとも、それは大きな要素だったと思う。それを前もって予見して、カブラルを首にしたヴァリニャーノにも理由があったのである。

「さて、第二の原則は」とヴァリニャーノは続ける。「彼は、日本人を軽蔑しておくために、ポルトガル人イルマンとまったくちがった待遇をします。服装、帽子、食事、睡眠、その他すべてが別です。これはイエズス会の統一を乱し、その共同を破壊します」

「第三の原則は、適応（または順応）の問題です。彼は『日本人がポルトガル人の習慣に適応すべきで、ポルトガル人が日本の習慣に適応すべきではない』と思っています。なぜなら、日本人は所詮『ネグロ』であり、きわめて野蛮な習慣をもっていると彼が思っているからです。彼はけっして日本人の習慣に適応しなかったし、かといってよきポルトガル人でもありません。テーブルではナプキンで食事すべしとされましたが、提供された食事は貧者の食事のようにきわめて不潔でヨーロッパ風に料理された肉と野菜でした。彼は生来きわめて吝嗇《りんしょく》です。彼ら（ポルトガル人）は日本人が入念に清潔にする食堂と台所を不潔または乱雑にしておくので、日本人に嫌悪され軽蔑されるようになりました」

「第四の原則は無理解です。彼は日本人の習慣を奇異なものとしてまったく学ばず、彼らの習慣を軽蔑し、彼らの習慣よりも自分たちの習慣のほうがいいと見なしていました。そしてこれは日本人を激怒させ嫌悪させるもとになったのです」

「第五の原則は日本人司祭の禁止です。彼は日本人イルマンにポルトガル語またはラテン語を習わせないようにしていました。それは西欧人がかわす会話を、彼らにさとらせず、自分たちの〝秘密〟を守るためです（この〝秘密〟が重大なものであったことは、のちに述べる）。ラテン語を習わせなかったのは、彼らはいかなる学問も学ぶ必要はなく、何人《なんぴと》も司祭になるべきではないと考えたからです。そうでなければ彼らは尊大になって手に負えなくなるだろうと彼は考えたのです」

実際、ファビアン・フーカンは「其の上日本に住する伴天連《バテレン》、イルマンはごくみ（扶育）をば、南蛮の帝王より続けらるるに、日本人は何としても我が本意にかなふべからず、向後は日本人を伴天連になすこと勿《なか》れとの義にて、皆面白くも存ぜず」と怒りをぶちまけており、いかにこの差別が日本人の不満を生んでいたかが推察できる。ファビアンが教会に見切りをつけたのは司祭に叙階《じょかい》されなかったからだという説がもっぱらであるのもうなずける。[*34]

「第六の原則は教育の禁止です。彼は日本にセミナリオを開校せずという方針でした。日本人の生活がセミナリオに多くの悪徳と不浄をもたらすというのです（男色のこと。

宣教師は男色が日本では堂々と行われていることに驚愕した。西洋ではひそかに行われている〝犯罪〟なのだが）。日本人に学問をさせず、司祭になるべきではないとなれば日本にセミナリオもコレジオも開設する根拠はなくなるのです」

「第七の原則は、外国人宣教師が何語で説教するかという問題です。カブラルは執拗に宣教師が日本語を学ぶ必要はない、なぜなら日本語はまったくむずかしくて日本語で説教することは不可能だからだと言います。この国語は文法によって学ぶことはできないと彼は主張していました。事実彼は日本布教長として十年八ヶ月を過ごしましたが、彼自身、もっとも必要なときのために卑近な初歩程度の日本語を学ぼうとしたにすぎません。彼は日本語を文法的形式に整える作業をさせることをしなかったのです（事実はロドリゲス・ツーズやフロイス、フェルナンデス、オルガンティーノのように日本語に巧みな神父はいたし、彼らが、日本史上最初の日本・ポルトガル語辞典を編纂したりしたのだが、それはみなヴァリニャーノの勧めによる）」

ここでカブラルが日本人を「ネグロ」と呼んでいることは注目すべきである。近世ヨーロッパ植民史の権威であるボクサー教授も、ポルトガル人の人種差別の傾向を指摘している。

「主要な地域の障害は、アジア人を劣等視し、中国人や日本人のように高度の文化的国民に対してすら、黒人と称したポルトガル人の態度であった。これはむしろ驚くべきことである。なぜなら現代のポルトガル学者は同国人の有色人種差別のなさを強調し、これにもとづく開化政策の模範例としてブラジルを得意気にあげるからである。

しかしわたしはポルトガル植民史を永年にわたって研究してきた結果、ポルトガル国王の進歩的国策と、多数の臣下の本能的な民族的反応とを区別することを考慮にいれてもなお、ヴァリニャーノが勧告したことはけっして根拠のないものではないことを認めるに至った」[*35]

日本人は白人である

巡察師は、自分がその目で見た日本と日本人がいかにすぐれているかをローマに知らせるべきだと思った。今までの報告がまちがっていた（彼から見て）からである。またその結果として、さまざまな困難に直面している日本教会に、ローマ教会が精神的、物質的援助を与えることがいかに有益なことであるかを説得しようとした。そのために、彼は日本の布教が東洋のみならず「世界で」もっとも重要かつ有利である理由を十項目あげている。

まず第一に、日本は六十六ヶ国からなる広大な一地域にして、全土は「色白く、きわめて礼儀正しく、聡明にして理解力あり、かつ道理に従う人びと」が住んでいる。それゆえ経験によって知るようになればきわめて大きな収穫が期待できる。

奇妙なことに、カブラルは日本人を黒人だと言い、ヴァリニャーノは日本人を白人だと言う。しかし、私としてはこうやって「白人」の仲間に入れてもらったからといって喜ぶわけにはいかない。前にも書いたように、ザビエルも日本に来たときに「日本人は白い」と報告している。とくにヴァリニャーノは、ことあるごとに日本人の肌の白さを強調していて、一五八〇年の豊後での第一回協議会諮問第十でも、「日本人をイエズス会に受け入れるべきか、否か（つまり神父にするかどうか）」という問題を議論したとき、「日本人はすべてのヨーロッパ人と同様に、色白く、高貴、聡明であり、徳操と学問の能力あり」というふうに、日本人の肌の白さを、ヨーロッパ人と同じ知性の外見的証拠としてあげている。その場にいた古参の宣教師フェルナンデスも、「この国の人びとは色が白い」とこれを認めた。同じくヴィレラも「人々は色がまったく白くてポルトガル人と同じである」、その上「日本の少年はスペイン人よりも色が白い」と言っている。フロイスは、「顔の色の白さはドイツ人のようであった」と言っている。地中海の人たちは陽にやけるせいかいろいろ混血したせいか、アルプスの北の人たちよりも色がついている。だから日本人は北の人のように白いと言われたのである。

少年使節を送ったのも、ひと目みれば日本人が黒人ではないということをスペイン王やローマ教皇がわかってくれると思っていたからかもしれない。でも当地の記録では

「日本人が色白であることは厳寒の地であるから当然である。しかし、使節らは長途の旅路の疲労のために変色（？）したのでむしろ浅黒く見えた」と報告されている。「白い」日本人を見せたかった人はさぞ残念だったことだろう。

いったいどうして、ヴァリニャーノはこれほど肌の色にこだわったのだろう。それはとりもなおさず彼が人種差別、人種的偏見の持ち主だったことを証明するのではないか？　むろんそうにちがいない。肌の色の差異に根拠をおいて人種を差別する偏見はいまでも世界じゅうにあるから、いまから五百年前にはどんなにそれが一般的だったかは想像できる。南アメリカやアフリカで色の濃い人びとを「発見」したとき、カトリック教会は彼らに布教することができるのかどうか真剣に議論した。キリスト教は人間の霊魂を救うことだから、霊魂のない存在——動物——は布教の対象にならない。黒人は動物か？　それとも人間か？

したがって、カブラルが日本人を黒いと言うとき、それは、日本人には知性がなく精神もないから、教育してもしかたがない野蛮人だと言っているのであり、ヴァリニャーノが白いと言うとき、それは日本人には知性もあり精神もあり文明ももっていると言っているのである。

宗麟の茶室

ヴァリニャーノは、大村の純忠、有馬の晴信に会った後、田原親貫《ちかつら》の謀反その他で混乱していた豊後のようすがおさまるのを待って天正八年八月六日（一五八〇年九月十四日）、臼杵《うすき》の宗麟を正式に訪問した。そこで第一回布教協議会を開催し、修練院を開設し、天正九年二月四日、フロイス、メシア、トスカネッリをともなって関西に向かった。したがって臼杵には半年もいたことになる。このとき、宗麟と出会い、その周辺の文化に触れたことが、ヴァリニャーノの、以前から抱いていた理想を現実にするきっかけになったと、タラドリス師は述べている。[*36] 宗麟は非常に文化を愛する人であり、茶道、和歌、絵画、書、工芸に通じ、演劇、音楽、踊りの名人を京都から招いて楽しむなど、第一級の芸術保護者であった。襖絵《ふすま》はかの狩野永徳を招いて描かせ、『大友興廃記』によれば、牧谿《もっけい》の漁夫図を始め水墨画の名品を多数蒐集《しゅうしゅう》し、天正十四年に彼が秀吉に救援を要請したときに贈り、秀吉が秘蔵した「志賀」と称する葉茶壺など貴重な茶器を収蔵し、蹴鞠《けまり》、能に興じ、強弓《ごうきゅう》を引いたと伝えられる。巡察師は彼の生きた環境のなかで、高い水準をもった室町時代の日本の武家文化を長期にわたって体験することができた。これが巡察師の日本文化観と布教政策に大きく影響した。

特筆すべきはやはり禅宗と茶道への造詣の深さであろう。宗麟はヴァリニャーノを茶室に迎え、最高の茶器で茶をふるまった。これは外山幹夫氏によれば薄茶の手前であったらしいということである。[*37] このとき、宗麟は一万四千クルザドスもする茶器を見せたが、ヴァリニャーノは「鳥の餌入れ」にしかならないようなものが、日本教会全体が一年生きてゆけるような値段であることに驚いている。そのような体験から、彼は教会建築のなかに茶室を設け、茶器をおくように命じ、禅僧の儀礼を学ぶことを心得としたのだった。

彼は、豊後の宗麟のもとに滞在したのち、近畿地方の布教状態を視察に出かけ、そこで高山右近と信長に会い、ふたたび宗麟のいる豊後に帰ってきて、そこである小冊子を書いた。それは『日本の風習と形儀に関する注意と助言』というポルトガル語百ページを越える本である。[*38]

何人かの歴史家は、これはヴァリニャーノが書いたものではなく、著者は宗麟かもしれないと考えたり、あるいはヴァリニャーノがだれかその周辺の複数の日本人から聞き書きをしたものだろうと考えている。これは一五八一年十月に府内または臼杵において書かれたもので、当時そこには大友宗麟はむろん、山口から移ってきていたもと琵琶法師の日本人イルマンのロレンソ、教養高きパウロ養方軒《ようほうけん》、その子ヴィセンテ法印、ダミアンなどすばらしい日本人協力者がいた。これらの協力によってまとめられたものが

『日本の風習と形儀に関する注意と助言』である。それがのちに『日本の礼儀作法』としてイタリア語で出版された。

これは、ヴァリニャーノ自身の序文によれば一昼夜でできたそうである。実際にイタリア語の文体や書きかたを見てみれば、ひとりの人間が一気に書き下ろしたことが推察できる。情報は日本人から得たことはまちがいないが、文体はまったくひとりの外国人が書いたものである。またそこには個性があふれている。かつてこれほどおもしろい日本論はなかったと言っていいくらいである。なぜならここには外国人が日本のことを観察するときの思いがけない鋭さや、ある種のかんちがいがあるので思わず笑ってしまう。しかし、その笑いは著者への笑いではなくて、異なったものが出会うときのおかしさである。

『日本の礼儀作法』を編集したシュッテ師は、この本は、巡察師が日本の風習に適応した布教を行おうとして試みたさまざまな事業のなかでも、決定的なまた天才的なものだったと絶賛している。それはこの本がヨーロッパと日本のちがいを概念ではなくて、宣教師と信者、そして人と人との出会いのなかで研究しているからだという。日本でほんとうに長続きのする成果をあげようと思うなら、ただ自分の西洋の習慣を捨てるのではじゅうぶんではない、日本の風習を学ばなくてはいけない、そういう考えがこの本を書かせた。

シュッテ師はさらにこの本の歴史的、文化的価値を高く買っているが、それはこの本の内容になっている礼儀作法が、実際にそのころ生きていた大名たちの礼儀作法を見て、それに見習って書かれたことは明らかで、信長や大友宗麟のくらしやマナーが彷彿《ほうふつ》としてくるからである。まさしくここには当時の上層階級の同時代的くらしぶりが書かれているということになる。

この本は、しかし、長いこと手書きのままでイエズス会古文書保管所にあって、一九二二年にシュルハマー師が発見して、これはディオゴ・デ・メスキータが一五八五年に書いたものだと言った。その後一九三八年になってクライザーが、もっとのちにデリアがヴァリニャーノだとした。*39 今ではこれはヴァリニャーノ筆だということが定説になっている。というのは、一五八二年にヴァリニャーノはゴアから総会長にあてて手紙を書き、作法の本を「送らずに人にもたせる」と書いており、その使いが、少年使節を連れてローマに行ったメスキータであったと考えられるからだ。そこで上書きにメスキータの名前がついている。しかも、これは送るのではなくて人がたずさえていくので、用心のための複数のコピーがなかった。ふつう船で送られる書簡は難破や盗難を恐れて複数作成されていたのである。これを書いたときに、ヴァリニャーノは総会長に、日本を発つ直前に「一晩か一日のうちに整理して書いた」ので完全ではないと断わっている。さてなにが書いてあるかということだが、まず最初の序文でヴァリニャーノは、日本人をキリスト教に入信させようと思う宣教師は、ふたつのことをぜひ心がけなければならない。その第一は「アウトリダーデ（権威）」であり、第二のものは「ファミリアリダーデ（親しみ）」であるという。このふたつを備えてこそ、日本人のあいだによい評判を得ることができる。

ではどうやって権威を得るか。その第一の要点は、日本で権威を得ている禅宗の僧侶のように、品位を保つことである。その品位というものは、彼らがその階級制を守り、最高職にある僧侶を「東堂」または「長老」と言っているが、なかでも尊敬されているのが京都《みやこ》の五山の長老である。この五つの寺のなかでも最高峰は南禅寺である。

このようにきびしい階級制度と格付けで彼らは権威を保っているので、日本の宣教師もよくよく自分たちの上司を尊敬して格を守らなければならない。神父、修道士、同宿（侍者《じしゃ》）というふうに権威を段階づけ、また彼らのあいだでは長幼の序を重んじなければならない。というのは異教徒の日本人は、いったいだれにどのように対していいのかがわからなくて困っているからで、それも日本ではそういうことが厳格に決まっているので、宣教師たちもそれぞれの権威の段階にふさわしくふるまったほうがよいのである。そしてそのふるまいかたは、日本人がやってるようにやったほうがよい。

その権威ある態度というものはどういうものかというと、立ち居《い》ふるまいが自分を高く見せるようにあまりに荘重にするとかえって不名誉なことになり、それがあまりにも欠けていると軽蔑される。宣教師が軽蔑されるということは、その人ひとりが落ちるだけではなく、キリスト教も落ちてしまうのである。だいじなのはその身分に応じてふさわしくふるまうということ、殿様たちの前で、自分をより以上に高く見せるのも、必要以上に低く見せるのもいけない。

「なぜなら、日本の大名たちは、しばしば外国人に対して必要以上にうやまったり、あるいはひどく見下したりすることがあるからだ。それは彼らが、宣教師が自分の身分を知っているかどうかを試みているのである」（だから尊敬されたからといってつけあがっていばったり、見下されたからといってへりくだったりすると軽蔑される）

今までも、身のほど知らずなことをやって、宣教師たちは非難され、非常に評判をわるくしてきた。身分相応にふるまうことが品位を保つことになる。

仮に、異教徒の大名が傲慢からか、または無知からか、神父に対してふさわしい尊敬を払わないことがあっても、いかなるやりかたでも怒ってはならない。またその無礼に対して無礼を返してはならない。常に相手の身分にふさわしい態度をとっているべきである。「このような無礼に対して反感を示したり、同じ無礼で返したりすることは、『兵士（ソルダドス）』のやることである。そのような態度を僧侶は非常に軽蔑する」（これは軍人だったカブラルへの皮肉か？）

「とくに神父にも修道士にも注意してもらいたいことがある。なにをするにも謙遜と厳粛さを保つよう、どうか心がけてもらいたい。したがって、いかにも慎重さを欠き、厳粛さを欠くような軽々しいふるまいをやらないでほしい。つまり歩くときには、あわてて歩いたり、あっちを見たり、こっちを見たりしてきょろきょろしないでもらいたい。それに話をするときに、やたらに両手を動かさないでもらいたい。大きな声で笑うのもだめだ。それに笑い過ぎるのはだめだ。いつもほがらかで、しずかな顔をしていなさい」

殿様や重要な人物を訪問するときには適切なときを選ぶ、たとえば正月、あるいは似たような機会を選ばなければならない。また、客を迎えるときには座敷に迎え入れようとして「腕や手をつかんではいけない」。こういうことはポルトガル人がよくやるからだ（へたに体に手をふれると手討ちになるぞ）。尊敬を示すにせよ、親しみを示すにせよ、けっしてこれはしてはいけない。また相手がえらい貴族や殿であっても、相手の履《はき》物《もの》を出してやったり、傘をさしかけたりしてはいけない。これは召し使いの仕事である。神父だけではなく、修道士も「絶対」やってはいけない。武士の家臣もその主人にはこういうことはやらないからである（賤《いや》しい者がやることをやると軽蔑される）。

「出かけるときに百姓がかぶるような菅笠《すげがさ》をかぶってはいけない（かぶりものにも身分職業階級がある）。どこへ行くにもかならず供の者を連れて行くこと。身分の高い人を訪ねるときは、供の者のほかに日本人キリスト教徒を数人連れて行くこと。こうして行かないとよい歓迎は受けない。会の上長は僧侶のえらい人がやっているように、馬や徒歩ではなく輿《こし》を使うこと。シモ（肥前）や豊後や京都の殿を訪問するときにはなおさらである」

「非常に重要な事項について交渉するときには、それを必ず第三者をとおしてするように。日本人は直接交渉をけっして許さない」。相手が重要な人物またはあまり親しくない場合にはとくにそうである。「異教徒の殿であれ、キリスト教徒の殿であれ、交渉には慎重を期すべきである。このことはとくに彼らの領土支配に関するような場合、へたをすると裁きにかけられ罰せられるから、これを避けるためにも慎重さが必要である。交渉をすすめるにあたって、なにがあってもことを急いだり、あるいは急に中断したりしてはならない。なぜなら日本人の支配方式やその心性（気質）は、ヨーロッパの政府とはまったくちがうからである。そうしないと神父たちは容易にあやまちを犯したり、またはだまされたりする。今、大名たちは、自分たちが望んでいるようには自分の領土を支配できていないので、ひどく落ち着きを失っているのである。だからこそ、軽率に行動してはならないのである」。こういう際であるから、ヨーロッパ風のやりかたで押し通すとたいへんめんどうなことが起きる。「交渉するときには、尊敬できるキリスト教徒の日本人にかならず相談すること」

「神父はしばしば、大名が戦争をするとか、和約を結ぶとかいうことについて助言することに熱心だった。このようにして大名にとりいると、彼の敵である大名の敵になってしまう。これはわれわれの布教の目的と正反対の結果を生む。われわれ宣教師はできるかぎり、すべての人びとの友であるべきなのだから、すべての人と友であるように努力すべきである。そのようにしないと、ひどい醜聞をひきおこし、評判を悪くする。

しかしながら、もしも、それがキリスト教のためになる場合には、神父はキリスト教信者である大名たちを助け、救済してもよい。ただし彼らの戦争を応援しているということは言ってはならない。またもしもそれに反対する人がいたら、その人びとには満足ゆくように説明すべきである」

これは日向の戦いにカブラルが同伴したことを非難しているのか？　あるいはまた、巡察師自身が龍造寺の攻撃に苦しむ大村純忠を助けたことを言っているのであろうか？　両者のちがいはただいっぽうが侵略であり、片ほうが防衛であるというだけなのだが。

「いかなる大名にも、異教徒とキリスト教徒とを問わず、大砲その他の武器を調達してはならない。なぜならば、このようなことは常にたいへんなダメージを与える、そしていまだかつて良い結果になったためしがないからである。それにもかかわらず、勢力のある大名がそのようなことを強要するような場合には、人びとに相談してよい知恵を出してもらい、なんとしてもこのことを避けるように全力を尽くすべきである。

とくに神父を助けるのは、あらゆる場合に賢明で親しい日本人キリスト教徒の知恵を借りることである。彼らは日本の事情に通じている。たえず彼らと相談してことを運ばなくては、日本とナンバンでは気質もならわしもちがうのだからやってゆけないのである」

ところで、巡察師はこのように双方の命運を決するような重大なことを書いたあとで、いきなり「清潔にしろ、きらわれるぞ」という話に移っている。それはあまりに唐突なので、ヴァリニャーノが、この冊子は一晩で書いたので完璧ではないと言いわけをしたのもわかる。思いついたことをつぎつぎと書いていっている文体である。

さて、以上が日本人に尊敬される権威をつけるための作法である。続いて第二章はいかにして日本人と親しくなるかについての心得だが、それは要約するだけにしよう。まず第一に「茶の湯をやらなければだめ」（宗麟、信長、ましで右近は茶の名人）。「盃《さかずき》のやりとりをまちがってはだめ」「進物をもらって、それが菓子かなにかだったらその場ですぐ開けて食べ、もってきた人にもすすめて（「お持たせですが……」）、同宿に茶を出させなきゃだめ」「遠くからきた信者は泊めてもいいが、イタズラモノ（いまと意味がちがってならず者のこと？）はだめ、わざと泊まろうとしてくる者もだめ、住院は旅籠《はたご》ではない。つきあいかたは身分に合ったように。男女は扱いがちがう。女性が日帰りできないほど遠方からくるときは、ふつう宿を用意してくるものだ。もし貧しい女性かなにかであったら適当な家を紹介するのがよい」

このあと、大名の使節の応対、宴会、進物のしかた、教会の建てかた、設営、インテリア、馳走《ちそう》、道具などかぎりなく細部が続く。しかし、だいじなのは「細部」なのだ！

シュッテ版は巻末に要約文をつけてあるが、巡察師の以下のことばを紹介している。「国は異なり、風習は異なる。つまるところ、われわれの風習もまたヨーロッパという小さな地域に合わせてできたものにすぎないではないか」[*40]。これはこの時代の西洋人としてはまことに驚くべきことばである。彼がたとえ何者であったにせよ、このことばは賢人のものである。

イエズス会総会長アクァヴィーヴァはこれを読了、一五八五年十二月二十四日、ヴァリニャーノあて書簡で、そのときインドの管区長をしていた彼に感動と賛意を示した。これは日本の布教を、「適合」方針に決定した手紙である。その書簡はイザヤの預言の引用でしめくくってあることがちょっと気になるところであるが、高位の聖職者はみなこういう聖句で手紙を結ぶのだからあまり深い意味はなかったのか、それとも、それは真に預言的なものであったのか？　その真意はどこにあったのかわからない。

「聳《そび》え立つ堅固なる都市、高慢なる民はひきずりおろされ、貧しき者がその上を歩む」（「イザヤ書」二十六章の五―六）。

まずなによりもここから読み取れるのは僧侶との「共存共栄」の意志である。宣教師が僧侶と同じような精神的、社会的地位を獲得して、僧侶階級が日本で安定した支持を得て上層階級にも支援されているように、そのようにキリスト教会もここに定住し、永住して栄えたいと思っていることは疑いがない。だからそのために武士や僧侶など尊敬される階級の礼儀作法を身につけることを不可欠と思った。しかし、断じて仏教などとは共存できないという神父も少なからずいたわけで、ヴァリニャーノの考えは当時は少数派だった。

ここで重要なことは、宣教師たちがしばしば使用した「日本人には理性がある」ということばである。前に述べたように、ヴァリニャーノも「東洋のすべての人びとのなかで、日本人のみが道理を弁《わきま》え、救霊を求め、みずからの自由意志によってキリスト教徒に改宗することは、従来われわれの見てきたところである」と言ってきた。

これは人間の理性と道徳の普遍性への信頼であって、これがないと双方とも相手の思想体系が理解できない。多くの未開の国ではそれができなかった。言語と観念に互換性（たがいに共有できる性質）がなかったら、いったいどうしたらよいだろう。日本には霊という言語と観念があった。死んだあとの生についての観念もあり、後生《ごしょう》の救いはみなの求めているものだった。

「近世仏教と対キリシタン問題」という論文を書いた高神信也氏はつぎのように書いている。「東洋の宗教としての仏教と西洋文化を代表するキリスト教とはわが国において激しく対決し、論争しあい、しかもキリスト教信者が伝道後数十年にして人口の三パーセントをこえる三十万に達したということは、単にわが国宗教史上のみならず、広く世界宗教史または東西交渉史の上からみて注目すべきことである」[*41]

高神氏もまたその理由のひとつとして、応仁の乱以来の世相の荒廃、仏教の堕落と世俗化をあげている。これはわれわれも第一章で見たとおりである。いっぽう、豊後の騒動でも見てきたように、キリスト教は商売仇《がたき》である仏教僧侶の非難攻撃にたえまなくさらされていたので、ザビエルは絶望して、日本は偶像とキリストの敵との土地だから、「ふたつの悪魔であるこの釈迦と阿弥陀をはじめ、その他無数の悪魔に対し、勝利を得なければならない」と仏教に激しい敵意を燃やしていた。フロイスの書いたものにもこのような気持ちが浸透している。

しかし、キリスト教の教えを日本語で書いて出版した『どちりなきりしたん（キリスト教教義）』は、改宗した僧侶が参加して宗教用語を考案したので、キリスト教の基本的な考えを示す多くのことばを、仏教のことばのなかにみつけることができたのであった。[*42]

かつてザビエルをもっとも絶望させたのは、布教書をつくろうとしたときに最初に犯した誤訳である。最初の助言者がアンジローまたはヤジローという、どうやら和冦《わこう》あがりの武士で、仏教の教義に無知であったために、その後知的な人間たちを教化するにあたって、翻訳上のミス、神や秘蹟に関する訳語のミスが致命的になった。[*43]最大の誤訳は「デウス」を「大日」と訳してしまったことである。これに懲《こ》りてザビエルは日本語を探すのではなくラテン語を日本風に言いかえることにした。デウス、アニマ（霊魂）、エウカリスタ（聖餐の秘蹟）などである。

ヴァリニャーノが日本に来て翻訳は一挙に進んだ。そして今回はむしろ仏教に使われていることばを進んで使ったのである。色身《しきしん》（肉体としての体）。これはキリスト教では重要なことばであり、物体として必ず滅び去るものとして考えられる。これに反して、霊魂は、身体のなかにあるものだが、そこから離れ去ることができ、心の本質とされるものという点でどちらにも理解できた。しかし、キリスト教徒はこれを多くの場合アニマと呼んだ。むろん霊魂とよぶ場合もある。このほか、四大（宇宙を構成する四つの基本元素）という西洋古代思想の基本概念が、サンスクリット語から訳されて日本仏教ですでに使用されていたのは驚きである。現世、後世などの仏教の用語をつかって、そのままキリスト教の死後の世界を説明することができた。

これはただ翻訳の問題ではなくて、キリスト教の思想を盛り込む日本語、つまり観念が日本にすでにあったということである。日本語にその概念がなく、ふさわしい日本語にできないことばは、ラテン語の日本語なまりで教義書に書かれた。たとえばキリスト教徒がもっともだいじにする三つの美徳、「信仰」はヒイデス、「希望」はエスペランサ、「他者への愛」はカリダデ。そしてそれを犯すと霊魂の救済はされず永遠の地獄に堕ちるとされている大罪はモルタル（死に至る科《とが》）、「最後の審判」はジュイゾ、地獄はインヘルノ、天国はパライゾ。神の恩寵はガラサ、天使はアンジョ、サタンはサタン。悪魔は天狗（!?）、ミゼリコルディア（他人を愛する行為）や、マルティリオ（殉教——信仰を貫いて死ぬこと）も適切な訳語がなかった。

なかでも、西洋人の考える「愛」ということばは、日本語になおすことがたいへんむずかしかった。ロドリゲスの『日葡辞書』には、「愛＝アモル」という名詞に該当する日本語はない。愛し、愛するという動詞はある。それは愛情のしるしを示す、または快楽を与えるものを楽しむという感情的な楽しみをあらわすものだった。[*44]

キリスト教徒が考える愛、聖書でキリストが言ったような愛は、そういう肉体的な感覚的な愛ではなかった。日葡辞書をポルトガル語から先に読むと、アマール（愛する）という動詞は、「たいせつに存ずる」となっている。これは、男女のエロスではなく、相手のために相手を思う心である「愛」のことなので、他人を「たいせつに思う」と訳した。イエズス会の学者チースリク師は、それは一五八〇年ごろに府内のコレジオで布教書の翻訳にあたったパウロ養方軒とその子ヴィセンテによって確定されたと推測している。[*45]

翻訳できなかったことばも、言い換えられたことばも、日本人の心に、多くの新しい考えかたや、新しいことばを生みだすきっかけになった。しかし、それでも愛するということばや、慈愛、慈悲ということばが、日本にあったからこそ、それをもとに、それとは異なった愛を別のことばで言い換えることもできたのである。いうなれば、キリスト教は仏教のもつ慈悲や、救いを求める心を下敷きにして、それとはちがった愛や救いがあることを教えた。いわば仏教とのちがいを示すことで自分の特徴を示すことができたのである。そうでなければ宣教師があれほど熱心に仏教を研究し、仏僧がまたあれほどしばしば教会に探索に出かけたということは説明できない。日本は原始宗教の国ではなかったのだ。

類似点は双方の宗教の儀式や祭典にもあった。カトリックのミサのときに神父が読む聖書の句の朗読は読経《どきよう》、おおぜいの読経は合唱、説教はまさしく説教である。その上たいていの人が気づいていることだが、カトリックのミサと、茶道の作法のなんと似ていることか。袱紗《ふくさ》の使いかたなど、どう見ても茶道がまねたのだとしか思えない。花で飾った祭壇、きらめく荘厳具《しようごんぐ》(キリスト教では聖具)、壁に飾った聖なる画像、彫刻で作ってあってみなが礼拝する聖像、香炉で焚《た》く香、燈明《とうみよう》、数珠《じゆず》（ロザリオ）、剃髪《ていはつ》、独身、托鉢《たくはつ》、巡礼、隠遁生活までが双方に存在した。多くの初期の信者は聖母マリアを観音だと思って拝んだし、隠れキリシタンはマリア像を観音の像と合体して拝んだ。ここには普遍的な母性崇拝がひそんでいた。これほどの類似があるので、布教の初期においては仏僧はキリスト教を、天竺《てんじく》から渡来した仏教の一派、天竺宗であると信じたほどだった。一般民衆はなおさらそう思った。

日本で布教したフランシスコ会士のマルセーロ・デ・リバデネイラは、一六〇〇年代、日本の仏教は日本に深く根をおろしていたばかりか、その組織もしっかりしていた、多くの分派があったにもかかわらずその教義は実際的なひとつの点、すなわち「後生《ごしよう》の救済」に絞られていたと書いている。リバデネイラは、日本では「だれもが救いについて話し、また救いを探求する途上にある」と書いている。

「一般人は、人びとを極楽につれていってくれる阿弥陀を信じなさいというたいへんわかりやすい慈悲深い阿弥陀に救いを見いだそうとした。また身分の高い人びとは、釈迦の教えに帰依していた。それによれば、人びとは彼ら自身のなかであらゆる個人的欲望を消滅させるため、すべての煩悩《ぼんのう》を避けなければならず、そうすることで涅槃《ねはん》という永遠の休息の状態にたどりつく。この救いの理論は双方とも、業《ごう》（カルマ）の理念――罪過の重荷は個人の色欲と行為をとおして過去の存在につながる――にもとづく。もしこの罪過の重荷が消滅しなければ、魂は動物や人間のなかで何度も飽くことなく生まれ変わり、さらに悲惨な生存をくり返すよう運命づけられている」[*46]

この世で神の教えを守った者には、永遠の霊魂の生命が与えられるというキリスト教の死後観と、仏教のそれとは非常にちがうが、死後の救済を願う心は同じである。また後生の救いがこれほどに切実であったのは、彼らが双方とも、人生のはかなさの感覚を強くもっていたからである。人生がはかなければはかないほど、死後の救済のたしかさを求める気持ちが強くなる。

慶長四年(一五九九年)の正月に刊行されたキリスト教布教書『ぎやどぺかどる』第六章にはつぎのような文章がある。

「われは人なり。人としては死するを遁《のが》るるみちなし。又、きりしたんなれば、一期《いちご》の間の善悪の御糺明《ごきゆうめい》に預《あずか》らずといふことなし。朝には暮れを待たず、夕べには朝を期することあるまじき時刻到来すべし。今は六根も盛んにして、明かし暮らすといふとも、たちまち病いの床に伏して今を限りとする時来るべし。是を今よりよくよく思案せよ。すでに一息裁断に及びぬれば、先づ眼は光を失ひ舌は物いはんとする叶はず、面の色は蘅野の草の緑に等しく、豊顔の美麗は垢膩《くに》のあかつける粧《よそおい》となり、いまだ息の通ふ内よりは屍《しかばね》を曝《さら》すにことならず、その時汝が生まれし日の母の苦しみを試むべし」

このことばは、「草原の輝き、花の栄光、されどそは暁の露に似たり」「空の空、ああすべて空の空なるかな」と語られたキリスト教聖書のなかの「ウアニタス（生のはかなさ）」を語る文章からきているものだが、いっぽうで、浄土真宗中興の祖蓮如（一四一五―九九）の「白骨《はっこつ》の御文章《おふみ》」「夫人間《それにんげん》の浮生なる相をつらつら観ずるに、……朝には紅顔ありて、夕べには白骨となれる身なり」によく似ている。この最後の句は私が自分の母親の葬式で、読経の最後に聞いた句である。

蓮如も切支丹《キリシタン》宣教師もひらがなを使用して民衆にうったえた。おそらくキリシタンは、学問のない民衆や女性にも読めるように浄土真宗を模倣してひらがなで書いたのであろう。

殺戮《さつりく》が日常茶飯事で、命が羽のように軽い時代であったから、人びとは生命が短いこと、この世の快楽や権勢のはかないことを強く感じていて、それだけ宗教に来世の幸福と救いを強く求めていたのであり、どの宗派がその救いをいっそうたしかに約束してくれるかが重要であって、その点を比較しながら宗教を選んだのである。だから、改宗させるにはこの点を納得させればよかったことになる。キリスト教は、人間の霊魂は不滅で、動物などには生まれ変わらない、いまのままの自分が身体を脱ぎ捨て、生きていたときの行いの結果によって救われる（あるいは救われない）という教義だから、よく筋が通っていた。多くの僧侶や知識人が「理屈が通っている」といって改宗したと宣教師は書いている。

る。現世にしろ、後生にしろ、キリスト教では基本的に自分が責任をとらされることにな
る。どうして救済されるか。それは善行をしたから。どうして地獄へ行くか。それは悪をなしたから。因果がはっきりしているわけだ。またどのような善行が天国行きか、その日常の心がけも、信心の形式もはっきり決まっている。カトリックでは、どの宗派もそこは統一されている。善行にはたくさんのカリキュラムがあってそれを行うのは容易なことではない。一番むずかしいのは、自分のように他人を愛することである。パウロは「コリント前書、十三章」で、たとえ信仰のために自分の命を投げ出しても、愛がなければその行為にはなんの価値もないと言った。殉教しても、愛がなければ価値がないとはどういうことだろう？　あるいは、人は誇りのためや、絶望のためにも殉教するのだろうか？　日本は膨大な数（おそらく数え切れない）の殉教者を出した国である。古代ローマ以来最大であると言われている。この本の最後の章では史上最大の殉教が展開される。しかし何十万人が殉教しようとも、ひとりひとりがみなひとりひとりの死にかたをしたのである。

私はキリスト教徒ではない。ただ中学のときに、キリスト教の授業のある学校に通っていた。そこでこのパウロの教えを読んだのだが、そのとき、ある女性教師が、私に向かって、「あなたにはとくにこのことばがだいじです」と言った。自分を愛するようには他人を愛することのできない人間だと先生は見抜いたのだろう。そしてそれは正しい。

それはきびしすぎる。でもいかに困難でも、人は、けわしい道を行けば救済の光が見えると教えられる。救済への道がけわしいこと、そしてそこは自分で上っていくのだというこ と、それは理屈っぽい人間、または自己にきびしい人間には、念仏を唱えれば救われるというような教えよりも、かえって筋が通って見えたかもしれない。

いずれにしても、熱心な仏教徒は、じつは熱心なキリスト教徒になる可能性が高い。理屈で言えば、その逆も可である。現世のみを信じ、物質のみを信じ、それで満足し、霊魂の死後の救済などをそもそも考えない人びとよりは、このころの日本人は潜在的にキリスト教徒たりうる条件を備えていたということになる。

ヴァリニャーノの問題は、いかにして仏教とキリスト教のちがいを示すのかということであった。一九六〇年に、ポルトガルのエヴォラ図書館で発見された古屛風《びょうぶ》裏打ち文書として、彼が書いた『日本のカテキズモ』が発見された。それは一五八〇年から八一年にかけて、ヴァリニャーノが改宗した仏僧パウロ養方軒の協力で編纂したキリスト教の説明書である。[*47]

私はこの文章は非常に興味深いものだと思っている。ヴァリニャーノが、これを日本の知識人にあてて、仏教とキリスト教のちがいを、辻説法のようにではなく、思想的なことばで語っているからである。その冒頭のことばはこうである。

「人間には光に似た理性があり、人間の知性はこれによって事物の相違を把握し、判断するように照明される」。この冒頭のことばは非常にいい。パスカルかデカルトのようだ。もっとも彼らはヴァリニャーノとほぼ同時代人だったから当然である。彼はまず人間と畜類を理性・分別力の有無で区別し、人間を、「理性をもって真理を認識し、善悪を分別するもの」と規定している。「人間はデウスが恵与してくださった生命と感覚のほかに、精神、知性と呼ばれるものをもち、結論へ導く論証と理性とによって、事物の道理を追求し、正邪の実体を認識できるはるかに高尚な能力を備えている」

「英知とは、万物または至高原因についての崇高な知識であり、結果が生じ、事物が生成される至高なる道理と原因による万物の完全な把握である」。このような「知性を具備した唯一の根元——神が一種の光のように道理の根元へと人を導く」

「永久の生命を求める動物はいない。永遠不朽の生命を欲求するのはただ人間の精神のみである。そこで人間の精神は、自分の永遠の記憶を人びとのあいだに残そうと努め、多くのことを引き受け、多くのことを忍耐し、多くのことを敢行する。だからかくも多くのことを熱望する人間の精神は不死であり、永遠の生命をあずかる能力がある」

「知性は真理を求め、その真理のなかでのみやすらぐ。善を本性的に希求し、それ以外では満足しない。真と善とは霊的なものであり、肉体的なものではない。このように霊的なものを求める人間の精神は霊的な実体であり、すべての破滅を免れている」

いっぽう、日本の僧侶や神官が説くカミやホトケは、もとは子供や妻のいる人間であって、人間を超えた至高の知ではない。至高の真理ではないものが、真理の光を人間の知性にもたらすことはあり得ない。真の神は人間以上のもの、万物の根元、万物の創造者であり、創造の原理をただひとり知る者である。真理の根元は唯一にして最高の存在でなければならない。神や仏はあまりにもおおぜいいる。教えることもさまざまである。真理は唯一であるから、これほど多くの神や仏がいるということは、それが虚偽だということである。また、神や仏は、もしその教えが正しければ「人びとを善良な生活制度へと導き、また多くの面で美徳を促進する」はずであるが、実際には多くの仏教が栄えているにもかかわらず良俗は乱れ、邪悪がはびこっている。

また人間が死後六道《ろくどう》をさまよい、獣や鳥、魚、悪魔になるということは道理に反する。「なぜなら悪魔、獣、人間の本性は同じではなく、人間は理性をもち、精神をもつからである」

彼は、仏教、とくに神道の根底にある汎神論（あらゆるものに神が住む）あるいはアニミズム（あらゆるものに霊が住む）を、西欧的なアリストテレスの生物学、動物学、霊魂論を基礎とし、中世スコラ哲学、それから非常に強くルネサンス新プラトン主義の影響を受けて論破しようと試みている。これらの思想は、要するに、人間を身体と霊魂のふたつに分け、森羅万象を、イデア（目に見えない本質的な理念）と物質（目に見える物質的な実体）のふたつに分けて考え、イデアを物質よりも本質的だと考える唯心論に立っている。そこから、宇宙がなぜ存在するのかということの説明を、目に見えない根元的な唯一の絶対者（創造者）に求め、そこから目に見える万物を創造されたもの（被造者）と考える。宇宙をこの唯一の根元にまとめあげて説明するのである。

こういう理詰めの理論でいくと、神道、仏教は「非論理的」なものになる。しかし、われわれの多くには縁遠い話だが、宣教師たちは、きまって、どの大名にも、どの僧侶にも、まず唯一の創造者の話をして、そこでまず信者を獲得しているのである。だからおおぜいの覚えきれないほどの神や仏を否定して、唯一絶対の神の存在を主張することが、その当時は、キリスト教の優越を説くことになったのはたしかだ。どちらが真理かということはこの場合、問題ではない。この時代になにが議論されたかということ、そして日本人がこういうふたつの宗教の選択を迫られていたということがいまの問題である。

このようにヴァリニャーノは日本人を説得し、その上で、彼らをキリスト教に導くにはつぎのようにする必要があるとしてこのように書いた。

「善意の異教徒を説き伏せるには、つぎの三点を教示する必要がある。第一に、救いは仏教や神道いずれの宗派でも不可能である。第二に、創造主、世界の造り主である唯一の神のみが存在する。そしてこの方こそ、人びとが救いにいたるためにまもらなければならない掟を与えられた。第三に、魂は不滅であり、また唯一の神を認め、そのかたの掟を遵守《じゅんしゅ》した者が、永遠にわたって幸せを楽しめる別の世界での生活に入れる。反対に、その掟をないがしろにした者は来世で永遠に苦しむべく罰せられるであろう」「この熟考の結果、善意にあふれ、しかもさほど道徳的に腐敗していない多くの異教徒たちに改心の実を結ばせた」

このように、この宗教は、当時の日本人に世界や人間を造った者が存在することを認めさせ、その存在が、人間の救済への道を示すのだとしていること、また人間の霊魂が不滅であって、神によって理性という光を与えられた尊厳のある存在であり、死後に動物などには生まれ変わらないということを教えた。当時の日本人がどのように考えたかは、布教後、三十年で、十五万、なかには三十万と数える歴史家もいる、改宗者の数字が証明している。

そのなかに女性がどのくらい数えられていたかはわからない。しかし、その数は男性と同じか、あるいはもっと多かったかもしれない。ザビエルと同じく、ヴァリニャーノも、仏教の女性蔑視を攻撃したからである。彼は『日本のカテキズモ』において、仏教が「女性は本来不浄であるので、忌み嫌うべきであり、浄土に入ることは許されない」と言っていることを批判している。キリスト教においては、神の前では被造物はみな同じである。*48

知識人は宇宙論で入信したかもしれない。貧しい者は慈善で入信したかもしれない。

しかし、女には女の入信の理由があったはずである。

わが母はいずこにありや

九世紀の最澄《さいちょう》と空海は、比叡山および高野山という俗界を離れた山岳に仏教の聖地をつくり、最澄は東西南北六里三十六町を結界内部にして女性を排除した。空海は七里四方を男性の聖域とした。女性が立ち入ることのできない場所、それが「女人結界《にょにんけっかい》」である。これはインドにも中国にもない、日本独自の制度だ。なぜ女性を閉め出したかというと、女性の往生は諸仏の浄土から嫌われたからで、比叡山を開いた最澄は結界して女性を入れなかったので、「そのため峰は晴れて五障《ごしょう》の雲がたなびかない、三従《さんじゅう》の水も流れない聖域となった*49」

源淳子氏によると、女人結界は仏教の女性差別のたいへんにはっきりした例である。その根拠になったのは「五障三従」という考えである。たとえば法華経に「女の身には猶《なお》五障あり。一には梵天王となることを得ず、二は帝釈、三は魔王、四は転輪聖王、五には仏身なり。云何《いずくん》ぞ女人速やかに成仏《じょうぶつ》することを得ん」とある。これは、女は地獄の使いであるとか、仏の種子を断つものであるとか、亡国の根元であるとか、そういう悪い本性があるので、成仏できないという説、また三従とは、インド古代のマヌ法典や中国の儒教などに古代からある考えで、女は幼いときには父に従い、結婚してからは夫に従い、老いてからは子に従うべきだとする考えであり、総じて女性は、男性に劣るゆえに成仏できないという根拠になっている。また同じ根拠に立って、女性は、男子に変身（女性の性器が消滅して男性の性器が現れる）しなければ成仏できないとされた。これを変成男子《へんじょうなんし》といって、やはり仏教が非常に女性を差別していたことの証拠である。*50

高野山などでは結界のなかに入ることのできない女性のために、その境界の外に「女人堂」をもうけて、女性はそこで読経をしたり祈ったりしていた。私は雲仙のふもとで、この女人堂を見た。雲仙は聖域で、開祖は八世紀の高僧行基《ぎょうき》である。雲仙には「稚児《ちご》落としの滝」という滝がある。これは僧侶たちが寵愛していた稚児ふたりが一羽の白い雀をめぐって争ったのがきっかけで、全山を巻き込む争乱に発展したために、わざわいのもととなった稚児を滝から落として殺したところだと現地の説明で聞いた。ふもとの女人堂は、その稚児の母親がわが子のゆくえを求めてさまよったが山に入ることができず、この堂で嘆き死んだとは観光案内のアナウンスが告げたところである。怠惰にしてまだこの「白雀の乱」の文献を参照していない。したがって、これは伝説であるにすぎないかもしれない。しかし、聞くだに呆然とする話だ。女人が穢《けが》れているから聖なる山に入れないのに、山では男色や殺人があっていいものだろうか。伝説にしても、この堂で嘆き死んだ母親に人びとの同情があったから伝説が残ったのだろう。おそらくこの伝説は民衆が生み出したものにちがいない。雲仙のある島原半島はキリシタン布教の地である。宣教師もこの話を耳にしただろうか？

このように古代の山は神聖で、女性は厳禁だった。しかし鎌倉時代の新仏教の開祖たちは、女人往生思想、女人成仏思想を創り出して男女を問わず庶民に説いたと宗教史は語る。[*51]日蓮、法然、親鸞、道元などはみな女性も成仏できるといった。『正法眼蔵《しょうぼうげんぞう》』を編纂した禅宗の道元は「女人なにのとがかある、男子なにの徳かある。悪人は男子も悪人なるあり。善人は女人も善人なるあり」ともっともなことを書いている。[*52]また浄土真宗の親鸞は布教課題として「五障三従」「変成男子」「女人成仏」をセットとしてとりあげ、本格的に女性を救おうとした。[*53]つまり、まず女性を成仏に導くには、最初にその罪《ざい》業《ごう》の深いことを教え、つぎに、念仏をとなえれば女性でも成仏すると説いた。成仏とはつまり男性になることだから、女性たちは、阿弥陀の名号願力《みょうごうがんりき》によらなければ女身を転ずることはできないということで、そのためみな念仏にはげむようになった。そうすれば女性でも救われる可能性がある。

しかし、鎌倉になって仏教がはじめて女にも救われる道があると説いたというのは、かなり表面的な理解であるようだ。というのは、法華経には、文殊《もんじゅ》菩薩が龍宮で説いた法華経を聴いて、龍王の八歳になる娘龍女が悟りを開いたという、いわゆる女人成仏のくだりがすでにあって、平雅行氏によれば、じつは古代では国家祈禱に女性が関わっていて、結界などの女性差別が確定したのは九世紀後半から摂関期にかけてにすぎないということである。平氏は、このように宗教が女性を排除するようになった要因は、宗教内部の問題というよりは、律令制の家父長制（公私すべての領域で、男性が指導権をもっているような制度）が貴族社会に定着して、女性の政治的地位が下落したことや、都市化による治安の悪化、そこから「穢《けが》れ」の観念がふくらんで、それが女性の生理に結びつけられたせいだと歴史的に説明している。

平氏の説だと、仏教の本質が鎌倉仏教で急に女性の平等に変わったわけではなく、またそれ以前にまったくそれがなかったわけでもない。多かれ少なかれ、女は穢れたものだという考えはその前にもあとにもあり、しかも、そのひどく穢《きたな》いものを救うのもだいじだという考えも同時にあった。言ってしまえば、女性を救おうという宗派も、まずは非常に罪深いものだということを認めさせた上で、そんな罪深い女でも救ってあげようというたいへんありがたい教えであって、女性が罪深いものだというたてまえを壊したものではない。

実際室町時代の『大経直談要註記』（一四三三年）には、読むにたえないつぎのような文章がある。「貪欲、恨み、愚か、驕慢、嫉妬、誹謗《ひぼう》、推度《すいたく》、懈怠《けたい》、不信、自賛、毀《き》他《た》、破戒、放逸、みなこれ女人が朝夕に起こすところの悪念無法なり……疎《うと》むべし、厭《いと》うべし、女人に賢人なし、胸に乳ありて心に智なきこと、げにげに女人なり……阿弥陀の本願にすがってこの疎ましき女身を捨ておわしまべくそうろう」[*54]

「胸に乳ありて心に智なき」という文句には思わず巨乳タレントを思い出して笑ってしまうが、その乳がなかったらおまえはどうやって育ったのだと言いたくもなる。雌牛にも申しわけがない。それでみんなが生きているのだ。

だが、乳とか腹とか、まさに生命を授ける女性の器官がとくに「穢れている」と考えられたのである。そのことをよく物語っているのは、中世後期から近世にかけて日本で信心された、女性だけが堕ちる地獄である「血の池地獄」というものである。お産のときに流した血と月水による血の池地獄や、その裏返しとして不産女《うまずめ》の地獄で責め苦にあっている女性たちが、さまざまな信心画にも描かれ、説教にも出てきて女性信者を震え上がらせていた。出産のときに流した血が地神を穢し、よごれを川で洗濯すると、諸聖人が知らずに茶を煎《せん》じて大罪を犯し、これによって地獄に堕ちるのだそうだ。この地獄から女性を救済するための経典として、中国の俗経典に『血盆経』というものがあった。中国では十二世紀から文献的に確認され、明、清に流行した民衆宗教である。日本伝来は十三世紀ともされるが定説では中世室町期に入ってからとされている。古くから母や産死した女性の生所（いま生きているところ）として五障説とともに流布した「女身垢《にょしんこう》穢《あい》」（女の体はけがれている）などの不浄観、あるいは血穢という血の穢れへの嫌悪や恐怖がより鮮明になったのはこの『血盆経』の流布によっている。

ということになると、男性は成仏できるが、女性は、生殖器官や生殖機能をもっているかぎり成仏できないということになり、女性は死後、地獄、餓鬼、畜生、修羅、人、天の六道のなかの地獄、餓鬼、畜生でさまよってしまう可能性が高い。だから、古代や中世において母の死後の生所を知ることは残された子供にとって切実な課題であったという。*55 もし地獄、餓鬼、畜生という三悪道で苦しんでいるのならば、そこから救済されて一刻も早く成仏してほしい。そう思った孝行息子たちが母のために仏事供養を行った説話がたくさん残っている。

母の死後その生所を確認する目安は死後三年目であったとされる。さきほど名前の出た大僧正行基は、彼が四十三歳のとき母が死んだので、三年間苦行したとされている。また『宇治拾遺物語』十九話には「清徳聖奇跡の事」という話がのっているが、そこには、清徳が母の死にあい、愛宕《あたご》の山で苦行し祈ること三年、夢に「千手陀羅尼《せんじゅだらに》をよみたまへば、我ははやく男子となりて、天に生まれしかども、おなじく仏になりて告げ申さんとて、今は仏になりてつげ申也」と言ったというめでたい話がのっている。

聖《ひじり》となった息子が苦行によって功徳を積んでくれたので、母は「変成男子」として天に生じ、さらに成仏できたという説話である。僧となった息子の功徳によってのみ母が往生することができるとすると、息子を失った母親には救いの道がない。一一六六年の『兵範記』には、二十四歳で死んだ藤原基実《もとざね》の母は、もしも父親であれば五十年もすれば会うことができる。しかし「悲母の生所を失うや、万億劫《こう》の際にも再会期しがたし」と嘆く。父子が再会する可能性はあるが、しかし母が息子を失った場合には、だれも救ってくれないので、万億年たっても会うことができないということ、つまり女性は息子と同じところには行けないので、母と子の再会は絶望的だと言って嘆くわけである。これは女性の死後が万億劫の果てまでもつづく苦難の世界であるという考えを示している。

勝浦令子氏はさらにたいへん悲しい母親の話を紹介している。この世で犯した罪によって死後に六道を輪廻するという六道思想が流布した中世には、母の生所を問うことはさらに切実なことになっていった。寛治四年（一〇九〇年）の『世貴寺供養記』には、母親とみじめな出会いをした僧の話が出ている。僧釈能《しゃくのう》は母の生所を求める旅に出るが、京と近江の境にある世貴寺には交通にかかわる牛馬が多く集まっていて、荷物を積んだ牝馬が倒れて動けなくなり、その馬の目に欲の景色が見えたので馬の片耳と尾を切って棄てた。このころ人を喰らう馬をそうするならわしがあったそうだ。釈能はこの馬を世話するが、これがなんと彼の母親であった。なんの罪で馬になったかとたずねると、馬は、「我はすでに人界に生じ女人の身をうけて汝の母となれり。縁に引かれ、山階寺の西門で雑役夫に水を与えなかったので、馬になった」と答えた。母親の生所を畜生道とみなす信心は清水坂や逢坂関など交通を結ぶ要所で形成されたそうだ。このほか、やはり駄馬になった母親の伝説は『日本霊異記』にもあって、釈能の母が語ったように、女性は慳貪《けんどん》（情け知らず）な人が多くて、そのために畜生道に堕ちるのである。この世で罪深かったせいで畜生になるのはみな「因果応報」であり、馬になるのは「輪廻転生」である。

高僧の母親たちが、吝嗇《りんしょく》や妬《ねた》みによって餓鬼になる説話もたいへん多い。とくに多くの女性が餓鬼道に生まれるのは、女性の本性として妬み深いからだそうである。十二世紀の『今昔物語』巻十九の二十八話は、大和の宇治郡安日寺の僧蓮円の母の話で、彼女は邪慳《じゃけん》で因果を知らず、臨終に悪相が出たので、彼は母が地獄に堕ちたと思い、日本国内をくまなく旅行し数々の行を行った末、夢で地獄を訪れ、地獄の釜のなかに、獄卒に鉾《ほこ》で串刺しされた頭だけの母を見て泣いたが、蓮円の功徳で母は天に転生できた。*56

十四世紀、『元亨釈書《げんこうしゃくしょ》』巻四の法蔵伝では、十世紀東大寺の僧法蔵が天帝の招きで天高座で講演し、そのおりに母の在所を問うと閻魔《えんま》王宮に連れてゆかれ、母が焼熱地獄にいることを知る。ここでもまた獄卒が鉾で釜のなかから炭頭に似たものを出してそれが母であることを告げる。その母は「人の親の子を思う痴愛の因縁によりて、多く悪道に堕ちて苦しみを受」けたのである。同書の巻二一―六「地蔵菩薩種々利益の事」では、「讃岐坊の母は讃岐坊を養うとて、多くの罪をつくりて」餓鬼になったと書かれている。子の産育そのものが多くの罪を犯すものであり、その罪は母に帰せられるということらしい。変わり果てた母の姿を見て泣く僧の姿は多くの「地獄絵」に描かれた。熊野比丘尼たちによって絵解きされた「観心十界曼陀羅《まんだら》」には、地獄の釜のなかの母を鉾で突き刺してみせる獄卒と、地獄の入り口の鳥居の前で泣く僧の姿が描かれている。一般の罪深い女や高僧の母が地獄に堕ちるだけではなく、紫式部は「虚言をもって源氏物語を創作した罪」で堕《おと》され、皇極天皇（在位六四二―六四五）さえ女性であるゆえに堕地獄となった。*57 この天皇は嫉妬深く傲慢で、五障三従の賤《いや》しい身である女であるのに皇位につき、その位を穢し、悪政を行ったということである。

中世後期には『御伽草子』や『東大寺大仏縁起』などに、悲田院の慈悲で有名な光明皇后の堕地獄説さえ出現した。それによると、光明皇后の夢に法華経の十羅刹女《らさつめ》が出てきて、皇后に男子が出生しないのは、皇后の前世が播磨国書写山の蛇であり、心ならずも説法を聞いて女に生まれたためであると告げた。皇后はそれを聞いて「あさましや。前世がさてはみつからも、ちこくの、くるしみをは、のかれかたし」と思ったとある。前世が畜生であった女性は来世では地獄必定《ひつじょう》である。またこの蛇が鳥の卵を食べたので皇后には子が生まれない。皇后は若くして急死し、地獄へ堕ちたが聖武天皇の大仏造営などの功徳によって地獄の釜が割られ罪の札が堕ちて救済され十五年後に蘇生したのだそうである。

私は自分が女だから、たいへん興味をもってキリスト教が来たころの仏教が女性の救済をどのように教えていたかという話に紙数を割いてしまった。なんら自分の罪ではなく、女に生まれただけのために最初から地獄に行くという話はどうしても納得できない。そのこともあって、熱心なキリスト教徒になった人に、いかに女性が多かったかという理由が推測できる。

ただし、ここでぜひ断わっておきたいのは、キリスト教もりっぱな女性蔑視の宗教であったということである。そのことは、キリスト教のもとになったユダヤ教の旧約聖書では、神によって創造された完璧な人間であるアダムを堕落させて、すべての人類の原罪をつくったのは、アダムの妻エバだったということになっているのを見ればわかる。エバはサタンが化けた蛇に誘惑されて神が禁じていた知恵の木の実を食べ、アダムにもそれを勧めた。そのため人類は永遠の楽園であるエデンを追放されて、男は労働、女は出産の苦しみにあえぐようになり、ふたりの子孫は最初からその祖先の罪を負って生まれてくるのである。

両方に共通しているのは、人類はなにか自分ではあずかり知らない罪を負って生まれてくる、そしてこの世のあらゆる苦労はおおかたその結果だという考えである。キリスト教の場合、どうやら、アダムとエバが犯した罪とは、神に迫る知恵を得たこと、そしてセックスを覚えたことである。人類はセックスなしには繁殖できないし、知恵と力をもって動物や自然を破壊し、文明をつくらずには生きてゆけない。生きていること、そのことがじつはさまざまなものに罪を犯しているのだ。どうしてこれほど性や生殖が忌み嫌われたのか、その深遠な考察は神学者に譲ることにして、少なくとも、歴史的に見た場合、人間が自然で素朴な原始的状態にあったときには、動物のように、生殖し繁殖するために生きていたのだから、性が罪として意識されてはいなかった。

　そのころは繁殖の支配権は女性が握っていて、子供の親は母親しかわからなかった。動物がそうである。ところが人類が進化して文明が発展してきたある段階で、それまで支配権を握っていた女性から、男性が支配権を奪うようになった[*58]。農業牧畜ができて、それに従っていた男性の地位が、子供を生む女性の地位よりも高くなったのである。そこで、男性は生命を生むという能力をもっていばっていた女性から、その権威を奪う必要があった。そこで、生殖することや、その生殖器官を賤《いや》しいもの、穢《きたな》いものとし、その器官をもっている女性をまとめて低い存在にする宗教を考えだした。男性はじかに生むことはできないが、しかし、種子であり、女性は畑であって、男性の種子が繁殖の基本、種馬は一匹でよいが、生む馬は多いほどよい、そういう一夫多妻、男性中心の社会を造ったのである。これは何千年も前のことだから、証拠というものは、ただ考古学や文化人類学的なものしかない。つまり、墓とか偶像とか浮彫《うきぼ》りとか、今でも地球上に生きている原始的な人たちのくらしとかである。

　もともと原始的な社会では女神がいちばんえらかったのが、文明が進むにつれて男性の神が出てきたということも大きな特徴で、キリスト教も仏教もそういう「進化した」

段階の宗教で、原始宗教ではない。ヒンドゥー教では最強の神は女神である。しかしキリスト教も仏教も女性は男性より性的、肉体的で、男性はより精神的、知的だという把握は同じだった。

どこがちがうかといえば、キリスト教は永遠に生きるのは霊魂だと考えているので、性のちがいは肉体にだけくっついているから、霊魂には関係ない、霊魂には性はないと思っている。だから霊魂に関係する救済では男女平等である。ただし、中世の神学者は、死後霊魂となって復活した霊魂はみな男性だと書いているから、彼らはよほど女性とその肉体を嫌っていたのだろう。この考えはじつはあまり仏教とちがっていない。ただそういうことはイエスの教えにはないのである。イエスはみなが平等だとくり返し教えた。差別をつけたいのはいつもそれによって得をする者たちなのだ。

女性に対する仏教の苛酷さは、宣教師たちにカルチャーショックを与えたようで、ザビエルも仏教を批判する手紙のなかでこう書いている。彼は日本語ができなかったのですこし短絡的な理解が目立つが、それだけに書いてあることは当時の日本人が考えていたことをよくあらわしている。

「（仏僧は）女たちは地獄から救われる手段がないと説きます。そして月経があるために、どの女も世界じゅうのすべての男の罪を合わせたよりも罪が深く、女のように不潔なものが救われるのはむずかしいことだと言います。女たちが地獄から救われるために残された最後の方法は、女たちが男たちよりもたくさんの布施をすることで、そうすれば地獄から救われるのだそうです」[*59]

『日本史』には、永禄九年にアルメイダが実際に体験したこととして、五島の領主の母で七十五歳になる老女がいて、財産の大部分を来世の救済のために使ってきたと書いてある。キリスト教に改宗して洗礼を受けたあと、彼女は自分が教会に寄進できるものは今までに買った「宝物」だけだと言ってその箱を神父のところへ持ってきてひとつひとつ取り出した。そこには「免罪符」があったというのだが、それは『血盆経』であろうか？　また、「一面シナの文字が書いてある白衣」、これは南無阿弥陀仏と書いてある経帷子《かたびら》であろう。このほか、一面文字が書いてある着物、非常に高価だったある高僧の黒衣、一面文字の書いてある手ぬぐい、死んだときに首にかけるための二枚の護符などで、フロイスは「老女があの世で地獄に堕ちないために高額の金を払っていた」と慨嘆している。[*60]

悪魔に憑かれた女

ここで起こってきた社会的に非常に大きな問題は、イエスが結婚を天国で救済されるための聖なる行いだということにした——厳密にはイエスが言ったのではないが——イエスは夫婦は神が会わせたものだから、人がこれを離してはいけないと言ったことである。そこでカトリック教会は離婚を禁じたし、人は一生ひとりの妻と生きて、それに貞節であるという誓いを神の前（教会）でするようになった。この厳格な一夫一婦の教えが日本の実情にも性的慣習にも合わなかったのである。

このことが当時の日本の一夫多妻の習慣や心のありかたにどれほどの衝撃を与えたかは想像を越えたものがある。ザビエルは、町で辻説法をしているとき、日本人が彼をあざ笑って、「この人は一生ひとりの女を守れと言っている（奇妙な）人間だ」と言ったと嘆いている。つまりそれほど変なやつだという意味である。日本人の性道徳は非常にゆるやかで、男女とも純潔、貞節という考えは希薄だった。だから旧約聖書からひきついだ道徳の基本である十戒（信者は「まんだめんと」と言っていた）に『汝、姦淫するなかれ』という掟があり、しかも聖書にはいっぺん結婚したら別れてはいけないということと、離婚された女を娶《めと》るのは姦淫だということばがあって、そのことが日本人には非常に違和感があった。人妻だろうが、娘だろうが、女を多く奪い、蓄えるのが男子の甲斐性《かいしょう》ということであったし、だいたい一夫一婦制などという考えさえなかった。ただしそれにはすこしは肯定的な面があって、性的モラルがルーズだということは、けっこう自由な恋愛もあったし、離婚した女にけちがつかないということもあったと歴史家は指摘している。*61

とくに大身《たいしん》の武家や大名の場合、複数の妻や妾をもつことはあたりまえのことだったから、信長の長男信忠は、「もし伴天連が十戒の中の掟『汝、姦淫するなかれ』に対して便宜をはかり(ゆるやかにし)、それほどまでに厳格に考えることをやめるならば、キリシタンの数は疑いなく倍加するであろう」と言い、また秀吉もフロイスに向かって、「もし伴天連らが予に多くの女を持つことを許すならば、予はキリシタンになるであろう」と冗談を言うくらいだった。[*62] また、秀吉が伴天連追放に踏み切った理由のひとつは、彼が目をつけた有馬の女性がキリシタンで、貞節を守って彼を拒否したせいだという報告もある。[*63] 貞節だの純潔だのにこだわって天下の関白をいのちがけで拒否するなどということはたいへん勇気のいることである。しかし、これも儒教に「貞女二夫にまみえず」という教えがあるから、妻のほうの貞節はいつでも要求されたのである。

人間の自然な感情のなかには、望むままに性の相手を変えたいという欲望もあるが、しかし、ほんとうに愛している人間に誠実でいたいという欲望もある。また、純潔でいたいという希望もある。それはひとりひとりの問題で、他人が強制することではない。ただ、キリスト教は野放しにされた性の欲望がどれほど危険かを知っている西洋人がつくった宗教だから、その抑制を一夫一婦の誓いによって守らせることを掟として定めた。しかし当時の日本人男性にとってはこれは衝撃的な教えで日本人のあいだにひろく拒否反応を呼び起こし、多くの男性をキリスト教から退けた。しかし同時に、夫の蓄妾《ちくしょう》や乱行の陰で泣いていた妻は、そのことでキリスト教にひきつけられた。レイプや強制結婚に泣いてきた多くの娘も、そのことでキリスト教を救いに思った。

女たちにとって、夫が血統の保持のために嫡出男子を数多く生ませるという大義名分で、多くの若い女たちを寵愛することは、侮辱的なことであり、人間のプライドからいっても、自然の愛情からいっても地獄の苦しみである。

フロイスは『日本史』や書簡のなかで、「悪魔に憑《つ》かれた女」がほうぼうにたくさんいたことを報告している。たとえば、一五六二年（永禄五年）豊後で、ある高貴な武家の夫人が「悪魔に苦しめられ、日頃家から飛び出しては、近所の野原で恐ろしい叫び声をあげていた。パードレはその女を病院に連れてこさせて、発作がしずまっているあいだに信仰の手引きをした。それは彼女自身が、もし自分がキリシタンになったらさだめし健康になるだろうという信頼をもっていたからだった。そしてこの信頼はキリシタンとの交友の結果、彼女に生じたものだった」。しかしいよいよ彼女が洗礼を受ける当日になり、パードレ・トーレスが彼女の頭に聖水を注ぐと、「彼女は暴れだし、周囲のすべての人びとに恐怖と驚愕を起こさせるほどの凶暴な様相で、まるで嵐のような暴れかたであった。そこでパードレは三、四人の男に命じて洗礼が終わるまでその女を押えさせておいた。その男たちはやっとのことでそれをやり終えた」[*64]。結局この夫人は信仰のおかげで健康をとりもどすことができた。フロイスによれば悪魔が離れ去ったのである。

このほかの宣教師の報告にも、やたらに狂った女が出てくる。一五七七年アントニオ・ロペス師は、天草半島の本渡《ほんど》に「悪魔に憑かれた女」がいて、「力ずくで教会に連行されてきた。十人の男さえ彼女を押えることができなかったから、彼女の首に十字架をかけることも、聖水をかけることもたいへんだった。しかし十字架を首にかけると悪魔は哀れな女性に取りついたまま大声で叫びはじめた」。しかし翌日悪魔は彼女を離れ、女は健康になって、歩いて教会から帰っていった、と書いている。[*65]

ガスパール・コエリョも一五八一年の臼杵についての報告書のなかで「悪魔がとり憑いた女」がいて、「キリシタンたちが彼女の首に聖遺物入れをかけて苦しめながら種々質問すると、彼女は非常に顔をゆがめてこれに答え、地獄の苦痛について多く語り、いかにして異教徒が悪魔の手に堕ちて彼と地獄をともにするかを語った……最後にその場にいた者が声も高らかにパーテル・ノストル（主の祈り）とアヴェ・マリアを唱え、悪魔に憑かれた女性を解き放つよう主に請うたので、彼女は完全に自由になり、新たな生活に入った」と書いている。[*66]

このように、複数の宣教師が狂った女たちがキリスト教で治った例を報告しているので、それは事実であった思われる。これは悪魔の問題ではなくて、もちろん精神医学に関係する。西洋でも女性はきわめて気が狂いやすいという報告があり、アリストテレスはそれは女の子宮（ヒステリア）が原因だというのでヒステリーと名づけた。

このような心の病いは、女性たちが性的な意味で塗炭《とたん》の苦しみを忍んでいたせいであろう。とりわけ嫉妬は身も心も苛《さいな》む恐ろしい狂気である。まして、自分が男の子供を生むことができず、ほかの女が夫の跡継ぎを生むようなことがあれば、その理不尽な苦痛は想像にあまりあるものがある。しかも儒教や仏教は、嫉妬すれば地獄に堕ちると教えているのだから、彼女らはただ嫉妬に苦しむばかりでなく、地獄に堕ちる恐怖もいっしょに味わうことになる。女はいつも地獄の幻想に苦しめられていた。神父のもとでその苦しみを告白し、せめて地獄には堕ちないと言われるだけでも、すこしは平安をとりもどすことができただろう。

さらにはまた、キリスト教は正式な夫婦しか認めないという教えを聞けばいっそう心の誇りをとりもどすことができるだろう。ヴァリニャーノが印刷出版させた多くのキリスト教書のなかに一六〇五年、セルケイラ司教が書いて長崎で出版された『サカラメント提要』があるが、そのなかの「婚姻の秘蹟」には、妻を下女のように扱ってはいけない、神は妻を朋輩として与えたもうたのだという書き出しの終わりにこう書かれている。「夫婦互いに不足を合力し、男女共に配偶一人づつ対すべし。このマチリモウニョ（結婚）の道においても色身の楽しみを本《もと》とせず、又夫婦の外に心を移さざるように嗜《たしな》むべし」「夫婦の内一方死せざるうちに離るまじきとの堅き契約なり」としている。

これは、トレント宗教会議が決定した教理の日本語訳で、原文は「結婚の秘蹟の恩寵いによって夫と妻は相たがいの愛の絆《きずな》によって結ばれ、一方は他方の慈《いつく》しみのうちに憩いを見いだし、他の者との許されない愛情や同衾《どうきん》を求めることなく、すべてにわたって誉《ほま》れ高い夫婦であり、閨《ねや》はけがされることがない」とある。*67しかもこれはキリストによって与えられる救済のための不可欠な行いだから、これを破ったほうが、キリスト教では「淫乱」の罪で地獄に堕ちる。つまり早い話が仏教では嫉妬に狂う女が地獄に堕ちるのだが、キリスト教では結婚外の快楽をほしいままにする夫が堕ちることになる。これは逆転の発想だと言ってよい。

ルイス・デ・アルメイダが五島に布教に行ったとき、改宗しようとした二十五人の武士に、「ただひとりの婦人と死にいたるまで結婚する」ことを改宗の条件とした。このことを聞いた五島領主夫人はそのひとりに向かって「汝がきりしたんとなれるため汝の妻は幸福なり」と言い、彼女をはじめその土地の女性たちはみな改宗しようとしたと報告されている。*68

歴史上稀代《きたい》の女狂いは太閤秀吉だったが、正妻北《きた》の政所《まんどころ》はさぞ苦しんだであろう。高山右近の母マリアは太閤夫人の友人で、あるとき夫人を訪問したところ、この政所にはふたりの熱心なキリシタンの侍女がいたそうで、彼女らのあいだで話題が福音のことに及んだとき、政所はこう言ったそうだ。「それでわたしには、キリシタンの掟は道理にかなっているから、すべての掟のなかで、もっともすぐれており、またすべての日本の諸宗派よりもりっぱであるように思われる」。さらに「わたしの判断では、すべてのキリシタンがなんらの異論なしに同じことを主張しているということは、それが真実であることにほかならない。日本の諸宗派についてはそういうことが言えない」。するとそのことばに刺激されて前田利家の夫人も、「わたしは夫がキリシタンになり、そのあとで自分がキリシタンになることを熱望しています」と言った。[69]

太閤の正室がキリシタン信仰に傾いていたということは多くの報告から知られているが、それは上に述べたような公式な理由のほかに、太閤のあまりの好色を耐えることができないということから、夫婦の貞潔を求めるキリスト教の「掟」に惹かれたのであろう。

また娘たちは、町なかでも男性の抑制のない欲望と暴力に曝《さら》されていた。当時の男性たちが、自分の欲望を貫くときにどれほどの暴力が許されていたかを書いている例が非常に多い。代表的なのはフロイスが『日本史』第七十四章に書いている、一五六六年（永禄九年）堺の商人でキリスト教徒の日比屋了慶《ひびやりようけい》の娘モニカの結婚である。女性たちに起こったことをこまかく伝えているのはやはりアルメイダで、この話も彼がフロイスに報告したものである。彼が堺の了慶の家に世話になっているとき、彼女を強く望んでいた宗礼《そうれい》という金持ちの息子が、うるさくモニカに求婚し、それを断わられたときにむりやり誘拐して幽閉してしまった。「モニカは自分に仕えている二、三人の女だけを供にして父の家を出て教会に行った。宗礼はそのために用意していた仲間と武器とをもって待ち伏せていた。それゆえ、彼女が彼の門口を通りかかったとき、彼女は空に持ち上げられて、家の一番奥の部屋につれこまれ、武器を構えた仲間に護《まも》られた*70」

「混乱と激高、たちまち市街に馳《は》せ集まった人びとの集合、武器の相うつ音と喧噪は驚くばかりであった。異教徒たちはそれをパードレたちに転嫁して彼らがいるから堺の街は騒乱に陥ると言った」。ここのところはよくわからない。たぶんモニカがかつて婚約していたこともあったこの男を嫌ったのはキリシタンになったためとでも思ったのだろうか。こんどは了慶が武装した者をおおぜい連れてその家におしかけることになった。それに失敗した了慶はこんどは男の父親を拉致し、これを娘と交換しようと言った。

　モニカはひそかに神父に手紙を送ってこう言った。「自分の罪でみなを怒らせ、悲しませてたいそう心をいためている。けれどもデウスの恵みによって助けられていることを信じてほしい。宗礼はなんども自分の咽《のど》もとに刀や短刀を突きつけるけれども、自分は神の教えに背くようなことをするくらいなら甘んじて死を受ける覚悟がある」

　そこで親類の者が相談した。この若者はもしも人がむりやり彼女を奪おうとすれば彼女を殺して自分も死んでしまうと言っていたから、結婚させるほかはないし、もしモニカがキリスト教徒としか結婚しないというなら、この男を改宗させればよいということになった。この男は熱心に説教を受けてキリスト教徒になったあとでモニカと結婚し、

「短いあいだに五畿内でもっともすぐれたキリシタンのひとりになった」

名もない女たち

もっと身分の低い名もない女たちも固い信仰をもっていたことがわかるのは、つぎのような報告である。これは一五八九年のコエリョの報告で、そのときはすでに秀吉の伴天連《バテレン》追放後であった[*71]。五島の塩製造人五百人が改宗し、木製の仏像を彼らのかまどで燃やしてしまった。そして新たに木の十字架をたてた。しかしこの十字架をまつったひとりは生きながら焼かれ、ひとりは追放された。その後かつて十字架があったところに祈りを捧げていた老いたマルタという女性が、どれほど脅迫されても、そこへ祈りに行くことをやめなかった。ある日彼女が祈っているところへ、うしろから来た役人が短刀で斬りつけてこの老女を殺してしまった。

やはりこの地方のマグダレナという老女も、キリストの受難の画像を自分の家でかけて祈っていたので「御影《みかげ》の姥《うば》」と呼ばれていたが、殿から命令がきて棄教しなければ殺すと言われた。そのとき、「わらわはどなたにもご迷惑をかけておりませぬ。殿がわらわを亡き者にしたいとお思いでも、もはや余命いくばくもない身なれば、喜んでデウス様のもとへ行きましょうぞ」と答えた。

やはり同じ土地にラウラという女性がいた。この女性は十五人も子供がいた。「異教徒たちは彼女に勧めてそんなにたくさんは育てられぬ、大半は殺してしまうがよかろうと言った」。しかし彼女はりっぱに子供を育てあげた。

おなじく五島の島ではマリアという女性が賞賛されている。彼女は家族が迫害を受けて棄教したあともひとりでキリスト教を護《まも》った。殿が処刑を命じたときに備えて死ぬ準備をしていたが、父親と母親があいついで病気になり、その看護を懸命にやって病気を回復させたので、家族全員が再びキリシタンにもどった。

私が何年も前にイエズス会歴史研究所で宣教師の手紙を読んでいるとき、いちばん感動したのは、ゲレイロ師が一六〇三年から四年に書いた報告のなかのひとつの挿話である。それは、肥後《ひご》の国の十五歳の娘の話である。名前は書いていない。その改宗の原因は、父親の母親への暴力であった。法華宗信徒の父は、激しやすく凶暴な性格で、母親に暴力を振るうのが常だった。娘は十歳ごろから、父の母に対する暴虐を見てあらゆる仏に願をかけて、父がそれをやめるように祈った。彼女は「愛宕《あたご》に信心したが、どのように願をかけてもなおらないので、キリシタンに望みをかけた」

彼女の友人にキリシタンがいて、彼女は友人から「最後の裁き」について聞き、キリスト教の掟を聞いて泣いた。しかし両親が法華なので、隠れて教会にきて洗礼を受けた。帰って母親にそれを打ち明けたが、親類に暴露され棄教するように脅迫された。それは父親が深く法華宗を信仰していたから、娘になにをするかわからなかったからである。そこでみなは父親が彼女に暴力を振るうことを恐れて娘からコンタツ（ロザリオを唱えるための数珠《じゅず》）とアグヌス・デイ（神の子羊。キリストを象徴する彫物）を取り上げた。しかし、彼女はひそかに隠れてマリアの聖画像を拝んだという話である。[*72]

この話には解決がない。それで父親が暴力をやめたとか、両親もキリシタンになりましたとさ、という落ちがないのである。また娘がどうしてキリスト教を選んだのかについても説明がない。「最後の審判」と「十戒」を聞いて泣いて入信を決めたということしかわからない。最後の審判はこの世で悪事を働いた者は永遠の地獄に堕ちるということだから、彼女は、暴力を振るって母を苦しめる父が地獄に堕ちることを知って安心したのだろうか。この世で、十五歳の庶民の娘ができることはほとんどない。世のなかも変えられないし、荒涼たる家庭も、暴力的な父も、泣き叫ぶ母も変えられない。家を出るなどは論外である。ただこの世にはやってはいけないことがあり、それをやった人間が、いますぐにではないにしても、必ず罰せられ、正しいものは正しく、悪いものは悪く、すべてが裁かれるときがくる、このことが少女を慰めたのにちがいない。いかなる歴史にも登場するはずがない無名の少女、大名の妻でも娘でもない、五百年前に生きていたこの少女こそ、私がもっとも身近に思う人である。

一五五七年、豊後の村で起こったことも、とても美しい話である。この年のクリスマスが終わってから、善良なトーレスは、これまた善良なフェルナンデスおよびヴィレラとともに朽網《くたみ》に向かった。離れた村に信者らを尋ねてゆくためだが、ゆく道は厳寒で食べ物も尽きてしまった。「その村に行ってみると、ひとりの年老いたキリシタンの女が非常に感激してパードレたちを迎えてくれたので、道中の難儀はことごとく変じて喜びと化したほどであった。この婦人は善良なキリシタンに嫁《とつ》いでいたが、たいそう貧乏であったので、パードレに出した晩飯はわずかな甘蔗《かんしょ》と蕪《かぶ》であった。彼女はありあわせのわずかな藁《わら》を燃やして火を起こし、愛と喜びをもってパードレたちになにくれとなく心尽しをしてくれたが、そのようすは、初代教会の新しい改宗者たちの顔に輝いているあの大きな感激をこの婦人に見る思いがするほどであった」*73

わずかな藁を燃やしてあたたまるこの四人の姿は、カラヴァッジョの絵のように美しい。いかに壮麗なローマの教会の歓迎といえども、貧しいイエスの家族をもてなした羊飼いのあたたかいもてなしにまさるものはない。既成の教会では味わうことができず、ただ初期のイエスの弟子たちのみが味わうことのできた原初の信仰に会う喜び、これが現場の（上で指揮しているのではない）宣教師たちを支えていた。

少年たち

かつて田原親虎がそうであったように、宣教師たちの記録には年端《としは》のゆかない若者、少年たちの強い信仰が「注目すべき事件」として数多く登場する。一五七八年の博多で書かれたベルショール・デ・モーラ師の手紙には、博多から筑後への道中で「注目すべき事件が起こった」とある。

「ある町を通った時、十二、三歳と思われる子供がひとりわれらの前にあらわれてあとからついて来た。その子が言うには、自分はある大きな町から来たが、そこには四人しかキリシタンがおらず、だれも自分たちの誤りには気づいていないので、自分は神父によってキリシタンになりたいと言った。さっそく子供の両親があとを追ってきて力ずくで連れて帰った。父母は彼に食べ物を与えなかったが、彼は父母に懇願し、父母がキリシタンになることを許さないのはこれのせいだと言って仏像の片腕を壊した」[*74]

一五七八年、バルタザール・ロペス師は平戸からの手紙のなかでこう書いている。

「十歳か十二歳くらいの少年が教会に来て、自分もキリシタンになりたいと言ったが、これを恐る恐る口にした……彼の言うには、その父母は異教徒で、今身体を非常に害している父親が死ねばキリシタンになれるだろうと」。この父親は町のおもだった人で家に多数のお守り袋や仏像をもっていた。ゴンサルヴェス神父が、死が迫っている父はきっと真理に耳を傾けるであろうと思って少年に父と話をするように言った。しかし彼はだめだと言った。「突然、夜半近く、戸をたたく者があり、それが病んでいる父であった。彼は心底からの異教徒であり、幾度か中国へ略奪に行った者のひとりである。翌日、司祭が彼のもとに足を運び、彼ははなはだ病んでいたので洗礼を授けた」「彼の言によれば、洗礼から二、三日を経たとき、ひとりの天使が彼のもとを訪れ、ときがくれば白衣と十字架を手にして彼のもとへ訪れるだろうと言ったので、彼は死ぬまで心安らかに慰められた」[*75]

一五九六年、フロイスは小西行長の領土である肥後の大矢野というところで、「わたしがある城下からほかの城下へ行く途中で、多数のキリシタンたちが自分を迎えたが、彼らのなかにりっぱな服装をし馬に乗った十歳の少年がいた。彼は挨拶のためにわたしの近くに来て、こう言った。自分は異教徒であるが、キリシタンになるように願いに来たのであると。しかし、わたしは城下に着いたとき、彼の両親は異教徒であり、また神や仏にひどく凝っていることを知った」[*76]

この場合は少年の母親の願いで少年は洗礼を受けた。しかしその後仏像を壊して火に投げ込むということがあり、両親は怒ったが、少年は自分は今神に守られているのであって、仏に守られているのではないと言った。そこで両親は息子のためにやってきた祈願や寺への寄進をやめてしまい、その後両親も洗礼を受けた。

　またこの肥後の国では、十三歳の少年についてふしぎなことが起こっている。この子供の親はかつてキリシタンでその後異教徒にもどった男で、自分の子供もほかの異教徒に預けっぱなしにしておいた。じつはその子供は父親がキリシタンだったときに洗礼を受けていたのに、それを知らなかったのである。しかし少年になったとき彼はキリシタンになりたいと思って、じつの父親に許可を求めてきた。ところが父親はもうその子は以前に洗礼を授かっていて、自分の了解などはいらないし、これから少年がキリシタンらしい生活をすることには反対しないと答えた。

「可愛い少年がそのことでどんなに喜んだかは言いあらわし得ない。そして彼はただちに大矢野に来てわたしに打ち明けた。自分はたえず心のなかにわだかまった苦痛のようなものを持っていた。育ててくれた父親から神や仏の社寺にいっしょに行くように何度も呼ばれたが、しかたがなくて二度だけ従った。自分が仏のほうへ目を向けると、自分にとっては仏は常に悪魔のように見えたので礼拝することはなかった。それどころか自分は、仏をいつも嫌い、常にキリシタンになりたいと願っていた。また自分は両親からひどいしうちを蒙《こうむ》ったので、今後はキリスト以外のものを主や父と思わぬであろう」[*77]

　まあこれはフロイスのいつもの語り口で全部は信用できないが、そういうケースがあったことは察することができる。つまり、幼児期の記憶が意識の底にあって、仏になじめなかったということであろう。

このほか少年たちの信仰がいかに固いかという逸話は拾えばきりがないほどである。戦国時代の少年は十三か十四で成人とみなされ、また大名や、武家の大身の場合には、嫡出の男子はもしもその父親が敵に負けた場合には血統を絶やすために必ずと言っていいほど殺された。戦乱の時代、権力者の交代が激しく起こるとき、いかに多くの幼児や少年の首が敵に切り落とされたことであろうか。子供らは、大人と同じようにいつも生命の危機にさらされていて、死の覚悟をさせられていた。関ヶ原のあとで宣教師が涙ながらに報告した小西行長（肥後の大名）の息子の健気《けなげ》な死にかた——天国で父に会えるので悲しくはないと言って毛利輝元に首を切られた少年などはその例だ。家康もその首を見て、そこまで残酷なことは望んでいなかったと不快感をあらわしたそうだ。[78]

また二男三男は他家の血統を継ぐため、または自分の家の口べらしのため親元を離れて養子にやられる、または最悪の場合、人質に出されてまさかのときには殺害されることはしばしばであった。だから少年といっても、児童福祉法などがあったわけではなく、よくも悪くも自分の生死については自分で考えるほかはなく、いやでも自立しないわけにはいかなかった。

そしてこのころになると、つまり一五六〇年代以後になると、もうキリシタンの第二世代が生まれてきている。改宗したキリスト教徒ではなく、すでに改宗していた親が幼児洗礼を施し、生まれながらにキリスト教徒として育ててきた少年たちがおおぜい出てきたのである。最後にあげた肥後の少年のように、幼児洗礼を受けたキリスト教徒はその心の奥深くまで信仰がしみとおっているので、どこを切ってもキリシタンであることが多い。どこまでもキリシタンであった高山右近も二代目だった。つまりは、親の教育と環境がいかに決定的かということである。

ヴァリニャーノは日本にやってきて、日本の実情がさまざまな点で聞いていたのとはちがうことを知ったが、第二世代の少年たちがおおぜい育っていることに注目せずにはいられなかった。しかも彼らが場合によっては「真の」キリスト教徒になり得る条件を備えていることも見てとった。その条件とは知性である。「日本の少年はわれわれの国の少年よりもはるかに早くラテン語を覚える。彼らは知性があり礼節がある」。そう彼は絶賛した。この知性があれば、学校で教育さえつければ、外人神父の助けなしに、日本人の司祭が育成でき、大学をつくればヨーロッパに劣らないキリスト教学の中心ができるはずだ、そう思うと、もともと教師の心をもっていたヴァリニャーノは歓喜した。

もともとザビエルも日本の将来は日本人の神父の養成にかかっていると思っていて、最初の留学生をインドやヨーロッパに送ったのは前に言ったとおりである。[*79] 彼はロヨラへの手紙のなかで、「今まで発見されたすべての地域の国々のうちで、日本人だけが自分の力でキリスト教を発展させるのに適している。しかしそれは多くの困難があるであろう」と書いた。[*80] しかしザビエルはコレジオのことまでは考えなかった。イエズス会にも世代があって、イエズス会が各地にコレジオをつくったのはザビエルが日本に来たあとの一五五〇年代のことだから、コレジオで勉強したヴァリニャーノが日本に来てやっと組織的な教育施設を整備するということが現実化したのである。

チースリク師によれば、最初に「日本のコレジオ」を提案したのは猛烈にヴァリニャーノの政策に反対したカブラルで、彼は準管区長になった翌年の一五七一年総会長への手紙で、会員の研修のために一種のコレジオをつくることを提案した。[*81] しかし彼の考えたコレジオは本格的な学校ではなくて、会員の本部のようなものだった。ヴァリニャーノはまだインドにいるときにカブラルにコレジオ創設について会員の意見をまとめるように頼み、しかもドン・セバスティアン王からコレジオ創設基金として千クルザドスをもらっていた。これはそのほかの施設とちがって、コレジオだけは独自の財政措置をしてもよいという会の規則があったため、ある程度独立採算のできる施設だったからである。

イエズス会は信者の寄進で運営される托鉢《たくはつ》修道会だったので、基本的には財産をもったり、地代などの定収入を得たりしてはいけないことになっている。それにしてはそれがずいぶん破られるのだが。ただロヨラは苦学をしたので、学生の教育にはじゅうぶんな金が必要だと思って、コレジオだけはその例外とした。コレジオはたいへんな金喰い虫なのである。

ヴァリニャーノは日本が戦国時代で政情が不安定だから、コレジオはマカオがいいと考えていた。しかしカブラルは、日本の豊後ならだいじょうぶ、そこの大友公も家族も家臣もみなキリシタンだからと提案した。カブラルは一五七六年に大友宗麟と相談したが、殿は彼が住んでいる臼杵につくるように言って予定地まで与えた。

ヴァリニャーノの教育案は非常に大規模で、まず各教会に信者の子供のための教会学校をつくる。それは寺子屋のようなもので、読み書き算術を教えるが教理も教える。このような初等教育はもうほうぼうで実際に行われていた。その上に、将来のエリートの教育のために、関西と、北九州と、豊後の三地区にセミナリオ（苗床という意味）をつくる。ここを卒業してさらに専門の神父になる、つまりイエズス会士になるために修練院とコレジオ（神学校）をつくる。さらに将来においては必ずしも聖職者ではなく、社会での指導者になるための人材を教育する大学までも彼は構想した。

さっそく彼は自分が最初に上陸した土地の領主つまり有馬の晴信から古寺をもらってそこを改造し、一五八〇年（天正八年）の四月か五月にセミナリオを発足させた。同じく五月の三十一日に、関西で大活躍していたやはりイタリア人の宣教師オルガンティーノが、信長の家臣高山右近の協力で信長城下の安土でセミナリオを発足させた。すばやい出足である。

一五八〇年のロレンソ・メシア師の報告は、できたばかりのセミナリオについて、その抱負を語っている。「セミナリオが二ヶ所開設され、これは日本のキリシタン宗団を維持、発展させる唯一の確実なる手段であると思われる。なんとなれば、日本人の質と、彼らを教化し、当地の新教会を保ち、数多《あまた》の国々を改宗させるというような、いとも大いなる事業をすすめる上では、土着の者が良い習慣と必要な知識を学んで、彼らみずからが改宗とキリシタンの維持を助けるようになることが大いに必要だからである。日本人は幼いころから放縦と悪徳のなかで育つため、種子である子供たちをいい軌範をもって育てるのでなければ、将来利益を得ることは望めないが、会の習慣のもとに育てるならば、彼らは生来はなはだ良い資質と才知を備えているので、ときがたてば、あるいは同会に入り、あるいは在俗の司祭となり、あるいは彼らの主なるデウスが授け見いだし給う天命と才能に従って、キリシタン宗団と会を助け、事業を発展させる人となろう。……両方の学校にはすでに四十四人の日本の少年がおり、彼らの大半は武士および名門の出身で、デウスの御助けにより、同神学校の善い規則を遵守《じゅんしゅ》しつつ日々に成長している。……日本人はわが子を教会で生活させることに馴《な》れておらず、また、子供たちは幼いころからはなはだ自由に気ままに育てられ、両親にとめられることもなく己れの欲するところを行うのが日本の一般的な習慣であるから、神学校で遵守されるような規則のもとで生活することがほとんどないので、これを実行し得たのは神の御恵みである」[*82]

セミナリオ、コレジオの最終目的はイエズス会の司祭をつくることである。そこは日本人ばかりでなくヨーロッパやほかのアジアから来た者の養成機関でもあった。トレント宗教会議の決定で、教会を刷新してすぐれた司祭を教育する神学校をつくることが決められ、それをもっとも厳格に実行したのがイエズス会だった。十二歳からはじまる初期課程でラテン語文法と教会聖歌を学ぶことが決まっていた。また司祭になるには、聖書、アウグスティヌスなど教父たちの著書、民衆に教理を教える方法、ミサや秘蹟を授ける典礼、告白（告解）を聴くための知識などを学ぶことになっていた。

ローマのコレジオ・ロマーノ、パリ大学、アルカラ大学、サラマンカ大学、エヴォラ大学が最高度の徹底した養成を行っていたが、これらの教育課程は、まずはラテン・ギリシャ文学を中心にする人文課程（ヒューマニティーズ、いうなれば教養課程）を二、三年、そして四年の哲学課程、四年の神学課程を必修とするというきびしいものであった。

ヴァリニャーノはこういう課程を経てきたので、日本で同じことをやりたかったし、できると思った。しかし一度にすべての課程を盛り込むことはむりだったので、まず教養課程からやろうとした。いちばん地盤のしっかりした大友宗麟のひざ元の府内に人文課程の学校をつくり、そこで卒業生を出してから、哲学課程、さらに神学課程の学校を設けるつもりで、そのためには、あらゆる意味で高度の知識人が集まっている関西にそれを置くのがいいと考えた。さらに優秀な学生はヨーロッパ、とくにローマに送ることを構想した。

ヴァリニャーノが日本の学校のために考えたカリキュラムはまったく独自のもので、これはヨーロッパにもどこにもないものであった。人文課程の主要な科目は、ラテン語とそれをとおしての西洋古典の講読が第一、そしてそれと同じほどだいじな柱が日本語と日本文学だった。つまり、ヴァリニャーノは日本の少年を「西洋人」にする気はなかった。「東西を知る人間」にすることが基本的な理念である。キリスト教思想を知るには、それが出てきた西洋の思想を知るべきである。しかし、それを日本のなかで日本人に語るには、禅僧などと同等の日本文化や思想の知識やことばを知らなければならない。自国語を正しく書き、正しく話せる人、これがじつはルネサンスの基本思想であって、ラテン語偏重から最初に抜け出したのはイタリアのルネサンスだった。

それから主要な科目の第三は音楽であった。聖歌およびオルガンによる儀式音楽はミサに欠かすことができない。ヴァリニャーノはオルガンティーノの要望に答えて来日したとき二台のオルガンをもってきた。一五八一年度の年報には、有馬のセミナリオでは「生徒は学問にも熱心でまったく期待した以上である。才智と記憶においては、彼らは大いに欧州の少年にまさり、わが文字は彼らが見たこともないものであるにもかかわらず、わずかに数ヶ月で読み書きに熟達し、彼らが欧州のセミナリオにおいて養成される少年よりもすぐれていることは否認しがたい……彼らはオルガンで歌うこと、クラヴォを弾くことを学び、すでに相当なる合唱隊があって易々《やすやす》と正式にミサを歌うことができる」と報告している。実際翌年の天正十年五月三十日の聖霊の祝日には有家《ありえ》の天守堂献堂式に准管区長となったコエリョがセミナリオの学生音楽隊を引き連れてきたことが報告されている。同じように、安土のセミナリオにも有馬のセミナリオと同じカリキュラムがつくられ、二十五、六人の上流武士の子弟が入学した。彼らは「性質よく才識あり、高雅にして言語洗練され、宮廷に育ちなにごとにもすぐれているゆえ、有馬よりもさらに大なる期待」がもたれた。[*83]

天正九年（一五八一年）信長が突然安土の住院を訪れたとき、その最上階の三階にあったセミナリオを見学して、そこに備えつけてあったクラヴォとヴィオラを生徒に弾かせて、それを非常に喜んだことが年報に書かれている。そのとき、「クラヴォを弾いた少年は日向国主の子（鳥津に滅ぼされて国を追われた伊東ゼロニモ祐勝《すけかつ》）で、ほんとうはこの少年が使節の筆頭になるはずだった。しかしあとで述べるように、使節の派遣はかなり急に決まったので、安土から彼を呼び寄せる時間がなく、とりあえず手近な有馬で間に合わせることになったのである」

信長はこの演奏を大いにほめ、「ヴィオラを弾いた少年をもほめた」[*84]「今日までに日本へ渡来した事物のうち、日本人がもっとも好んだことは、オルガン、クラヴォ、ヴィオラを演奏することであった。……以上のことは、異教徒の心を動かしてデウスの教えの栄光と荘厳さとを知らしめるために必要なことである」とフロイスは書いている。

またセミナリオでは一五八一年に宣教師の要請でローマから派遣された画家ニコラオが少年たちに絵を教えていた。音楽と同様に、キリスト教にとって欠かすことのできない聖画像を国産するためである。これは音楽のように正課には入っていないが、才能のある画家が出たことが知られている。中国にはこのような絵画教室（工房）がなかったので、宣教師はニコラオの描いた絵を中国に送ったりしている。またヴァリニャーノがヨーロッパからグーテンベルクの印刷機をもってきたとき、そこで出版された本にはかならず版画がついていて、それはみなここで学んだ画家が描いたり翻訳したりしたものである。[*85] それがわが国の美術にどのような影響を与えたかはそれらが徹底的な迫害のためにほとんど消滅してしまったのでにわかには言いがたい。しかし、日本における西洋音楽と西洋絵画の種子はこのとき確実に苗床に播《ま》かれたのである。その若木は迫害という厳冬を生きのびることはできなかった。しかしそれがわれわれの文化の基層、あるいはわれわれの感性の底に残したものがなんであったかを証明するのは美術史家である私の今後の課題である。[*86]

このように見てくるとヴァリニャーノはただ教義、信仰のみではなく、文化と学問の全体を輸入するのではなく、日本人をして創らせることに眼目をおいていたことがわかる。それは日本最初の人文教養課程の創始だった。

有馬のセミナリオの最初の生徒は二十二人だった。その名簿は残っていない。しかし、ローマに行った四人の使節がそこにいたことは確実である。柳谷武夫氏は、秀吉禁教令のあと、世をはばかって安土と有馬のセミナリオが合併したときの一五八八年（天正十五年）、在籍の生徒の名簿を再構成されたが、そのなかに、「日向国出身、十六歳、一五八三年に有馬のセミナリオに入学した伊東ジュスト」がいる。[*87] これは使節になった伊東マンショの弟である。成績は「普通」。そして一五九三年には修練士にまでなったが、会に向かないということでイエズス会から出された。この名簿で見ると、もう創設から十年たっているので、たいていの生徒は一五七〇年代生まれになっており、その後の彼らの運命はじつに驚愕すべきありさまで、ヴァリニャーノの理想とこの現実の落差は悲劇的だ。

たとえば、西ロマーノは有馬出身、一五七〇年生まれ。ラテン語が優秀。イエズス会に入って一六〇七年有馬の修練院で説教の翻訳を引き受けていたが、一六一四年家康の追放令でマカオに亡命した。マカオで倫理神学を勉強して司祭になったと思われる。一六二〇年のイエズス会名簿には、「彼は能力があり、二年間倫理神学を学び、日本文学に通じ、日本語で説教ができる」と高く評価されている。彼は一六二五年にペドロ・モレホン、アントニオ・カルディムとともにシャムに布教に行き、一六三〇年シャムの革命で投獄され、三二年釈放されてマカオに戻った。おそらくマカオで死んだ、国際人である。

北もしくは喜多パウロは有馬出身、一五七〇年生まれ。一六三〇年三月一日拷問にかけられ、裏切った。大多尾マンショ、大村出身、一五六八年生まれ。ラテン語、音楽巧み。一五九二年画才を買われ、一五八一年に日本に派遣された画家ジョヴァンニ・ニコラオが天草の志岐《しき》に設立した日本最初の聖像学校で弟子となった。一六一四年の大追放でマカオに追放されそこで死んだであろう。進士アレキシスは豊後出身、一五七六年生まれ。一六一四年マカオに追放。その後日本にもどりイエズス会を出た。棄教。辻トマスは大村出身。十七歳。ラテン語優秀。一六〇三年、使節のひとり原マルティーノとともに長崎で勉強し、説教もしていた。一六一四年マカオに追放されたが、すでに倫理神学をおさめ、よい教師になったと記載された。一六一八年日本にもどり、一六二七年長崎で捕らえられ、同じ年の九月六日、その宿主の槇《まき》ルイスおよびその養子ジョアンとともに長崎で火刑に処せられた。一八六七年七月七日、福者、殉教者として教皇ピウス九世によって列福された。

市来ミゲル。諫早《いさはや》出身。十七歳。一六〇三年長崎の印刷所で和洋活字の鋳型《いがた》を切っていた。三十四歳でチフスで死んだ。石田アマドール。長崎出身。十八歳。ラテン語、音楽、日本文学とも優秀。一六〇二年マカオに勉強に行って倫理神学を学んだ。帰国後広島で司祭として働き、一六一六年の終わりか一七年の始めに逮捕され、三年間牢獄。一六二九年長崎で再逮捕され、大村の牢獄に入った。一六三一年有名な雲仙の地獄で硫黄責めにあい、一六三二年九月三日、長崎の西坂で火刑に処せられて殉教した。福者となった。

今あげた以外は消息不明か病死が多く、五十一名の生徒のうち、生涯がわかっているものは、追放されたか殉教したかであり、そのほかの多くの生徒は棄教したのであろうと思われる。

同じく一五八八年の名簿で、安土の生徒を探ると、そこには一六二二年に長崎で妻マダレイナと殉教した三箇《さんが》アントニオがいる。彼は福者になった。ヴァリニャーノはこのような悲劇的な人生を送らせるためにセミナリオをつくったのではなかった。

府内では、一五八〇年に、修練士に高度の教育をつけるためのコレジオができた。ここに学んだのはまだ外国人ばかりであった。日本人はまだ修練中だったからである。彼らの多くはラテン語も充分ではなく、まして日本語はまったくだめな神学生が多かった。ラテン語の教師はゴアのコレジオでラテン語の教師をしていたアントニオ・プレネスティーノ神父、日本語の教師は一五八〇年にヴァリニャーノによってイエズス会士となったパウロ養方軒で、有名な漢方の医者としてアルメイダとともに病院になくてはならない人であったことはすでに述べたが、同時に彼は漢学および日本文学に通じていてりっぱな日本語を書いた。彼とその息子ヴィセンテは日本で出版された十六世紀の宗教書のすぐれた翻訳者だった。このほか発足してから二年めの一五八二年に、マカオからコインブラ大学で神学を教えていたゴメス神父が来た。この博識の人は長く日本で布教の要職につき、長崎二十六人の殉教を目撃してその殉教録を書いたことで有名である。哲学、神学は最初の計画では安土にできるはずだったコレジオの担当だったが、コレジオはついにそこにはできなかった。一五八二年に信長が死に、城と町は破壊され、セミナリオの学生は命からがら京都に逃げた。その年の末に高山右近の城下町でセミナリオの授業を始めたが、それも一五八二年の右近の転封《てんぽう》でだめになり、結局、それはできなかった。したがって日本で最初の西洋哲学の講義をしたコレジオは府内だけだった[*88]。

府内のコレジオには最初は五人しか生徒がいなかった。この五人のうち、三人は修道士になるには素行がわるいかゆるんでいるかで除名され、ひとりはマカオで死に、実ったのはジョアン・ロドリゲス（あだ名は、通辞つまりツーズ）だけであった。教育とはしばしばそういうものである。しかし、このロドリゲスは日本と西洋の文化交流の歴史に偉大な功績を残すことになったのだ。この人はポルトガルのセルナンシェルシェ（たぶん田舎）というところに生まれて、生涯ひどくなまっていたそうだ。だがなぜか自国語以外では、語学の大天才だった。彼は一五六一年生まれだから、このときまだ二十代のはじめで、アルメイダのように冒険好きの若者として日本にやってきて、大友宗麟の耳川の戦闘に加わったりしていたが、一五八〇年にイエズス会に入った。たぶん学問を正式にやったのは日本の学校においてだったのがよかったのか。一六〇四年から八年にかけて日本語文法、日葡辞典の編纂におもな功績を残した。この文法書は日本における最初の学術的な文法書であった。日本の言語学者のあいだでは彼が一番有名である。

彼はヴァリニャーノが二度めに日本に来て秀吉に会ったときにその通訳をし、それ以来秀吉の愛顧を受けるようになり、家康の時代になってからは、家康の知遇を得て幕府と直接の話ができる政治的な地位をもつようになったが、それがわざわいして一六一〇年に日本を去った。この話はあとで述べることになる。

一五八一年度の報告は、府内のコレジオについて「十三人の会員が住み、神父三人、残りは修道士である。日本語の文法書が完成し、辞典と日本語の著述数点ができた。『カテキズモ』の日本語訳をつくり日本人修道士や信者に教えることに役立てることにした」と事業が着々と進んでいることを報告している。[*89]

こののちこれらの学校は、一五八七年の秀吉による伴天連追放令で閉鎖、移動を余儀なくされ、日本の戦乱や政変にゆすぶられてあちこちに移動し、避難しながら、それでも教師と学生は、一六一四年のキリシタン禁令まで学問を続けたのである。

さて、有馬のセミナリオには一五八〇年創設当初に伊東修理亮祐益《しゅりのすけすけます》という十歳の少年が洗礼を受けて入学した。これが使節の筆頭伊東マンショである。すでに述べたように彼は日向の領主だった伊東家の縁つながりだが、姻戚関係で大友宗麟の血縁ということで使節になった。その出身や身分の詳細については大きな問題になったことでもあるので四章で扱うことにしよう。また同年入学の、島原半島の千々石《ちぢわ》出身で一五六九年（永禄十二年）ごろ生まれたので入学時十二歳、有馬の領主有馬晴信の従弟、大村の領主大村純忠の甥、千々石ミゲルもその身分の高さから使節に選ばれた。そのほか、大村領波《は》佐見《さみ》出身の一五六八年かまたは六九年生まれ、したがって入学当時十二か十三歳の原マルティーノも使節に選ばれた。彼はラテン語ができるということが史実からわかっているので学校の秀才だったのだろう。最後の少年は大村領、いまの長崎県彼杵《そのぎ》半島出身の中浦ジュリアンで入学当時十歳、彼は幼児洗礼を受けていたとチースリクは言っている。[*90]

ヴァリニャーノがこの四人の少年を連れて日本を発つのは一五八二年（天正十年）のことなので、彼らは十一歳から十四歳までのほんとうの少年であった。ヴァリニャーノはこれらの少年を日本教会および学校の「初穂《はつほ》」と呼んだ。なぜヴァリニャーノは年端《としは》もゆかない少年を使節に選んだか。この理由について先人たちはみな、長旅や異なった環境から生きて帰る確率が高く、また帰国後も長く生きて生き証人となるにふさわしいからだと説明してきたし、まさしくそのような理由であろう。だが、そこにはさらなる理由がある。それは彼が抱いた「少年」への期待である。生まれたときに、あるいは幼くして洗礼を受けた人間を、彼は利益によって、または知識によって「改宗した」人間よりも好んだのである。私は知識によって改宗したほうが価値があると個人的には思うが、キリスト教徒にとっては必ずしもそうではない。すべての教育がそうであるように幼いときからの環境がほんとうに心の底まで浸透するのである。

しかし少年が選ばれたのは幼児洗礼が優先されたからだけではない。だいじなことは、すでに成長した木に接《つ》ぎ木をしたのが、成人改宗者であるとすれば、少年は、キリスト教がこの日本という大地に蒔《ま》かれて、はじめてそこで「採れた初穂」なのだ。布教以来三十年、いまやっと初穂が採れた。だから少年をローマに送るのである。

金のはなし

さて、日本の有名な歴史家高瀬弘一郎氏は、商人宣教師ルイス・デ・アルメイダがやったことはイエズス会に悪い影響を与えたと書いている。彼が「一五五〇年代後半に貿易を開始したことは、日本イエズス会の経済状態を豊かにし、会員の修道精神の弛緩を招いたということに対して批判の声があがっている。カブラルは一五七一年総会長あての書簡のなかでつぎのように記述している。アルメイダが入会して貿易を開始して以来、ザビエル以来の日本布教の創始者たちの時代の福音的清貧が破壊され、修道会の戒規が弛緩《しかん》してしまった。すなわち、貿易収入に伴って衣服やベッドに絹を使用し、豊かな食事をとり、従僕を所有し、労働と祈りに対する情熱を失い、まるで清貧の修道師というよりは領主のように見えるようになった」と。[*91]

いっぽう、一五九五年にヴァリニャーノが総会長あてに送った手紙にはこうある。「カブラルが布教長として日本にいた当時は、大規模な貿易によって現金で三万ドゥカート以上の資産があった」。[*92] つまり、一五七九年にヴァリニャーノが日本に来たときに、これだけの財産があったことになる。この財産は生糸貿易の利益だった。一五七二年の宣教師ヴィレラの手紙では、一五六〇年代後半には二万クルザドスができたが、これを六〇年代末から七〇年代初頭にかけてインドに一万から一万二千送ってしまったということだ。それはインドの上長からインドで土地を買うために送金することを命じられたからで、また同時にその指令は生糸貿易を禁じていた、と書かれている。インドに不動産をもつことが安定した収入を得ることだとされていたためである。

このときのインドの管区長クァドロスは、このようなカブラルの、着任早々の訴えを聞いて、余った金があるなら、インドに土地を買って、インド管区全体の財産にしようとした。イエズス会本部もこれを了承したが、聖職者にふさわしくない貿易などをやめさせて、インドで買った土地からあがる利益を将来日本に設けるコレジオのために保持し、利殖するということが一五七五年のゴアのインド管区会議で決まった。しかし、どうやらこの金は日本の教会を支えることはできなかったか、または最初から日本に定期的に送金されなかったとしか思われない。

その上、日本の教会が一五七一年当時予想されたよりもはるかに急速に拡大したため、資金が急速に不足した。実際、どうみても、インドへの送金はまちがっていたか、早まったとしか思われない。実際にカブラルは、七五年に、教会が百以上増え、布教団も増え、キリシタン大名である大村を援助しなければならず、経費はうなぎのぼりで、毎年四千ドゥカート以上は必要だと訴え、一五七六年には毎年五千ドゥカート必要だと訴えているが、それは教会、神父、イルマンが増加しつづけているからであった。

それではカブラルが言った「贅沢三昧《ぜいたくざんまい》で修道士の清貧を忘れた宣教師」という実態と、たえず費用の増大と維持の困難を訴える手紙の矛盾はどのように解釈すればいいのか。単純にとると、費用がかかるのは宣教師が贅沢しているからだ、ということになる。おまけに、それはアルメイダの始めた悪習だというが、われわれが見てきたような、自分の私財を投げ出して病院をつくった行為をひっくるめて「贅沢三昧」だというのはあたらない。贅沢をした神父がいたかもしれないが、そのことだけを報告したカブラルの書簡の公正さはいまからみると非常に疑わしい。

報告の年代に差があるから、彼はしばらくたつうちに、日本の教会とその事業を支えるには、インドの送金以外に財源がなければやっていけないということをしだいに理解したというふうに考えるしかない。しかし、彼がヴァリニャーノに首にされて一五八二年に日本を去ったとき、イエズス会布教本部に三万も財産があったのはいったいなぜか。それは彼もまた貿易をしていたからにほかならない。

ともかく、カブラルの一五七一年の告発によって、日本の宣教師がうさんくさい目で見られるようになったので、イエズス会の総会長であったメルクリアンは、カブラルの報告がほんとうかどうかをたしかめるように、輩下のヴァリニャーノが日本に視察にゆくときに確認することを命じた。一五七八年十二月四日の手紙はこう言っている。「日本のイエズス会の貿易については、インド管区会議で禁止されたとはいっても、カブラルが言ったいくつかのことがらについて判断をしてほしい、それまではなにごとも執行しない」

ところが、同じ一五七八年十二月一日付けでヴァリニャーノは、日本に着く前にマカオで総会長に書き送っている。「日本については、六千から八千クルザドスの定収入がないかぎりやっていけない。これだけの金を得る収入源はないので、代理人をとおして毎年八千ないし一万クルザドスをマカオに送って中国の生糸を買い、これを日本に送って売る。これを毎年一回行う。ここからの利益でその経費を全額まかなう」と書いている。

カブラルは一五七六年に五千と言っていたのだから、七八年に六千から八千というのは妥当な額だろう。つまり、布教が成功し、教会や信者や神父や施設が増えれば増えるほど、養う人口や経費が増えていったのである。

実際に日本の教会の状態を視察してからもヴァリニャーノの意見は変わらなかった。それどころか、一五七九年に日本に着いた翌年、一五八〇年の十月に豊後で開いたおもだった宣教師の全体協議会で、彼は現状を維持するだけで八千が必要と見積もっており、布教をさらに確実に発展させるには、少なくとも一万二千必要だと大幅に概算をあげている。その理由は、「セミナリオや、コレジオ、修練院《ノヴィシャド》」を建てるためである。これらはすべて日本人を司祭として教育したり、訓練したりする学校や大学に相当するものなので、ヴァリニャーノは、実際に日本に来るまでは、現地の年間報告書などの会計から、六千から八千だろうと見ていたのだが、日本に来て一年いたら、それが二倍にはねあがってしまった。その理由は、日本に来てみて、今までの布教方針をすっかり変えようと思ったからだった。どう変えようと思ったのか、それは増えた予算の使い道をみれば明らかである。日本に学校をつくるばかりでなく、知的な教育普及のために書物の出版が欠かせないと考えて、書物の印刷所をつくることを計画し実行した。そして彼は日本にはじめてグーテンベルク式の活版印刷機と印字をもってくることになる。ここで日本最初の活版印刷本が三十数種出されて、世界の稀覯本《きこうぼん》になっており、これは日本の書物と出版の歴史に大きく貢献した、画期的なことだったが、カブラルたちによって浪費の最たるものとされ、迫害の結果、印刷所は破壊される前に財政難でみずから閉鎖命令を出した。それは実現されなかったが、遅かれ早かれ幕府が全部破壊してしまった。

天草の河内浦《かわちうら》にある天草コレジョ館に行って、復元された印刷機を誇らしげに見せてくれる館長を見ると複雑な気分になる。今これほどにたいせつにされているものが、当時はじゃまもの扱いにされていたのだ。なにがだいじかなどということは、何百年もあとになってはじめてわかることなのだ。その当時、ヴァリニャーノは、カブラルやフロイスから、日本教会を破産させた張本人として攻撃された。実際に彼は三年にみたない第一回日本視察のあいだにひとつのコレジオと、ふたつのセミナリオ、ひとつの修練院《ノヴイシヤド》をつくった。これはたいへんな「浪費」である。大学の教師としてここでぜひ言いたい。教育とは明日へ向けての「浪費」だ。若者に惜しみなく金を注がない国が栄えるはずがない。教育は未来への種まきなのだ。種をまかない畑、苗を植えない土地は、やがて不毛になる。

カブラルは一五八一年九月三日に総会長に会って「いままでずっと経費を節約して苦労してきたのに、巡察師が来てから彼が日本にいる二年間に大量に出費したのでこのままだと五年たたないうちに教会は滅びる」と訴え、自分が管理していたときには経費を節減したが、ヴァリニャーノが浪費して資産を減らしたと非難している。資産が減ったのはほんとうである。

カブラルの跡目《あとめ》を継いだコエリョは、それよりもやや冷静だが、やはり同じ見かたをしている。「巡察師は、今までにつくられてきたキリスト教会を守り、そして改宗を進展させうる態勢に日本を置きたいと考え、京都と、シモ（肥前）にひとつずつ、ふたつのセミナリオ、豊後に修練院ひとつとコレジオひとつを設けるように命じた。……今まで日本でイエズス会士の維持が容易にできたのは、コレジオもセミナリオもなく、イエズス会士も九人か十人しかおらず、千五百クルザドスしかかからなかったからです」（総会長あて、一五八一年十月三日）。イエズス会士が十人前後だったのは一五六〇年代でこれは嘘だと高瀬氏は書いている。

有名なルイス・フロイスも一五八二年十一月五日総会長あてにかなり激しい怒りをぶちまけている。「猊下《げいか》に要望したい。ふたたびだれか巡察師を派遣しなければならないときは、彼が自分で消費する必要物資や金をインドからもってくるようにしてください。日本イエズス会がそれをまかなって非常に著しい損害を蒙《こうむ》ることは断じて耐えることができないからです。ここではだれもそれを喜ばないのです。なぜなら、会計報告によると、パードレ・アレッサンドロ・ヴァリニャーノが日本に滞在したあいだにつかった額は、いずれも避けられないものであったとはいえ、二万クルザドスだったからです」

そんなわけで巡察師は同じ年の一五八二年に『日本におけるイエズス会のコレジオとカーサ、および毎年生活をするために必要な経費のカタログ』を書いて消費の内訳を報告せざるをえなくなった。それによると、日本管区（インドの準管区）長と、北九州一帯、豊後、京都の三つの区長の経費として、それぞれの建築、新規の布教事業、異教徒領主への進物、信徒の救済、旅費などの細目がある。[*93] ここには、建設予定の学校その他の建設費とその維持運営費も計上されていて、総額は一万二千二十ドゥカートになっている。ヴァリニャーノ自身、自分が日本にいた三年たらずのあいだに三万二千つかったということを認めている。ただこれを彼自身は「浪費」と思っていないで、もっとよい布教をするには「もっと必要だ」と主張し、「もっと多くの神父、もっと多くのセミナリオ、もっと多くの修練院」がいるから、そのためには自立した収入のために「生糸貿易をやるしかない」という結論を出している。

もちろん、今まで責任をもってきたカブラル、コエリョ、フロイスの「ポルトガル三人組」は、この新来のイタリア人のやることには反対で、いままでやってきたようにやればいいのだ、それでも信徒は増加してただでさえ火の車だからというわけで、さかんに本部にあてて巡察師の攻撃を行った。宣教師は商売をするべきではないという「理想」をかかげた日本の歴史家たちも、宣教師の商売を布教精神の堕落だと見ている点では同じである。前にあげた高瀬氏の本を読むと、こう書いてある。「イエズス会の内部でくりかえし禁令が出たにもかかわらず、会員は非公認の商業活動をやめなかった。上長も表面ではこれを禁じていながら、内実それを黙認していたようである。このような商業活動こそが、イエズス会の日本布教を支える重要な収入源のひとつであったからでもあるが、半面キリシタン宣教師に精神的教師としての自覚に欠けるところがあったことを示すものであろう。イエズス会士のいっさいの経済活動は、貿易を犠牲にしてでも教会勢力を一掃することを決意した幕府によって禁圧された。そしてそれは、そのままわが国におけるキリシタン布教の終わりを意味するものであった」[*94]

これによると、イエズス会士が商売をするのは「精神的教師としての自覚に欠け」ていたからで、キリシタンが禁圧されたのは、このような商売をやっていたからだ、いっぽう幕府は、貿易を犠牲にしてでも禁圧したから「えらかった」、というふうにとれないこともない。またこのような論理でいうと、ポルトガル三人組のように、商売をやらないのが正しかった、というふうにもとれる。むずかしい問題だ。鎖国は日本にとっても、日本人にとってもたいへんな問題だから、あまり簡単に決めつけるべきではない。

さて、では、どうしてヴァリニャーノは、先任者の反対を押しきり、悪名をひきうけてでも、あえて金喰い虫の教育・文化施設をつくろうとしたのだろうか？　それはひとことで言える。彼は実際に日本に来てはじめて日本人がいかに優秀であるかを知ったからだ。いうなればそれは「教育の可能性」を知ったということである[*95]。

日本の教会は一五八〇年を境にしてほんとうに大きく変わった。アルメイダは貧民を救う費用を出すために貿易をやった。しかし、ヴァリニャーノは、日本の少年たちに学問と教育を与えるために、貿易をやろうとした。もともとヴァリニャーノは、宣教師は宗教と商売を切り離さないと結局教会にとって害になると考えていた。一五九二年にヴァリニャーノは『アドディキオネス』のなかで、最初は貧しいキリシタン大名である大村とか有馬の殿が小額の銀を中国で金に換えたりすることを宣教師に頼んだが、宣教師はなかなかそれを断われなかったと書いている。大友宗麟も同じようにして、彼が改宗したあとには彼の収入は以前よりはるかに増加したのである。

しかし、信長や秀吉はそれよりはるかに大規模に金を必要として、諸大名もそれにならった。ヴァリニャーノはその理由として、第一に大名たちの命運は明日をも知れないので、そういうときには金が一番頼りになるから、第二に戦乱があいつぎ、とくに秀吉が死んだあとには大戦乱が予想されるので、金が貯えられたのだという。そこで、しだいに大名たちは宣教師に金の輸入の仲介者になるように強いるようになり、イエズス会士はまるで金のブローカーのようにみなされるようにさえなった。そこでヴァリニャーノはイエズス会士が金を扱うのは年に六千クルザドスに限定するよう説得した。しかし、それは大名たちが要求する半分にもみたなかった。そのような仕事は聖職者にはまったく似つかわしくないものであることはわかりきっていた。

実際、有馬、大村、大友などのキリシタン大名はその領土にキリスト教教会や神父の家などをもっていたが、それは信長の死以後は、それだけでその領土を危険にさらすものでしかなかった。そこからはなんの利益も得なかったし、仏教徒である周囲の国からいつ攻撃されるかわからず、ただ戦争に備えて金をもっていることだけが彼らの保証だったのはまちがいない。またキリスト教徒ではない大名が金をほしいと宣教師に言ったときに、もし断わったら彼らの態度はまったくの敵に変わってしまうかもしれない。

その上、これは宣教師の記録にたえず出てくることだが、日本の風習では、高い位の人間を訪問するときには、高価な贈り物が必要で、盆暮のつけとどけもたいへんだった。全国の教会がひろがればひろがるほど、その金額はふくれあがり、どうにも維持できないありさまだった。

また信者が増えればその集団を維持していくための費用がかさんだ。一五八〇年には十五万人の信者がいた。二百も教会があり、八十五人の神父が世話をしていた。そのなかには二十人の日本人もいた。さらに百人が同宿という名で信者や教会の仕事をしていた。一五八一年には、神父の数は百三十六人、同宿は百七十人、このほか教会につくす貧しい協力者を入れると、およそ六百人が完全にイエズス会の金で食べなければならなかった。さらに教会、セミナリオ、コレジオなどの学校、布教事業などを入れると一万から一万二千クルザドスが必要だったが、それでもその額はヨーロッパではたったひとつのイエズス会学校を経営する額にしか相当しなかった。

いったいどうしてこの教会を維持してゆくのか？　日本の仏教寺院はたいそう金持ち

であるのに、どうしてそれができないのか？　ヴァリニャーノはあせった。結局、彼の結論は、キリシタンになった大名もキリシタン全体も非常に貧乏で、伝統的な権威と檀家に支えられ自身も広大な土地と収入をもっている仏教にはとうていくらべられないということだ。

日本の布教はどうみても経済的に自立できない。維持するためには商売に手を染めるほかはない。一五七八年にヴァリニャーノはマカオの商人組合と契約を結び、マカオ・長崎シルク貿易に投資することにした。これによって日本教会は年間四千から六千クルザドスを得ることになった。一五八四年に教皇とフェリペ二世はいったんそれに賛成したのだが、一五八五年教皇はこれを取り消し、教皇も王もそれに代わる援助を増加すると約束した。しかしその約束は実現されなかったのだ。ゴアとの事務連絡がきちんといっていないのと、あまりにも障害の多い遠路の船旅で事故が続出したせいである。「スペイン王の金は遅れるか来ないか」だった。そこでヴァリニャーノは商売を継続せざるをえなかった。

もっとわるいことには、十六世紀の終わりになって中国・日本交易に変化があった。それまでは主流が絹の糸だったが、それがダマスクや織物に代わった。一五七八年の契約は糸に限っていたので、相対的に利益がさがった。ヴァリニャーノは秘密裏にいくらかの金をインドに投資したが、じつは王と教皇の認可は、マカオと日本に限っていたので、この法的違反は、ローマでもマドリードでも非難され攻撃の的になった。フランシスコ会もプロテスタントも彼を大声で非難した。実際、ヴァリニャーノは晩年には批判の一斉砲火を浴びたのである。

ヴァリニャーノはなにがなんでも日本の教会を維持する一万二千クルザドスを必要としていて、もし商売がだめならそれに代わるものを供給すべきだと訴え、教皇か王が日本の土地を購入して、そこから米がとれるようにしろとまで言った。そうすれば教会を維持できるし、もっと多くの病院も学校もできるのだ、と。

ボクサーは、このように教会と布教の維持に金がかかって、たえまなく経済的にひっ迫していたのは中国と日本だけだったと指摘している。それはおそらくこのふたつの国が文明国で、学校や出版所をつくってしまったからだった。また、権力者との交際費が異常に高くついた。ヴァリニャーノは四千クルザドスもする進物を秀吉に献上している。

しかし、宣教師は商売に手を染めてもまったく個人としては富裕にならなかった。得た金は右から左へ布教事業のために消えてしまったのだ。のちに、皮肉なことだが、ライバルのプロテスタントであるピーター・ムンディが日本イエズス会を弁護してこう言っている。「心から言うのだが、彼らは、彼らの目的のために、労働も、勤勉も、危険もかえりみなかったのだ」。そしてその目的とは「神の栄光」である。[*96]

とはいえ、管区の借金はかさみ、投資の失敗が続いた。こうしてすべての布教が一六一四年に廃止されたとき、日本管区は二万二千クルザドスの借金をかかえていた。つまり、日本教会は、迫害がなくても、経済的に破綻していたのである。

西洋史家の研究によれば、このあいだ大口の寄進で日本の布教を支えたのはマカオのポルトガル商人のなかの篤志家たちだった。しかし、もはやそのような規模ではこの大事業は運営できなくなっていた。日本人のすばらしい資質からみて、必ずやアジアにおける最高のカトリック教会を築き上げるべきこの日本の布教を支援する、真の、また最高の責任者は、普遍教会の長であるローマ教皇その人でなければならなかった。

教皇に使節を送ろう、ヴァリニャーノはそう決心した。

第三章　信長と世界帝国

血塗られた京都

ヴァリニャーノは日本の使節をローマに送ろうと決心した。その決心を固めさせた人物が日本にいた。織田信長である。

一五六八年（永禄十一年）、信長は足利《あしかが》将軍義昭《よしあき》を奉じて京都に入り、天下人《てんかびと》としての一歩をしるす。信長の都入りにすこし遅れて、キリスト教の神父も都入りした。信長が京に上るまで、ここ、日本の首都には五年間神父がいなかったし、布教もなかった。

このことはキリスト教会の隆盛と滅亡をともに予言する。信長が栄えるとき、教会も栄え、信長が滅びるとき、教会も滅びに向かったのである。絶頂期の信長と邂逅《かいこう》したヴァリニャーノにその未来が見えるはずもなかった。彼にはいっそう輝いてゆく希望しか見えなかった。

ザビエルが熱望して果たせなかった都での布教は、これより八年前の永禄三年（一五六〇年）ガスパール・ヴィレラが将軍足利義輝《よしてる》から都での布教許可を得たときにはじまった。都での布教は首都から異教を排除しようとする仏教の強硬な排撃と、絶えまなく天下取りを狙う戦国武将らによる争乱や戦争で惨澹《さんたん》たる窮状だった。ただ将軍義輝およびその母の布教保護は信頼できるものであった。

このころ京都で勢力をふるっていた戦国武将は三好長慶《みよしながよし》の家臣長逸《ながゆき》、政康《まさやす》、岩成友通《いわなりともみち》の「三好三人衆」と、やはり長慶の家臣だった、商人出の松永久秀《ひさひで》である。この松永は永禄六年に主人長慶の跡継ぎである義興《よしおき》を毒殺して、まだ幼かった義継《よしつぐ》を後見して実権を握り、専横をきわめていた。この人物は戦国時代の下克上の典型である。永禄六年に長慶が死んだあと、彼は三好三人衆と結託して将軍足利義輝を襲撃し、彼をその家臣とともに自殺させた。また永禄十年には筒井順慶《つついじゅんけい》と戦って東大寺大仏殿を焼き払った。信長が上洛《じょうらく》したときには従うかにみせたが、天正五年に反逆して信貴山《しぎさん》城で敗死し、野望と裏切りの生涯を終えた。しかし彼は敗北したから悪く言われるので、同じようなことをしても最終的に天下を取ったものは神のように言われたり、神のようなものになったりした。

京都でのキリシタンの布教はこのあいだにもすこしずつ伸びて、永禄六年（一五六三年）に、大村純忠《すみただ》が洗礼を受けたのと同じ年に、はっきりとしないがその何ヶ月かあと、高山飛騨守《ひだのかみ》、結城山城守《ゆうきやましろのかみ》、池田丹後守《たんごのかみ》、三箇伯耆守《さんがほうきのかみ》が洗礼を受けた。フロイスによると三好の家臣のなかでさえ六十人がキリシタンになった。このキリシタン武士の数は二年後、将軍襲撃のあった年には二百人ほどに増えており、彼らが、将軍襲撃以後の動乱のさなかに教会が襲われたとき、主人の命令なしに、宣教師を護《まも》ることになった。

永禄八年（一五六五年）正月に、フロイスはヴィレラ神父を助けるために都にやってきたので、この年の五月十九日にあった将軍足利義輝殺害事件を実況的に再現している。[*1] それによると、松永久秀と三好義継は将軍を殺して、将軍の近親である阿波の義栄《よしひで》を傀儡《かいらい》将軍にし、天下を取ろうと相談した。ちょうど三好は将軍から左京太夫という栄称をもらったばかりだったので、そのお礼にうかがうという口実で五千クルザドスもの費用をかけた大宴会を市外で催して、将軍を招待した。しかし、三好が連れてきた家来が一万二千人もいたので、将軍は疑いをもって一度は逃亡しようとしたが、家臣に諫《いさ》められ、一国の主ともあろうものが証拠のない疑いによって敵前逃亡すべきではない、もし謀反が起こった場合には共に死のうと説得されてもどった。

　翌二十日は早朝だったので、将軍のもとにいた家来は二百人くらいにすぎず、これを一万二千が囲んだ。岩成が書状を将軍の家臣にわたしたが、その主旨は将軍の奥方と多数の武士を殺せ、もし殺せばなにごともなく帰れるという内容だった。この書状を受け取った、家臣で将軍の舅《しゅうと》であった美作《みまさか》は将軍の前にとって返し、「三好殿の厚顔非行は絶頂に達しました。それゆえわたしは殿のおともをつかまつりひと足お先に参ります」

と言って十文字に腹を切った。そこからはらわたが飛び出した、とフロイスは書いている。

将軍は最後の盃を家臣とかわし、長刀と太刀《たち》で応戦し、多数の傷を受けておおぜいによって殺され、その母と家臣百人ほどが殺され、女性たちは火事で焼け死んだ。出家していた将軍の弟も殺された。

将軍の側室で、正室になる日も近かった夫人は妊娠中で、フロイスによれば変装して屋敷を逃れ出たというが、村上直次郎博士『イエズス会士年報・近畿編』によれば、三人衆のひとり長逸が哀れんでひそかにその実家近衛家に帰したということである。[*2]謀反人は触れを出して側室の首に高額の懸賞金をかけた。生まれてくる子供が男だった場合、将来恐るべき敵になるので、ぜひともこの女性を殺さなければならなかったのである。密告する者があって、この女性はすぐ発見された。彼女はふたりの娘に遺書を書き、寺に葬式代を与えた上で殺された。そのとき金を受け取った僧侶が、もうこうなった上は死ぬのが妥当だろうから葬式はするし、供養《くよう》をしてあげようと言ったというのがなんともふしぎである。夫人はこのとき「わたしはみごもった身ですからなにかの罪を犯した結果こういう最期を遂げるのであろう」と言っている。

そのとき夫人は、首を切りやすいように長い髪の毛を上にあげた。しかし処刑にあたった中路完《なかみちかん》之丞《のじょう》という男が、首を切らずに顔を切ったので、夫人は「おまえは役目を果たすのがへただ」と言った。それで彼は二太刀めで完全にその首を切り落とした。男はあわれであったために最初の手が狂ったのであろう。「その場にいた者のなかでこの悲惨な光景を見て多くの涙を流さない者はなかった」とフロイスは書いている。ふたりの幼い娘は兵士の前に投げ出されたが、「一キリシタンが彼らを救って貴人に預けた」ということだ。女の子はそうやって救われることもあった。生きていても力を持つことはないからである。

それから都は異常な混乱に陥った。謀反人たちが、このとき将軍とともに死んだ重臣たちの家屋を襲い、財産を没収し、その領地を壊滅させたからである。これで将軍に仕えていた家臣の領地であった郊外の二ヶ村が絶滅された。たまたま都を離れていた家臣も、帰ってみるとすべての朋友も主人も死に、屋敷はさら地になっていたので、将軍の墓の前に行って、そこで切腹して死んだ。

このとき、結城山城守から神父たちのところに使者がきて、松永が法華宗徒をつかって宣教師と教会を壊滅させるだろうと言ってきた。都は敵であふれていたので、どこかへ逃げることもできなかった。この機会に宣教師団を殲滅《せんめつ》しようとした松永たちは、法華宗の熱心な保護者である公家《くげ》竹内兄弟と語らい、キリスト教に敵意を抱いている日蓮宗大本山六条本国寺と法華宗大本山本能寺の僧と相談して、三好に宣教師を殺させ、都からキリスト教を根絶しようとしたと、フロイスは書いている。そこで命令を受けたのがまた、かの中路完之丞という兵士で、彼はそしらぬ顔で教会に下見にきた。教会をとりかこんで皆殺しにするのは雑作《ぞうさ》もないことだった。そこには数人の宣教師と修道士しかいないし、短刀以外のものはもっていなかったからである。

ところが三好義継の家臣だったキリシタン武士がこれを聞き、即刻主君のもとを去って、河内の飯森山の同志に使いを送り、夜明け前には夜を徹してかけつけた武士が六十人ほど教会に籠《こも》って死ぬ覚悟で宣教師を護ることになった。そして神父がみな死んでしまわないように、ヴィレラだけは三箇殿の助けで河内に逃げることになった。フロイスとダミアンは家にいた少年十二人とともに残った。残った宣教師とキリシタンと武士たちは、神のために生命を捧げようとして、霊魂の救済について語り、祈り、聖歌をうたい、三日間を昂奮のなかに過ごした。

外を囲んだ武士たちは、なかには決死の覚悟の者が六十人はいるので、闖入《ちんにゅう》すればおよそ同数の者が死ぬ、それでも突入して宣教師らをみな殺しにすべきかどうかを上司に問い合わせた。僧侶は突入すべきだと言ったが、殿たちは双方が自分の家臣だったので、自分の知っている者の顔を思い出して、彼らが死ぬのはいやだと思った。そこで、神や仏に反対する宣教師は都から追放して、教会や住院を没収すればそれでいいではないかということになった。そのためには日本全国の王である天皇から、追放と押収の免許状を出してもらおうということになった。

こうして七月三十日、おおぜいの異教徒と僧侶が「爆笑し、歓喜し、石を投げ、まるで罪人か放火人を送るようにデウスを呪う」なかを、そしてまたキリシタン婦人たちが「大声をあげて泣き悲しむ」なかを宣教師一行は都を追い出されて河内に向かった。

最初の禁教令は天皇から

永禄八年七月五日、内裏《だいり》への三好義継の奏請で、正親町《おおぎまち》天皇から宣教師追放の女房《にょうぼう》奉書《ほうしょ》が出たことが女房の日記に残っている。村井早苗氏はこれを最初の天皇の綸旨《りんじ》による禁教であると書いている。この日の女房日記には「今日左京太夫禁裏女房奉書出、大うすはらひたるよし」とある。[*3] 大うすとはデウスのことで「煤払《すす》い」にひっかけてある。

フロイスは天皇の綸旨を獲得したのは「竹内のなかのひとり」だと述べ、杉山博氏は、竹内季治《たけうちとしはる》三位が、高位の公家として天皇に働きかけ、綸旨を獲得したものであると書いている。この季治は一五七一年（元亀二年）に信長に処刑されたが、朝廷はその子長治《ながはる》の保護を将軍義昭に依頼した。竹内と朝廷は深い関係があった。[*4] 村井氏によると、正親町天皇の周辺には頑強な反キリシタン勢力があった。その後宣教師は復帰しようといろいろ働きかけたが、いつも公家の反対にあって果たせなかった。なかでも万里小路惟房《までのこうじこれふさ》、輔房《すけふさ》父子はキリシタンの「最悪の敵」であった。この公家はもと藤原氏（支流）の名門で、祖先の宣房《のぶふさ》は鎌倉幕府倒壊後、後醍醐天皇の親政である建武中興を支えた筋金入りであった。しかも、惟房の叔母は、後奈良天皇の後宮に入って、現天皇つまり正親町天皇を生み、妹房子は現天皇の後宮《こうきゅう》であったから、彼らは天皇の外戚としても権勢があった。

天皇自身は弘治三年（一五五七年）に践祚《せんそ》（即位）したが、しかしその三年後、永禄三年にやっと毛利元就《もとなり》の献金で即位礼を行うような不如意だった。しかし永禄十一年に信長が入京すると、彼の援助を受けて、皇居の修理、朝儀の復興、伊勢の造替などを行って朝廷の面目を一新した。脇田晴子氏は、戦国時代の天皇は政治的には無力であったが、しかし天下をとろうとする戦国武将にかつがれて、天下統一のシンボルとなったとみて、権力的に無力であった天皇の地位を、天下争奪戦がかえって浮上させたという興味深い説を述べておられる。総じて女性歴史家の見る歴史はおもしろい。既成概念やえらい男性が積み上げてきた既成の枠組みにとらわれないからであろう。

足利幕府の末期には幕府の無力化も目立っている。足利幕府は、それまで支配的だった公家主導の宗教や文化に対抗し、禅宗を興《おこ》して、能、茶の湯などの武家文化を奨励してきた。初期には朝廷に対する幕府の力も圧倒的に強く、天皇を無力化し、ロボットにしたが、戦国時代末期には、戦国大名たちによって、こんどは幕府が無力化されロボット化された、同じロボットなら上位は天皇だと脇田晴子氏は言う。[*5]

つまり名家でもなんでもない下克上の成り上がり者が天下をとるには、なんらかの名分が必要で、朝廷に頼んで官位を得ようとするようになった。そこで、官位授与の権限をもった天皇が政治的権威を上昇させ、同時に物質的な利益も増した。

一五九四年に日本に来たフランシスコ会士のリバデネイラは天皇についてつぎのように観察している。*6「（この国には）当初から全日本王国の本来の国王があって、それは直系で現在に到り、王、別名を内裏《だいり》と称する。日本人はその王が人に見られることがない存在で、一般人と同じようには扱われないのをきわめて神聖なことだと考えているから、彼は常にその王宮に閉じこもっているが、そこでできうるかぎりの贅沢をしている。彼にとってはその王国を武将の手によって統治させることが必要であったので、これらの武将はしだいにその領地を奪って謀反を起こした。こうして全国は六十六の諸王国に分かれた。しかしこれらの武将は国王ではなく、殿と呼ばれる。これはスペインの領主と同じである。これらは相互に戦い、もっとも強力な者が国王で、本来の国王をほとんど尊重せず、自分のことをみずから国王と称している。本来の国王はただ国内の諸貴人に位階を与えるのみであり、また坊主《ぼうず》と称する偶像の使徒たちにも品級と位階を与える。内裏自身はこれらの坊主の長すなわちスプレーモ・サチエルドーテ（最高位の司教）のようなものである。彼は従者やその妻たちとともに、一般の人と区別するために中国人のような服を着ている。なぜなら彼らは中国人の子孫であると言われているからである」

ヴァリニャーノもまた「内裏は武将に官位を与えるのが仕事」と書いている。永原慶二氏は鎌倉時代に成立する「家職」と呼ばれる官僚や貴族の世襲制のなかで、天皇は最高の家職として宮廷儀礼の主宰、官位授与、元号制定権を持続してもっていたので、それが天皇の超越的な権威を成立させたとする。つまり国の大本《おおもと》のシステムを決める権利が天皇以外のだれにももてなかったというのだ。しかし脇田氏は、これは話が逆で、天皇が最高の権威者だったから、この三つの権利が天皇に所属したのだという。そのほうが理屈にかなっている。この権能は中国皇帝も同じようにもっていたそうである。

それでは、天皇はそもそもどうしてその最高の権威をもっていたのかといえば、それはなんといってもこの国の呪術的な宗教の主宰者であったからである。古代において天皇の先祖を神とする神話が生み出され、そこから天皇の祖先神がこの国の創造主であって、その祭祀つまり神祇《しんぎ》は天皇によって行われることに決まっていた。だから天皇はただ神の子孫というだけではなく、日本の国土やその産物を支配する呪術的な性格をもった、人間を超えた超存在、つまり広い意味で宗教的な存在であった。

また、新しい輸入宗教である仏教を、天皇が率先して信仰して、僧職制をしいて任免権を握り、仏教もまた支配の下においていた。フロイスも比叡山の経済的基盤を支えている広大な土地は天皇から賜《たまわ》ったものだと解説している。仏教勢力は土地所有と不可分だった。それで大うすはらいの綸旨《りんじ》を奏請した竹内三位の領土が全村法華宗で、キリスト教を憎悪していたということも理解できる。

キリスト教もほんとうに手強《てごわ》い相手を敵にしてしまったものだ。最高で、最古の伝統的な権力と戦うなどということは、通常の日本人なら思いもしなかっただろう。ところが、権力と命令系統に従順な日本人の平の武士が、キリシタンになったとたん、命がけで権力にさからって自分たちの宗教を護《まも》ろうとする。まるで「西洋人」のようになってしまった。これをほうっておけるわけがない。みずからは戦乱に巻き込まれることなく、日本をトップの点から冷静に見ている賢い公家がこの危険しごくな臭いに気づかないはずがない。

仏教ばかりではなく、醍醐天皇が平安時代に編纂《へんさん》させた法律である延喜式《えんぎしき》は、古代から伝わる各地の神々を、ひとつの国にひとつの神宮で治めることに決めて、宮司《ぐうじ》も朝廷が組織するようになっていたので、神道も制度的に朝廷の支配下にあった。戦国時代、鎌倉時代に幕府が各国に配置した守護大名や、戦国時代になりあがった大名が、大名領域を拡大して国内を統一するが、その際に、公家所領や寺社領があって、こういうものを含みながら自分の領土を統一するには、それらを支配している上の権力に結びつかざるをえない。将軍の力が弱まってくるにしたがって、天皇に結びつかざるをえないことになる。

なによりも大きいことは、日本の国全体が、神仏などによって護られているという「鎮護国家」の思想が、外敵、とくに蒙古が襲来した十三世紀以来高まっていたことである。だから天皇の先祖である天照大神《あまてらすおおみかみ》を祀《まつ》った伊勢神宮など、日本の国土を神聖化し、これを外敵から護る神道への信仰がそれを主宰する天皇と結びついて、国の護りになっていたのである。したがって外からやってくる怪しいものは、戦争であろうと、宗教であろうと、究極的には、天皇の敵なのである。そのことを頭に入れておかないと、あとで秀吉がやった禁教令の文句がわからなくなってしまう。

フロイスは、非常によく自分たちが京都から追放された理由がわかっていた。彼は「内裏は宣教師を日本の神と仏に敵対する教えの宣布者として都から追放したのであり、帰京を許可するには『人間を食べぬことを日本の偶像に誓う事』を要求した」と述べている。彼は、「人間を食べるなどは『笑うべき虚偽』としたが、それを偶像に誓うことはできないと答えた」

この事件は、天皇が外来の宗教であるキリスト教を排除する力をもっており、「神と仏」の擁護者であることを明らかにしたと言えるであろう。村上氏が言うように、蒙古襲来が神国思想を強化したように、キリスト教とキリシタンを禁制するにあたって日本はあらためて天皇の意味を明らかにしたのである。

またいっぽう、天下をとって日本のトップに立とうとする野望をもった人間は、結局、自分がいくらえらくなっても、天皇と権力を二分することになってしまうので、統一権力を掌握し、権力の二分化を防ぎ、ひとり自己のもとに統制するためには、将軍と天皇を掌握してしまう必要があった。だから、野望をもった戦国大名は、まず将軍を奉じ、ついで天皇を奉じることで天下を統一しようとした。秀吉は、自分を公家の猶子《ゆうし》（官位を獲得するために仮の親子関係を結ぶこと）にして関白職をもらって、天皇の権力の下に入って、権力と同一化したのである。では、信長はどう出たのだろうか？

凱旋

将軍弑殺《しいさつ》と伴天連《バテレン》京都追放から四年後の一五六九年（永禄十二年）、フロイスは堺で「思いもよらず、信長の登場と、彼が奉じていた公方様《くぼう》擁立のために都に到着するということがあった」とその驚きを書いた。こんどは素性《すじょう》のわからない三十五歳の武将が新しい将軍を奉じて都に入ってきたというのである。

フロイスは『日本史』のなかの永禄十二年の記述に、「信長の素性」として、つぎのようなことを書いている。「信長は尾張国の三分の二の殿（信長の父織田信秀は清洲城織田家の家老）の二男で、天下を支配しはじめたのは三十七歳くらい（実際には信長は天文三年の生まれでこのとき三十五歳）である」[*7]

この人物の特徴は、「中背瘦軀《そうく》で、髭は少なく、声ははなはだ快調、きわめて戦争を好み、武芸に専心し、名誉心強く、義にきびしい」「他人から加えられた侮辱は必ず罰する」。つまり、かなり執念深いか、あるいは自尊心が強い人物として描かれている。これには個人的に共感する。最初から特権をもっていない（彼は公家でも、大名でもなかった）者にはこういうところがある。しかし彼は「貪欲ではない。決断を秘してあらわさず、戦略においてきわめて狡猾、気性激しく、癇癪《かんしやく》もち」、しかし「いつもそういうわけではない」

寡黙で、狡猾で、気性が激しいというのは上司としては最悪である。相手の考えていることがわからず、機嫌をうかがうことになる。しかも「部下の進言にほとんど左右されることがなく、全然ないといってよい。皆から極度に恐れられ、尊敬されていた」。要するに黙って命令に従うしかない相手である。部下との合議をいっさいしないのならば、彼の心中はだれにもわからない。しかも酒の席で人間性を示すとか、秘密を漏らすということもなかったようだ。豪傑ふうではなく、豪放磊落《らいらく》でもない。「酒を飲まない。食事も適度、行動を何物にも拘束されない、その見解は尊大不遜」「日本の王侯をことごとく軽蔑し、人びとは絶対君主のように服従」「戦運が傾いても忍耐強く、度量が大きい」「彼はすぐれた理解力と明晰な判断力を備えた人であり、神仏の祭祀はどんなことでも軽んじ、占いや迷信を軽蔑する」

私はけっしてフロイスを全面的に信用しているわけではない。だが、日本の『信長記』などを読んでも、等身大の人間像が見えてこないのである。ところが、相手が日本の国でえらかろうがなんだろうがあまり関係がないので、だれのこともふつうの人間のように書く。だから、同じ時代に生きていて、何度も会ったことのある外国人の、少なくとも、自分ではほんとうだと思っている「うわさ話」から人間像を推測するほうが、親しみがあるのである。それに十六世紀のポルトガル語やイタリア語は、現代とまったく同じなので、よけい直接的にありのままの感じが伝わる。

さて、この信長の上洛でフロイスのいた堺の町は恐怖のために「半分以上が空になった」。それというのは、堺は三好三人衆の味方をしていたので、信長が討伐にくるとみなが思ったせいである。とたんに町の周辺を海賊や追い剝《は》ぎが跋扈《ばっこ》しだした。動乱のなかをフロイスらは船で尼崎まで逃げ、途中海賊に襲われたりしながら、熱心なキリスト教徒だった高山飛驒守のいる東能勢《のせ》の山に逃げ込んだ。

ところが信長はすぐに堺に五人の武将と一万五千の兵を送って都市を平定し、安堵《あんど》（土地の所有を承認）したので、町はたちまち平穏にもどったとフロイスは書いた。「町じゅうが和田殿の兵隊でいっぱいだ」と彼はそのありさまを書いている。あとで歴史が語るように、信長はこの貿易・商業の中心地を自己の直轄地としてしまい、楽市《らくいち》、楽座《らくざ》などと呼ばれる自由な商業活動を保護する政策を行った。最初からこのような経済政策を考えていたので、このとき堺に重要な武将を五人も派遣して治安の維持に心がけたのである。この武将のなかに柴田勝家や、高山殿が仕えていた和田惟政《これまさ》がいたので、高山飛騨守ダリオは神父を都に復帰させるように和田殿に頼むことにした。これは非常に時宜と人を得た処置であった。

和田惟政は、高山飛騨守ダリオの上長ではあったが心からの親友で、ダリオにすすめられて、それ以前にヴィレラの説教を長時間聴いたことがある。しかし彼は改宗せずに帰った。彼は将軍殺戮《さつりく》のあと神父らが堺に放逐されたとき、堺からイルマン・ダミアンに説教をしにくるように頼んだことがあった。彼はこのとき将軍職を要求している義昭の幕下《ばっか》にあって、義昭はそのころ和田の親戚である秀盛のもとに避難していた。これよりのち和田は、殺された義昭の兄、つまり元将軍義輝に代わって義昭が将軍になるように全力を尽くすことになった。

いっぽうダリオは、大友宗麟や大村、有馬の領主と同じ、いわば第一世代の高位のキリシタン武将で、仏教からキリスト教に改宗した世代である。第二世代はその息子たちにあたり、一五五〇年代以降に生まれた彼の息子（キリシタン武士の鑑《かがみ》と言われた）右近ジュスト、（背教の見本と言われた）大村純忠の息子喜前《よしあき》、堺の豪商の息子の小西行《ゆき》長《なが》アゴスティーノ（彼の生涯はなんといっても豪放で最高に劇的である。その殉教のしかた、殺されかたさえもが、サムライ・キリシタンの名に恥じない）、黒田如水《じょすい》シメオン、そして一五七〇年代生まれの少年使節たちである。彼らは最初からキリシタンとして育った。そしてその生涯の半ばで、「死」か「日本永久追放」かまたは「棄教」かの選択を迫られた世代である。

第三世代はありえたのかどうかそれは考えようである。明治時代になってはじめてフランスからカトリックの神父がわたってきたとき、長崎の教会の前に、数人の老女がやってきて、「マリア様のお像はどこ？」と聞いた。迫害のためにキリシタンは全部死に絶えたと信じられていたので、神父にはそれが奇蹟だった。*8 そのあと続々と「隠れキリシタン」がみつかった。こういうことは長いキリスト教会史でもまったく稀《まれ》なことだったので、それは日本教会の奇蹟と言われている。

このとき老女がマリアの画像のことを聞いたのは、オランダ人はプロテスタントなのでマリアも画像も礼拝しない、だからこんどはだまされないようにしようと思い、「きっと帰ってくる」と言って日本を去った神父がほんとうにもどってきたのかどうかを見にきたのであろう。少なくとも二百五十年は待っていたのである。そして彼らはみな百姓であった。なかでも高山父子の領地摂津《せっつ》高槻《たかつき》の隠れキリシタンは有名で、みごとな聖母の画像さえ、囲炉裏《いろり》の竹筒に隠して保存していた。それはいま東西芸術交流の貴重な記念碑となっている。領主は追放され異国に去っても、農民はどこにも行けなかったし、行かなかったのである。

さて、高山ダリオは五畿内における最強の大名であった大和の領主松永久秀の有能な家臣として沢城を預かっていた。もともと摂津高山出身で、先祖は宇多《うだ》天皇の皇子敦実《あつみの》親王《みこ》だとされている。アルメイダは一五六四年（永禄七年）末に彼を訪ねてきて、たいそう彼をほめている。ダリオはアルメイダを肉でもてなそうと思って狩猟に行って鳥を撃ってきたのだが、そのために客人に会えないというへまをやった。もてなすために狩に行ってそのために迎えに行かなかったというのがなぜか共感がもてる。しかしアルメイダはそのことに感動して、「今まで見た日本人のなかでもっとも長身の、堂々たる体軀をもった勇敢なる武人」とほめた。日本の歴史家も、もろもろの史料にもとづいて、彼の偉大な容貌、剛勇、すぐれた騎手、有能な武将、明朗快活、愛嬌あり、上品な教養、領民への思いやり深く、多くの慈善をなし、慈悲心あり、高潔、廉直、正直、つまりは「理想の武士」だとしている。松永も彼を信頼し、重用していた。ダリオの改宗についてはつぎのようなことが記されている。ダリオの主人松永は日蓮宗の熱狂的信者であった。ヴィレラが布教のために堺を訪問しようとしていたので、比叡山の僧侶が神父を追放すべく松永に要請した。そこで、松永は仏教にくわしかった高山ダリオを呼んで、キリシタンの不倶戴天《ふぐたいてん》の敵であった結城山城守心斎《しんさい》と彼とを吟味役（審判）として、清原技賢《ぎけん》という学者と、ヴィレラに討論をやらせることにした。こういう仏僧とキリシタン神父の「宗教論争」はこのころしばしば行われたのである。これは仏教の宗旨のあいだで行われた宗論の伝統を受け継いでいた。ふたりの審判官は、神父の説を吟味する役を仰せつけられた。なにか不合理なことがあったらただちに断首の予定だった。

その目的で松永は、ヴィレラともと琵琶法師ロレンソを松永の主城である奈良に召還した。ヴィレラと教会の人びとは非常な危惧《きぐ》を覚え、神父の生命を守るということでロレンソのみを派遣することになった。もしも六日以内に帰らないのは悪い知らせとみなが覚悟していた。一番覚悟したのはロレンソ自身であろう。しかし、彼はもともとザビエルに最初に山口で教えを受けて改宗してからというもの、琵琶法師のみごとな語り口で多くの日本人を教化してきた実績と自信があって、こんな危険はたえず念頭にあったと思われる。とにかく学者と日本語で議論することができるのはそのころはロレンソしかいなかった。彼は盲目であった。

ロレンソはまず宇宙には作者がいることと、人間の霊魂の不滅について数日間にわたって話し続け、ひっきりなしに討論したが、聞いていた高山は自分の目からウロコが落ちるような気がした。フロイスは「初めて、世界の創造、人類の贖罪《しょくざい》、人間の霊魂の不滅について知識を得て、彼らがそれまで信じていたこととまったくちがうことを聞き、これに関して多くの質問を発し、満足すべき答えを得たとき、主は最初に高山に恩寵の光を分かちたまい、ついでほかのふたりもその家族とともに改宗するにいたった」と書いた。ということは、討論の相手もふたりの吟味役もキリスト教に入信してしまったということである。そこでヴィレラが洗礼のために来るという意外な展開になった。

ふたりの吟味役の改宗は、ふたりが名望のある人物であったから、周囲に深い影響を与えた。高山は沢城で家族を改宗させ、一五六三年に長男の右近に洗礼を受けさせた。右近の生年月日は正確ではない。一五五二または三年（天文二十一、二年）生まれだから、十一歳か十二歳のときの洗礼であった。高山城にいたダリオの母も、侍女、侍臣とともに洗礼を受けて、臨終に近い自分が葬られるはずだった堂をキリスト教礼拝堂にして聖ジュリアーノに奉献した。ヴィレラはこのとき高山を訪れ、ここでミサをあげた。母は聖女のように息をひきとったと語られている。しかし教会にとっては残念なことに、ダリオは大名ではなく、松永の家臣だったから教会を設ける力はなかった。

ダリオは反乱の主松永の家臣として、戦乱に巻き込まれた。しかし、彼は和田惟政が信長のもとに入り、義昭をかついで京都に上る準備をしていると知って、和田の幕下に参じ、彼とともに京都に入った。彼らの働きによってそれまでの支配者たちは服従するかまたは追放され、一五六八年十月十日に義昭は入市を果たし、まもなく天皇から将軍に任じられた。和田はその功績によって山城、摂津両国の代官になり、芥川城を与えられ、その管理をダリオに託したのである。

ダリオは神父の京都復帰を和田に頼むことになったとき、日本人との交渉では手腕をもっていたイルマン・ロレンソを豊後から呼んで、神父とイルマン、それに高山ダリオの三人で和田殿を訪問した。「和田殿はみなが驚いたほどの心尽くしと敬意を彼らに示した。そこには客がいっぱいいて、そのなかにはのちに越前の王になった柴田殿もいた。しかし、殿は柴田殿に出すことになっていた食事を延期させて、ゆっくりとデウスの教えを説教してくれるようにイルマンに頼んだ。この殿がデウスの教えを尊重するようになり、信長の前でパードレを弁護してくれるようにと願って、ロレンソは説教をした。話はまるまる二時間近くも続き、居合わせた人びとは皆それを聴いてはなはだ満足した。和田殿の満足はみなにまさり、かくも聖《きよ》く、かくも正しい教えはないと賞賛することをやめなかった」。そして彼はイルマンに向かって、堺での神父の保護を約束したが、「それはこの教えが聖く正しいものであり、それを保護することが満足だからで、なにものも要求しない」と言った。

和田殿は神父が堺で世話になっているディオゴ了慶の家にも訪ねてきたが、「大身《たいしん》であるにもかかわらずその玄関に入るときには、了慶の妻子に与える進物を持ってきた。そして五年間神父を世話してくれた親切を高く買っていること、そしてパードレを都に連れ戻し、キリシタンを保護するから安心してもらいたいと言い添えた」。しかも、約束をたがえず、教会が京都に帰還できるよう信長に会いにくるようにと、数日後に神父に迎えをよこしたのである。

このように宣教師に尽力してくれた和田惟政について、フロイスは「日本には、彼ほど心を傾け、また心からの好意をもってデウスの教えとパードレたちを保護し、その件についてあれほどまでに尽くしてくれた侯は、けっしていなかった」と無条件で感謝し、それも「和田殿が将軍の寵愛深く、それゆえみなからはなはだ敬愛され、これに劣らず信長の腹心の士であった」から、こういうことができたのだと書いている。将軍と信長を結びつけ、また宣教師と信長を結びつけたのは和田惟政であった。そしてその陰にダリオがいた。ダリオはそういう意味では五畿内の教会の救い主だったと言える。

ダリオは宣教師がこうやって和田殿の肝煎《きもい》りで都《みやこ》の新しい支配者信長に会い、宣教の認可を受けるための謁見の手はずもできて、いよいよ帰京するのは勝利の凱旋だと考え、せいいっぱい凱旋らしく歓喜の行列をしたいと思った。了慶から使いの者が京都の信者に知らせをもっていっていたので、二百五十人ほどの信者が山崎まで出迎えに出て、ご馳走《ちそう》をふるまい、神父を輿《こし》にのせ、ダリオを先頭に大行列をつくって京の大通りを凱旋した。

五年前に仏僧と朝廷によって罵声とともに追い出された神父が「この都の同じ通りを、キリシタンたちのこれほどの歓喜と喝采に再び迎えられて入ってくるのを見ると、僧侶たちは手をたたき、歯をくいしばって『あれは人間ではない。狐だ、それとも、内裏の免許状によって町を追われたのに、ああも満足してこの町にもどって来るだけの能力をもっているからには、人間の姿をした悪魔であろう』と言った」

信長の帽子

事実、天皇の禁令はまだ効力があったので、そこをなんとかしなければならなかった。信長にとって、まさしく、天皇の命令を尊重してキリシタンを追い出すか、またはそれを無視してキリシタンを保護するかの二者択一の瞬間であった。

和田、高山の尽力によってついにフロイスは永禄十二年四月に信長と将軍に会うことになったが、それに先立って、このことを知った朝廷から、将軍義昭にむけて、信長をして宣教師を追放させるようにとの要求があった。「内裏《だいり》は伴天連《バテレン》が都に帰ってきたと聞き、ただちに公方様にあてて、伴天連を引見《いんけん》せず、また彼を迎えず、また（信長に対しては）遅延することなく彼を放逐するように、つたえられたいという書状をとどけた」

そのことを頭に入れておくと、和田に頼まれてフロイスに会ったときの信長のふしぎな態度がよく理解できる。多くの歴史家はなぜかこのときの態度を別の理由にしているが。

「パードレが都についてから、和田殿はパードレの信長訪問の手はずを整えた。進物の品として持っていった物は、ヨーロッパ風のはなはだ大きな鏡（全身が映るもの）、美しい孔雀《くじゃく》の尾、黒いビロードの帽子、ベンガル産の籐《とう》の杖《つえ》で、すべて日本にはない物であった」。彼にはロレンソをはじめ都にいた修道士が随行し、和田とそのほかの武家がそれに従った。

「信長は奥に引っ込んで音楽（能楽？）を聴いていた。彼はもっと近くでパードレに会い、話をしたかったのであるが、これがはじめてのことで、いろいろなことを慮《おもんぱか》ってそうはしなかった。それゆえ、彼の若い貴人たちが彼らのあいだ（神父と信長のあいだ）に立っていたが、彼はじっとパードレを観察し、彼の首将、佐久間殿と和田殿に言いつけて、多種多様な食べ物を豊富に盛った大きな膳《ぜん》をパードレの前に据えさせ、ふたりの首将はなにか取るようにしきりにパードレに勧めた。パードレがしばらくそこにいて、信長は進物品を見終わってから、そのうちの三つをパードレに返させて、ビロード帽だけをとった」

そのまま宣教師らは退出した。つまりこの第一回のときは、信長はじかに引見したとは言えない、能楽かなにかを聴きながら、宣教師と家来が挨拶をしたり、ものを食べたりするのを見ていただけである。また進物のなかからいちばん値段の張らないものを選んだようにみえる。

この態度についてあとで信長は家臣ふたりにこう説明した。和田が詫《わ》びたときにフロイスに伝えたものとみえる。「予が親しくパードレを引見するのを思いとどまった理由は、（ひとつには）この教えを説くために、幾千里という遠くから日本に来た異国の人に、どういう扱いを示すべきかがわからなかったため、また（もうひとつには）、もし予がひとりで彼と応接したとすれば、ある者どもは予がキリシタンになろうとしていると考えたかもしれないからである」

神父が信長のもとへ行ったという知らせが広まったとたんに、あらゆる種類のいやがらせや妨害や脅迫、なかには教会を破壊する、または神父に宿を貸したキリシタンの家を破壊するといったたぐいの脅迫があって、この脅迫のために神父は一時、瀕死の老キリシタンの狭い家に隠れていなければならないほどであった。いかに仏教やそのほかの勢力が反発したかがわかる。そのためか、彼らがこんどは将軍を訪ねていったときには、将軍は病気だという理由で会わず、その乳母《うば》が応対した。義昭が不快を理由に会わなかったほんとうの理由は非常にはっきりしている。朝廷が会うなと言ったので会わなかったのである。しかし、あとで述べるように、その後信長が会えと言ったときには会った。最終的に将軍は朝廷ではなく、信長の命令に従ったのである。

信長の態度はいかにも奇妙だが、彼も朝廷や仏教勢力がこのことを望んでいないし、反発が強く起こることを知っていた。彼が「ある者ども」と言うのは彼らのことである。したがってにわかに引見したとは言われたくない。しかし、彼は一応は和田の顔をたてることを考え、またじつはもっと深い思慮があって、キリシタンを保護することを決心しており、神父らに対して無礼なことをする気はなかった。だから豪華な馳走をすすめて、それとなしに歓迎の意をあらわした。あたかも信長がリラックスしているときにたまたま彼らが来たかのような舞台装置にした。ひとことも口を利《き》かなかったのだから引見したとは言えない。

また進物のなかで帽子を選んだのは、全部返したらかどが立つからであるし、全部もらったら、信長は貪欲だと敵する者に言われないともかぎらない。また彼は西洋の帽子が好きだったことはまちがいない。彼は彼にしかわからない理由で、西洋の服装に異常な興味をもっていた。この年の四月二十日に宣教師が信長を訪問したときも、「オルムス製の錦襴《きんらん》のマントをもってきたか」とフロイスに尋ねている。[*9]「信長はゆっくりとそれを眺めて着てみろと言った。そうして、この司祭の衣装の形をほめ、みごとで、目もあやな印象を与えるとパードレに言った」

このあと一五七二年にカブラルが信長を訪れたときも、「牛の尾ひとつ、リボン、×××（解読できない）のついた絹の赤い帽子」をもって行っている。[*10]羽根がついていたのか、ボンボンがついていたのか、房がついていたのか、南蛮画の西洋人がかぶっていた種類のものであろう。このときにはもう信長がなにを好きかについての情報があった。彼はやはり帽子やリボンが好きだったのだ。

信長が将軍を擁《よう》して京都に入ったとき、すぐに降伏してその輩下《はいか》に入った松永は、前に言ったように日蓮宗徒であったので、さっそく信長に「あの忌わしい教えが広まるところはどこであろうと、たちまち国も町も荒され破壊されるということはあれほど明瞭なことなので、この町に彼らを連れもどすことをどうして殿下がお命じになるのかあきれるばかりである」と言った。

そのとき信長は答えた。「霜台《そうだい》、年も長《た》け、思慮もあるそのほうが、かくも小心臆病であることに予はあきれている。たったひとりの異国の者が、この大きな国内でどんな害悪をなすことができるというのか。それどころか、ここで自分の教えを説くために、かくも遠方から、またかくも遠国からひとりの男がやってくることは、かほどまでに多くの宗派が存するこの町にとって名誉なことではないか」

この会話は見かけほど、のどかなものではない。信長は松永が義輝を裏切って殺し、その一族をみな殺しにした張本人だということも、また仏教や神道など、信長の天下統一をさまたげる古い勢力と密着していることも、宣教師を追放した首謀だということもすべて考慮に入れた上で、「憶病者《なんぴと》」とののしったことになる。

シュタイシェンは、「信長は何人にも、一度として外国人にも恐れを抱かなかった。彼は秀吉や家康が当時日本に住んでいた外国人に心から恐怖を抱いていたのに反して、自分自身ならびにその祖国の実力について確乎《かっこ》たる信念をもっていたからである」と書いている。*11

松永のことばのなかには、すでに後代の決まり文句が出てきている。つまりキリスト教は日本の国を破壊する忌わしい宗教だという考えである。つまり国家の敵である。これに対して信長は、ひとりくらいキリシタン坊主が入ってきたっていいじゃないか、国はびくともしないぞ、いろいろ宗教があるのはいいことだ、遠い異国からわざわざ京都を選んで来たのだから、この町にとっては名誉なことだ、と言っているわけで、仏教が国家の政治の要《かなめ》に食い込み、自分たちの権益をびくともさせないために、つまりは自分たちの利益を今までどおり保証するために、新しい宗教を排斥するのだということを知っており、信長自身、この国家のなかの国家のような仏教の勢力をなんとかしなければ天下を真に掌握できないと思っていたのである。だから、遠くから来た宗教がこうした仏教の専制的支配を崩し、少なくとも、相対化して平地にしてくれるのならば、それは大いにけっこうだと思っていた。

和田惟政は、信長と将軍がまともに宣教師を引見《いんけん》せず、したがって本来の目的である布教の許可も与えていないことを気の毒に思って、またこれをやり遂げることが自分の名誉にかかわることだと思って(日本流に言えばこのままでは顔が立たないと思って)、機会をうかがって信長にそのことを進言した。信長はもとよりむげに振り払う気はなかったので、フロイスによれば「パードレに対して好意を持っていたので」、もう一度来て対面するように言った。*12

この吉報を聞いた和田殿は「約三十騎を率いて」やってきて、すぐ自分といっしょに信長のところへ行こうとフロイスに言った。そしてわざわざ神父は輿《こし》に乗って行けと指示した。そのほうが高位の宗教者にはふさわしいからである。そのときもうひとり信長の重臣である佐久間信盛もついていったが、彼ら武将は神父の輿のすこし前を進んだ。書簡によるとフロイスはこのとき進物として金平糖《こんぺいとう》の入ったガラス瓶と、蠟燭《ろうそく》を用意した。やがてヴァリニャーノが『心得』に書いたように、貴人に会うには、そのような設定が必要であった。

行く先は屋敷ではなく、工事現場だった。信長はこのとき二条城を建設中だった。その建設現場には七千人以上の人間が働いていたと彼は書いているが、それは信じがたいような光景である。信長は造成中の堀の上にかかった橋の上に立って、神父を待っていた。神父が近づくと、彼は橋の上の板に座って、日が当たるから「帽子をかぶるように神父に命じた」。信長はそこで二時間以上神父と話をした。

まず信長はフロイスに、何歳か、日本に来て何年になるか、何年勉強をしたか、親戚はまたポルトガルで彼と会うことを期待しているか（祖国に帰るのか）、毎年ヨーロッパやインドから書簡を受け取るか、ヨーロッパやインドからの旅程はどのくらいあるのか、日本にとどまろうと思っているのか、ということを尋ねた。フロイスはこれらの質問を「あまり重要ではない前置き」と書いているが、信長にとっては非常に重要なデータであった。相手の素性、教養、ポルトガルと日本のあいだの距離、旅行のしかた、相手がどの程度外国のオーソリティーと公式に結びついているか、つまり相手がポルトガルやインドのしかるべき公的に権威のある宗教機関の中枢から派遣されたのか、または勝手にやってきた個人なのかは、これでわかるからである。

フロイスは一五三二年ごろポルトガルの首都リスボンに生まれ、王室の書記をしていたことがあり、その後発心《ほっしん》してイエズス会の修道士となり、司祭となるためゴアのサン・パウロ学院で二年間神学、一年間聖書学を勉強し、ザビエルが日本をほめたたえるのを聞いて日本に行くことを志し、一度パードレ・ヌーネスが行く船に乗ったが、前に述べたようにこのときはマラッカで引き返すことになった。その後ゴアの学院で、学院長と管区長の秘書をやって、アジアからヨーロッパへ送る書類を書く仕事をしていた。したがって彼はアジアにおけるさまざまな国の布教状況をくわしく知る立場にあった。一五六二年に彼は管区長から日本へわたるように命令されて、六三年に来日、そのまま祖国へ帰らず一五九七年に日本で死んだ。[*13]

フロイスが王ならびに、これに保護された布教の集団によって正式に派遣された者であることを、彼のことばから聴き取ったあとで、信長はフロイスに向かい、「もしもデウスの教えがこの日本で広まらなかった場合には、インドへ帰るつもりか」と聞いた。彼は「たとえキリシタンがたったひとりであっても、そのキリシタンを守るために、パードレは日本にとどまるであろう」と答えた。あとで歴史が語ることだが、迫害期になって、神父の多くは国外に出たが、潜伏した神父もいたし、密入国しようとする神父は非常に多かった。信長がこの質問をしたのは覚悟のほどを知るためであったであろう。

信長はさらに、なぜキリスト教の教会が京都には一軒もないのかと聞いた。そこでロレンソがここぞとばかり、仏教の僧侶たちが、激しく妨害をくり返し、ついに五年前に理由もなく神父を追放したいきさつを訴えた。この経緯の説明は非常に重要であった。信長は仏教がキリスト教の最大の敵であるばかりでなく、朝廷もこれとからんでいることをじかに確認することができた。

さらに信長は、「神父がそんなに遠い国から来たのはどういう動機か」と聞いた。これも信長が確認しておきたいことであった。なぜなら松永は神父らは日本の国を滅ぼすために来たと言っていたからである。神父は、「日本の人びとに、この救済の道を教えること、それによって、世界の創造者であり、人類の救い主であるデウスの御心《みこころ》にかないたいという熱望以外にはいかなる考えもなく、またいかなる世俗の利益を求めてもいない」と強調した。「ただそれだけのために、これほどの長い道のりを航海し、はなはだ大きな、考えるだけでも恐ろしい色々な危険を自ら進んで引きうけたのか」と信長は聞いた。フロイスはまったくそのとおりだと答えた。

この答えは信長をひどく喜ばせた。なぜなら、彼らの会話は戸外でおおぜいの群集の前で行われていたので（それが信長の狙いだった。密室ではなく、工事現場を借りて、公開の引見を行うことで、群集になにが話されたかを知らせることが最初からの目的だった、むろん、そのなかには心配してまぎれ込んでいた仏教の僧侶たちがいることもわかっていた）、この話を聞いたときに、信長は、群集のなかにまぎれこんでいた僧侶たちを指差し、大声でこう言った。「そこにいるこの騙《かた》り者どもは、そなたのような輩《やから》ではない。彼らは庶民を誑《たぶら》かし、いかさま者、嘘つきで、尊大はなはだしく、思い上がった者どもだ。予は何度も彼らをみな殺しにして根絶やしにしようと思ったが、民心を動揺させないために、また、彼らを気の毒に思って、彼らは予を憎み嫌っているのを承知してはいるが、彼らをうっちゃっておいているのだ」と言った。

ここぞとばかりフロイスは言った。「パードレたちは、日本でなんら名誉を求めないし、富やそのほかなんであれ、世俗の利益は求めない。願うところはただデウスの教えを説き、人びとに伝えることのみである」

「殿下は今や日本最高の権力をもっているのだから、このデウスの教えを、日本の仏教の諸宗派の教えと比較して、気晴らしをしたらどうだろう。だから比叡山の大学のもっとも著名な学者や、禅宗の人や、坂東の大学（足利学校）から来ている人、つまりそれぞれの宗派に精通している人と神父が集まって、公正な審判者をたてて、討論させてもらいたい。もしも神父らが負けたら、都《みやこ》から追放してもかまわない。しかし、もしも僧侶たちが負けた場合には、殿下は僧侶たちに向かって、こちらの教えを受け入れるようにさせるべきである。そうでないかぎり僧侶たちはいつも異国人として神父を憎悪し、陰謀をもって迫害するであろう」

信長は「それを聞いてにっこり笑った」。そして部下のほうを向いてこう言った。「大国からはまた偉大な才能と、たいした精神力をもった人が来るものだ」。そして神父に向かっては「日本の学者がはたしてこの討論を応諾するかどうかはわからないが、あるいは将来そういうことになるかもしれない」と言った。

そこで神父は本来の目的を言った。「自由に都に滞在することができるように免許状を出してもらいたい。その恩恵によって殿下の偉大さが世界に広まるであろう」

そのことばを聞きながら信長は「うれしそうな顔を見せた」。そこで神父は信長が将軍を本来の地位にもどしたことは正義の行いであると賞賛した。うしろにいた和田殿たちもこれに賛成し、神父を助けた。信長は和田殿に向かって「パードレに同行して、予が天皇のために建てた御殿や城を残らず見せるように。また将軍の所へ行って神父と会うように、神父を案内せよ」と命じた。信長はわざとこれらのことを公開の場でやって、京の人びとに自分の方針を伝えたが、それは今でいうテレビで公開される会見のようなものであった。

こうして神父はついに将軍に会って、盃をもらい、公式の訪問をすませた。和田殿は教会を占拠していた家康の叔父水野氏に明けわたしを命じ、神父らと信者はそこへ入って感激の涙を流しながら最初のミサを行った。残る心配はただ、いつまた同じ追放令がくるかわからないということで、そのためには信長の朱印状が必要だった。このとき、フロイスは、この当時の日本では城であろうと寺であろうと都市であろうと、その確保のためには信長の朱印状が絶対に必要だったので、大量の金銀や進物をこのために信長に贈ったと記している。「おもだった貴人や市民たちは、信長がインドやポルトガルから来た衣服や諸物を好むことを思いつき、驚くばかりのものを彼に進呈した。彼らはヨーロッパから来た衣服、緋《ひ》の合羽《かっぱ》、羽飾りがついたビロードの帽子、聖母の像のついた金メダル、コルドバの革製品、時計、毛皮の外套《がいとう》、ヴェネーツィアのクリスタルガラス、緞子《どんす》の生地、絹そのほかを信長に贈った。信長はこれらがぎっしりつまった櫃《ひつ》をもっていた」*14

さてそこで、免許状をもらうためにキリシタン数名と和田殿は合わせて十本の銀の棒（最初信者が三本もってきたが、それは信長にはとうていもっていけない数だったので、和田殿が七本を借りてきて）を用意した、しかも、和田殿はこれを自分の懐に入れて信長のところへもって行き、パードレは異国の者で、しかも貧乏だから、こんなものをもってきた、しかし、彼らはこれではあまりに失礼だといって自分ではもってこられなかったので、預かってきたから、その善意を受けとってほしい、と言った。

すると信長は笑って、自分には金も銀も必要ない、なにぶんパードレは異国の人だから、免許状を出すために彼らからなにがしかの謝礼をもらったりしたら、予の品位が傷つくであろう、「パードレに対してそんなさもしい、非人情なことをしたら、インドやパードレが生まれたヨーロッパの国々で予の名前の響きがよかろうはずがないではないか」と言った。そして和田殿に文案をつくるように命じた。こうして免許状ができ、信長が朱印を押した。原文は残っていず、ただフロイスの訳文でのみ伝わっている。

御朱印

パードレが都に居住することについては、彼に自由を与え、当国の他の者が義務として行ういっさいのことを免除し、我が領有諸国において何《いず》れの所なりともその欲する所の滞在することを許して、それに対して煩累《はんるい》を受けることがないようにする。もし不法に彼を苦しめる者があれば、これに対して、はっきりと、断乎として処置をとる。

永禄十二年四月八日認む。

その下には「真の教えの道と称する礼拝堂にいるキリシタン宗門のパードレのために」と書いてあった。[*15]

将軍の制札《せいさつ》はいっそう明確に、宣教師が、日本国内で住民が負っている賦役《ふえき》を免除されるほか、兵士宿舎の免除も盛り込んでいる。信長は自分の領国内だけの免許だが、将軍は全国の免許で、兵士宿舎の項目を入れたのは、この名目で教会が接収されることを防ぐものであった。[*16] この二通の免許状は大きい文字で板に書いて、教会の入り口にかけられた。こうして、一五六九年(永禄十二年)四月八日、宣教師の京都での居住を許可し保護するという信長の朱印状が出され、さらに四月十五日に将軍の制札が出たのである。

このように和田惟政はあからさまに入信していなかったにもかかわらず、フロイスが心から感謝して異国で父に会ったようだと言ったように、これだけのことをしたが、さらに、感じいるのは、すべての者から恐れられ、ことばを返すことも許さなかった信長の心中を手にとるように理解し、それをみごとに操縦することができたその器量である。そのことは銀の棒献上のときにも出たが、免許状をもらったお礼を言うために神父を連れていったときにいっそう発揮された。まずなによりも信長に会ったら、「その建物の壮麗さをほめたたえ(それが外国の建物にくらべても遜色《そんしょく》のないものであることを知らせるために)、さらに、信長の免許状の写しをインドとポルトガルへ送るのだということを知らせること」

また信長への贈り物としては精巧な目覚まし時計をもたせ、こうして信長に三回めの面会をした。信長はそのときはもうただひとりでいて、その時計を見てたいそう驚き、「予ははなはだこれがほしくはあるが、それを動かせておくことがむずかしくて、予の手に入ったのではこれも無益のものとなろうからもらうまい」と言った。それから彼は神父とロレンソを自室に入れて茶を与え、美濃の干し柿を一箱与えさせて歓談した。話は「ヨーロッパやインドのいろいろのこと」であった。それは二時間くらいに及んだ。そのあいだ惟政は縁側にひざまずいていて、折々神父たちを助ける発言をした。宣教師らが立ち去る前に、信長は、自分は近く岐阜に帰るので、その前にもういちど訪ねてきて、ヨーロッパの緞子《どんす》の服を見せてもらいたい、自分はそれを見たことが一度もないからと神父に言った。むろん、それは和田の忠告でさっそく献上されたことであろう。

その二日後に神父らは和田殿に謝礼の訪問をした。そのとき、彼は、この上はただ望むのは天皇の綸旨《りんじ》のみで、これをもらうことができればもう礼も報賞もいらないと心から言った。彼はそのことがいかに困難であるかを知っていたし、これがないかぎり、依然として宣教師は追放されたままであることを知っていたのである。

すでに信長は僧侶集団の勢力をつぶすために多くの破壊と殺戮《さつりく》をやってきた。流血はきりがない。しかし、これが新しい宗教の到来によって、既存の勢力をつき崩すことになるなら、それは心の革命であって、血は流されることはない。無血で宗教の入れかえができるのなら、そのほうがずっといい。また議論や討論をさかんにして道理のある者が勝てばいいのであって、古いからといってこのままいばっていられることはどうも気にくわない。もっともそれはびくともしない古い勢力を崩し、自分こそがトップに立つためであったが。そうしなければほんとうの統一政権はできない。

また信長がしばしば口にした「彼らは日本人が見たことも聞いたこともない遠方の大きな国からやってきたのである」ということばは、信長が、国内ではなく、国外にまなざしを向けている人間だということを示している。いわば彼らは信長にとって、よその国の「外交官」なのである。世界に目を向ければ、遠い国家から来た外交官を粗略に扱うべきではない。

第一回の会見のあとで語った「遠方からはるばるここに来た人をどう扱ったものか」という信長のことばに、国内ではなく、国外に目を向けた人間のまなざしがあるのを見のがすべきではない。また第二回の会見で、神父が真に外国の公的機関からの派遣者であることを確認した。さらに第三回の会見で、信長は神父からインドやヨーロッパの国情を二時間にわたって聞いた。はじめて聞くスペイン、ポルトガルの帝国の事情は信長にはこの上なく興味深かった。世界に向けて目が開かれていく思いをしたにちがいない。

彼が喜んで神父からもらったもののひとつに地球儀がある。その後、安土において多数の武将がいるところで、オルガンティーノとロレンソと信長は三時間も論議をした。

信長は議論を好み、宣教師らの知性を愛した。しかし、宣教師たちのどの報告を読んでも、彼らは信長が宗教に関心があったとは書いていない。信長は彼らがほんとうに来世を信じているとは信じなかった。そして地球儀をもってこさせ、オルガンティーノに ヨーロッパから日本に来た道を示せと言った。オルガンティーノが自分たちの来た海路を示すと、信長は笑いながらこんな遠い道をくるのだから「汝らはなんら善事をしない盗賊か、あるいは反対に汝らの説教にはなにか偉大なものがあるに相違ない」と言った。ロレンソは日本人の魂を悪魔から奪い、天主である創造主に返す盗賊だと答えた。

しかし、信長はあるとき、フロイスに向かって、「予はおまえたちの神を信じない。日本の神も仏もだ」と言った。もしそれがほんとうなら、信長がキリスト教を保護したのは、政治的な理由のためである。信長はポルトガルやスペインの王国のことを宣教師から聞き、外国の文明の高さを知り、またその国々が「ひとりの王のもとに」強力な統一政権をうちたてていることを知った。これらの情報から、信長は自分もまた最高の権力を一手に掌握し、日本国家のただひとりの王となることを考えたであろう。地球儀を前にして、信長が考えたことは、そのようなことであったにちがいない。

したがって、フロイスが二条城で信長と二回めの謁見をしたときに、「もし布教を保護したら信長の名が世界に広まるだろう」とフロイスが言ったのを聞いて「うれしそうな顔」をしたのは、彼が世界のことを考えていたからであるし、そのような信長の考えを知っていた惟政が、三回めの謁見のときに、信長の建造した建物を世界の建物にくらべても遜色がないと言ってほめれば信長は喜ぶからそう言うようにと指示し、さらに免許状をもらったら、それを中国（マカオ）やインドやポルトガルに届け知らせると言うように指示したのも、信長の関心が「世界」に向いていたことを示している。信長は宣教師を世界の窓口と考えていて、彼らに悪いことをすると、世界で自分の評判が落ちると松永久秀に言っている。

外国の侵略におびえるのは「小心者」であると彼が松永に言ったのは、日本の諸侯が、狭い領土を奪い合って国内で争い、日本の国外にも世界にも思いを致すことがなく、それのみか、世界の国々と交流するに先だって、まずその侵略を恐れるという思考そのものが志低く、小心に見えたからであろう。彼自身は、中世的封建制から、近世的絶対王政への歴史的過渡期に立っており、歴史が彼を、その車輪を前にまわすためのエージェントとして選んでいることは知らなかった。しかし彼は確実にその方向へと歴史をシフトさせるために出てきた人物だった。そのとき、先立って絶対王政を確立していたポルトガル・スペインの国情と、宣教師を通じてじかに触れあったことはまさに天啓であった。彼は地球儀を手にしてみずからの行くべき道を展望したのである。

しかし、信長の本心は、宣教師にも、惟政にもまったく見当のつかない規模のものであり、しかも、だれにとっても非常に危険なものであった。しかし、このとき信長は彼らにはその心の底は見せていない。さまざまな歴史史料は、信長が余人に思いもつかぬことを考えていたと言っている。やがて語ることになるが、今はそれを暗示するにとどめよう。彼はみずからが「神」になること、そして中国を征服し、アジアの支配者となることを考えていた。スペイン・ポルトガル王が世界の支配者であるという話は、「小心者」をこわがらせたが、信長にヒントを与えた。彼はみずからも彼らに伍《ご》して世界の支配者たらんと願ったのである。彼が帽子やひらひらの襟《えり》や金襴《きんらん》のマントを好んだのはただお洒落《しゃれ》のためだけではあるまい。世界の王のひとりになることが彼には望ましかったのだ。そのことはやがて明らかになるであろう。

宗教論争

信長が岐阜に帰国する前の日の四月二十日、信長と家臣三百人ほどが臨席するなかで、天台宗の上人日乗《しょうにんにちじょう》とフロイス、ロレンソの宗教論争が行われた。フロイスの書簡によると、それは信長の意思であったし、日乗の強い要求でもあった。[*17]

この議論をながながと語ることは非常にたいへんなので要点だけをまとめておこう。基本的には、ロレンソとフロイスは前の章で説明した『日本のカテキズモ』どおりのことを述べただけであると言ってよい。おもなテーマは神の存在様態、霊魂があるか否か、霊魂の救済があるか否か、救済される方法はなにかということである。

ロレンソはもうほんとうに無数といってよいほど、この教義を信者の説得や仏僧との議論でくり返してきたので、馴《な》れたものであった。途中から信長の希望で、フロイスが代わったが、ことばが神学的になっただけで、議論の根本は変わらなかった。

彼らはこのように説明した。神は色彩や形態をもたない無限の叡智《えいち》である。神は人間に理性的霊魂（アニマ・ラティオナーレ）を与え、その理性の光によって真理に近づくことを許した。そのような栄光を与えられた人間は神を愛し、周囲の人間に尊敬を、窮乏した者には慈悲と憐憫を与えることで永遠の命を得るのである。したがって、仏教では人びとに神仏に対して供物《くもつ》を与えるように要求するが、キリスト教の神は金も銀も、金銭も食べ物も望まない。ただ神を愛し、まことを尽くすことだけを望むのである。

信長はロレンソをさえぎって口を出し、「おまえの言うとおりであろうが、理性や叡智の光を与えられないで、思慮分別を欠き、生来愚鈍かつ無知なる人間どもは、（救済の望みもないから）デウスを讃《たた》えなくてもかまわないではないか」と言った。これは明らかに挑発である。

ロレンソは、そういう人間でもデウスを讃える義務があると、答えた。デウスが多くの智恵を与えた人びとが、よいことをしないで、彼らの知識をもって国を混乱に陥れ、国民を不安にし、滅びてはならない無辜《むこ》の人びとを滅亡させるようなさまざまな悪行を行っているありさまをわたしたちはたくさん目にしてきた（だから理性を多く与えられたからといっていいことをするわけではない。それを悪用した者が多い)。しかし、彼らほど鋭敏な理性を与えられなかった人びともデウスを讃える義務がある。なぜなら、「デウスがあまり鋭敏な理性を与えなかったおかげで、鋭敏である人のように、それを悪用しないですんだからです」

信長は「この理屈は正しいと思う。満足である」と答えた。ばかな人間は利口な人間ほどの大悪を犯さないからそのことだけでもありがたく思えという答えだから、目の前にいる日乗をばかにしたとしか思えない。

日乗は「憎悪と憤怒と嫉妬のあまり」、「信長に向かって、『上様、彼らを逐《お》い払い給え。彼らは詐欺師にて、国民を誑《たぶら》かすものでございます。彼らがもはやこの国にもどって来ませぬように、流罪《るざい》に処せしめられますように』と言った」

途中で信長の命令で交代したフロイスは、理性的霊魂は目に見えないし、肉体に左右されず、滅びることもなくそれが救いにあずかるのであると説明した。このとき日乗は「そんな目に見えないものはありえない。もしあるならすぐこの場で見せよ」と迫った。フロイスは、今まで物質的で目に見えるものと、見えないものの話をしてきたのに、なんにもわかっていないではないか、と答えた。

これは必ずしも唯物論と唯心論の論争というわけではない。なぜなら仏教もとどのつまりは目に見えないものの本義を説いてきたのである。だから話をこういうふうにもっていったのは日乗がまずかったのだ。その上、理屈ではかなわないと思った日乗が、激高のあまり、信長の面前であるにもかかわらず、フロイスにとびかかって胸ぐらをひっつかんで押し倒し、部屋にあった刀めがけて突進し、「ロレンソを殺してやろう。そのときは、人間のなかにある霊魂とやらを見せてもらおう」と言って刀の鞘《さや》を抜こうとした。

そのとき信長と諸侯がすばやく立ち上がって、彼をうしろから抱きしめ、刀を取り上げた。信長は「日乗、けしからんふるまい、武器をとることは坊主のすることではない。（坊主のすることとは）理をあげておまえの教法を弁明することだ」と言った。

この間《かん》、ロレンソとフロイスはその場を動かなかった、とフロイスは自分たちの沈着ぶりを自慢している。このとき、信長は結論をつけ「日乗は信望を失った」と語った。その場には証人として三百人がいたので、これは都じゅうのうわさになり、議論の正否というよりは、僧侶が激高して、信長の前で刀をとったことが負けた証拠だと言い合った。そのため日乗は面目をなくしたが復讐はすばやくやってきた。

日乗は天台宗宮門跡《みやもんぜき》梶井宮《かじいのみや》道応《どうおう》のもとで出家《しゅっけ》得度《とくど》し、後奈良天皇から上人《しょうにん》の勅号《ちょくごう》をいただき、神秘的な体験をしたということで高僧の名声を得て、将軍義輝など政界中枢で活動した「怪僧」である。[*18] 一説には彼は金で勅号を買った「買僧」とされている。彼は朝廷、幕府、信長のあいだを動き回り、強烈な反キリシタン運動を展開した。清水紘一氏は、日乗は宗論談義に敗れたあと、朝廷に訴えて正親町《おおぎまち》天皇から「伴天連追放令」を出させたとしている。

一五六九年（永禄十二年）四月下旬、朝廷は二回めの禁令を宣教師に出した。教会の前に信長と将軍の免許状がはり出されたので仏僧も朝廷もそれを知って激怒したにちがいないが、禁令を出したのは、信長が岐阜に帰ったあとの、四月二十五日だった。『お湯殿《ゆどの》の上《うえ》の日記』（永禄十二年四月二十五日条）には天皇が将軍に追放を命じたことが書いてある。

この通告に対して、将軍義昭は「内裏に伝えよ、だれを都に入れるかあるいは追放するかは陛下の問題ではなく、予に属することである」と返答した。佐藤進一氏によれば、幕府は十五世紀の終わりごろ、王朝、本所の旧勢力から、刑事・民事の裁判権や土地支配権、商業課税権を奪い、その権利を王朝勢力に承認させていたので、これは正当な主張だった。*19

日乗はこれにあきたらず、岐阜の信長に宣教師追放を督促するが、信長は「すべては全日本の君である内裏に一任」と答え、日乗に御所《ごしょ》の再建と大仏の再建、流通貨幣の検査などの大役を与えた。このような行為は、信長を一途に自分の味方だと思っていた宣教師らを困惑させた。いつものように信長には考えがあって、日乗を宮中とのつなぎ役に使ったのである。また、やはり考えがあって、信長はまだこのときは宮中を立てておおく必要があった。全国征服がまだ終わっていなかったからである。

このとき、内裏がもしも伴天連をインドや中国に追放するのならば、自分はどこまでもついて行くと語ったのは惟政であった。惟政は壮絶な論戦を日乗とくり返し、日乗はこれに激怒して、公家万里小路惟房とはかって、偽の天皇親書を作成し、信長に和田の不穏な考えを讒訴《ざんそ》したため、彼は所領を剝奪《はくだつ》され、剃髪蟄居《ていはっちっきょ》を申し付けられた。このとき家臣一同も剃髪したと宣教師は書いている。しかし、数年後、信長は誤解を解き、彼に新たな領土を与えて復権させた。

そのとき信長は日乗を苛酷に罰した。惟政が復権した十日ほどあとに、信長の耳に、日乗が「彼の身分にふさわしくない重い罪」「世間で公然と話されていた恥ずべき罪」を犯したという情報が入った。日乗は殺される寸前に逃げ出し、名誉を失墜してあわれな死を遂げたそうである。

しかし、この宗教談義が終わったばかりのころ、日乗たちの迫害は日を追って猛烈になり、宣教師たちを殺害しかねなくなったので、ついに永禄十二年七月ごろ、宣教師は美濃の信長を訪ねて直訴《じきそ》する決心をした。惟政は全部費用をもつからと宿主に手紙を書き、「信長の最高の大将四人のひとりで、信長にたいそう傾倒していて、和田殿の親友であった柴田殿（勝家）にも及ぶかぎり保護するよう手紙を書いた」

そこでフロイスとロレンソは岐阜で勝家や佐久間に歓迎されて、信長に謁見できる運びになった。この岐阜での滞在の記録は、神父らが、天皇の綸旨によって追放され、迫害されて信長に命乞いにきたおちぶれ者だと思った宿主の商店のおやじがひどく冷淡で、出てゆけよがしの失敬な扱いをしていたのに、宣教師が信長に謁見して白い絹の衣服をいただき、それを家来がもってきて粗略のないように客人を扱うように告げたあとでは、蜘蛛《くも》のようにはいつくばって、おまけにあなたのお説教を聴きたいなどと心にもないことを言うところが一番おもしろい。またフロイスが描く、何百人もの商人が出入りするこの商店のすさまじいにぎわいは、日本史でも有名な「楽市・楽座令」（商売をさまたげるもろもろの規制を免除する）の施行されたこの城下町での商業の繁栄を、まざまざと描いている。

また信長がなにかちょっと合図をしただけで、「火花のように」おおぜいの家来が走っていくありさまや、おいと声をかけると、外で百名がいっせいに答えるなどというのも、多少誇張はあるかもしれないが、おもしろい。いきいきとしているし、ことばがわかりやすい。こういう描写を見ると信長には家臣全体を心服させ断じて服従させるようなカリスマ性があったことが想像できる。

このとき、信長は自分で宣教師の膳《ぜん》を運んできて、「汁がこぼれないようにまっすぐにもたれよ」などと言った。こんども信長は食べ物でもてなすことで神父への親愛を示した。そして「みやこの貴人がおおぜいいる前で『内裏のことも公方《くぼう》のことも気にかけるな。万事予の権力の下であるのだから。予がそのほうに申すことを致すがよい。しかして望みのところに滞在せよ』と言った」[20]

この時点で、天皇はその権力を、将軍はその権利を、信長はその権限を主張した。宣教をめぐって三権力がぶつかりあったのである。そして都の布教は天皇の綸旨を無視したまま発展していった。一五七七年（天正五年）には都の内外に一万五千人のキリシタンが住み、一五八〇年（天正八年）には、安土にはセミナリオと住院が建った。そのことは、信長が言ったとおり、現実には、信長がいいと言えばなんでもできるということを示したのである。「万事内裏の意思で」というしおらしいことばはまったくの擬態であった。

聖戦《ジハード》

一五八〇年（天正八年）九月一日京都からジョアン・フランシスコ神父はあて名のない書簡で、この年の日本の状況をつぎのように書いた。「数日前、信長は、石山本願寺を攻めるため、りっぱな軍勢を率いてこの都に来た。大坂の領主（顕如《けんにょ》）は日本にあるもっとも有害な宗派の首領であり、己をデウスのように崇《あが》めさせている……悪魔が彼を大いに援助しているため、高貴な者も、そうでない者も、ことごとく、彼を目にすると、顔を地につけて平伏して多くの涙を流すのは驚くべきことである」[*21]

フランシスコ神父は続ける。「彼は戦《いくさ》を行うときには、戦で死ぬ者全員が罪を完全に免《まぬか》れ、まちがいなく天国に行くことを許す。それゆえ、この無知な異教徒らの戦いぶりの激しさたるや、死んで右の利益の多き免罪にあずかろうと機会を求めて先を争おうとするほどである。われら（キリスト教徒）は最後に永遠なる生命の報いを受けることについて彼らよりもさらに大きく確実な保証を得ているにもかかわらず、天国を獲得する上で、なすところがあまりにも少ないので、大いに恥じ入るものである」

この報告が面白いのは、神父が宗教者として同じく信仰のために戦う者の心情を理解し、彼らが命を投げ出して戦っているのにくらべて自分たちがなにもしていないのは恥ずかしいほどだという感想を漏らしていることである。でも、自分たちとはちがって彼ら（浄土真宗）は「この世で多くの物質を奪った」のでデウスに罰せられるのは当然である。この場合、神の手として信長が「彼の領国のすべてを奪い、今その城を陥落させることによって決着をつけようとしている」

「この城のまわりには満々と水をたたえた大きな濠《ほり》があり、城内には戦闘員一万人を擁するはなはだ堅固なもの」だが「信長の決心を恐れて和睦《わぼく》を申し出ている」「願わくば、デウスが終戦に導かれんことを。なぜならもし力ずくで城に入ろうとすれば、多数の人、とりわけキリシタンを多数失うことになるかもしれないからである。キリシタンはいずれも兵士であり、その大半は非常に勇気のある人びとであるから、多数が死を免れ得ないであろう」

この報告を信ずれば、信長は仏教徒との戦争に、キリシタン兵士を数多く用いたのだという推測ができる。一五二七年にカトリック総本山ヴァティカンを襲撃略奪した皇帝軍に、多くのルター派の兵士がいたのに似ている。相手が生命をかけてくる戦いには、こちらも生命をかける兵士がいたほうがいい。信長が仏教勢力を屈服させる梃子《てこ》としてキリスト教を用いたということは概略わかっているが、一向一揆合戦にキリシタン兵士を使うということは知らなかった。しかし、いっぽうでは、キリシタンは、信長を仏教を滅ぼす神の手だと思っていた。彼らがなぜ共同していたかがこれでよくわかる。信長の勝利は、戦略の巧みさにもよるが、多くの場合兵士の勇敢さにあった。信長は兵士の心をつかむことを知っていた。キリシタンは死を恐れないのと主人に忠実なのとで、とくに彼は信頼していた。仏徒にぶつける最高の武器はキリスト教徒なのだ。突入すればまっさきに死ぬのはキリシタン兵士と仏教兵士である。双方の指揮者はまず死なない。

だから神父は講和を希望していた。

石山本願寺は蓮如《れんによ》が開いた浄土真宗の本山で摂津石山が最初である。この宗派は土豪武士、町場（都市の自治組織）、惣村《そうそん》（中世の住民共同体）を基礎とする商工業者、農民が門徒集団として組織された。世俗の権力に屈服せず、一世紀にわたって守護、幕府、戦国大名、天下人と抗争してきたのである。これだけを見るとあたかも十六世紀宗教改革期のドイツ農民戦争と同じようにみえるが、この農民戦争が基本的には封建制度と農奴制に反対して蜂起《ほうき》した政治革命であったのに対して、一向一揆は封建制の領地所有と領主による絶対支配を、宗教的形態でくり返しているという点で農民戦争と同じものとはいえない。黒田俊雄氏は「一向一揆の政治理念」という論文で、これはもともと開祖蓮如の文章のなかにあった「仏法領《ぶっぽうりょう》」という考えかたに基礎をおいていたものだと説明している。[*22]

世俗の君主が領土を争って戦争をする時代にどのように信心者の集団を守るか。世俗的な力によらず阿弥陀の力に頼ってその地域を守るしかない。蓮如によればそこでは王法（世俗権力の法）ではなく、仏法がすべてを支配しなければならない。つまり仏法領は仏の絶対支配下の領域であるとされる。しかし、仏は実際には支配しないから、つまりは蓮如の掟《おきて》と、その世襲の子孫である門跡が、宣教師が驚いていたように、神仏のごとく尊崇され、進物や金が集まる。また本願寺門徒は乱世に備えて合戦の準備を怠らず、仏法のためには要害を必要として、一五三二年、大坂に、宣教師の報告にあったような深く広い濠と土塀を築いて堅固な寺内町《じないちょう》を形成していた。信長と一向一揆とはもう十一年にわたる全面戦争をやっていた。信長が石山本願寺に銭五百貫と大坂退去を命じたのが発端で、そのときの本願寺第十一代法王顕如《けんにょ》が、一五七〇年（元亀元年）、諸国の仏僧、門徒に、法敵打倒の蜂起を呼びかけ、一揆は各地で信長と激戦をくり返してきた。信長は一五七四年（天正二年）に伊勢長島の一向一揆を滅ぼし、翌七五年には越前の一揆を壊滅させた。そしてついにこの年一五八〇年に本山である本願寺大坂寺内町で籠城戦となり最後の対決となったのである。

結局、朝廷の仲介で本願寺は信長との調停に応ずることになったが、講和ののちも抗戦し、顕如、教如《きょうにょ》父子は大坂を退去する際に寺を炎上させ、すべては焦土と化し、百年に及ぶ一向一揆は終息した。

黒田氏は、一向一揆の基本理念になった「仏法領」とは、結局、封建社会に適応した存在形態で、そのイメージは封建領主の所領支配の形を映したものであるから、同じように、ヨーロッパの中世で盛んに起こった「神の平和」運動に似ていると指摘している。これは教会が指導した平和運動で、一定の土地あるいは集団の戦闘禁止または不可侵を定めた。この運動は十二世紀には衰退したが、戦乱の時代にあって、一定地区を神の掟で守ろうとする発想は、いつも宗教集団のなかに潜在的に潜み、危機においてかたちを変えて姿をあらわすように思われる。

大友宗麟が日向に「神の国」を打ち立てようとしたのも、このような一向一揆の展開する時代においては、それほど奇想天外なことではなく、また荒唐無稽な夢というだけではなかった。彼は一種の仏法領に似たもの、キリスト教領をつくろうとしたのである。

また、あとで述べるように、この考えは、けっして好もしいかたちではないが、一部の宣教師の頭にも浮かんだ。

一五八〇年の石山戦争にいたるこれまでの信長の軌跡を辿ると、一五七〇年（元亀元年）に姉川の戦いで近江の浅井長政、越前の朝倉義景《よしかげ》という有力大名を、家康との連合で倒し、翌年の一五七一年には比叡山延暦寺《えんりやくじ》を焼きうちして、強大な権力と経済力を誇った寺院勢力を屈服させ、しかも、一五七三年（天正元年）には室町幕府を滅亡させた。将軍義昭は将軍勢力の回復をめざして、信長と対立する勢力であった毛利、朝倉、そして武田氏、さらに石山本願寺の力を頼り、信長を打倒するために動いたからである。信長は義昭を京都から追放して、一三三六年から二百四十年続いた室町幕府を滅ぼしたのである。一五七五年（天正三年）には、鉄砲をもった歩兵を使ったので有名な三河長篠《ながしの》の戦いで、強敵であった武田勝頼《かつより》に大勝し、七六年（天正四年）近江に安土《あづち》城を築き全盛を誇った。

石山一揆は信長最大の敵として残っていた。今これを倒した信長は京都、近畿、東海、北陸を支配して、残るは中国地方の毛利だけであった。

オルガンティーノの十字架

高山ダリオの所領である摂津の高槻《たかつき》の教会は、多くの信者を得て発展していた。ダリオが行った貧しい民衆への慈善は広く知られているが、とくに住民の死に対する礼節は日本に例を見ないものであった。それまで、通常貧民の死体は賤《いや》しい人によって火葬場に運ばれていたが、ダリオはこれを禁止した。彼は、最下層の人間でも名誉ある葬儀をしてもらう権利があると言い、ときに身寄りのない貧しい者の棺《ひつぎ》を息子の右近とともにかついだ。そして住民の葬式のために、黒い緞子《どんす》でできてまんなかに白い十字架を描いた棺布と、イエスの名を金文字で書いた絹の白い旗のある棺覆いをつくらせた。そのあとを、武士や民衆がとりどりの提灯《ちょうちん》をもって行列をつくって墓場に向かった。

領主がとるにたらない民衆に対してこのような尊敬を払うのを見て、信者も異教徒も心をうたれずにはいなかった。「武士たちは、主君がこのようにふるまうので、手にしていたロウソクを置いて、彼らのために穴を濠《ほ》り、埋葬するために競って鋤《すき》をとろうとした。貴婦人たちも手に土をもって死者の穴に投げた、爾後《じご》武士たちは、庶民の埋葬に際して援助することがならわしとなった。ダリオは城外に一大墓地を設け、そこに壮麗な十字架をたて、キリシタンの墓には木製の十字架を置いた。また、戦争で死んだ兵士の寡婦《かふ》や孤児は、たとえキリシタンではなくてもめんどうをみた」

一五七七年九月二十九日（天正五年）オルガンティーノは高槻で四千人が受洗し、領内に八千人の信者がいると書いている。このころフロイスは晩年のダリオに、この世でもっとも強い望みはなにかと聞いたことがあった。するとダリオは、「一はけっして主の御心を害さぬこと。二は死にいたるまで恩寵《おんちょう》と奉仕を保つこと。三は、たとえ自分の命を失うことがあっても、多くの霊魂を信仰に導くこと。四は、貧者、寡婦、孤児、よるべない者に善行を行うことのできる境遇でいること。そして最後は、ローマに行って教皇の足もとにひれふすこと。ヨーロッパのパードレおよびイルマンをこの目で見るため、かくも多くの伝道者が出てくるローマの町を見たい」と答えた。

このダリオに最大の試練が訪れた。キリシタンへの信長の庇護《ひご》はあいかわらず厚いものがあったが、その本心はわからないことを証明する事件が一五七八年に起こった。摂津の守護大名であった荒木村重が、信長に謀反を起こしたのである。京都にいたジョアン・フランチェスコからのマヌエル・テイシェイラ師への一五七九年の書簡によると、信長による比叡山の焼き討ち、安土にあった古寺旧寺院の破壊、石山本願寺討伐などの仏教排撃が、古くからの仏教を支持する階層や人びとに鬱積《うっせき》した不満や怒りを巻き起こしており、「悪魔は己の勝利をすべて当地の殿（信長）との戦いにかかっていることを悟った」（仏教を守るにはただ信長を倒せばよい）ので「彼の二ヶ国（摂津、河内）を領する家臣（荒木村重）が反旗をひるがえし、数年前から包囲している敵方（毛利）に寝返るようにしむけた[*23]」。荒木の所領は「信長の全支配地の鍵であったため、彼の謀反によって信長は大いなる危険に陥った。そしていつ敵が都に攻めいって城内の信長を襲うかが日々予想されたが、謀反の起きたのが冬だったので、信長は兵を準備する時間があり、全速力で全兵力を集めて都に入った」

ところで、この荒木村重という大名が熱心な仏教徒であったことは疑いがない。一五七一年（元亀二年）のこと、そのころ高槻を本城としていた和田惟政が、その領地の境界にふたつの城を築いたことを怒った隣接する荒木は、この城を破壊し、和田の首に年千五百石の報賞をかける布告を発した[*24]。このとき惟政は信長の寵愛をとりもどし、五畿内きっての地位にあったので、これは謀反であった。またその理由は城を境界線に建てたという以外はっきりしない。惟政が都における最大のキリシタン保護者であることがその真の理由であったと推測できるであろう[*25]。

荒木との戦いによる惟政の死は、畿内の教会にとって痛切な痛手で、事件の二十日後にフロイスがインド管区長のクァドロスに書いた手紙には「失ってみてはじめてわかるその大いなる愛」についてくり返し語り、「あまりにも痛切で悲しく、手紙をなんども中断してさめざめと啜《すす》り泣いた[*26]」

こうして信長旗下《きか》の最大のキリスト教保護者和田惟政を殺してから七年後、同じ荒木村重は信長自身に向かって弓をひくことになった。その謀反の原因はフロイスの『日本史』によれば、やはり仏教との深いつながりに端を発している。荒木は石山本願寺包囲の際に、包囲された町内に食糧品を供給させたそうだ。そのほかさまざまな理由で、荒木は、信長がいつ摂津国を彼から取り上げるかわからないと考え、さらに同じくフロイスによれば、荒木はすべての戦国武将と同じく、彼自身が五畿内または日本全国の君主になろうという希望をもっていたので、謀反を起こした。この反乱には毛利、本願寺ばかりではなく、前将軍義昭も加盟していたとラウレス師は指摘しており、反乱が成功したときには荒木に五ヶ国が約束されていた。*27

『細川家記松井家譜』によると、信長は一五七八年（天正六年）十一月十九日に村重が大坂の僧侶と毛利輝元と反逆同盟を組んでいるという内報を受けた。その翌日、他の情報筋からも同じ通報があったので、信長は松井友閑《ゆうかん》、萬見仙千代、明智光秀らをつかわして村重に釈明を求めた。彼はすべてを告白し、後悔していると言い、その母親を人質として信長にさしだすなどと述べた。そしてさっそく安土の信長のもとへ向かったが、その途中摂津茨木《いばらき》まで来たとき、茨木の城主中川清秀が、安土に行くのは首を預けるのも同じだと忠告し、むしろ信長と決戦を交えたほうがいいと言った。ほかの武将も同じ意見を述べたので、戦端が開かれることになった。

ここで明智の名が出たので、だれしもがこのときから四年後に、彼自身が信長に謀反を起こしたことを考えるだろう。実際、このころのことを子細に見てゆくと、信長はひっきりなしに謀反を起こされており、一五七七年には松永久秀が天下をとろうとして叛旗をひるがえし、いままた一五七八年に荒木村重が同じく叛旗をあげた。彼もその周囲の武将も、信長を倒して天下をとろうと思ったに相違なく、しかもいずれもが仏教信者であった。二回あったことは三回あるというのは、構造自体にその生まれてくる要素があるからで、三回めが明智であって、突然ということではない。それほど信長の政権は危ない基盤の上に乗っていたのである。しかも、この前者ふたりが失敗したのは、信長に反乱を知られてしまったことと、信長が城にいるときに正々堂々と戦端を開いたことに原因があった。イタリアの政治学者マキャヴェッリは有名な『君主論』のなかで、暗殺の失敗の原因のおもなものは、謀議に加わった人間が数多いということ、そこから情報がもれるということだと書いている。明智はしばしば反乱の経過にかかわっていたので、これらの失敗から学び、信長が城にいないことと、謀議を味方に打ち明けないこととを実行し、成功したのである。

信長の全国制圧の道はまだ半ばであったから、ひざ元の摂津に謀反が起こったことは、大いにその威信を傷つけ、彼の計画に水をさすものになった。ラウレス師は、荒木は毛利ならびに大坂の僧兵と結んでいるために、もし荒木が信長を討つような事態にでもなれば、そのときはキリスト教会は最大の危機を迎えることになっただろうと書いている。

したがって、荒木村重の輩下《はいか》の武将のなかに、キリシタンがいたとすれば、彼は自分の主の謀反によって教会に大きな危機が迫っていると知って、いずれに忠実であるかについて苦しむことになったであろう。また信長からみれば、荒木輩下の武将や城主のなかにキリシタンがいたとすれば、それはもっけの幸いであっただろう。和田惟政没後、荒木の重臣となっていたキリシタンの高山父子はまさにそういう立場に立たされることになった。

右近は信長への謀反が決定したときに、村重のもとへ行き、信長への忠誠を破ることは不名誉で、不正なことだと真剣に反対した。しかも自分がキリシタンなので、信長に内通するのではないかという疑いを消すため、自分の妹、つまりダリオの娘を人質として荒木に差し出した。荒木は右近に耳を傾け、彼の反戦論を聞くために、有岡でもう一度会議を開くことにした。[*28] この会議に出かけるとき、右近は父ダリオに向かって、「自分は統治権と生命を失い高槻の城の前で磔《はりつけ》になろうとも、みなの前で理性と良心の命ずることを主張する覚悟だ」と語った。

会議で彼は反戦の理由を語るように言われ、池田勝政の家来にすぎなかった荒木を摂津国の領主としてくれた恩人を裏切って戦端を開くことは忘恩であると言い、強敵で、戦争の天才である信長に勝つ見込みは全然なく、無謀であるということ、結果としてただ反逆者の汚名を着て破滅するだけであると言った。またその日、明智などをとおして子細を聞いてきたというていねいなやりかた（これは信長が最初にはいきなり戦争をしかけないといういつものやりかたで、かならず相手に釈明させるのである）からみて、許しを乞えば必ず彼は容赦《ようしゃ》するであろうと述べた。

そこにいた武将は彼の言うことは理があると思ったが、何人かの武将は、右近が戦争に反対するのは彼が信長側のまわし者になっているせいではないかと発言した。右近はこの邪推に我慢ができず、自分の三、四歳になったばかりのひとり息子を人質に出すために迎えに行かせた。村重は右近の誠意に打たれて、やはり信長に謝罪しようと安土に向けて出発した。ところが茨木からしばらく行ったところで、さきほど右近を疑った武将、これは中川清秀だとラウレス師は書いているが、彼は主君の最後の方針決定が、自分ではなく右近の意見によったことを名誉を毀損《きそん》されたこととして怒っていたので、やはり右近は謀反人であって、その言を信じるべきではない、もしもこのまま和解しに安土に行くのならば、有岡の門を閉鎖して、もう殿を自分の主君とは思わないと反抗した。優柔不断の村重はその態度に屈して、有岡城に強力な軍勢を率いて立てこもり、戦闘は開始された。

戦端が開かれたとき、右近は自分の妹と息子を差し出していることもあるし、自分の直接の主君である荒木に従って参戦するしかないと決めた。それが日本の武士道だったからである。しかし、キリシタンや宣教師たちは、そんなことになったら、キリスト教会の最大の華《はな》であるジュスト右近殿を失うことになると思った。信長はかならず彼に死をもって報いるからだ。そこでオルガンティーノは右近のところへ行って、右近の最高君主、君主の君主は信長だから、反逆することは許されないと説得した。しかしこの説得は功を奏さなかった。

ドイツ人のラウレス師はこの問題について興味深い感慨を述べている。彼は、オルガンティーノが最高の君主に従うのが正義であって、その君主（君主の上に君主がいるような場合）に従うべきだと右近に言ったのは、中世以来の西欧の忠義の理念に従ったものだと述べているのである。その例として、神聖ローマ皇帝コンラート二世（九九〇？―一〇三九）に対してシュヴァーベン公が叛旗を掲げて、ウルムの国会（一〇二七年）において皇帝に反抗したとき、家臣と友人は彼を棄てて去った。それは「彼らにとって皇帝に対する忠誠がより上位のもの」であるからだった。ラウレス師によれば、臣下の忠誠とは全国民の幸福に奉仕するべきものであって、地方的な小支配者に従うものではないと述べて、この場合には、最高の君主である国王にむけて忠誠を尽くすというのは正論だと述べている。私には武士道というものがどちらに味方するものかはわからない。ただ歴史的にいえば、ラウレス師のいう「全国」とか「国家」とかいう概念そのものが、唯一最高の君主によって統治されている絶対主義国家や、近代の国民国家に適応されるものだから、まだそういう統一国家ができていないこの当時の日本においては、さしあたって当面恩顧をいただいている封建領主が忠義の対象であったと思う。忠義というものも一定ではない。したがって、右近はにわかにはオルガンティーノの言うことには同意しなかったのである。しかし、もしこの論理を延長すれば、村重は信長に忠義でいなければならないのだから、全面的に村重に賛成できないのは当然だ。そのため態度は曖昧にならざるを得ない。しかしこの迷いのなかには、日本がしだいに唯一の実権ある君主に統合されていきつつある過渡的な道程がみえる。

信長は、敵の武将のなかにキリシタンの高山がいることに目をつけた。このとき高槻の城は広大な堀と堅固な城壁があって、攻め落とすことが不可能にみえた。信長は右近が勇敢なキリシタン武士を抱え、また彼自身鋭い戦略をもった武将であることを知っていたので、彼を敵にまわすことは不利だと知っていた。そこで信長は、オルガンティーノを利用して、右近に難題をつきつけるという方策を考えた。信長は宣教師のもとに、彼の代弁者であった若い武士大津伝十郎をつかわしてこう言わせた。

「キリシタンはすべて神父に従うと心得ている。右近は予の臣下にすぎず、しかも予の敵たることを公言したのであるから、貴師は彼が戒律によってこれをなすことは赦《ゆる》されぬこと、彼がふたたび予の寵愛と奉仕のもとへ帰るべきであることを語るように依頼する。その際、右近は村重のことを顧慮する必要はない。すなわち村重は予の家臣であるから、本来の主君たる予に反逆することになる。右近が予の言に従うならば、予は彼が望むより以上の多額の金子《きんす》と、彼が欲するだけの広大な領有を与えんと望むものである」

オルガンティーノは答えた。「それはそのとおりである。予はあたうかぎりこれを彼に教え込むよう努力するが、右近は村重に人質を出しているのでこの点同意するかどうかふたしかである。すなわち彼の意見によれば、人質の滅亡よりも、日本人が生命よりも高く尊重する名誉を失うことになるからである。けれども殿下が右近に、金子または土地を約束するならば、それはむだなことである。予は彼の天性を十二分に知っており、彼がそのようなものに従って行動するものではないことは明らかだからである」

オルガンティーノは交渉には行ったが、同じような膠着《こうちゃく》状態のまま四、五日が経過した。信長は第二の使者をたてて、村重を滅亡させるには高槻の占領が絶対に必要だと言わせた。それでも埒《らち》があかないので、信長はオルガンティーノを呼んで、右近の人質を、村重が信長に出している人質と交換するのはどうかと提案し、さらに村重がその交換に応じないで、人質を殺すようなことがあったら、「都および堺のすべての門に右近は利欲のためにその人質を滅亡させたのではなくて、ただ信長に対する愛からそうしたのだと掲示させる。そうすれば右近は名誉を失うのではなく、かえって名誉を高めるし、英雄的行為だとして賞賛されるだろう」と言った。

このとき、信長はあらゆる雄弁をもって神父を説得し、あるときは「泣きそうな声で」キリスト教の幾多の美点をほめ、右近の性格、希有《けう》の天稟《てんぴん》をほめそやした。感涙をこめて右近の名誉を守ることを誓い、またキリスト教会に与えた庇護を思い出させ、神父にはもし右近を説得したならばいっそうの保護を与えるという書状を書くことを約束した。そうかと思うと、急に「神父らを人質にとって言うことを聞かねば殺すぞ」と脅かしたりした。オルガンティーノが驚きのうちに考えたことは、もし右近が信長の味方をしたら、信長のキリシタンへの保護は異常な進歩をするだろうし、もし右近が信長の敵になったら、予想もできない大迫害が起こるかもしれないということだった。

ともかくオルガンティーノは右近に向けての信長の書状をわたすために高槻に出かけたが、道中は村重の軍でいっぱいで、途中から引き返さざるをえなかった。しかし彼よりも機敏で大胆な同宿が危険をかいくぐり巧みに高槻の城に着いて右近父子に信長の書状をわたした。父子は信長の報酬はむだなことだと言ったが、おそらく、キリスト教会への保護の拡大という提案には心を動かされたのであろう。父子は人質の問題さえかたづけば信長の味方になると答えた。そして四、五日のうちに人質を奪い返すために全力を尽くすので、しばらく摂津の攻撃を見合わせておいてほしいと伝えた。

同宿がこの返事を持って帰ってきたときに、信長はひどく喜んだ。血を流したり面倒な兵糧攻めをやったりせずに、反乱を鎮圧できそうになったからだ。しかし、策略家の信長は右近をいっそう拘束するために、神父を人質にとることにした。フロイスの『日本史』によれば、神父のステファノーニと、イルマンのロレンソ、そしてふたりの同宿が近江の長原に拘引《こういん》されて閉じ込められた。もし右近が味方をしなかったならば、もっと多くの神父を逮捕するつもりであったとある。

　また、オルガンティーノは幽閉中のロレンソに感動的な手紙を書かせて右近に送った。もしもこのことがうまくゆかなければ、疑いもなく信長はロレンソやイエズス会士たちをみな殺しにするだろうから、ぜひ村重に和平を説得してくれという手紙である。そしてもし殺された場合にはこれがこの世での別れであるという決別状を添えた。これを読んだ高槻のキリシタンたちは涙にくれて、その書状を村重の前で読みあげたところ、村重はまた感涙《かん》にむせんで、休戦しようとした。

　この間の事実関係は、宣教師のあいだでも、日本側史料のあいだでも、くいちがいがあって、たとえばロレンソは長原には連行されておらず、ステファノーニやオルガンティーノといっしょに信長の陣営に連れてこられたとステファノーニの書簡には書かれている。またカリオン書簡は「信長はわれわれの半数を長原に預かり、他の半数はオルガンティーノとともに彼の陣営に連れてくるように命じた」という。この場合には目撃者であるふたりの神父の言うことのほうが信憑《しんぴょう》性が高いので、信長は最初から神父や修道士全員を拘束して、右近を脅迫したのだと考えたほうがいい。しかしながら、信長公は甫庵本《ほあん》』にも「高山右近将監《しょうげん》はでいうす(デウス)門徒たり。太田牛一の『信長記伴天連を呼び、高山右近が信長に忠節を尽くすならば伴天連門家は建立しても苦しゅうない。しかしもしもこれを拒むならば、宗門を断絶させると言った」とある。[*29] またカリオンも信長がオルガンティーノに向かって「ジュスト右近を味方に引き入れるならば、未信者の改宗およびキリシタン宗門の普及については、彼が望みさえすればあらゆることをすると誓った。然《しか》らずんばこの国のキリシタン全員を根絶するであろう」と言ったと書いている。[*30]

これらのことを総合すると、信長が言うことを聞かなければキリシタンを全滅させると言って脅迫したことは事実に近いと思われる。それはもっとも効果的な脅迫のことばにすぎなかったのか、あるいは、キリシタン保護も仏教排撃と同様、彼の一連の野心の実現の手段であって、キリスト教への愛または信仰に近いものがあったのではないということを証明するものであろう。

この脅迫を前にして、いずれの段階かでロレンソがなにか書いたのはつくり話ではないかもしれない。なぜならこういう脅迫をしていることを右近に知らせなければ脅迫にならないからである。これを読んで、キリシタンは泣き、村重も感涙にむせび、信長が領地を保証するなら和平というところまで決心したと『日本史』は語っている。

この和平提案を聞いてオルガンティーノは歓喜したが、それは単純な西洋人の反応だった。前に数回、和平、または降伏を提案すべきチャンスがあったが、村重はときに仏教支持派強行路線の家臣に脅《おどか》され、ときにキリシタン和平派の家臣に共感し、右顧左眄《うこさべん》をくり返してきた。このような人物はときにきわめて危険である。いつまた裏切らないともかぎらない。信長はこの和平提案を拒否し、彼を完璧に滅ぼすことにした。結局この男は毛利を頼って逃げ落ちることになる。

こうして信長の軍勢は有岡の周辺を攻撃しはじめ、信長自身は一千の兵を連れて高槻に向かって進軍した。オルガンティーノは信長に、なんとかして右近を説得するから高槻を攻撃するのはしばらく待ってくれと頼んだ。信長は実際高槻を攻撃しなかった。またいっぽう右近のほうも、信長軍を攻撃しないように命令した。いわば城の内外でにらみ合ったままだったのである。

いっぽうで軍勢を進めておいて、信長はすべての教会や住院の居住者を捕縛し、連行させた。彼らが馬に乗せて連れて行かれるのを目撃した町の人びとのうち、キリシタンでない者たちは、信長がなんの関係もない神父を自分の戦争に巻き込んだのは不当だと言って同情し、キリシタンたちはいざというときには宣教師とともに死のうとして教会に駆けつけた。京都所司代村井貞勝は、教会で暴動その他が起きないように家来に教会を監視させた。

陣営に連れてこられたオルガンティーノに向かって、信長は最後通告のようなことを告げた。もし右近が高槻を引き渡さなければ全宣教師を高槻城前面、つまり右近の目の前で十字架につけ、彼の領国のキリシタン信徒を皆殺しにし、教会を破壊すると言い、そしてこのことを右近に伝えろと言った。

また、武将佐久間信盛に一通の書状を書かせこれを右近に送らせた。その内容は、右近に摂津の国の半分を与えよう、あらゆる点でキリシタン宗門を保護しようという約束である。つまり信長は、神父を通じてその磔《はりつけ》を予告し、部下を通じては報賞を約束し、脅迫と懐柔を同時に行ったのである。

これは高山ダリオを憤激させたにちがいない。彼は申し出を拒否し、もはやいかなる使者も来させてはならない、どの使者も殺すだろうと答えた。ラウレス師はこのとき書状を読んだのはダリオだけで右近は指導権を失っていただろうと推測している。事実はわからない。また師は、ダリオはひたすら自分の娘と孫の命が心配だったので、しかも村重のスパイがいる可能性があったのでこのように激しい(非キリスト者的な)ことばで拒否をしたのだろうと推測する。しかし私はこういう狡猾なやりかたに純朴なダリオが憤慨したのではないかと思っている。彼にも戦国武将の、名誉を守り、暴力を辞さない硬派の血が流れており、それが噴出したのである。そのあとダリオは人が変わったような行動をとった。

ダリオの断固とした拒否にあって、信長は翌日高槻を攻める決意をした。オルガンティーノは一計を案じた。信長が、ダリオの拒絶にあって怒りのあまり神父を殺そうとした（実際そういう状況ではあった）ので、命からがら逃げてきて高槻の城に救いを求めたかのようにして城内に入り、ダリオに最後の説得をしようという計略である。さいわい神父とロレンソはこうやって城内に入ることができた。城内の教会で神父はダリオと会ったが、ダリオは神父がうまく逃れてきたことを喜び、危難のなかにある都の信徒に遺憾の意を表した。そして神父の到着はすぐに村重と大坂の仏僧に伝えられた。神父は大坂の仏僧に引き渡されることになった。これは最悪の事態であった。そのときダリオは何を思ったか、神父を高楼の上に連れて行って高槻に押し寄せる信長の軍勢を見せた。

　神父は右近と相談して、大坂に連れて行かれぬように、高槻の城から脱出することを考えたが、ダリオはすべての入り口を閉じ、四人の屈強な武士を見張りにつけて神父が逃げださないようにした。閉じ込められた城のなかで、オルガンティーノはもうこうなっては仲間が城の前で磔になることを防ぐことはできないと思ってひたすらに嘆いた。なぜなら神父が信長を欺《あざむ》いて逃げ出したことで信長が激怒するにちがいないと思ったからである。事実、信長は神父が逃げ出して今は城内で捕虜になっていることを知ったが、『日本史』によれば、彼はそのとき、「彼（オルガンティーノ）が罪なくしてこれらのことを堪《た》えなければならないのは予の責任である」と言った。現実に、ダリオと信長はオルガンティーノをそれぞれ人質にとり、自分の利益のために利用しようとしたのである。しかしことの起こりはすべて信長にあったのは事実である。またダリオは使者を追い返したときには激高してそうしたのだが、こうやって神父を仏僧に引き渡そうとしているときには自分の娘と孫を救いたい一心であって、肉親への愛がキリスト教への忠誠にまさったのだと思われる。じじつ村重は和平交渉が不調に終わったとき以来、高山父子が信長に通じたらふたりの人質を虐殺すると威嚇《いかく》していたのであった。

この夜、オルガンティーノは、教会の前にダリオが建てた大きな十字架の前に身を投げ出して祈ったり泣いたりした。教会の前の広場には、戦乱によって穢《けが》されることがないようにとダリオが高槻の全域から回収した五十ほどの十字架がたっていた。オルガンティーノはこれらの十字架のあいだをさまよい、ひとつひとつの十字架をかき抱いて涙を流した。何人かのキリシタン武士がその姿を見て同情し、司祭館のなかに彼を招きいれて、きっと右近に相談して城を逃げられるようにするからと言って彼を慰めた。

右近は長い祈禱をして、長いあいだ考えていた。神父の処置をめぐって、彼はすでに父ダリオと対立していた。ダリオの側には古くからの、キリスト教に改宗していない武将がついていて、城内の権力はダリオに有利であった。またダリオは、高槻を死守し、敗北のあかつきには武士道を守って切腹すると言って右近を脅迫した。自殺はキリスト教徒がしてはならない行為であった。実際父が脅《おど》かしではなく、そうするだろうと思って右近は苦しんだ。自殺者は天国に行くことができない。そのことが父のために恐ろしかったのである。

　またもし神父やキリスト教教会を救うために信長と和解すれば、右近は領地ほしさに独り息子と武士の名誉を犠牲にしたと言われるだろう。しかも本心のわからない信長は、いずれにしても彼を放逐するか殺すかもしれなかった。

　ラウレス師はこのような場合には日本の武士は切腹して苦悩を終わらせるのが普通だったが、キリシタンである彼はそれを望まなかったとしている。右近が選ぶ道はなかった。父子で高槻を死守することは、眼前でキリシタンの処刑を許すことであった。城を信長に渡すことは妹と息子と父の死を確実に招くことであった。このとき、オルガンティーノが十字架を抱いて祈っていることを彼の忠僕が知らせてきた。もう時間がなかった。彼はふいにある結論に達した。それはすべてを捨ててしまうことである。武士であることをやめてしまうことである。高槻城主としての地位を棄て、これを全権父に返し、自分は家督を棄て、城を棄て、家族を棄て、剃髪して、一介《いっかい》の教会の奉仕人として一生を終わるという決心である。

　そうすれば、彼はもう城主ではないのだから、所領がほしくて信長に下ったという非難を避けることができる。また、権力のない人間の人質を殺す意味がない。しかしその点は相手しだいである。ただ武士として守るべき主君村重への恩顧も解消される。父にすべてを返し、父が望むように、父の武士道をまっとうさせることができる。

　右近はこう決心するとすべてが霧が晴れたようになった。彼は立ち上がり、衣装の下に紙の衣をつけた。家も所領も城も地位も武士道もいっさいをそれとともに捨てた。もともと自分は、一介の霊魂が肉を着た存在にすぎないものである、だからこれがほんとうの自分であるにちがいない、もし信長がそれでもパードレたちを殺すのならば、自分もパードレといっしょに死のう、そう思うと、心は非常に安らかになった。自分の持っているものをすべて捨てるとき、人はほんとうに自由になるのだと彼は思った。あるいは信長は右近ひとりを殺して満足するかもしれない。右近は書状を書いて彼が城を去ったあとで父にわたすように言った。右近はオルガンティーノを送るふりをしてもっとも信頼できる家来とともに教会に行き、神父、イルマンとともに静かに城を出て行き、三射程ほど進み、家臣の前に出て、はじめてその決心を告げた。家臣は涙を流して、今から高槻にもどってダリオを倒し城を奪うように説得したがだめだった。右近は刀類をはずし、その武器を記念として家来にわたし、束髪《そくはつ》を切り、武装の下に着込んでいた紙の着物だけになった。そして信長の陣門に下った。

主君を見送ったあとで右近の忠実な家臣がしたことは非常に驚くべきことであった。彼らは最初ただ驚き嘆くばかりだったが、ひそかにダリオを拘束して高槻を明けわたさせる方策を謀議した。そして右近が出て行ったことを知らず、彼はまだ天守閣で起きているのだと思って、ダリオもその武将もすっかり油断しているときに、天守閣や城塁を占拠して全城を掌中におさめてしまったのだ。そのあとで右近の書状をダリオにわたした。書状を読んだダリオは憤激して天守閣に走ったが、とたんに自分がすでに閉じ込められていることがわかった。そこで戸と門を突き破り、強行派の武将と合流して有岡の村重のもとへ走っていった。

村重の武将たちは、ダリオのとった行動はりっぱでなんの罪もないと言った。息子の家臣に背《そむ》かれたのであって、それは彼の責任ではないし、それまでは村重のために尽くしていたからである。また右近は、日本の習慣にもとづいて「隠居」したのだからこれも問題はないということになった。したがって人質も暴行されなかったのである。

いっぽう、信長に下った右近は、宣教師や信者によって死からの解放者として涙をもって迎えられ、信長の武将たちによって歓声をもって迎えられた。右近到着は信長に知らされ、近江や都で監禁中の宣教師も解放された。信長は右近とオルガンティーノを呼び、第一級の武将が参列して会見が行われた。そのうち右近の家来によって高槻城が占拠され、ダリオが城を逃れたという報が入って、一同は大歓声をあげ、信長は満悦し、ふたりの主役を最大の喜悦をもって迎えた。

右近は信長に長い挨拶を述べた。信長は彼に武士の装具と武器を与え、爾後《じご》自分に奉仕するように命令した。右近はこれに従い、高槻を倍の禄で返却されたが、城塞を壊すことが条件であった。こうして、信長の武将として右近は村重と戦い、結局村重は、尼崎に逃亡して講和を求めた。信長は和平交渉において兵庫、尼崎も要求し、村重はこれに反対し、和平交渉は三たび決裂した。信長は有岡に人質として残った村重の妻子、親戚三十六人を京都で斬首し、百二十人の女を尼崎で磔にし、五百四十人を火あぶりにした。信長の残酷は戦国大名の常とはいえむごいものがあるが、もともと主君に反乱をはじめたときに、村重にはなんら正当性はないのだから、負けたとなったらあっさり城などあきらめて裸一貫になればよいのである。そうすれば、婦女子の血が流れることもなかったものを。すべてを捨ててすべてを救った右近とはまさに対照的であった。

有岡を占領したときに信長はダリオを捕縛した。いきさつからみてダリオは当然処刑を免れなかったので、右近の家族、神父ら、畿内のキリシタンはこれほどに教会のために尽くしたダリオの生命が救われるように嘆願した。信長は珍しくダリオの助命嘆願に耳を傾け、それには、右近の功績とのかねあいもあってダリオの処刑をやめ、越前北庄《きたのしょう》に追放した。そこでダリオはキリシタンの友人であった越前領主柴田勝家に、家臣同様に待遇され、懇篤《こんとく》な扱いを受けることになるが、それはその後越前に招かれた宣教師の報告するところである。

このとき信長は右近に使者を送った。いわく「右近の父は死罪にあたいするが、右近に対する敬意から死罪を減じ、生命を赦《ゆる》し、監禁を軽減させようと思うから、母親を安土に来させ赦令《しゃれい》を受けさせよ」というものである。そこでダリオの妻はわざわざ安土に来て名誉あるとりなしを受け、赦令を受け、夫ダリオといっしょに追放された。その際信長は、多額の生計費を彼らに与えた。

邂逅

こういうわけで信長はオルガンティーノに恩義を感じ、彼に約束したように前にもまして絶大な保護を教会に与えるようになった。まさに、この一五七八年（天正六年）から信長暗殺の一五八二（天正十年）が、日本キリスト教の絶頂期をかたちづくる。そしてこの絶頂期にヴァリニャーノは日本に来て、信長に会い、使節を連れて去ったのである。思えば、天正少年使節とは、この絶頂期が生み出したものであった。

すでに天正四年から信長は琵琶湖の内湖に三方を囲まれた安土の山の上に、自分の城郭と城下町を建設中であった。オルガンティーノは城下町である安土に教会を建立《こんりゅう》することが絶対に必要であると考え、そのことを信長に願い出た。信長は機嫌よくそれを受けいれ、最初は市中の法華宗の寺を占拠するように言い、そこが気に入らなかったらどこでも好きな所を言えといった。何人かの地元のキリシタンが、その冬信長が池を埋め立てて造成したりっぱな地所があって、そこは信長の城のある山のふもとで、目立つし、そこに建てたほうがキリシタンの強い立場がわかるということで、その地所を所望《しょもう》した。信長は安土にいかなる宗教施設も建立させなかったにもかかわらず、キリスト教会と住院の建立だけを許可し、しかも、城山のふもとに建てることを許可したのである。

ジョアン・フランシスコの書簡によると「信長の城は非常に高い所にあり、約三百の階段を昇ってゆく。この山の周囲には彼に臣従する大身《たいしん》らの家々があり、……一戸一戸が城のようである。城は七層あって、城内の部屋があまりにも多いので、信長のことばによれば、彼も最近迷ったということである。山の頂上ははるかに大きく堅固な壁で囲われ、その内に主たる城がある。部屋までの道筋を知るための標識は城内にたくさん置かれている種々の彫刻であり、これらはいずれも美しく完全であるが、信長はすこしの不完全にも我慢ができないので、日本でもっともすぐれた職人を各地に求めた」「外部の壁はいとも白く、最上階のみは、ことごとく金色と青色で塗られ、日光を反射して驚くべき輝きをつくりだしている。瓦《かわら》はきわめて巧みに造られているので、これを外から見る者には薔薇か花に金を塗ったように見える」

いっぽうコエリョは「世界じゅうでもっとも堅牢な青い瓦で覆い、その前面には金をかぶせた円形の頭がある」（天正十年一月十五日付け）と書き、『安土日記』には「唐様の瓦を唐人に焼かせた」とある。秋田裕毅氏は、焼失した安土の天守閣跡から金箔を塗った瓦が出土しているので、宣教師の証言が裏づけられるとしている。[*31]

教会の建設にあたって信長はみずからそこを訪れて近隣の二軒の家や菜園を彼が保証して立ち退かせ、周囲を清掃させたりした。このとき、右近は千五百人の家臣を派遣して建設や木材の運搬にあたらせた。信長は安土城と同じ青い瓦を使用することを許可した。もっとも城の瓦は青に金を配していたということで、宣教師は、この金を遠慮して、青い色だけを拝領した。この教会は「信長の屋敷についで安土でもっとも豪華」だった。ということは、今は永久に消えてしまったこの豪壮な城下町では青い瓦の家は信長の安土城とキリスト教教会のみであったということになる。小高い山の上にそそり立つ安土城とそのふもとに立つキリスト教教会は、いかにも目立っていたであろう。しかし、この城は天正四年から天正十年までわずか六年しか地上に存在しなかった。焼失後秀吉が修復したが、それも九年足らずの命であったために、その記録はほとんどない。

ただ、信長はこの壮麗な城と城下町を当代屈指の画家、狩野永徳に描かせ、その姿を保存しようとした。「それは金色で、そのなかに、城を配したこの市を、その地形、湖、屋敷、城、街路、橋、その他万事、実物どおり寸分たがわぬよう描くことを命じた」

この「安土城下町屛風」は、ローマ教皇への贈り物として、巡察師ヴァリニャーノに与えられ、少年使節とともにローマに行き、ヴァティカン宮殿に収められた。今それは理由不明のままゆくえがわからなくなっている。もしそれが残っていたら、キリスト教教会を含む信長の理想都市の偉容がわかるだろうに。

教会の工事は信長の応援があって一ヶ月で完成した。それは三階建てで、一階には外来者をもてなすための広い座敷が三部屋から四部屋あり、二階には襖《ふすま》のついた宿泊室がやはり三、四室あった。三階は、ヴァリニャーノが要請したセミナリオになっていて、大い楽器やそのほかの教材が置いてあった。工事が完成したときに信長はやってきて、さらに工事のできばえをほめ、それでは狭すぎたと思って、近隣の家屋四、五軒のとりこわしを命令し、建築の補助金として二百クルザドスを与えるほどの熱心さだった。

これほどの成果をあげていた畿内のキリスト教会の盛況をぜひ巡察師に見せたいし、天下の君主である信長にも会ってもらいたい、そう思ったオルガンティーノはヴァリニャーノに関西視察を要請した。しかし、コエリョはなぜかそれに反対した。その反対の理由はいまではわかっている。というのは、前にも述べたように、彼らは日本人に適応した布教方針に反対だったが、イタリア人のオルガンティーノは天衣無縫の日本好きで、そのために「うるがん様」と呼ばれて日本人にも信長にも愛され、近畿の布教はめざましく成功していたからである。ただでさえ適応説を唱えるヴァリニャーノがこれを見ればろくなことはないので、カブラルは九州だけ見てさっさとインドに帰ってもらいたいと思っていた。

ヴァリニャーノは案内人まで送ってきたオルガンティーノの招待に応じて一五八一年（天正九年）早春に畿内に向けて旅立った。船旅を含んだこの旅程に同行したフロイスは、騒然とした戦国の社会（西洋人は高価なものをもっていると見た盗賊や海賊の執拗な追跡）を詳細に描き出している。一行は同年の、枝の主日（復活祭の直前の日曜日）

の前の日に堺のディオゴ了慶の家に着いた。

ヴァリニャーノの風貌を描いた一枚の版画が残っているが、それによると、波うつ髪と印象的な大きな美しい目をもったりっぱな男である。すべての記録が彼の異常なまでの背の高さと堂々たる体軀《たいく》について書いている。日本に残っている南蛮屏風のなかに異様に背の高い黒い服を着た神父が描かれているが、それはヴァリニャーノらしい。その背の高さだけでも話題になるにはじゅうぶんだったが、彼はなにを思ったのか黒人の忠実な従者を連れていた。日本人はまだ真っ黒な人間を見たことがなかったので、堺ではこのコンビが大評判になって了慶のところには見物の群集が殺到した。

オルガンティーノの設定で、巡察師を迎えての復活祭の祝いは、右近が城主をしている高槻の教会でやることになっていたので、枝の主日の朝、騎馬八十人と、同行するキリシタンおおぜいが迎えに来た。オルガンティーノがつくった旅程はここから高槻に行くまでのあいだに池田丹後守シメオンの城のある河内八尾《やお》、三箇《さんが》サンチョのいる三箇島、河内岡山城主結城ジョアンなどのキリシタン城主のもとにヴァリニャーノを行かせるようになっていた。

行列は翌日岡山から出て淀川をわたったが、そのとき右岸には見わたすかぎりに右近の騎馬が出迎えていた。フロイスは巡察師の高槻訪問についてこう書いている。「同地で巡察師が接したあらゆる美しいことのなかで、その所業によりその名（ジュストとは正しいという意味）にふさわしいこの城主と知己になったことほど巡察師の満足と驚嘆の念を生ぜしめたものはなかった。右近は二十八歳の若者で、もっとも勇敢な信長の武将のひとりである。大侯であるにもかかわらず、教会および神父に対しては謙譲従順であり、彼らとまじわるときは大侯といわんよりはむしろ僕《しもべ》のようである」

高槻で、巡察師を迎えて盛大な祝日が祝われることが広まっていたため、五畿内ばかりでなく、美濃や尾張からもキリシタン武士が殺到していた。オルガンティーノがあとで巡察師自身から浪費癖を非難されることになるのだが、とくに彼は壮麗な聖具が好きで、銀の燭台、金襴の祭服、聖画像をかかげた豪華な祭壇などをそろえていた。それにこれほどおおぜいの神父、そしてとくに安土神学校生徒が歌う天使の声のような聖歌の合唱（これもオルガンティーノが力を入れたものである。彼はまったくイタリア人だった）、オルガンの響き（オルガンティーノは一万台オルガンがあれば日本じゅうをキリシタンにしてみせますとある手紙で書いている）は日本の人びとには初めてのことだった。会堂を満たす信徒の大群や、おおぜいの聖体拝領、そして彼らのあいだにあふれる感動、そういうものがヴァリニャーノを心から感動させた。祖国からかくも遠い土地で、これほど多くの友に会えるとは。

フロイスはこの日のことをつぎのように書いている。

「かくも美しい祈禱《きとう》行列をかつて日本で見たことはなかった。異教徒をのぞき約一万五千人のキリシタンがいたということである。十字架のそばには、きらめく甲冑《かっちゅう》をまとった武士十二名が、天使のように着飾った二十五人の少年とともに、それぞれ信心をおこさせる御絵《みえ》を手にして進んだ。まったく美しく造られた天蓋《てんがい》は、四人の武士により掲げられ、またそのそばに美しい香炉、そして芸術的な美しい提灯《ちょうちん》や旗がかかげられていた。天蓋の下では巡察師が十字架の顕示台とほかの聖物をもって進んだ。助祭たちは祭服を着ていた。じつに右近殿はこの日われわれのみならず他の地からきたすべてのキリシタンにもすばらしい饗宴を催し、その後国風《こくふう》の演劇（能？）を行った」[*32]

このような序曲のあとで、オルガンティーノは復活祭の月曜日に、信長のいる本能寺を訪問した。このときはヴァリニャーノはいっしょではなかった。堺で大評判になった黒人のことが都でも評判で、彼が滞在した修道院の門に群集が詰めかけたので、これが大騒ぎになって投石による負傷者や瀕死者が出たとフロイスは手紙で書いている。その上、修道院の門を蹴り破ってなかに入ろうとする者も出る始末で、この黒人を見せものにすれば短期間に少なくとも八千から一万クルザドスは稼げるだろうと言う者がいた。

信長もその黒い男を見たいと言ったので、オルガンティーノはまずこの黒人を連れて行った。信長はしげしげと黒人を眺めたが、皮膚が最初からそれほど黒いということを信じることができなかったので、上半身裸になるように命じて家来に目の前で徹底的に洗うように命令した。しかしその膚《はだ》は「洗えば洗うほど黒くなってゆくように見えた」。

信長は「たいへんな騒ぎようで」息子たちにも見せるように言った。息子たちも大いに喜んだ。結局この黒人はこれをほしがった信長の長男信忠がもらい受けた。信長が本能寺で討たれたとき、この長男もまた二条城で討たれたが、そのとき、この黒人は主人のために最後まで戦ったそうである。しかし、敵方は彼を罰しなかった。彼は「動物」であるから罰するに値しないという理由であった。最後にどのような終わりかたをしたのか今のところわからない。

さていよいよ復活祭の水曜日（これは日本の暦では、天正九年の二月二十八日）に、ヴァリニャーノは信長に謁見した。信長はうわさどおり巡察師が背が高いことに驚いた。同行したのはオルガンティーノとフロイスのみであった。巡察師は信長への進物として、鍍金《メッキ》した燭台、深紅のビロード一反《たん》、切り子のグラスを持参した。

ヴァリニャーノが来る前に、日本の君主が喜ぶ贈り物について前もってフロイスからふさわしいもののリストが出ていた。黒人については、オルガンティーノが前もって日本ではこれが受けると書き送っている。そのリストでは、ポルトガルの帽子、琥珀《こはく》、びろうどの裏のあるもの、砂時計、ビードロ、眼鏡、コルドバの革、びろうどまたは穀粒の財布、刺繍のあるハンカチ、瓶入りのコンペイ糖、上等の砂糖漬、蜂蜜、ラシャのカッパ、中国の道具、中国の簾《すだれ》、沈香《じんこう》、壺入りの砂糖菓子、酢漬けのトウガラシ、フランドルの羅紗《らしゃ》、モロッコ革、毛氈《もうせん》、銀製の聖宝箱、ロザリオ、聖画像、緞子《どんす》などで、これらの品目はどれもみないまの日本人には親しいものだが、当時彼らが輸入してきたものだったということがわかる。松田毅一氏は、信長に献上された切り子のグラスは、エヴォラの司教アントニオ・ブラガンサからもらっていったものであることはたしかであるとしている。

信長はヴァリニャーノとフロイスを歓待し、ヴァリニャーノが来た海路を世界地図を見ながら説明させ、宣教の目的などについて長時間話した。フロイスは通訳をしていたので、なにを話したかを逐一知っていたはずだが、書簡には、ただ「信長は巡察師を大いに歓待し、長時間語り合った」としか書いていない。この長時間になにを語り合ったか、饒舌《じょうぜつ》なフロイスがなにも書いていないのは不思議である。

信長がヴァリニャーノをどう思ったかは、ただ彼の行動によってのみ推察できる。巡察師らが御前《ごぜん》を辞して帰途についたとき、信長は古なじみのフロイスを呼び戻して、りっぱな鴨《かも》（鵞鳥《がちょう》？）十羽を巡察師に届けるようにと言って彼に託した。「これはたった今坂東のある大名から贈られてきたもので、かつて見たこともないほど大きな鳥であったが、信長がこういうことをするのはたいへんな好意なので、みなが驚いた」。フロイスは鴨（鵞鳥？）のほうが話の中身よりも興味があったと思われる。それが信長とヴァリニャーノの最初の邂逅《かいこう》であった。

この会見のとき、またはその直後、信長にある考えが浮かんだ。ヴァリニャーノが、今まで会ったどの宣教師ともちがう役職をもっていることを知ったことがおそらく非常にだいじだった。今までの宣教師はいずれもローマ・カトリック教会に属するイエズス会のインド支部から派遣されて、日本の準管区（主管区はインドであったので）で布教にたずさわっている、いわば末端の神父であった。しかし、こんどの男は、インド、アジアで布教するイエズス会のすべてを統括する権限をもっていて、その任命権はローマのイエズス会総会長にあった。最初信長がフロイスに謁見したときに質問した身上調査を思い出していただきたい。まず年齢、出身、学歴、地位役職、任務、来日の目的、意図、都や畿内の感想である。そうして信長は最良の答えを得た。ヴァリニャーノは一五三九年生まれで四十二歳、信長は一五三四年生まれでこの年四十七歳、同年代である。ヴァリニャーノは前に述べたように王家につながる貴族の出で、大学で法学博士の学位をとり、神学校で教えていた最高の知識人である。しかもインド・東アジア一帯の視察官であって、彼が日本で見聞きしたことはすべてインド、リスボン、マドリード、そしてローマに報告される。

これは粗略に扱っていい相手ではない。また、ヴァリニャーノは幼少から騎士として養育されたため、風姿は高貴で美しく、武人のたしなみがあり、やや冷たく気取ったところがあり、他人の欠陥を容赦せず、激しい性格（これは信長にそっくりである）であるが、高度に礼儀正しい。なににもまして、日本の礼節や文化に深い尊敬をもっている。善良だがおっちょこちょいのオルガンティーノとも、実直だが、教養のないフロイスともちがう。この男は日本の諸大名の前に出してもびくともしないどころか、彼らをその背丈と品位で圧倒するだろう。そしてそのことはとりもなおさず、このような異国の要人から敬意を表されている自分の権威につながるのだ。それも国内だけの権威ではない。世界を背後に背負った権威だ。

そこで信長は大名から贈られたばかりの大きな鴨を贈ることにした。非礼があってはならないし、いつものように、自分の特別な好意を食べ物で示そうと思ったのである。そして、彼はそのつぎの土曜日二月二十八日に京都で行われた「馬揃《ぞろ》え」に、ヴァリニャーノを招待したのである。そのことは確実だが、フロイスはふたりのあいだの会話をすべて省いてしまったために、そのことも報告していない。

「馬揃え」とは、戦国時代の武将が行った一種の軍事パレードである。馬を検分すると同時に、調教の技術や乗馬の訓練を披露するものである。近世では華麗な式典に似たものになったが、このとき信長が行った馬揃えは歴史上もっとも有名なものになった。信長は二月二十八日と三月五日の二回にわたって京都でこれを挙行し、正親町天皇の臨席を仰いでいる。宣教師はこの式典を「信長はじめその息子たちと武将たちが華美な衣服でぜいたくな飾りを馬にほどこして展覧する会」とのみ考え、その重大な意味を考えなかった。フロイスはその『日本史』でくわしくその盛況を書いている。

「信長はその栄光を示すために、きわめて気品のある有名なある行事を開催した。装飾された競技場には飾り具をつけた馬にまたがり、できうるかぎり華美ないでたちの七百人の武将と、諸国から見物に来た二十万人（！）に近い群集が集まった。見物人のなかには、高貴な男女や僧侶たちとともに内裏（天皇）も姿を見せていた。信長は、巡察師、司祭、修道士を招き、よく見物できる高台に設備した桟敷《さじき》をわざわざ提供した。司祭らはその招待を断わるわけにはいかなかった。その理由は、かねてこの目的のために、マカオに住んでいる敬虔《けいけん》なポルトガルの婦人が巡察師に寄贈した金の装飾をした濃紅色のビロードの椅子を信長に贈呈していたからである。信長はこの椅子をことのほか喜び、自分の入場に勢威と華麗さとを加えるために、それを四人の男に肩の高さに持ち上げさせてみずからの前を歩かせた。

競技に参加した者は十三万名を越えた。各人各様に駆けたが、わけても信長がもっとも優美で、たびたび馬を変え、彼の息子たちも同様にした。この祭りは午後四時ごろまで続いたが、装飾品の豪華絢爛さは語り尽くせない。……ときには三人ずつ、あるいは十二人ずつ駆けることもあれば、一度に四百名あるいは五百名が駆けることもあった。彼らの衣服と装飾が日光に輝いてなおいっそう競技会の美しさを増していた。そして信長は行事の最中、彼の身分を誇り、その偉大さを誇示するために、一度馬から降りて椅子に座ってみせ、ほかの人間とは異なった人間であることを示した」[*33]

ガスパール・コエリョも一五八二年二月十五日の長崎発の書簡で同様のことを書いている。こちらのほうはビロードの椅子に焦点があたっている。

「巡察師は黄金の飾りを施したビロードの椅子一脚を贈り物として携行した。シナにいる敬虔なポルトガル人が、かつてこの目的のために彼に与えたものであった。信長はこの椅子が祭りに間に合い、これが加わることで己れの威勢を示すことができるので大いに喜んだ。彼は椅子を仰々《ぎようぎよう》しく高々と彼の前に運ばせたので、これが彼をほかの人と異ならせる主要品のひとつとなり、はなはだ（日本人にとっては）珍奇なものであったため、たちまち諸人のあいだに知れわたった。同所には諸国の大身、および庶民多数が居合わせたので、イエズス会を日本全国に知らしめるための宣伝となった」[*34]

赤いビロードの椅子は日本側の「馬揃え」について述べた『兼見卿記《かねみきようき》』（吉田神社の宮主吉田兼見の日記）天正九年二月二十八日条にも記されている。「信長は馬六頭を先触れにして、立烏帽子《たちえぼし》をかぶり、黄色い衣に白い袴《はかま》を履き、紅梅の小袖を着けた者を二十一人、つぎに薄紅梅の小袖に片衣、皮の袴の小者を三十人余り、つぎにゆす（椅子）のようなものを四人にかつがせた。たいへん珍しいことである」

このときの信長のいでたちはたいへん変わっていて、『信長記』巻十四には、信長は眉を描き、「金紗《きんさ》」という唐・天竺では天子や帝王の用いるという唐織物を身に着け、「後ろに花を挿《さ》した帽子」をかぶり、紅梅に白の模様の豪華な小袖をまとっていた。その華やかないでたちは、「左ながら住吉明神御影向《すみよしみようじんおんようごう》もかくや」と思われた。つまり神のようだったというわけである。

信長の輩下の武将たちも、信長からこの馬揃えにはできるかぎり華やかな装備であわれるように命令されていた。同月の二十三日の明智あて書状には参集する直参《じきさん》や公家《くげ》の名に加え、騎馬の者には「きらびやか」で「わかやいだ」衣装を要求した。日本の「六十余州」にその聞こえがゆくように。

フロイスは一五八一年四月十四日の書簡でつぎのように書いた。

「この祭りは各人が衣服の絢爛《けんらん》、馬、家臣の多さを誇るに過ぎないもので、少なくとも百五十万クルザドス以上を費やさない者はこの祭りに出てはならぬと命じられた。……昨日越前から到着した柴田（勝家）殿は一万の家臣と一万の人夫を率いてきた。彼は昨日、信長を訪ね、黄金三十枚と茶の湯の道具三点を献じた。この道具はひとつが三千貫に価するもので、進物のみで合計二万タエル、すなわち三万クルザドスであった。また、道中の費用ならびに家臣の衣装装飾に三万タエル、すなわち五万クルザドスを費やしたということである」[*35]

この報告はおもしろい。彼はこれをただ衣装や馬の見せくらべだと思っているし、まったくそう見えてもいいような壮観さであった。このなかでこういうことが好きなフロイスは柴田勝家が「緋色の衣装をまとい、彼の乗馬も緋色で覆った」が、不幸にして信長も同じ緋色の衣装を着るつもりだったので、信長は「柴田殿が同じ身なりをすることを望まなかった」。あわてた柴田勝家が急遽《きゅうきょ》どういう色の衣装に変えたのか気になるところである。最初から緋色のような色は、緋おどしの鎧《よろい》というくらいで、総大将が着るのが常だから避けておけばよかったのだ。

えらい歴史家の人はこういうことはつまらないと思うかもしれないが、私のようにイメージを研究している人間には、いったい戦国武将や天下人がどのような色をもって人心を掌握し、自分をえらく見せようとしたかについて興味がある。また戦国の武家の文化の豪華さやその好みを知ることもおもしろい。少なくとも、それは江戸時代を通過したいわゆる地味な日本の好みではない。それは目もあやな絢爛たる派手な趣味だった。その点では派手ずきの西洋の十六世紀、十七世紀バロックと似たようなもので、日本がなにも地味な幽玄ばかりではなく、異常なまでの豪華趣味をもっているという認識はほんとうだろう。われわれには豪華絢爛、人目を驚かす珍奇な美の伝統がある。

このような戸外での豪華な騎馬祝祭は西洋では珍しくもなんともない。早い話、十五世紀、十六世紀にはまさしく王侯がその権威や富を民衆や外国人に誇示するために、このような騎馬行列や騎馬試合がさかんに行われた。その名も「豪華王」と呼ばれたメディチ家のロレンツォはその「即位」(王ではないから正式にはそう言えないが)を市民に知らせるため、史上名高い騎馬試合(ジョストラ)を開催したが、そのときの彼のいでたちは黒いビロードのベレと黒いマントに無数のダイヤモンドを縫いつけたもので、それが太陽できらきらきらめいた。彼は黒い服を着て真っ白なアラビアの馬に乗り、百合の花とラテン語のモットーを刺繡した旗を持っていた。彼の弟ジュリアーノのお披露目も騎馬試合であった。町じゅうの人間がこの勇姿を見てその支配に納得し、感動したのである。ジュリアーノはライバルの陰謀にあって暗殺されてしまったので、ロレンツォはそれを記念してボッティチェッリに「春」という有名な絵を描かせたが、この絵はジュリアーノの騎馬試合を歌った詩をもとにしているといわれている。このようにテレビがない時代には広場で群集を集めて大規模なページェントをやることが、権力の宣伝の常套手段だった。

フロイスはただこの衣装の費用に関心があるだけで、その行事そのものに驚いているわけではない。ましてヴァリニャーノは驚かない。もしなにか感じたとしたら、同じような文化をもっていることに感動し、いっそう日本の文化のレベルの高さを評価しただろう。実際、彼はこれらのものを見てから九州に帰って、自分の説が正しいとしてこれを実行したのである。

いっぽう柴田勝家より賢明だった「右近殿はみずからのためには七種の服を、また馬のためにもその他多くの服を作った」。この七種というのは途中で七回お色直しをするのか、あるいは信長やもっと上位の大名の衣装を見て、それにさしさわらないようにいろいろ作っておいたのかそれはよくわからない。この書きかたでは、たぶん、右近はどんな場合にも困らないように用意しておいたということである。しかも、じゅうぶん自分もそこで目立たないといけないので、このような数になってしまったのだろう。「信長は右近に被《かぶ》る物を見せるように言い、大いに満足してこれを賞賛し、池田丹後守（シメオン）にも同様にした」。これは信長がキリシタンの武将にはなにか特別の被りものを要求したというふうに理解できる。これは西洋風の帽子か、あるいは西洋風のヘルメットかなにかであろうか。キリシタンの武将には、キリシタンとわかるなにかを身につけさせて大いに満足したと受けとれる。だいたいキリシタン武将はその服装に西洋渡来のものを身につけてみずからをキリシタンとして誇示する習慣があって、ロザリオ、大きな十字架、西洋風の合羽《かっぱ》、十字架をつけた馬覆いやローマ字を染め抜いた金の房《ふさ》のついた真っ赤な旗などの意匠を競っていた。それが信長の戦陣に加わるといかにもモダンでいかにも強そうだった。

「ほかのひとりの武将は中国の金襴の衣服をまとった家臣五十名を自分の馬のそばに率

いていたが、この金襴は最良の品で、中国で一タエルするが、堺では三タエル出しても手に入らないものである」。いかにも、ポルトガル商人が広東《カントン》で買いつけた中国の金襴がここに姿をあらわしている。このように、中国やインドやヨーロッパからどんどん華麗な布や文物《ぶんぶつ》が輸入されていたこの時代の大名や武将のファッションショーは、それ自体が国際的市場を背景にしたものだった。

このようにはでな武将たちにまさって、信長はいっそうはでな上にもはでなくてはならなかったので、その凝りかたはたいへんなものであった。その結果、金の紗、緋の小袖、白の袴、おそらく赤いビロードの帽子といういでたちになった。金色絢爛たる室町障壁画や南蛮屏風から抜け出たような姿である。金、赤、白いずれも太陽の光の色である。それが金の飾りのある真っ赤な椅子に座ったのだから、そのはでさ、度を越した華麗さは、異様なものであったにちがいない。それが見物している人びとには信長の常ならぬ権威を印象づけるものになった。二十万人の大群集の前で、彼がほんとうに見せたかったものは、自分の武将たちの勇壮で華麗な騎馬軍団であり、しかも、なににもまして自分自身の「ほかの人とは異なる」姿であった。そしてほかの人、つまりふつうの日本の大名となにがもっとも異なっているかといえば、それは「帽子」と「椅子」であり、どちらも西洋のものである。しかも、四人の男がかつぐほど大きな黄金の飾りがついた赤いビロードの椅子は西洋の常識から言っても、日常の使用のものではなく、明らかに高貴なものの座であった。

　ヨーロッパには「王の入市行列（普通アントレという）」の伝統が中世からあり、ある都市または都市国家の首都を支配する王がその支配を民衆に知らせるために、豪華な入市（入城）騎馬行列を組むが、通常そのような場合には王自身は馬ではなく、山車《だし》の上の椅子（玉座）に座る。信長はまったくそのとおりにやった。そこで、ここからは私の想像だが、信長はヴァリニャーノから椅子を献上されたときに、「これはなにに使用するものか？」と聞いたにちがいないのだ。そして歴史家がだれも奇異に思っていないのがふしぎだが、フロイスもコエリョも、この椅子がマカオの信者から寄進されたと言い、「この日のために」とか「かねてからこの目的で」とか書いているのはどういうわけか？

　まさかマカオの信者からもらったときに馬揃えを知っていたのではないと、だれもが思うだろう。馬揃えはヴァリニャーノの来日前に決まっていた。しかし、信長が「南欧での競馬競技を兼ねた騎士のパレードを（前もって）別の宣教師から教えられて、それを模倣してヴァリニャーノに見せた可能性が大きい」と言っている歴史家もいる。[*36]それは立花京子氏で、私もそれは大いにありうると思っている。もしそうだとすると、ヴァリニャーノはそのような派手な催しがあるということをあらかじめ知っていて、「かねてからこの目的のために」椅子をマカオで調達したとすれば、文章の筋がとおる。

また同氏が言うように、『信長記』にも『立入左京亮入道隆佐記』にも、「唐国（中国）にもかようのことあるまじくとおおされそうろう」と書いてあり、この日行われたような馬揃えは日本にも中国にもないことが強調されているから、そのアイディアは西洋から得たという可能性が高い。

また、たとえそれが戦国時代にすでにあった各種の馬揃えを信長流に華美、大規模にしただけであったとしても、椅子は、そこになにか新しい意味を与えるものとして付け加えられた。もし前もってマカオで入手するときに、馬揃えのためではなかったとしても、ヴァリニャーノはこの椅子を、「日本の国王」のために入手したのである。「日本の国王」とは、そのころ宣教師が信長を呼んでいた名前である。そしてマカオにおいてヴァリニャーノは、信長がいまは天下の王であるという報告を受けていたことを、イエズス会報告によってわれわれは知っている。そうであれば、ヴァリニャーノはまさに王にふさわしい贈り物をしたのである。この椅子をヴァリニャーノからもらった信長は、すぐさま馬揃えでこの玉座をかつがせ、そこに座って「王」であることを見せたいと思ったのであろう。

しかも室町時代の人はまったく椅子のことを知らなかったわけではない。周知のように、中国は椅子の国であって、しかもこの時代に日本で勢力を持っていた禅宗は、その高僧、開祖を椅子に座らせて描き、「頂相《ちんそう》」と呼んでこれを崇拝していた。椅子に座るということが崇拝に値する人物の図像であることをこの人びとは知っていたのである。それもまたほかとは異なる偉人の姿であった。

このような華麗にして高貴な自分自身の姿を、二十万の群集に見せたのはいったいなんのためだったろうか。いったい彼はだれに向かって、なんのために、このような演出をしたのだろうか。そこにいた人びとは、天皇、親王、宮廷の女房衆、公家衆、諸大名、信長輩下の武将、多数の庶民、そして、最後に、外国から来た巡察師、宣教師たちであった。そこには事実日本を構成しているすべての種類の人がいたのである。

立花京子氏は、非常に面白い著書『信長権力と朝廷』のなかで馬揃えについて書いており、そこでわれわれは、そのことを書いた日本側の史料に、ひとことも外国人神父ヴァリニャーノのことが書かれていないということを知った。この歴史家はこう書いている。「馬揃えを記述する『御湯殿上日記』『兼見卿記』『立入左京亮入道隆佐記』（どれもみな朝廷その他の支配者や年中行事を記したこの時代の日記や年代記）にはヴァリニャーノの来訪に関する記事がいっさいない。信長は朝廷側にはヴァリニャーノの馬揃えへの列席を告げていないばかりか、彼（ヴァリニャーノ）が天皇との会見を望むとそれを拒否したという。しかし、見物衆にヴァリニャーノ、フロイスなどの宣教師が含められていたことから、信長がその軍団の偉容を誇示する相手に彼らも含まれていたと判定できる」[*37]

むろんのこと、上は天皇から下は庶民まで、この偉容を見せたいのはその全員であって、宣教師ももちろんそうである。だが、なんのために宣教師に見せるのか。答えはひとつである。いま日本でこのような最高の立場にいるのは彼信長ひとりだということである。したがって天皇を外国使節に会わせる必要はないし、天皇にも外国使節の列席をあらかじめ言う必要はない。なぜなら今や日本の国王は彼だからだ。宣教師はただ数人というわけではない。とくに巡察師はその背後にインド総督、ポルトガル・スペイン王、ローマ教皇を背負っている使いである。

したがって、この一大デモンストレーションは、内裏、公家、諸侯、民衆に向けて自分の偉大さを示すものであったと同時に、世界に向けて、日本の国王が彼であることと、その偉容とを知らせようとしたものである。帽子と椅子は世界の王侯と相互交換可能なシンボルである。また宣教師らに特別の高台を作って観覧させたのは、当然彼らが主賓《しゅひん》であることを示している。内裏や公家がどこにいたかは語られていないが、特別の高台にいたのはヴァリニャーノであった。

馬揃え

天皇と親王は、ザビエルが謁見を願ったときと同様に、宗教上の理由でけっしてキリスト教の神父には謁見しなかったであろう。また朝廷はその長い歴史を通じて神道と仏教の偉大な保護者であったのだから、キリスト教を保護する信長をも快く思っていなかったことは想像にかたくない。だから信長がヴァリニャーノに、天皇に会う必要はないと言ったときに、どうせだめだという意味もこめられていたであろう。また同時にここでは自分が国王だから会う必要はないという意味でもあった。

したがって予告もなしに天皇と親王はこの日、キリスト教神父と同席をさせられたのであった。しかも彼は明らかに彼らより重要な客、主賓であった。朝廷にとって、公家にとってはなおさら、これ以上の侮辱はない。朝廷はかねてからキリスト教の最大の敵であり、都におけるキリスト教禁令の勅《ちょく》は、まだ有効性を保っていたのである。そうだとしたら京都の馬揃えにキリシタン宣教師がいていいわけはない。しかも上記立花氏の論証によると、天皇側はこの催し物に出ることを、信長から「強制されて」いたのであった。このときの朝廷側の怒りは、想像するにあまりあるものがある。

問題はこの間《かん》、信長と朝廷のあいだに奇妙なトラブルが続出していた上に、このような侮辱が加わったということである。奇妙なトラブルとは、信長が天下をとるにあたって、かつて将軍がやったように、またあとで秀吉や家康がやったように、朝廷からなんらかの官職をもらわなければならない時期に来ていたのに、信長がはっきりした態度を打ち出していなかったことによる。

信長が天下すなわち全国統治の意志を表明したのは、美濃一帯を平定した一五六七年（永禄十年）の「天下布武《ふぶ》」つまり武力を用いて全国統一を行うという意味の印判を使用しはじめたときであるとされている。[*38] 事実その翌年一五六八年に信長は足利義昭を擁して上洛《じょうらく》し、事実上天下人《てんかびと》への道を踏み出した。このときの信長と将軍との力関係はどうだったかというに、安丸良夫氏によれば、彼が一五七〇年に将軍義昭と交わした五箇条の「条々」では、彼は将軍の行動を規制し、その管理下に将軍をおいている。その第四条「一、天下之儀、何様ニモ信長ニ被任置之上者（まかせおかるる）、不寄誰々、不及得上意、分別次第可、為成敗之事」。これは、天下を掌握するのは信長であり、その意思（分別）が将軍の意思（上意）に優越することを示すもので、これでは将軍は傀《かい》儡《らい》にひとしい。

はじめの三箇条も、将軍の発する「御内書」には信長の添状が必要であるなどと規定し、信長の権力が将軍を上回っていることを示すものであった。最後の条は天皇のことにふれていて、「天下御静謐之条、禁中之儀、毎事不可有御油断之事」とある。信長の支配する天下には、朝廷も含まれていて、これをふさわしく盛りたてることが将軍に要求されている。[*39] しばしば私が疑問に思ってきたのは、信長は永禄十一年以来、天皇や親王のために御所を修理したり、親王の元服費用を負担したり、天皇領地を回復したりと、さびれていた朝廷を大いに盛りたてたのに、どうして最終的に将軍や左大臣や関白、征夷大将軍などにならなかったのかということだった。また彼の本来の野望にふさわしく朝廷を軽んずるならば、なぜそのような貢献をしたのだろうかということだった。

安丸氏は、天皇、公家、将軍、寺社が「規範的秩序」を象徴しており、信長が天下を掌握するとは彼が武力を背景として、これらの勢力にしかるべき位置を確保することにほかならないので、戦乱の継続によって形骸化した「規範的秩序」を回復することが信長に求められたからだとしている。つまりここは安丸氏の言うように、「天下をとるにはとるべき天下がなければならなかった」。すなわち、下克上麻《あさ》のごとく乱れた乱世は、全国統一に向かない、彼以前にも多くの武将が試みて共倒れになってきた戦国の世を終わらせるには求心力のある中枢とその力のおよぶ秩序を回復し、しかるのちに、その上に最後に帽子のように彼が座ることだと思っていた、そのような解釈で納得できる。

また立花氏は「少なくとも、全国制覇達成のときまでは」天皇は信長の権威のためになくてはならない存在だったと考えている。というのは、信長はもともと自分の侵略戦争でしかない朝倉攻めをする際に、天皇から「朝敵征伐」という大義名分を獲得し、天皇のために「天下を静謐《せいひつ》にする」ということで、天皇に戦勝祈願をさせている。このように信長は朝廷の敵を滅ぼし、天皇のおさめる天下を平定するという名目で、しだいに全国を支配下においていったのである。天皇は信長の世話になっているので、それは朝敵ではないだろうとは言えない。しかし、これは朝廷や公家にとってしだいにストレスになる。

天正元年に将軍が京都を退去すると、彼は武家単独政権を獲得した。これは一歩前進であった。武田氏を滅ぼしたときにも、彼はそれを朝廷のために天下を平定したのだと、加茂神社衆にあてて書状を送っている。[*40] 信長は一五七八年（天正六年）に正二位、右大臣、右近衛大将となった。「徳政として公家の本領還付せられ、主上・公家・武家ともに御再興、天下無双の御名誉これに過ぐべからず」と『信長公記』は書いている。

結局、多様な性格をもった社会諸勢力にその権力意思を貫徹させるさいには、既存の秩序原理に依拠した正統化が必要で、武威による制圧と正統化が結合する必要があった。それが国家公権を形成する道だったのである。立花氏はごくわかりやすく「信長は多大の困難を伴い、かつ日本史上の最大の賭けというべき全国制覇を、虚偽で固めた『天皇の静謐』執行という大義によって強行した」と結論する。これはたいへんわかりやすい。しかし虚偽で固めたという言いかたにはすこしひっかかる。これは有効な戦略と言うべきものであろう。乱世を終わらせて全国統一を行うには、天皇のもつ権限が不可欠だったから、実際には自分が支配しているにもかかわらず、天皇を利用したのは信長にかぎったことではない。秀吉も徳川も同じである。彼らは信長がやったことを学び、それを継承し、信長が失敗したようにはやらなかった。

さて、それならば、いったい信長は、朝廷になにかそれ以上の官職、たとえば将軍職などを要求したのだろうか。じつは例の「馬揃え」が終わった直後の二月の晦日《みそか》に、信長は朝廷に対して「左大臣推任」を要求している。立花氏の作った日譜をたどってこの間《かん》の経過をみると、彼がいったいなにをしようとしていたのか、また朝廷との関係や官職推任とこの馬揃えがどうからみあっていたのかが見えてくる。

まず天正九年正月の二十四日に、朝廷は勧修寺《かじゆうじ》晴豊を京都所司代《しょしだい》村井貞勝のところへ遣《つか》わして、信長が京都で開催する左義長《さぎちょう》という祭りを天皇がごらんになるという旨を伝えた。この左義長というのは、伝統的な宮中行事で、やはり馬を用いた競技のようなものであった。しかし、同じく立花氏によると、このとき、信長側は最初から前例のない「馬揃え」に天皇の臨席を要求していたのに、天皇側の違和感を埋めるために、勧修寺が宮中になじみの左義長ということにしたのだと史料をあげて説明している。というのは、その前の日、二十三日に、信長は光秀に「馬揃え」をやるから諸大名に通知せよと申しわたしているからである。

同年の二月五日に、朝廷はふたりの女房を安土に下向させて、左義長天覧の希望を伝える。これで信長はじつは「馬揃え」に天皇の臨席を仰ぐことを決めたことになる。そして二月二十八日、信長は「馬揃え」を京都で開催する。その直後、三月一日に自分を左大臣に推任するように女房勅使をよこすことを要求した。ところが、信長を左大臣に推すことには朝廷とくに誠仁《さねひと》親王が反対した。この反対の理由は学者のあいだに数説あるが、納得できるのは、左大臣のポストがあいていない、一条内規《ないき》がなったばかり、ということである。

朝廷の反対に対して、信長はもういちど、三月五日にまた「馬揃え」をやった。宣教師の記述にいきいきと出ていた氏はこれは朝廷に圧力をかけるためだったという。立花ように、何万人もの武装した武士がときの声をあげて行う軍事示威を見せつけられる宮中女房、公家、内裏の心中を思えば、それはある種の脅迫であったにちがいないのである。それでもまだ朝廷は左大臣推任に反対した。そこで信長は天皇が譲位し、親王が即位するという提案をする。

このとき、天皇は譲位を望んでおらず、信長は意のままになる親王を即位させるという脅迫を行ったということも考えられ、そう考える朝尾直弘氏のような歴史家もいる。しかし、なかには堀新氏のように、天皇は高齢であってかねがね譲位を希望しており、信長が左大臣推任の交換条件として譲位、即位にかかわる莫大な費用を負担することになったので、三月九日に勅使を派遣して推任を告げたと解釈する歴史家もいる。[*41]

掘氏はこの場合、信長は朝廷と協調関係にあったとみており、したがって「馬揃え」は信長の権勢の見せつけではなく、親王の母房子の急死を慰める行事だったとみている。

しかし、馬揃えの性格は親王の喪を慰めるようなたちのものではなかったことはさきほど見たとおりでこれは納得できない。また立花氏の言うように、信長が、一度左大臣推任を要求して、朝廷が難色を示したときにまた馬揃えをやったというのはどうも不自然で、別の理由でこれでもかと圧力をかけたのだとしか思われない。

また、信長が天皇譲位を持ち出すと、朝廷がわかったといって左大臣推任を認めるというのは、率直に言って、さらなる脅迫に見える。というのは、譲位の条件を出したあとで三月九日に勅使が左大臣推任のために行くが、そのとき、信長は譲位のあとにと答えて受けないのである。もし信長が左大臣になろうと思っていたのならば、このとき受けるのが自然だが、これを拒否して譲位のあとにと言ったのは、立花氏によれば宮中を翻弄しているのだということになる。しかし、もしも、天皇を譲位させるという脅迫を受けたから宮中が推任する提案をしたのだとするならば、譲位しなければ受けないよ、という行為に出たのだから、それは筋がとおっており、朝廷に対する信長の傲慢をよく示している。

いずれにせよ、宮中からか、または信長からか、もの忌みの理由で、譲位は延期され、したがって左大臣就任もうやむやになった。

この問題は翌年の天正十年四月に再燃する。この年の四月二十五日の『晴豊公記』の一部「天正十年夏記」には、この日、朝廷が信長を将軍か、太政《だじょう》大臣か、関白か、この三職のいずれかに推任する勅使、女房を安土に下向させることを決め、勅使は五月四日にこの旨を伝えたが、信長はこのような朝廷の意向に対して意志の表示を避けた。信長は小姓《こしょう》森蘭丸を出して、なんのための勅使であるかを尋ねさせる。勅使は「関東打ちはたされ珍重候間、将軍になさるへきよし（武田氏を討伐した功績で、天皇・親王が信長を将軍にしようとしている）」と述べる。これに対して「上臈《じょうろう》にお目にかかりながらお返事申し上げないのは、いかがかと考えるので」という理由で会おうとしない。五日にも会おうとせず、六日に上臈が文を書いたのでやっと会ったがそれを受けたわけではなかった。

立花氏はこの三職推任問題と、一ヶ月後の本能寺の変とは関係があるとして、信長を許すべきではないと思った宮中がなんらかの働きかけを光秀にしたのではないかと示唆されている。[*42]本能寺の変四日後の六月七日に、朝廷は、信長を討った明智光秀に勅使を遣わし、九日に光秀が上洛し、五摂家全部が迎えている。朝廷は信長の滅亡を大喜びしたのである。

立花氏は、朝廷は信長にふりまわされて疲弊しきっていたと解釈しているが、もっとも筋のとおった見かたをすれば、朝廷は、早く信長を将軍にしてしまい、かつてあったような既存の秩序の下に組み込みたかったのではないかと考えられるのである。しかし、信長は天正十年段階では、もはや将軍になる意思はなかった。それでは今までとなにも変わらない。かつて鎌倉幕府があり、足利幕府があった。こんどは織田幕府か？　信長がそれに満足するとはとうてい考えられない。

フロイスは、信長の最終目標は「アジア征服」にあったと述べている。信長は「毛利氏を征服し終えて日本の全六十六ヶ国の絶対領主となったならば、中国にわたって武力でこれを奪うため一大艦隊を準備させること、および彼の息子たちに諸国をわけ与えることに意を決していた」*43

秀吉は、信長の計画を継承し、失敗したにすぎない。このように考えれば信長の奇行も理解できる。なぜ熱心にキリシタンを保護したかも納得できる。すべてはこの「壮大」な計画のために利用できるからである。武器、大砲、艦隊、スペイン王との同盟。それもあるいは可能であろう。もともとインド総督とイエズス会管区は中国のキリスト教化を望んでいた。自分がキリスト教を保護する日本国の国王となり、かつ東アジアの帝国の王となることは、スペイン・ポルトガル王がやっていることとまったく同じである。その国際事情を彼は足しげく安土の教会に通って神父から聞いていた。フロイスは信長について「恐ろしいまでに傲慢不遜」と書いている。その目が世界を見ているのならば、これほど傲慢不遜なことはない。もはやどのような同時代人とも同じ次元にいないのである。

信長の中国支配の意志は信長側史料にはない。しかし、立花氏はつぎのように喝破している。「信長はイエズス会の布教活動、さらには南蛮諸国の貿易と一体化して植民地政策と連動して全国制覇を遂行しつつあった」と。そして「もしこの命題が成立すれば、そのときこそ、信長を日本史上の革命児として位置づけることが可能になり、南ヨーロッパから東アジアを経由して押し寄せる大航海時代の植民地化主義の余波を安土城に見いだすことができるであろう」

したがって、「馬揃えのもっとも重要な歴史的意義は、日本からヨーロッパに向けられた全国制覇のメッセージ」である。

ローマ教皇に献上された「安土城図」

前にも述べたように、安土城の命はとても短かった。信長はこの山上都市の壮麗な景観を精密に金屏風に描かせた。それがほとんど唯一の史料になったはずである。しかし信長はこれをヴァリニャーノに与えた。

一五八二年二月十五日付けのコエリョの手紙にはこのいきさつがつぎのように書いてある。「信長は以前よりもさらに大きな恩恵を彼（ヴァリニャーノ）に与えたが、……わたしが語るべき恩恵のひとつは日本の諸公が用いる類いの装飾用の壁を作ったことで、これは彼らのあいだで非常に珍重されており、屏風と称するものである。彼が屏風を作らせたのは一年前のことであり、日本でもっとも著名な画工に命じて、これに当市と彼の城を寸分たがわぬほどありのままに、また湖および諸邸宅などをすみずみまであたうかぎり正確に描かせた」[*44]

信長はこのできばえにたいへん満足していて、大評判になったが、彼はめったにこれを人に見せず、見せるときには大恩恵として寵臣《ちようしん》数名にしか見せなかった。「そして内裏がその評判を聞いて使者を介して、それを見せるように信長に伝えた」。内裏はこれを「大いに気に入って所望する旨信長に伝えたが、信長は知らぬふうをしてこれをけっして贈ろうとはしなかった」

ところが、このコエリョの書いたことは、宮中の女房日記である『お湯殿の上の日記』の記事とは全然ちがっている。日記の天正八年八月十三日条に「安土のありさまを源七郎（狩野永徳の父松栄）に描かせて村井貞勝が天皇の高覧に供した」とあり、あくる日の十四日条には「昨日の屛風に、勅書をと頼まれ、悪筆を染めいたす。これを勧修寺晴豊、日野輝資にもたせて信長に返した」という意味のことが書いてある。これによると信長のほうが禁裏《きんり》（宮中）に屛風を運びこませて、天皇の勅書を求めたことになる。

この両方の記録のくいちがいについて、立花氏は、信長が最初からヴァリニャーノへ帰国の土産に贈るつもりで、屛風に重みを持たせるために天皇の賛《さん》を要求し、しかもヴァリニャーノには天皇も屛風のみごとさに感動して懇望するほどだったと言って贈ったのだろうという想像をしている。もしかしたら、それはじつにみごとだったので、天皇が献上せよと言ったかもしれない。しかしこの日記は事実しか書かないので、そのへんはわからない。あるいは使いの公家がお世辞でそういうことを言ったかもしれない。ただ信長が天皇の賛を屏風につけるために要求したことはうそではない。それも天皇には見せたいという気持ちが最初にあったのかどうか、ただ利用しただけか、それは不明である。

しかしコエリョの言うことによれば、信長は最初からヴァリニャーノに贈るつもりではなかったように見える。

「ヴァリニャーノが帰国することを知ると、彼のもとに愛情あふれる丁重な伝言を送り、巡察師は、『いとも遠方より謁見のために訪れ、当市に長期にわたって逗留し、信長が司祭に与えた家をたいそう尊重する考えを示したので、彼に深く感謝するとともに、記念および、司祭たちへの情愛の印としてなにかを贈り、同師が帰国する時にたずさえて行くことを望むが、貴重品について考えたところ、高価な物はことごとくヨーロッパからの招来品であるために意に叶《かな》うものが見つからない。ただしここのコレジオを描いて持って行く希望があるならば、と考えて、自分の屏風をお目にかけるために届けた、もし気に入れば留め置けばよいし、気に入らねば送り返すように』と伝えた。

われらがまだ到着し、屏風を開いて見ぬうちに、さっそく、ひとりの武士が信長からの別の伝言を携えて到着し、屏風が巡察師の気にいらねばただちに彼のもとへ送り返すようにと伝えた。これは非常に楽しくかつ陽気に行われたので、伝言の使者はこれを遣わした人の情愛と親しみをよくあらわしていた。

「司祭は屏風がどれほど気にいったかを彼に伝え、信長はこれに大いに満足して、司祭はこれにより彼の深い情愛を覚えるであろうと言い、なぜなら、かの品は信長が大いに気に入っているものであり、内裏がこれを求めても断わったほどであるが、司祭に贈ることは大いに喜びとするからである。それは彼が司祭に対していかに心を遣い、尊敬しているかを日本じゅうに知らしめるためであり、かつまたいかに恩恵を与えているかの証《あかし》とするためである。たとえ彼に千クルザドス与えたとしても、金銀に事欠かぬためたいしたことではないが、己れの好むものを手放して司祭に与えることは、それだけにきわめて重視すべきことであると述べた」

この一件はたちまち大評判になってこの屏風をひと目見ようとして大身や武士たちが修道院に駆けつけ、信長の二男信孝もやってきて大騒ぎになった。これを見ると信長は息子にも屏風を見せていなかったらしい。そこで神父らはこの屏風を見るためにやってくる群集のためにそれを教会で展示しなければならなかった。またヴァリニャーノはこれを中国、インド、リスボンを経てローマに持ち帰り、必ずやローマ教皇に献上するであろうと言った。それこそ信長が期待していたことであった。信長は自己の都市が世界に展覧されることに大きな満足を覚えたにちがいないし、まさにそのために、いかにも手放すのが惜しい屏風をあえて贈ったのであろう。内裏がほんとうに欲しいと言ったのか、それがだれかの作りごとかは別として、信長はここで、「天皇ではなく、世界の王に」この都市図を贈るのだというメッセージを伝えたかったのである。
以前から私は、南蛮画のなかでも非常に有名な「泰西王侯図」や「世界都市図」などを信長マインドなジャンルだと思っている。美術史家によると、今、神戸市立美術館や長崎県立美術館にあるこれらの重要文化財は、キリシタンが禁圧され宣教師が追放された、おおよそ江戸時代初期に描かれたことになっているが、これらの絵の発想は鎖国以前のものであり、とくに織田時代のものである。世界の主要な都市を描く屏風には、世界に向けられた織田時代の開かれた視線があり、世界の王侯の華美、勇壮な騎馬姿を描くこれらの屏風絵には、信長の「馬揃え」姿が重なっている。[*45] 同じころに制作された世界地図屏風とともに、日本絵画史のなかでもたいへんに特異なこの一群の異国図は、島国日本が世界を認識したある光彩に満ちた短い時期の貴重な記憶である。[*46]
西欧に日本の都市と日本の王侯の美意識と画家の技能を伝えた安土の屏風は、荒波を越えて、ほんとうにローマ教皇に献上された。ヴァリニャーノが派遣した少年使節のひとり千々石《ちぢわ》ミゲルのことばとして、『日本遣欧使節見聞対話録』にはこう書いてある。
「(一五八五年四月四日)この日、教皇猊下《げいか》はわれわれと親しく会話をなされる日に決められた。……教皇はこの上なくねんごろに親しくおあしらいくださった上、日本のさまざまなことについてじつにたくさんのご下問《かもん》があった。たとえば日本の島々にいるキリスト教徒の数はどのくらいであるか、いかに多くの寺院が、神および聖者のために奉献され、建立されたか、そこにヨーロッパのパードレがどのくらい生活しておられるか、聖儀はどのようなしかたで行われているか、どうすればもっと多くの収穫が日々期待されうるか、……それらのひとつひとつにわれらがお答え申し上げると、教皇猊下はいかにも全キリスト教徒の御父らしく喜ばれ、いまにも踊り出そうというばかりであった。
　この日、われわれはわが国から持参した若干の贈り物を敬意の徴《しるし》として猊下に奉呈した。その贈り物のなかに巡察師さまに信長が贈り物とした絵画もあり、この絵画のうちには信長が築いた安土の非常に広大な城壁が描かれていた。この贈り物を献上したとき、猊下はたいへんご満足のようすをはっきりと示され、ただちにわれわれを宮殿の奥の書斎へ案内された[*47]」

　この屏風はヴァティカン宮殿のなかの「地図の廊下」に置かれていたが、いつのまにか行方不明になった。秋田裕毅氏はこれは湿度の差によるもので、乾燥のために破損した紙が剝《は》げ落ちて、骨になっている屏風がポルトガルのエヴォラにあることから、おそらく乾燥と修理方法の知識のなさで放置された結果消え去ったのであろうと推測する[*48]。安土桃山時代の貴重な美術であり、今はなき安土の都市図がこれで永久に消え去った。そこには青い屋根をもつ安土の天守閣と、同じ青い屋根をもつキリスト教住院が描かれているはずだった。

ヴァリニャーノが拝領した屏風を九州に持って帰る道のりは、信長のキリスト教保護をいっそうひろい階層に宣伝するものになった。「日本で最上位にある公家たちのひとり」は、巡察師が豊後に帰るにあたって通過することになっている各地の領主に書状を送って彼のことを紹介し、信長がいかに彼に名誉と歓待を与えたかについて知らせた。堺から豊後までの船旅はあいかわらず危険で、こんどは嵐に会い、沈没寸前までいったが、ようやく豊後に着いて、さらにそこから長崎まで行った。屏風を捧げての、ヴァリニャーノの九州への帰還はまさに凱旋行列であった。

もし、カブラルの言うことを聞いて、ヴァリニャーノが近畿へ視察に行かなかったら、彼は最初に九州に着いたときの暗鬱な印象をもったままゴアに帰ったであろう。九州にもどってきたとき、彼の最初の印象はすっかり変わっていて、のちのちまでその基本的な日本観を決めるものになった。ラウレス師は、ヴァリニャーノの布教理念が固まったのは、布教の方法が、カブラルのやりかたよりもオルガンティーノのやりかたが実際に成功しているのを見たからだと述べている。

「いかにオルガンの好ましい信頼すべき性格が日本人の心を獲得しているかを実際に見たので、彼のやりかたを九州でも実行しようと思い、日本人を嫌悪軽蔑しているカブラルを更迭《こうてつ》させた」

そうすると、『日本の礼儀作法』などはオルガンティーノの武将や領主との交際ぶりを実地で見て、その成功を知った結果であった可能性がある。オルガンティーノは肉食をやめ、すべてを日本人に合わせていた。しかも多くの君主、かの秀吉さえ彼を愛した。のちに秀吉がキリシタン迫害をはじめたとき、石田三成がオルガンティーノの名前を言ったので、秀吉は「神父皆殺し」を思いとどまったほどである。

またヴァリニャーノの日本人観であるが、彼がもし五畿内に行かず、もし信長に会わず、もし右近に会わなかったら彼の日本人観はずいぶんちがっていただろう。日本人は古代ローマ人のようだという感想は、彼らが高い文明とストア派的気質をもつ騎士であることを共感をもって知った結果である。これは信長のほうも同様であって、神父の気品や誠実さが、裏切りになれている彼にとって一掬《いっきく》の清涼剤であった。キリスト教徒は裏切らない、その信頼は、信長にとって天下の乱の原因である下克上を止めさせるための解毒剤に見えた。右近への寵愛はそのあらわれである。のち、秀吉さえもが右近の清廉を愛し、彼をそば近くにおいた。

なににもまして、ヴァリニャーノにとって、京都と安土における信長のキリスト教会に対する絶大な保護をつぶさに見たことが重要であった。このことは、日本における布教の将来を明るく照らすものに思えた。彼はついにザビエルの悲願を達成した。日本における国王にひとしい天下人《てんかびと》の保護を得た教会を確認したからである。それは彼に、日本での信仰の隆盛はヨーロッパにおける打撃をつぐなうものになると思わせた。

そしてこの視察のあいだに、ヴァリニャーノに、ローマ派遣使節の最初の構想が浮かんだにちがいない。歴史家たちは、その構想が最初に浮かんだのは、高槻における聖木曜日の聖式に参列したときであり、そのとき、彼は永遠の都ローマにおけるこの日の印象深い儀式を回想し、復活祭と聖体祝日の宗教的集団示威はまた彼を感激でみたしたからだと考えている。またそのほかの歴史家は彼が少年使節派遣を考えたのは、おそらく神学校の少年たちを見て日本教会に希望をもったからだと考えている。

一五八一年耶蘇《ヤソ》会年報は信長のコレジオ訪問をつぎのように伝えている。「信長はカザの最上層（コレジオ）に昇り、一同を下に留め、パードレ、イルマンと大なる愛と親しみをもって語り、時計を観《み》、また備えつけのクラヴォおよびヴィオラを見て両方とも演奏させ、これを聴いて喜んだ。クラヴォを弾いた少年は日向の王の一子（伊東義勝）であったが、これをほめ、またヴィオラを弾いた者もほめた。つぎに鐘そのほか珍しき物を見に行った。これは異教徒が珍しき物を好んで観覧しに来るゆえ、パードレは彼らを引寄せるために住院に備えつけたものである。これによってわれらと親しみ説教を聴くに至ることは日々実見するところである。今日まで日本に送って日本人がもっとも喜んだものはオルガン、クラヴォおよびヴィオラを弾くことである。それで安土と豊後にオルガン二台を備えつけ、また諸処にクラヴォを備えつけてあるが、右は異教徒を動かしてデウスの教えの荘厳なることを覚《さと》らしむるためはなはだ必要なものである」。のちに秀吉も使節が帰朝して奏楽を行うのを聴き、感動している。*49

たしかに、神父らは、安土のセミナリオに信長が突然やってきて、少年たちが奏《かな》でるクラヴォとヴィオラに聴きほれ、なかなか帰ろうとしなかったのを見て感激した。信長がとくにほめた少年はクラヴォを弾いた日向の領主の甥、伊東義勝だった。このことはヴァリニャーノの脳裏に深く刻まれた。日向は豊後の領主大友宗麟の親族である。のちに宣教師報告は、ヴァリニャーノがスペインとローマに派遣する使節の正使として白羽の矢を立てたのは、この少年だったと書いている。東西を問わず、すべての人間にとって愛すべき者に見える少年を彼は日本とヨーロッパの掛け橋にしようと思った。

このようにして、五畿内から帰ったヴァリニャーノは、キリシタン諸侯の使節をローマに送って、教皇に日本教会の存在を知らしめ、この重要な教会への積極的な援助をカトリック教会の中枢部においてかち得るため、そして神学校の基礎を確実にするために、自分でローマに行こうと決心した。思えば、ヴァリニャーノが少年使節とともに日本を去ったときが日本におけるキリスト教教会の絶頂期であった。

第四章　遙かに海を行く四人の少年

東方三賢王の礼拝

巡察師は安土から、そこのセミナリオでラテン語を教えていたポルトガル人修道士（一五八二年にマカオで司祭になった）のディオゴ・デ・メスキータを九州に連れて帰った。彼は少年使節の長期の旅におけるラテン語の教師として、終始ローマまで付き添っていき、いっしょに日本に帰って迫害の時期にも日本に残り、日本を愛して日本で死んだ宣教師である。彼の手紙は今まで重視されなかったが、イエズス会古文書館で、結城了悟師が見いだして翻訳された。彼は終始ヴァリニャーノに共鳴し、彼にきわめて近かったので、その語るところはもっとも巡察師の真意に近いものと思われる。

それによって、巡察師は、最初自分がみずからローマに行き、教皇に日本の教会についての援助を乞《こ》うつもりであったことがはっきりわかった。「ヴァリニャーノは布教が日本で大きな成果をあげていることを確認したので、長崎から『ローマへ帰る』準備にとりかかった」と彼は書いている。[*1]

「ローマへの旅の目的は、教皇様とイエズス会の総長に日本の教会と宣教事業について報告することであった。日本の信者が父として仰いでいる巡察師がローマへ行くという好機に、この武士(使節)たちのローマへの旅を計画するのは自然のなりゆきであった」

いっぽうフロイスはこう書いている。「パードレは……天下の主(信長)からは多大の厚情、尊重、歓待を受けて、再びシモ(北九州)へ戻られた。パードレは……インドへ、さらにそれよりローマに向かって帰るための準備をなされた。豊後の王フランシスコ、大村の領主バルトロメウ、有馬の領主ドン・プロタジオは有力なる諸理由により、ぜひこれらの使節をローマに送り、同時にわが国王フェリペ陛下をも訪れ申すのは時宜に適したことであると考えていたが、この希望が延び延びになっていた。その折、巡察師が乗船するに先立って、これらの諸侯に告別におもむいたとき、にわかにそれを実行しようと意を決するようになった」

フロイスはこの希望は三人の大名に前からあったもので、それが急に話がまとまって実行に移すことになったとあり、メスキータはむしろ巡察師側の意思を重視しているようにみえる。フロイスが三人の大名の意思を強調したのは、あとで述べるように、四人の少年使節はヴァリニャーノの捏造《ねつぞう》であって、大名は関与していないという中傷が出て来たために、そのスキャンダルが出たあとに『日本史』を書いたフロイスがある種の粉飾を行ったのではないかと思われる。

巡察師は日本で三回宣教師協議会を開いている。会議は最初は一五八〇年十月に豊後で、つぎは一五八一年七月に安土で、最後は一五八一年十二月後半（どの史料でも日にちがわからない）に長崎で開催された。明けて一月六日にヴァリニャーノはこの会議決議文をまとめて署名した。これは近畿地方の布教を視察し、信長に会ったあとのことで、豊後、安土、長崎での協議会の決定事項である。[*2]これによって今後の日本の布教の方針、布教の精神、布教の規則が決定された。アンリ・ベルナール師は、この決議文に使節派遣の記述がないので、使節の計画は、署名の日付けである一月六日から、一行が出発した二十八日までの短時間に決まったのだろうと考えた。

また構想がいつ浮かんだかについての議論は、フロイスが書いた「これらの諸侯に告別におもむいたとき、にわかに」決まったという文句に左右されて、いかにも突如浮かんだかのように推測されてきた。しかしメスキータはそうなるのは「自然のなりゆき」だったと書いている。はたしてどちらがほんとうだったのだろうか。

その答えはなによりもこの協議会の最初の諮問つまり議題とその決議文に隠されている。諮問の第一とは、「この日本の問題を継続する際にとらねばならぬ方法について」であり、全員の結論はこうである。一、日本の教会は「発見されたすべての地域においてもっとも重要」である。日本はきわめて「高貴、有能、聡明、賢明、道理に従い、多大な成果がありまた今後も期待できる」。二、継続するにはもっとも危険、遠い危険な旅、「ほとんど手のつけようのない」障害。第一の障害、神父の不足。第二の障害、日本人修道士の教育制度不備。第三の障害、神父の過労。第四の障害、経済的窮乏。

決議文はこう述べている。

「諮問第一に関しては、この日本の事業は発見されたすべての地域においてもっとも重要であることが多くの理由によって立証され、かつきわめて明確に理解できる。したがって、イエズス会のみならず、教皇猊下《げいか》とポルトガル国王陛下も、当事業がいかに重要であるかについて完璧な報告を受けられるべきであり、この新しい教会の創設に関しては、あらゆる慎重さと配慮のもとで処理されなければならない」

このように、会議の決議文の冒頭の項目の結論は「きわめて重要、しかもきわめて困難」な日本キリスト教教会の差し迫った実態を、教皇と国王に「完璧に」知らせなければならないという文章でしめくくられている。このことは、この決議文を書いた一月六日以前に、おそらくヴァリニャーノは、メスキータが書いたように、「巡察師の個人的、かつ公的資格をもって、みずから」ローマに行き、日本の布教について「完璧な報告」をし、精神的経済的援助をとりつけることを考えていたと私は思う。しかし、それが決議文になかったのは、決議に至らなかったためであろう。つまり反対が多かったということだ。しかし、彼はそれを敢行した。

この決議文の末尾の文言《もんごん》をここであらためて注目したい。この一月六日の決議文はつぎのような文章で終わっている。

「……そして総会長の命ずるところに従い、今後諸上長によって整備されるそのほかの事項が同規定に記入され、そして修院の諸上長は以上の決議を時々朗読して遵守《じゅんしゅ》させること。東方の三賢王の礼拝の日に。一五八三（二）年一月六日」

なぜこれが注目されるのか？　東方の三賢王礼拝とは、「マタイ伝」の二章に書かれたイエス誕生直後のできごとである。神の子が誕生したことを星によって知ったオリエントの王三人が、「はるか東方から旅をしてきてキリストにひざまずき」、贈り物を捧げる。この日が教会暦では一月六日とされ、子供の日として今も盛大に祝われている。彼らが捧げた贈り物が黄金、乳香、没薬《もつやく》であったことから、東方貿易で利益をあげていたフィレンツェの大商人たちの記念祝祭日となり、メディチ家の館の家族礼拝堂は壁面全部が「東方から馬に乗ってきた王」とその従者で埋めつくされている。

また、世界が西欧以外に拡大されたときには、東方から来た王たちも世界地図上のさまざまな異文化を象徴するようになって、たとえばひとりの王バルタザールはアフリカを象徴するものとして黒人に描かれ、ガスパールはアジア人、メルキオールはヨーロッパ人に描かれるようになった。そして彼らはしだいに、その絵を注文した重要人物が支配したり植民したりする地域をあらわすようになったのだ。[*3] だからヴァリニャーノがこの日本における新しい布教方針をまとめた決議文の署名の日をわざわざ「東方三賢王礼拝の日」としたのは彼の心のなかの決意を示すものであったとみることができる。ヴァリニャーノの思想に密着していたメスキータには、これらのことから巡察師が東の王、すなわち、宗麟、純忠《すみただ》、晴信の「三人の王」のローマ教皇礼拝を思いついたのは、自然のなりゆきだったと思われたのである。そしてフロイス（カブラルの子分）は万事につけて巡察師の心から遠かったから、「にわかに」決めたと思ったのであろう。

さらに三十七年間も大村領で地道に布教にあたり、大村純忠の近くにいた宣教師ルセナの、読まれることの少ない『回想録』（一六二二年から二三年ごろに書かれた）には、使節派遣についてつぎのように書いてある。

「ヴァリニャーノは、はじめて日本に来たときに、日本人の高潔さや教養・高貴・礼節を、教皇やキリスト教徒たる貴族に示すため、有能で理解力と素質のある日本人青年貴族をヨーロッパに派遣しようと考えた。彼はその計画をドン・バルトロメウ（純忠）に話したが、殿にはこれが天の賜物《たまもの》のように思われた。それでただちにその年のうちにそれを実行に移すように求め、日本にとってこの上なく名誉ある仕事のために必要な援助をすべて提供することを申し出た。パードレはその四人のうちのふたり――それはドン・バルトロメウの親戚であり家臣である――のヨーロッパ行きを承認するということ以外はなにも彼に求めなかった。それでパードレは大村からはこのふたり、すなわち原マルティーノと中浦ジュリアンを派遣することに決めた。三人めは豊後の王の家臣で親戚である伊東マンショ、四人めは有馬殿の従兄弟《いとこ》でドン・バルトロメウの甥にあたる千々石《ちぢわ》ミゲルだった。

これらの四人が、ヨーロッパへ行き、教皇やキリスト教徒である貴族の盛大・華麗な歓迎を受けてヨーロッパの多くの土地を歩き回り、日本人の教養・礼儀・美しさを知らせた人びとである。この四人の青年武士がぶじに帰国し、それによってキリシタン領主も異教徒もわずかながらヨーロッパの事物を知り、これを話すのがヨーロッパ人ではなくて日本人がその目で見たことであるから、これを信用したのであった」[*4]

純忠の近くにいたルセナの言うことを信用するなら、使節派遣はおもに大村藩主と巡察師の話し合いで決められて、おそらく年内に人選もされていたことになる。

所詮行ってみなければわからない

日本から四人の少年使節を派遣する目的について、ヴァリニャーノは一五八三年十月二十八日コチン（インド西南沿岸の港）発の手紙で、こう説明している。[*5]

「これらの少年たちをポルトガルとローマに送る目的はふたつある。第一に、それは王ならびに教皇に対して、日本への物質的なまた精神的な援助を求めることである。第二の目的は、日本人にキリスト教の栄光と偉大を知らせることである。すなわち、キリスト教を奉ずる諸侯や君主らとその王国および都市の偉大さと富、またキリスト教教会がこれらの王国において占めている権力を知らせることである。

これらの日本の少年たちは以上のことがらの証人となるであろう。そして彼らは日本に帰国して彼らがここで見たものについて知らせるであろう。日本人はかつて西洋を見たことがないので、われわれが彼らに語っても信じることができなかった。しかし、彼らが帰ってこれらの証言をなせば、日本人はわれわれの権威を信じるであろう。そしてなぜそこから宣教師たちが来たのかということを理解するであろう。今のところ彼らの多くはなにも理解することができない。彼らはわれわれが貧しい国民であって、自分の国で食いはぐれたので日本になにかいいことがあるか幸運を探してやってきたのだと思っており、天国について説教をするのはただその金儲けの口実にすぎないと思っている」

ここで巡察師はけっこう切実な悩みを訴えている。世界の田舎ものである日本人は、自分の国と中国が最高だと思っているので、宣教師のことを西洋乞食のようなものでしかないと思っているのがくやしい。そういう思いがあふれている。

私もイタリアの庶民が、日本ではまだ切腹をしてサムライがゲイシャと心中していると思っているのを見ると腹が立つ。彼らは、日本の車やオートバイやコンピュータをたくさん見ているのに、その偏見をあらためようとしない。サムライがちょんまげを結ってコンピュータを抱えてオートバイに乗っているとでもいうのだろうか？

宣教師がもってきた時計や眼鏡や地球儀などを見て、それらを生み出した文化が非常に高いということがわかるのはごく一握りの人間である。

彼は続ける。「まず第一の目的を果たすために、スペイン・ポルトガル王、枢機卿、そしてそのほかのヨーロッパの君主たちが、この使節を見る（会う）ことが必要だ。彼らを見て、そして彼らと話をしてみて、はじめて日本人がいかにすぐれているか、いかに有能であるかを悟ることができるのだ。そして（日本から）宣教師たちが書き送っていることが、嘘ではないことを知るだろう。そして君主たちは、日本（の教会）を援助する方向へと動くだろう」

このように、ヴァリニャーノは、ヨーロッパの支配者たちが、アジアの島にこのように高度な人間たちが住んでいることを信じようとしない、宣教師がいくら書いても信じない、だから「実物」を見せたい、見れば信じてくれ、援助してくれるかもしれない、と書いている。この文章には、彼が、いっぽうでは、狭い中華思想のためにヨーロッパの高度の文明を信じない日本人、他方では、人種的偏見からアジア人の優秀さを信じないヨーロッパ人のあいだでやきもきし、日本人にはヨーロッパ人を、ヨーロッパ人には日本人を相互にすぐれていると認めさせたいという気持ちがあふれている。

　さて、その方法だが（ここから彼の手紙をよく読み、覚えておいていただきたい。あとでそのことが大問題になるので）、

「これらのかくも気高く誇り高い少年たち、豊後の王、有馬の王、そして大村の王ドン・バルトロメウから派遣された少年たちを、『王の名代《みようだい》として』（王の名において）、国王陛下を訪問させ、教皇猊下《げいか》への恭順を宣言させることが必要である。それは彼らに、われらの聖なる信仰のため、日本の改宗のために援助を乞うようにさせなければならないからだ。

　第二に、これらの少年たちは以上の君侯たちによってふさわしく歓迎されなければならない。そうすることで、彼らは、これらの君主たちの地位の高さ、われわれの都市の美しさ、その豊かな富を悟ることができるし、われわれの宗教がこの地で普遍的な信用を得ていることや、その正統性を理解できるであろう。したがってポルトガル王の宮廷や、ローマの教皇庁、さらにはそのほかの彼らが通過する都市において、彼らはすべての偉大で高貴な事物や、建築や、教会や、宮殿や、庭園や、そのほかのこれに類するもの、たとえば銀の聖具や、豊かな聖遺物や、彼らを教育するさまざまなものを示されなければならない。そして彼らを教育しないようなもの、教育に害があるものは見せないでもらいたい」

しかしながら、これらの研究の権威であるデリアは、ヴァリニャーノの意図をもうすこし拡大して解釈している。というのは、ヴァリニャーノはパードヴァ大学を出てからすぐにローマでパウルス四世の宮廷に仕えていたので、非常にローマを愛していた。デリアはこの郷愁、そして恨み（教皇庁でのキャリアの中断）が彼に使節の派遣をさせた理由のひとつだと考えた。[*6]むろん私も前の章で、彼がローマのことを考えたのは、彼がローマの教皇庁をよく知っていたからだと書いた。デリアはヴァリニャーノの動機は三つあったと言っている。ひとつは、日本人にほかの国を見せること、知らせること。とくにキリスト教がさかえている西欧を知らせたいということ、なによりもそのころ中国や日本人やシャム人が信じていたこと、つまり自分たちが知っているわずかな国のほかには国がないという考えをとりのぞくこと。宣教師は自分の国のことがまったく知られていないこの国で、孤独な流され者のような気がしていたからだ。

第二は、これは私には切実なことだったと思われるが、キリスト教を信じる西欧の諸国の注意を日本にひきつけたい。そのことで彼の日本における布教の意義を知ってもらい、経済的な援助をしてもらうことだった。

もうひとつ、教会内での政治的な理由として、かつて例を見ないほどの遠い国の君主が教皇のもとに来て彼に拝謁《はいえつ》することが、この時代の教皇庁にとって非常に重要なことであったということ、つまり、教皇庁はかつてこれほどの遠隔地から位の高い拝謁者を迎えたことはなかったのだから、これによって教皇庁の威信がついに東方にまで及んだということが世界に示されるわけである。実際、これは大成功をおさめた。ヴァリニャーノの計画のなかで完全な成功をおさめたのはこの第三の意図であった。

いっぽう家永三郎教授は『外来文化摂取史論』のなかで天正少年使節の意義についてこう書いている。「日本にくるものは所詮断片、(ほんとうのことは)行ってみなければわからない。大友、有馬、大村の三侯の遺欧使節はその意味で日本人がヨーロッパ文化の中に身を置き、その実際に直接接した最初の出来事として、日欧文化交渉史上もっとも重要な役割を果たしたのである」*7

地球と十字架

ところで、大村純忠には使節をローマに送るどのような理由があったか?

まず、純忠は日本の大名のなかで、最初に洗礼を受けた人間だった。彼は一五六三年(永禄六年)に改宗したが、これは総勢で三十人以上になるキリシタン大名のトップである。純忠の改宗の理由は、『キリシタン大名』という引用される頻度の高い本を書いた有名なシュタイシェンによると、信仰のためというよりは、「ひたすら領土の繁栄とその安泰」のためであった。*8

純忠の義父で先代の領主であった大村純前《すみあき》には嫡子《ちゃくし》がなく、庶子の貴明《たかあきら》がいたが、純前は彼を後藤純明《すみあき》の養子に出して、有馬晴純《はるずみ》の二男であった純忠を迎えて大村家の跡継ぎにした。ここで有馬と大村は血縁つづきになった。もともと大村家は有馬家から出ていたので、この養子縁組は難なく行われた。しかし、実子をおしのけてとくに選ばれた純忠は、大村家の防御と振興のために重い責任を感じることになった。

そのため彼の一生は、大村を狙う佐賀の龍造寺ら強力な大名から大村の領土を守り抜こうとする戦いに費やされた。それは人質となった跡継ぎや、嫁にとられた娘など、肉親の生命や愛情を引き裂かれるような苦悩を含んでの、壮絶な戦いであった。佐賀の龍造寺は下克上で大名になりあがった戦国大名で、大友と九州の覇権を争っていたが、大友の宿敵毛利と組んで周辺諸国に攻め入り、一五七三年（天正元年）には、久しく大村を悩ませていた平戸の松浦隆信を屈服させ、同じく純忠に反乱した、大村の庶子であった後藤貴明をも従えて肥前全部を征服する勢いだった。大村はどうみても四方みな敵にかこまれた状態であった。

そうした危機的状況が、彼に思いきった行動を起こさせた。長崎港をイエズス会へ譲渡することである。それはつまり、日本の土地の一部を、外国人が主宰する一宗教団体にわたしてしまうということである。このようなことはいま考えると驚くほかはないが、この戦国時代には、一国の大名は、彼の上のいかなる権力にも支配されておらず、彼がやろうと思えばその領土に関するかぎりどんなことでもできた。同時に、彼が危機に陥ったときにはだれも彼を助ける者はなく、たちまち領土を失って無一文になることもあった。彼らはまさに「人は人にとって狼である」という状況にいて、多くの場合、まったくの孤立状況にあった。天下が統一されて最高の権力者がいっさいの争乱を禁じ、動かない秩序によって自分の全国支配の組織を固定させるまでは、大名は自分の領土の一部を教会に寄進することもできたし、寺社に寄進することも勝手だった。ただしそれらを暴力で取り上げるのも勝手だった。こういう事情がなければキリシタンはこれほど大きくならなかったであろう。領主はそうと望めば領民全部を改宗させることもできたからである。全国統一を達成した秀吉以後、はじめて国家規模の思想統制（キリシタン禁止）が起こってきたのである。

ところがこの自由は保証のなさと裏腹で、日本に教会を建てて布教している宣教師の側からいうと、その布教権も財産権も、生命の保証さえも、いっさい日本の法律によっては保証されていないのだから、すべては領主である殿の意思にかかっていた。殿の許可や命令がなければ教会は存続する基盤が全然もてない。殿が考えを変えたり、迫害に転じたり、または領土が別の宗旨の殿のものになったりしたら、そのとたんに生命、財産、布教は根拠を失うか、壊滅する。

しかし、ヨーロッパでは、むろん時代によって国によってさまざま曲折はあったものの、このころのカトリック国においては、教会は世俗の権力から独立した権利を法律によって保証されていた。教会は独自の裁判権ももっていた。教会法二二一四条には「教会はいかなる人的権力からも独立して、自己に従属する犯人を霊的ならびに物的刑罰に服させる本来にして固有の権利を有する」とある。*9

世俗の権力から独立したこのような権利に守られていない以上、君主にすべてを依存するしかない日本の布教の状況はまったく不安に満ちたものであった。

いっぽう、四方を敵に囲まれた戦国大名の側からすると、宣教師と結ぶと明らかな利益がふたつあった。ひとつはいうまでもなく「交易による収入の増大」つまり大儲けによって藩の財政を豊かにすること、これで武器・食糧・城塞などを準備して敵との戦争に優位を占めることができる。豊後（大分）、大村（長崎、福田、横瀬浦）、有馬（ロノ津）など良港をもっている領主がまっさきに入信したのはそのためでもある。ただし同じような地理的条件があっても、平戸や薩摩や博多のように全然改宗しない例もあるので、けっしてただ交易のためにのみ心を偽って入信したわけではない。それには内面の納得があったことだろう。もうひとつの利益は、宣教師の背後にある西欧諸国を味方につけるという外交政策である。それも結局は経済的、軍事的な支援を視野に入れてのことであった。

純忠が家督をついだのが一五五〇年（天文十九年）、ポルトガル船がはじめて平戸に入港し、ザビエルがはじめて平戸を訪れた年であった。これを皮切りに平戸では、ポルトガル商船との貿易が活況を呈し、勢いキリシタンも増えていったが、領主松浦隆信は仏教を信じており、領内の仏教徒も勢力をもっていてこの間の紛争が絶えなかった。平戸貿易が終息したのは、一五六一年（永禄四年）に起こったポルトガル船員十五名殺害事件のためである。この争乱は最初、平戸の氏神の前で、ひとりのポルトガル商人と日本商人が商談中に喧嘩になって、日本人が生糸で外国人の頭を殴ったので、外国人が剣を抜いて日本商人に傷を負わせたことから始まった。そこへ船長と船員がやってきて、松浦の家臣が加わり、船長以下十五名を切り殺してしまった。ことの起こりは喧嘩であったが、このような多数の殺害については当然当局は厳重な調査と罰とを与えるべきだった。しかし、松浦はそれをしなかったので、ポルトガル人は二度と平戸に寄港しないことを決めた。*10

いっぽう、フロイスによれば、イエズス会のほうでもなにかと問題の多い平戸を避けて良港を探しており、ひそかに大村領の横瀬浦の湾内を測量した。この測量にはルイス・デ・アルメイダも関わっている。測量の結果この港湾は大型船の入港にさしつかえがないことがわかったので、この計画に加わっていた京都のキリシタン、近衛バルトロメウが大村藩の家老伊勢守《いせのかみ》に直談判し、その結果、おそらくその家老の熟慮の結果、ザビエルのあとをついで豊後にいるトーレス神父がこちらに来てくれて、キリシタン宗門を説いてくれるならば、この地をイエズス会に開いてもよいと返事をした。この家老は、ポルトガル商人のあいだになみなみならぬ勢力をもっているのはじつはイエズス会の宣教師だということを知っており、これによってポルトガル船を大村領に誘致できると考えたものと思われる。

純忠はそれならばということで、当時キリシタン布教の中心地だった豊後の長トーレスに手紙を送り、ポルトガル商人に口をきいてくれれば宣教師にほかのどの大名よりも有利な特権を保証すると書いた。その特権というのは、十年間横瀬浦の港とその周囲の広大な土地を無償、無税で貸す、仏教徒は宣教師の許可なしにこの地域には居住できない、イエズス会士のために住院を建て、その維持費も出そうというものだった。

トーレスは非常に喜び、すぐにルイス・デ・アルメイダを派遣した。このときのくわしい事情はフロイスが『日本史』に書いている。要するに、イエズス会にとっては、定期的に宣教師や商人が寄港できる母港のようなものがほしかった。また大型船が寄港する水深の深い良港、嵐や台風を避ける港がほしかったが、その双方の希望がここで合致したので、この契約は、手続きは日本的で複雑だったがうまくいった。それが一五六二年（永禄五年）のことである。この年はじめてペロ・バレートの船が横瀬浦に入港した。

こうして横瀬浦には、ポルトガル人や日本の商人やおおぜいのキリシタンが集まってきて、大村の領土のなかでも、もっとも繁盛した町になった。純忠は政策が成功したことに満足して、約束どおり住院を建て、ひまさえあればそこへ行って宣教師と親しくまじわった。そのようすはフロイスの『日本史』にあるが、純忠の入信のしかたはまったく宗麟とはようすがちがう。一口にいえば、宗麟が幼少からポルトガル文化や宗教に心ひかれ、禅宗を研究し、どちらが自分を救ってくれるかを考えて改宗したのに対し、純忠はとにかくどうすればいいキリスト教徒になれるかを一所懸命勉強した、つまり、最初から政策としてキリシタンになることを決めていたとしか思われない。だから彼はひどく熱心に教会の祝祭暦や、キリシタンの心得を勉強した。当然ながら、シュタイシェン師は、たとえ動機はそうであっても、彼が結局あらゆる苦難に耐えて二十五年間キリスト教徒として誠実に己《おのれ》をまっとうし、家族をも入信させたということを見れば、彼が衷心《ちゅうしん》から信仰をもっていたことは明らかだと言っている。また終始彼のそばにいてその臨終にも立ちあった神父ルセナ——一五七八年に壱岐《いき》、平戸を経て大村に来て以来、純忠のもっとも近くにいたアフォンソ・デ・ルセナ[*11]はその『回想録』で、この大名がよきキリシタンであったということをじゅうぶんに知らせている。このルセナが同国人の上長コエリョの悪口をさんざん書いていることや、彼が回想録を書いたのは、日本を去ってからマカオでのことで、回覧される意図をもたずに書いたことを考えると、あまり外交辞令を言う必要がなかった文章であるから、その信憑《しんぴょう》性は高い。

一五六三年（永禄六年）トーレス神父は豊後から横瀬浦に行って、純忠と彼の重臣二十五人に洗礼を授けた。つまり、それは横瀬浦開港の翌年の改宗であった。彼の改宗の性質について知ることができるひとつの事件がある。当時の大村をめぐる情勢は非常に緊迫していて、肥前の豪族龍造寺家は隆信の時代に戦国大名となり、九州の覇権を大友と争い、近隣の大村や有馬をも狙っていたが、純忠が洗礼を受けたその日、彼の兄である有馬義貞とこの龍造寺のあいだに戦端が開かれた。そこで大村は翌日ただちに出陣した。しかし、彼は出陣に先立って、旧来いくさの神として武士の崇拝を受けていた摩利《まり》支天《してん》の像を破壊した。[*12] 武士はふつうその堂の前を通るときには武運を祈念して馬を降りるのがならわしであったのに、彼はその摩利支天の堂に馬で乗り入って、家来にその像を焼けと命じ、自分はその像の頭についていた雄鶏《おんどり》をもって出てきて、「おお、おまえはこれまで幾度も予をだましおったな！」と言ってそれを一刀のもとに斬り捨てた。そして寺を全部焼き払った。彼はそこにかわりに十字架をたてさせ、武将や家来たちはいっせいにこの十字架に戦勝を祈願した。

　このふるまいは暴挙であるが、彼は、あまりにも多くの敵に囲まれ、いっこうに武運がふるわなかったので、それまで信心してきた摩利支天にはご利益《りやく》がないから嘘だと思った。そしてこんどはもっと霊験《れいげん》あらたかなデウスが自分についているのだと信じて、強い神が味方だと兵を鼓舞し、意気昂揚して戦陣に向かったのである。しかもこの戦争は彼の勝利に終わった。そこで彼はその勝利はデウスのおかげだといっそう強く信じるようになった。

後年大村藩が編纂《へんさん》した『郷村記』によれば、この後純忠が破壊した寺は四十二、神社は二十であった。また領地のなかで蜂起したキリシタンが寺僧を迫害、殺害した。宝円寺大日堂などが破壊され、また大村家鎮護の宗廟《そうびょう》であった多羅山大権現社《たらやまだいごんげんしゃ》に萱瀬《かやせ》の郷《ごう》士《し》らが焼き討ちをかけた。村落上層の有力者である豪士、つまり小領主化した人間がキリシタンの指導者になっていったのである。このときに先祖崇拝も劇的に破壊され、純忠の義父で前領主の大村純前《すみあき》の白水寺の墓所も破壊された。純忠はことごとくを焼き払わせ、義父の像も位牌《いはい》も焼き払わせた。この行為が純前の実子後藤貴明《たかあきら》らの憤激を買い、反逆をひき起こす一因になった。天正二年の大村領における寺社破壊は急激であり、原理主義的で、一般領民に対して伝統的な宗教との絶縁を迫り、祖先崇拝を媒介として神仏に結びついていた民衆に衝撃を与えた。旧《ふる》い宗教とその勢力へのこの集団狂気的な憎しみは、さながら長いあいだに溜め込まれた地下マグマの爆発のようなものであった。

最初トーレスが彼を一五六三年に訪問したときの彼の姿は「肩衣《かたぎぬ》のところに紋所があったが、それは白い地球で、緑色でたいそう美しい文字でJesusと書いてあった。その名の下に捨て札の文字(イエスが処刑された十字架につけられたINRIの文字。ユダヤ人の王ナザレのイエスの頭文字)がついた一本の十字架がまっすぐ立ち、地球の周囲の白無地には三本の釘が美しくいい案配に配置されていた。背中にはきれいな縫い取りで

Jesus という名がついていて、頸《くび》にはロザリオとりっぱな金の十字架をかけていた。彼は年齢も若く風采《ふうさい》もはなはだりっぱだったので、この飾りはいっそうよい装飾となっていた。彼を取り囲んでいるおおぜいの武士がいたが、彼らも頸に十字架とロザリオをかけ、みなはなはだみごとな細工であった」

地球とイエスの名と受難の釘、十字架の捨て札を肩衣に染め抜きまたは刺繍するという奇抜な意匠。金の十字架やロザリオをいっせいにつけた数百の武将たちは、そのユニフォームによって結束していた。純忠は攻撃的な信者であった。寺々を破壊し、それをキリスト教教会に変え、領民全部をキリシタンにし、仏僧には改宗か、退去かを迫った。こういう極端なやりかたは、家臣の内部にも、仏教徒にも、仏教を奉ずる周辺の大名にも大村打倒の口実を与えた。彼をめぐる内外の敵は跡を断たなかった。しかし彼は領民の改宗強硬策を進めたので、一五七四年（天正二年）には、大村の領内には五万人のキリシタンがいた。したがって一五七八年にルセナがこの地に来たときは全領民が洗礼を受けていた。

しかし、ルセナによれば、それは上からの改宗であって、多くの住民はキリスト教について深い知識をもっていなかったし、また、もっともいけないことは、大村の宣教師たちがほとんど日本語ができなかったので、信者の告解（懺悔《ざんげ》）を聴くこともできなかったし、聖体を授けるなどの必要な儀式もせず、キリスト教の教義の教育もなにもしていなかったことである。

「(そのころは)ことばを学ぶために今できているような文法書も、辞書も、また日本語でできた本もなかった。わたしたちに、ことばを学ぶように勧める者もいなかった。わたしたちの師は数人の剃髪《ていはつ》した老人であり、彼らから、ほとんど手まねでことばを学んだ。一年ほどして通訳なしで告解を聴けるようになった」とルセナは回顧している。

ちなみにいえば、一五六四年(永禄七年)十月三日の書簡でフロイスは、ファン・フェルナンデスが作成した日本文典と葡日・日葡辞典について言及している。しかしこれは度島《たくしま》の教会と司祭館の火災で焼失してしまった。ルセナが大村に来た翌年に日本の布教事情を視察にきた巡察師ヴァリニャーノは、前にも書いたように、ほんとうの布教をするには、なによりも宣教師が日本語を知らなければならないとして、宣教師の組織立った語学研究と、必要な教科書、文法書、および辞書の作成に、拍車をかけた。その上、書物を普及するには印刷技術と印刷所が必要だと痛感したので、一五九〇年(天正十八年)の二回めの来日のときには、印刷機をもってきた。

彼がもってきた日本最初の活版印刷機で、まず一五九五年(文禄四年)に羅日辞典が天草で印刷され、日葡大辞書は長崎で一六〇三年から四年に出版された。一五七七年に日本にやってきたジョアン・ロドリゲス(秀吉や家康の通訳をしていたので、「通辞」というあだなでツーズと呼ばれていた)が作った日本語文法『日本大文典』は一六〇四年から八年に長崎で印刷された。長崎の一六〇三年の日葡辞典も基本的にはこのロドリゲスがかかわって日本人学者との共同で出版されたものだろうとされている。[*13]これらの辞書はヨーロッパの体裁で編纂されていて、ローマ字と表音的仮名づかいと意味説明がついているので、当時の発音やことばの使われかたがわかるから、日本語研究の上では非常に貴重な資料になっている。ツーズは一六一三年に追放されたが、マカオでも日本語文典簡略版を出版したので、外国人はこれ以後、日本に来なくても日本語を勉強することができるようになった。島国だった日本のことばが世界に知られるようになったわけで、実際、私はイギリスやオランダ、イタリアのいろいろな図書館の稀覯《きこう》本《ぼん》のなかにこれらの辞書をずいぶん見ている。

　これらの辞書は、最初は日本の宣教師が告解などで信者の心をすっかりわかってあげるには、日本のことばを知らないとだめだということで作られたのであった。その前は、極秘であるべき告解も通訳を通してしなければならなかった。ルセナも最初は通訳が必要だった。通訳を通して三百人の告解を聴き、三十人ほどに聖体を拝領させていたが、本人の努力のかいあって、ほどなく通訳なしに告解を聴けるようになり、告解する人も増加した。大村藩の信者の増加にはルセナの功績が大きい。

　シュタイシェン師は、純忠を「本能の人」と呼び、「元来日本人は宗教的であるというよりは迷信的である」と批判している。しかし、ルセナの回想を読むと、純忠の信仰は堅固なものであったと思われる。

「わたしは彼の生前のことばと行いについて語りたいと思う」とルセナは書き、純忠の言動を伝えている。「(家臣が宣教師を非難したとき純忠は言った)。お前たちは愚かであり、神の教えのなかにあるものを知らない。わたしはパードレのためや、人間のためにキリシタンになったのではなく、霊の救いのためになったのである。わたしはキリシタンの信仰のほかに霊の救いがないことを知っている。わたしに信仰を捨てよというのか? わたしがこの世のなにをもってしても信仰を捨てないことは確実である。……たとえパードレ全員が信仰を捨てても、わたしは捨てない」

「彼はまた施《ほどこ》しを好み、貧しい人びとや貧しい家臣によく施しを与え、窮乏に苦しんでいる者のあることを知ると、ただちになにかの物でこれを救った。耕作地から支払うならわしの百姓の年貢については、彼らが困窮状態にあるのを知るとこれを免除した。これは日本ではそれまで見られなかった新しいことである。戦乱のときに敵が彼の家来を捕虜にすることがあった。捕虜を受け戻す義務はないのにもかかわらず(なぜなら、通常、人は各人が受けている禄《ろく》で受けもどされるので)、捕虜を救うことを勧めているキリスト教や教会の忠告にしたがって、彼らを自由の身にするために多額の金子《きんす》を与えた。

わたしはつぎのことを思い出す。彼の高禄の家来が妻子とともにある大きな船に捕らえられ、彼と彼の家臣は防戦で死亡した。捕虜になった人びとは身代金を出す財産をもっていなかったので、わたしはその救出のため金を出すように殿に求め、殿は喜んで求めに応じた。その金で死んだ者の寡婦《かふ》や多数の子供および家来を救い出した。このとき救い出されたその家臣の長男はすぐれたキリシタンとなり、迫害のときにも棄教しなかった[*14]」

さらに純忠は、はじめて大村領に入ってきたフランシスコ会の裸足《はだし》の神父をも歓待し、その修道士にもろもろの質問をしたのち、ルセナに向かって、「もしわたしがすでにキリシタンでなければこの修道士によって改宗しただろう」と言い、「この修道士はある目的のためにこういうくらし（貧しいみなり、裸足）をしている。それは霊の救いにほかならない。このことからわたしは確信する。不滅の霊の存在すること、神に仕え、神の神聖なる御心《みこころ》に従う者に幸せがあることを」

一般に、日本の布教をめぐって、イエズス会とフランシスコ会は犬猿の仲だったのだが、ルセナはイエズス会であるにもかかわらず、フランシスコ会士を住院に迎えて殿に会わせ、殿が彼に感嘆したことをもって、「これがこの殿の抱えていた信仰から出た深いりっぱな考えである」と賞賛した。さらに純忠はこの修道士を城に招き、片手が不自由であったにもかかわらずみずから接待し、修道士は「その愛情を見て感嘆した」。愚かな敵対が伝えられているフランシスコ会とイエズス会も、ルセナのもとでは、みな異なったしぐさによってではあるが、キリスト教の共通の真理を純忠に伝える協力者となった。

純忠がよいキリシタンであったことのもうひとつの証拠は、その性的な純潔さである。彼は二度めの結婚のあとは平和にくらしていて夫人のほかにはまったく女性関係がなく、なんら非難すべきところもなかった。ルセナが言うまでもなく、日本においてはこれは一国の領主としては「はなはだ珍しいこと」であった。

彼は毎年数回告解し、貧しい者に多くの施し物を与えた。それにもかかわらず、周囲を敵に包囲され、たえず脅かされていたために、四人の息子をことごとく数人の領主に差し出さなければならなかった。彼の四人の息子とは、その死後跡目《あとめ》をついだ喜前《よしあき》（サンチョ）、純宣《すみのぶ》（リノ）、純直《すみなお》（セバスティアン）、純栄《すみひで》（ルイス）である。この二男のリノは少年使節と同年輩で、ヴァリニャーノが帰路マカオで書かせた『日本遣欧使節見聞対話録』のなかで、世界旅行の話を少年たちから聞いて目を輝かせる利発な若様として登場する。

この『見聞録』は帰国前にマカオで書かれたのだから、実際にそういうことがあったのではないけれども、ヴァリニャーノがそういう構成にしたのは、この使節派遣の目的が、若い人による若い世代へのメッセージであってほしいという願いをあらわしたものだったからであろう。領主の息子たちはみな洗礼を受けていたから、そのまま布教が発展すれば、若きキリシタン貴族が日本の教会を支え、世界との文化交流もさかんになるはずだった。ヴァリニャーノにとってことさら重要だったのは、それが長崎の領主一族だったからである。

長崎譲渡

こうして純忠は永禄六年に家臣ともども受洗し、横瀬浦にポルトガル船を招くことに成功したのもつかの間、同年恨みの深い貴明らによって横瀬浦は焼き払われ、領内もほとんど反乱軍に占領された。その翌年純忠は大村領を奪回して貴明と、彼と組んだ松浦氏を海戦で撃破し、こんどは福田港をポルトガル船のために開いた。しかしここは大型船の入港には向かなかったので、前に述べたように、長崎港が最良の候補地となった。

一五六九年（永禄十二年）、純忠は最古参の神父ガスパール・ヴィレラを小さな漁村、長崎に招いた。このとき殿の家臣ひっくるめて千五百人が改宗した。それから彼は仏教寺院を焼いて、そこに教会を建てた。それが「すべての聖人の教会（トードス・オス・サントス）」である。これ以前、肥前ではマカオから来る船は、天草の志岐《しき》とか、横瀬浦や福田などに寄港していたが、それらの港は大村に敵対する勢力が多かったり良港ではなかったりしたために、非常に不安定だった。一五七〇年（元亀元年）に純忠は長崎港を開いた。あくる七一年、貿易風に乗ってナウ船がはじめて長崎にやってきた。船長はトリスタン・ヴァス・デ・ヴェイガである。彼はこのすばらしい良港こそポルトガル商人が探し求めていたものだと思った。それ以来、長崎の繁栄が始まった。しかしこの長崎村を一五七八年、七九年（天正六、七年）にわたって長崎港の近隣に領地をもっていた深堀純賢《ふかぼりすみかた》が龍造寺と組んで攻撃した。のちに純忠の娘婿となった長崎領主の甚左衛門尉純景《じんざえもんのじょうすみかげ》が大村軍とともにこの敵を撃退したが、『唐物長崎記』によれば、このとき長崎勢は「ふすたと申す軍船をこしらえ、これまた大筒（大砲）をしかけて」敵を蹴散らした。[*15] 岡本良知氏によれば、フスタ船とは、「櫓《ろ》と帆の双方を使うことができる三角帆をもった二百ないし三百トンの船」[*16]で、数門の大砲を装備していた。これは日本で製造できる船である。のちに秀吉迫害のきっかけとなった「運命のフスタ船」もコエリョが自分で作らせたものだった。

この記録では、長崎は一五七九年にはこの一種の軍艦を装備して防御にあたっていたことがわかる。このような軍船は日本になかったので、これは純忠を救うためにポルトガル人が彼にもたらしたものであることは明らかである。この港の防衛のためにも、外国人やその船および武器と提携することは有利であった。

ルセナは、長崎の市をイエズス会に与えよと要求したのは「上長のパードレ（カブラル）」だったと書いている。「上長のパードレは全日本の教会の模範となる教会を作ろうと考えた。そして、その交換条件として毎年マカオから来る定期船から生じる莫大な利益は殿に残しておくことにした」。しかしパードレはその地の収益を目的として希望したのではなく、「そこの住民を日本のほかの教会の模範とし、霊におけると同様に、俗事においてもパードレたちの支配下に入るならば、そこでパードレが望むようなことを彼らにできるから」であった。「殿はきわめて寛大であり、パードレたちの心からの友であったから、パードレが長崎を求めたことを深く喜んだ。ただちにこのりっぱな仕事の準備がなされ、実行され、正式の書類が与えられて、そのときこの市はわたしたちのものになった」

ヴァリニャーノも一五八三年の『スマリオ』で、このことについて書いている。

「実際日本でのキリスト教会は本質的に不安定で、つねに危険をはらんでいます。たえまない戦乱がつづいている上に、日本人は敵になったもののすべてを破壊する習慣があるからです。こういうわけで、日本を知っている者はみな、われわれ自身のためにも、日本の布教のためにも、長崎の港を確保する必要があるのです。そこの領主はドン・バルトロメウ殿で、ここには大型船が入港できます。この港は天然の要塞で、ほかの領主が攻めてきて奪取することはできません。また、この港はポルトガル船の寄港地なので、神父を喜ばせたり、交易をしたいと思っている日本の大名はここを攻めることはできないのです。

また、ここにはまさかのときのために個人的な財産を保存しておくこともできるし、さらによいことには、ここと結んでいる茂木《もぎ》という港があって、そこはドン・バルトロメウ大村と有馬殿の領土への天然の玄関になっているのです。だから茂木も確保すれば、たいへん有利です。というわけで、この両方の土地をドン・バルトロメウは喜んでわれわれに与えました。

それはふたつの理由で、こうすることによって自分の領地を守ることができると思ったからです。まず、大型船の入港を確実にすることから得る税収や交易の利益が莫大で、それによって強力な大名になれるからです。譲渡の条件はただひとつです。交易船が年に一千ドゥカートを支払うこと、その一部はこの土地の宣教師たちを維持するため、一部は上に述べたふたつの港を堅固に守るためです。またそのなかの一部はそのほかのキリシタン大名に分かつためです。こうしたことはヨーロッパ人から見ると異常なことに見え、われわれの組織とは異質だとも思うのですが、しかし、この国に暮らしてきた経験をもつわれわれにはたいへん有効で、しかも必要なことなのです」

しかし、ここでヴァリニャーノは不吉な予感に襲われて、書き加えた。「しかし、運命の車輪がこの国ほど激しく回転するところを見たことはありません。いったい将来をだれが予見できるでしょうか？」[*17]このとき、ヴァリニャーノはこの長崎にもっとも多くのキリスト教徒の血が流されるようになることを知っていたはずはないのだが、それでも、もしもここに多くの神父や多くのキリスト信者が住むようになったら、いざというときには、その犠牲ももっとも多くなるだろうと予感した。要するに、この国にはたしかな未来はなく、たしかな明日もなかったのだ。

ルセナは一六二二年から二三年のあいだに往時を回想してこう書いた。「……しかし神はわたしたちが何年もこれを占有することを望まれず、その二、三年後（これは七年後の覚え違い）、天下の主（秀吉）が……これを支配し、ほとんど無限の収益を独占している」

布教の渡り鳥だったイエズス会士たちは、あまりにも不安定な基盤にうんざりしていて、たまたま自分たちが布教している国の殿が戦乱や、滅亡や、再改宗などで教会が保護を失ったり、仏教徒の新しい殿に迫害されたりしたときに、いつも教会をたたんで命からがらあちこちと家財道具をもって放浪してきたというこの状態にピリオドを打ち、いつでも安心して逃げ込むことができるたしかな避難所をほしいと思っていた。

ヴァリニャーノは豊後も、大村も、有馬もすべてを見たが、そのどれもがまったく不安定だった。そのことは、九州における日本教会そのものが不安定だということを意味する。九州において、堅固な布教の基盤を作りたい、これが彼の強い願望であった。いっぽう大村藩は最強の敵、佐賀の龍造寺をはじめ四方から領土を狙われて、長崎の権益をいつ奪われるか知れず、しかも、戦費が必要で、藩の財政向上のためにも交易の収益をほしがっていた。こういう二者の利益が一致して、純忠とヴァリニャーノの話しあいの結果、一五八〇年六月九日（西暦）の公文書によって、長崎の町と港の支配権はイエズス会に委託されたのである。

イエズス会の総会長アクァヴィーヴァは、最初このニュースを知らせるヴァリニャーノの手紙を読んだときには、突然の領地取得にあっけにとられてしまった。しかし、しばらくのあいだいろいろ祈ったり瞑想したりしたあとで、やはりヴァリニャーノには理があると思うようになった。彼は、この割譲はおそらく臨時のものになるだろうということを強調したあとで、それはこの土地の所有が、ただ、イエズス会士の生命や財産を守るためにではなく、九州においてイエズス会が布教を展開するのに役立つかぎりにおいて重要なことだと伝えた。このようにして、これから七年後に秀吉が長崎をイエズス会からとりあげて直轄《ちょっかつ》領にするまで、長崎はイエズス会が支配するかたちになった。

そのあいだに長崎は繁栄の絶頂を迎えた。この港はマカオから来るクロフネの最終目的地になった。一五七一年以後、クロフネはほかの港にはほとんど行かなくなったのである。

大村が長崎の譲渡にあたって、これをひとつの条件として西洋の支配的権力と交流をもって戦国大名間の優位性を獲得し、自己の基盤を確実にしたいと思っていたことはすでに述べたいきさつで明らかである。これこそ、純忠がスペイン国王と教皇に使節を派遣する主要な目的であった。彼は教皇あての書状で、どうかこの使節を送ってあなたを崇敬したということをもって「この地、新しきキリスト教徒、そしてわたしのことを覚えていてください」と書いた。『大日本史料』と岡本氏の訳では、「この地」という書面のことばは、それぞれ「当日本国」または「当国」となっている。原語は「デスタ・ティエラ（この土地）」である。これを「日本」という国家のように訳するのはあやまりである。このとき戦国大名純忠が「日本国家」をよろしく、と書くはずはない。日本国家という概念は天下を統一した者の概念である。純忠は「大村をよろしく」と書いたのだと解釈すべきである。実際、彼のイエズス会総会長あての手紙では土地ということばもなく「この新しいキリスト教領土とわたしを配慮してください」となっている。「新しいキリスト教領土」もまた長崎を含む大村の領土のことである。

いっぽう有馬の書簡は「二年前、大いなる戦禍に遭遇し、余は家族とともに大いなる艱難に陥り、偶像教の闇の淵に沈みたるに、御慈悲深き天父は、尊敬すべき巡察師及び他の耶蘇《ヤソ》会の説教師をもって真理の光明と救霊の正道とを示したまえり」と事実を具体的に述べている。有馬義直《よしなお》は島原半島を領し、一五六二年その弟純忠を通じて宣教師の派遣を依頼した。最初はやはり口ノ津への交易船の渡来を願ってのことであったとみられる。義直は一五七六年（天正四年）洗礼を受けてアンドレといった。一五七七年義直は病死したが、家臣のあいだにその死は仏罰であると主張する者があり反逆が起こった。当主となった義直の嗣子《しし》の晴信は、いっぽうでは龍造寺の重圧下に、他方では家臣の反逆下にあったが、天正七年、ロノ津に到着したヴァリニャーノの援助によって「多量の食糧」「船と塩硝」などをポルトガル船から調達し、この援助で窮地を脱した。それもあって晴信は天正八年洗礼を受けてプロタジオといった。その年、有馬にセミナリオが建てられた。その後、彼の領内にはキリシタンが増え、その数は約六万と言われた。島原半島にいかに深くキリスト教が根づいたかは、やがて起こる島原の乱が証明する。今回の使節派遣がセミナリオの生徒を海外に送ることであったから、晴信がその責任者であったのは当然であった。

犠牲の子羊

ヴァリニャーノはわずかな日本滞在のあいだに大きな成果をあげた。日本文化尊重の布教の方針と規則を改定し、準管区長カブラルを更迭《こうてつ》し（これは大成功だった）、後任にコエリョを置き（これは大失敗だった。ほんとうは彼はオルガンティーノにしたかった、なぜなら彼は日本の布教はオルガンにまかせておけばだいじょうぶと書いているのだから。しかし、財政問題がシビアでオルガンティーノがこの点だめだったのと、同国人をひいきにしたと言われたくないという〝正義の人〟が犯した過ちである。誓って言うが、もしオルガンティーノが布教の長になっていたらキリシタンの歴史は非常にちがうものになっていただろう。人事というものはほんとうにだいじである）、幾多の神学校、修練院を建て、天下人《てんかびと》信長の信頼と愛顧を受け、しかも教会領ともいうべき良港とその町を獲得したのである。あるいはこれこそは巡察師の最大の具体的な政治的勝利であった。

したがって、まず教皇庁に使節を派遣する栄誉をになうのはこの大村純忠でなければならない。ほかならぬ彼がキリストの教会にその領地を捧げたから、またむろん日本において最初に洗礼を受けた大名だからでもある。だが明日をも知れない戦乱のさなかで領主が国を出ることは自殺にひとしい。フロイスは「せめて人物において劣らず、血縁においてはなはだ近い者を代わりに遣わそうと望んだ」と書いており、「ドン・バルトロメウにも子息があるが、みな幼少であり、……ドン・プロタジオ（晴信）は青年であるから、子女を持たなかった」としている。ただし、バルトロメウの子喜前《よしあき》は『大村記』に「元和二年巳年《みどし》八月八日、行年四十八歳」とあるので、使節出発（一五八二年天正十年）のときは十三歳、これを幼少というなら使節も幼少であって、フロイスは筋が通っていない。しかし喜前は天正八年、つまり二年前から龍造寺の人質となっていたので、外国に出せる状況ではなかった。

そこで、大村純忠の代理としてだれを派遣するのがいいか、その相談はヴァリニャーノと純忠ふたりのあいだでなされたのであり、フロイスが言うように、大友、有馬、大村の三人に帰国の挨拶に行ってそこで決めたのではない。そういうことは時間的に見てできないことはすべての学者がすでに指摘している。ただし、ヴァリニャーノは、三人の殿とこの件について procurare（相談）したと言っている。

大友宗麟のスペイン国王への書状の日付けは一五八二年一月十一日、有馬のは二月八日、大村は一月二十八日である。二月二十日の出帆前に離れた豊後に行く時間があったのか？　ヴァリニャーノは、一五八一年八月に安土を出て、十月初めに豊後にもどり、聖堂の定礎式をし、[18] そこで『日本の礼儀作法』などを編纂《へんさん》し、十一月天草にもどり、十二月長崎で協議会を主催した。もし宗麟の顔を見て相談したとするならその機会は一五八一年の秋十月から十一月までのあいだしかない。

モランはヴァリニャーノが豊後にいた一五八一年の三月には使節の計画はまだなく、十月にもどって来たときに相談したか、あるいは純忠との相談で計画がある程度定まったときに、文書で知らせただけだろうと推測している。[19]

もしそうなら、この場合、もっとも信用できる史料は、その役職からして大村の殿のそばにいたルセナの記録である。それにもとづいて佐久間正氏は純忠はただ相談に立ち会っただけではなく、人選にもかかわっただろうと推測している。[20] ルセナによればこの計画の主役は純忠とヴァリニャーノであって、あとのふたりは直接かかわっていたようには見えない。

「ヨーロッパへは四人の人間が行ったのであるが、パードレはその四人のうちふたり——それはドン・バルトロメウの家臣であり、親戚である——のヨーロッパ行きを承諾するように願う以外にはなんの援助も彼に求めなかった。殿はパードレがこの聡明で教養もあり素質に恵まれたふたりの少年に眼をとめたことを感謝した。それでパードレは大村からはふたり、すなわち原マルティーノと中浦ジュリアンを派遣することに決めた。三人めは豊後王の家臣で親戚の男児伊東マンショ、四人めはドン・バルトロメウの甥で、有馬の殿の従弟《いとこ》である千々石《ちぢわ》ミゲルである」

この四人の少年のなかで、副使となったふたりの少年マルティーノとジュリアンは大村領の出で、大名の子または近い親族ではない。前に述べたように、彼らは一五八〇年にヴァリニャーノによって有馬に創建されたセミナリオの一期生である。セミナリオには、二章で述べたように、身分がよいキリシタンの家の子弟で、将来聖職者となることを納得した者しか入れなかった。そればかりでなく、安土のセミナリオで起ったことを参考にすると、このころの日本人には、親の家を離れて学校に入るという習慣がなく、剃髪することにも非常に抵抗があった。髷《まげ》を切ることはたいへんなことであったらしい。右近は家臣に賞金を与えてその子弟を入学させたりしなければならなかった。したがってセミナリオにいたということは、彼らがいずれも一定以上の士族の出であり、しかも親がキリシタンであったことを示している。しかしこのふたりは大身《たいしん》ではないので、日本側の史料は少ない。原マルティーノは彼がローマの市民権を得たときの市民会議の議決書に「肥前国ハサミの首長たる顕栄なるドン・ファラ・ナカズカラ」の子であると記されていることから、波佐見《はさみ》生まれであることが推定される。[*21] この公文書を書いたローマ人は日本の名前が苦手だったらしくじつはここでジュリアンと部分的に混同しているのだが、以上のように解釈して差し支えない。

またヴァリニャーノが、あとで述べる非常にスキャンダラスな問題に反論するために書いた『アポロギア（反論）』のなかで、「マルティーノは、大村の領主の兄弟と結婚している姉妹と、大村領の最良の城の主君で、おおぜいの家臣をもつ兄弟をもつ。また彼は大村領主のおもだった親族である」と書いている。これは大名と縁つづきの高い身分の武士だということを言っているのであろう。

『天正遣欧使節』を書いた松田毅一氏は、実際の波佐見に行かれて、郷土史家橋口佐登司氏から「原家系図」を見せてもらい、そこに原中務（ナカヅカサ）太輔純一《だいすけすみかず》なる人物がおり、この純一には家政《いえまさ》という一子のみが記録されているのを見いだした。この原家とは肥前藤津《ふじつ》郡の名家で、戦国末期に尚家《ひさいえ》という、龍造寺に仕えて島原で天正十二年に戦死した人がいた。純一はその尚家の息子である。つまりもしかしたらその尚家が原マルティーノの祖父である。

問題は中務純一の男子は家政しか系図にのっていないことである。松田氏によればキリシタンになった者は迫害以後系図から抹消されることが大村家の場合にもあったそうだ。もしそうだとすると、マルティーノはキリシタン迫害が起こったあとで、系図から抹消された可能性がある。またこの、もしかしたらマルティーノの兄弟である家政は大村喜前《よしあき》に仕えていたと系図にあるので、ヴァリニャーノが書いた「その兄弟は大村家に仕えている」とあることと一致する。息子の家政が大村藩士ならば、記述はないが、純一も藩士であろう。もしそうならルセナの「殿の家臣である者」を使節にする許可を得たという記述とも一致する。

またこれは私の考えだが、純一の純の字は純忠の一字である。先祖が藤原純友であることから、この家系は純の字を継承してきた。戦国の風習では近い人物が主君から一字をいただくことがあるので、ヴァリニャーノの「彼は大村領主のおもだった親族である」という説明も事実かもしれない。もし名前をもらうような近臣だとすれば当然いっしょに十字架を頸にかけただろうし、二男をセミナリオに入れもしただろう。しかし、いまはまったくそれを証明することはできないようだ。さらにヴァリニャーノの言うとおりだとすると、マルティーノの姉妹が大村の領主喜前の兄弟と結婚していなければならない。その兄弟とは、純宣、純直、純栄のなかのだれかである。二男の純宣はマルティーノと同世代で、『天正少年使節見聞録』のなかで四人の土産話を昂奮して聞くリノという洗礼名をもった若様である。年齢的にはマルティーノの姉妹と結婚してもおかしくない。しかしこれも今は証明する史料がない。兄弟（と思われる）家政は、のちに龍造寺のあと肥前の領主となり、島原の乱を鎮圧し、長崎の警護役となった鍋島家の家臣となったので、有名なキリシタンだった原マルティーノの記録は、彼には好もしくないので家系図から消されたとみてよい。系図から抹殺されたことは彼の日本での運命を象徴している。

また中浦ジュリアンについても、前にあげたローマ市議会の書類に「ドン・ジュリアノ、肥前国ナカウリの首長たるドン・ナカウラ・ズィングロの子」とあり、これは「肥前中浦の領主中浦甚五郎《なかうらじんごろう》の子」と読むべきである。ヴァリニャーノは中浦の領主と書いているが、中浦のどの領主かわかっていない。じつはローマ市議会記録には「ドン・ファラ」と「ドン・中浦」がごっちゃになっているのは前に言ったとおりである。おなじく松田氏によれば、中浦という西彼杵《そのぎ》半島の海岸の集落の中央に「タチ」という高台があり、そこには昔中浦の支配者の屋敷があったということで、土地の人が今そこにジュリアンの史蹟をたてているということである。またジュリアンは、スペイン王の別宮のあるエル・エスコリアルにあるサン・ロレンソ修道院を少年たちが訪問したことを書いた『王室サン・ロレンソ修道院覚書』に、「中浦殿の息子」としか書かれていない。またメスキータは「肥前国出身の武士」としか書いていない。ルセナは「ふたりの少年――それはドン・バルトロメウの家臣であり親戚である」と書いているのみである。フロイスは「重臣なる親戚その名をドン・マルティーノ、ほかはドン・ジュリアン」と書いているだけである。

このふたりの少年は武士の息子であっても、歴史にその名を残すような大身の子ではない。これといって身分のないふたりがルセナおよびヴァリニャーノに選ばれた理由は、ルセナの言う彼らの美点「教養・礼儀・美しさ」においてすぐれていたからであろう。のちにマルティーノがラテン語と日本語のすぐれた才能を発揮するが、このときはまだ初級を終えたばかりであり、ジュリアンについてはなんら特別の才能も特筆されておらず、身分も確認されない。しかし、彼らは、なんらかの美点によってセミナリオの生徒のなかから選ばれたのであろう。

ヴァリニャーノは『スマリオ』でこれらの少年を選んだ理由を書いている。[*22] それはまず第一に、「有馬のセミナリオで学んだ者」であったということだ。一五八五年に書かれたグァルチエーリ『日本使節記』にこのふたりは「いずれも善き性質を備え、徳高く、信仰篤《あつ》く、叡智と思慮とを備えたり。その謙遜にして廉潔なることは稀《まれ》にみるところにして、全旅行中にこれを示し、至るところにおいて名声を博し、満足を与えしなり」とある。[*23]

これらふたりの少年は副使つまりは随員だから、厳密には三王の使節ではない。正式の使節は大名と明らかに関係のある身分の高い千々《ちぢ》石《わ》ミゲルと伊東マンショだった。まずミゲルだが、彼についてはその史料も一致していて食いちがいがない。ルセナやフロイスも「有馬の殿の従弟で、ドン・バルトロメウの甥」とはっきり書いている。つまり、彼は純忠《すみただ》の実の父有馬晴純《はるずみ》の三男直員《なおかず》の子、この直員は千々石家を継いだ。したがって純忠からみれば甥である。また、有馬家を継いだ純忠の兄で長男の義直《よしなお》（ドン・アンドレ）の長子で現在の有馬の当主晴信《はるのぶ》（ドン・プロタジオ）にとっては従弟にあたる。ローマ市の市議会記録には「エモノスケ・ナオカズ、千々石王の孫、清朗なる有馬王ドン・プロタジオの父方の従弟にして、顕栄にして高貴なる大村侯ドン・バルトロメウの甥、有馬王と大村侯の双方に属す千々石にて出生」と明記してある。*24

また大村家歴代家伝史および『伴天連記《バテレン》』には彼が清左衛門と呼ばれていることが記されている。こういう大名になると多くの史料や記録があり、彼についてはなんら疑うところもない。有馬と大村の双方の領主と近い親戚なので、ひとりで両家を代表したことになる。フロイスによれば、大村藩からあとのふたりを添えたのは、正使が一応有馬の血筋なので、ふたりの大村家臣で補強したのだということである。その結果、四人のうち三人までが純忠ゆかりの者で占められた。それはこの計画の主体がヴァリニャーノと純忠であったことを示している。

もっとも問題が多いのは、主たる正使であった伊東マンショである。これは布教の根拠地であり、ザビエルゆかりの国である豊後の領主大友宗麟の使者となるべき少年でなければならなかった。フロイスは「王フランシスコはその継承者である王子のほかに若いふたりの青年を有するけれども、ふたりとも戦陣にあった」と書いている。一章で述べたように、この家族はなかなか複雑であって、二男の親家《ちかいえ》はキリシタンとなって放逐された親虎《ちかとら》のあとを襲って田原親賢《ちかかた》の養子となり、このとき二十歳、三男の親盛《ちかもり》は十六、七歳だが、これも兄に代わって田原の養子となって宇佐《うさ》郡の妙見《みようけん》城の主となるはずであった。いずれにしても、跡継ぎの長男は絶対に出せるはずがなく、二男、三男はイサベルの実家の跡継ぎだから、これも出せるはずがない。

そこで伊東マンショという少年が正使に選ばれたのだが、これが大問題になった。フロイスは「それゆえに、王フランシスコはその甥にして日向《ひゆうが》王の妹の子」ドン・マンショの派遣を決めたと書いている。また一五八二年二月十五日の長崎発コエリョの総会長あての手紙は、「豊後の王の甥にして日向の王の子」とある。実際にはフロイスが正しくてコエリョがまちがっている。グァルチエーリは「豊後の王はその甥、すなわち日向の王（伊東義益《よします》）とおのれの妹とのあいだの一子（伊東祐勝《すけかつ》）を派遣することを望みしが、彼は都の地方にあり、はなはだ遠隔なり、しかも船は出帆を急ぎしゆえに、かの日向の王の甥にして、当時十六歳にして大いに思慮に富む賢明なる少年、ドン・マンショ・伊東に定めたり」と書いており、これはまちがっていない。*25

たいへんごちゃごちゃしているが、要は、宗麟の妹が一条房基《ふさもと》と結婚して、喜多《きた》という女子をもった。これが宗麟の姪である。この姪が日向の主伊東義祐《よしすけ》の長男義益と結婚して、義賢《よしかた》と、祐勝を生んだ。安土のセミナリオでクラヴォを弾いて信長にほめられたのはこの祐勝であった。

しかし伊東義祐には、長男義益の下に町上《まちのうえ》という娘がいた。この町上が伊東一族の伊東修理亮祐青《しゆりのすけすけきよ》と結婚して祐益《すけます》をもうけた。この祐益がドン・マンショである。つまり伊東マンショは国主伊東義祐の孫ということになる。宗麟にとっては、姪の夫の妹の子である。また、使節派遣のときには、日向は島津に滅ぼされて、義益はすでに死んでおり、当主の義賢はその母とともに、宗麟のもとに身を寄せて再起のときをうかがっていたが、もしも「日向の王」を義益ということにすればマンショは「王の甥」ということになる。彼は義益の妹の子だからだ。

多くの歴史家は、外国の文献で「日向の王の甥」となっていたり、「王の孫」となっていたりするので、マンショの出自がうたがわしいと考えてきた。しかし、これは「王」をどっちにするかであって、実際に国を支配していた先代にするか、逃げてきたけれども現在その身分を保持している現役にするかでちがってくる。したがっていちがいにまちがっているとは言えない。

もうひとつ問題がある。ラテン語、ポルトガル語、イタリア語のいずれにおいても、「甥」と「孫」または「子孫」は同じネポーテまたはニポーテまたはネポスである。一五八五年に出たアレッサンドロ・ベナッチの『日本の島と教皇グレゴリオ十三世の聖座にささげ奉るためにそこより渡り来たれる公子たちに関する短き記録』には、イタリア語でこう書いてある。「Don Mantio e Nepote, cioe Figliolo de Fogliolo del Re di Bungo」。ということは、ベナッチがnepoteでは孫か甥かわからないので勝手に解釈して「ネポーテ、子の子つまり孫」という一句を入れてしまったためにまちがったのか、または王を義祐としたかであって、こういう混乱は二重だから始末がわるい。

使節がローマに来てからこれは大事件だというので五十に近い報告書が西洋諸国に出回った。西欧じゅうがこの事件に驚き、情報があっというまにひろがった。ローマにいた各国の大使たちも母国に書簡を書いた。その報告書のなかではたいてい「日向の、または豊後の、王のnepote」となっている。これを「豊後の王の甥」と訳すとこれは誤報である。実際彼らはなんでもいいから高い身分だということがだいじでこまかい親族関係などどうでもよかったので、いいかげんだったのかもしれないし、nepoteと言えば甥か孫か子孫かまたは比較的近い親族だとわかるので、そう書いたのかもしれない。また教皇庁ではネポーテということばには特別の意味、教皇の隠し子という意味があった。チェーザレ・ボルジアがその有名な例である。それからネポティズモという有名な常套句もあった。これは教皇庁の人事が教皇の血縁で占められることをいうことばで、いわゆるコネ人事という意味である。だから王のネポーテと言えば、西洋人にはすぐなにかが想像できたのである。したがってこういう外国の伝聞記事は考える必要がない。『大日本史料』の訳文によれば、ヴァリニャーノは一五八三年十二月十七日に、ブラガンサ大司教にあてて「ひとりは日向の王の孫」と書いたのに、同じ日付けのグレゴリオ教皇あての書簡では「日向の王の甥の近親」となっている。[*26] これだけ見るとヴァリニャーノがめちゃくちゃなことを言っているようにみえる。だが、原文はちがう！　原文は「日向の王の nepote で、豊後の王の近親」となっているのだ。[*27] このネポーテはイタリア語では注釈がつかないかぎり「甥」である。つまりいずれの場合にも、ヴァリニャーノは「日向の王の甥」と断わっているのである。混乱の多くは、不正確な翻訳にあるのだ。以上のことでヴァリニャーノはまったく正確なことを言っていたことがわかる。

一番わかりやすい史料は、ヴァリニャーノの『反論』のなかの「宗麟の甥である日向の王（義賢）の弟なる祐勝（ドン・ジェロニモ）の従弟」という説明である。[*28] ここでは、義賢と祐勝は兄弟なのだから、日向の王の従弟と言ってしまえば簡単なのに、わざわざ祐勝を出したのは、もともと祐勝が第一候補だったからだろう。これはヴァリニャーノの発想の順序をさしている。まず宗麟の息子（跡継ぎだからだめ）――妹の子の義賢（これも長男だからだめ）――その弟ジェロニモがいい、かわいいし、信長にもほめられた、これなら宗麟の甥だし（でも遠くにいるからだめ）、では、祐勝の従弟でキリシタンの同じ年代の子がいたはずだ……それにしよう。

コエリョは前述の一五八二年の手紙のなかで、「多くの大身たちは、わが教えを受け入れんとせるが、それらのうち、日向の王（伊東義賢）と、豊後の王の姪にあたる彼の母とが第一人者にして、彼らは四年前に薩摩の王によりて領国を奪われ、豊後に逃れ来《きた》りて、今、臼杵《うすき》に住めり。王は十六、七歳にして、パードレたちと語り、母とともに洗礼を受けんことを願いおれり。されど、臣下にして彼を戴《いただ》かんとする者多く、国を再興する希望失うことなきにより、キリシタンとなることはその障害となり……されど十四歳ほどの彼の弟（伊東祐勝）は洗礼を受け、巡察師により、信長の主要なる都市たる安土山のセミナリオに送られたり。……適当なる時期に都より到着せば、ほかの人びとともにローマにおもむくはずなりし少年はこの者なり」と述べている。[*29]

なによりも公文書として権威のあるローマのアルキヴィオ・カピトリーノ（ローマ市政文書館）の議会議決書には、使節がローマ市民権を与えられたときの正式な身分が書かれているので、これを参照するのがいい。マンショはそこに「シュリノスケ、マス、トノクリ王のネポス（訳文は孫）にして日向の王の娘の子、豊後の王フランシスコより教皇に遣わされし使節」と記されている。そこで松田氏は「なんのことかさっぱりわからない」と書いておられるが、これは「修理亮の子で祐益《すけます》、都於郡《とのくり》の王の甥」である、ここでもネポスを孫ではなく甥と読むべきであり、外国人の書いたものだから不備はあるが、嘘はない。

ところでこの伊東氏というのは、藤原姓であり、日向飫肥《おび》藩主だった。起源は工藤祐経《すけつね》の子祐時《すけとき》が一一九八年（建久九年）日向の地頭になってその子祐朝《すけとも》が土着したのに始まる。この子孫は足利将軍に仕えて繁栄するも、島津に追われて一時没落するが、秀吉が島津を征伐したときに参戦して、その勲功で飫肥を回復し、江戸時代を通して十四代存続した。このように伊東氏は名門であり、その流れでマンショも祐益という祐のついた名前をもっている。秀吉は彼が帰国して挨拶に行ったときに、自分の軍門伊東家の人間だということで大いに歓迎し、自分に仕官しないかとまで言った。

なんというめんどうな系図説明を学者はやってきたことか！　しかし、このどうでもいいようなことが、この時代には西洋でも日本でもたいへん重要なことだったのである。封建制とか王制とかいうものは結局、血統によって人が社会の上にいたり下にいたりするものであり、また血統によって「高貴」とか「下賤」とか言われたので、民主主義社会におけるように、個人の能力や人柄で評価されたのではない。だから高貴な血統を継承しているのかいないのか、王と呼ばれる人間に血統的に見てどのくらい近いのか、それがこの使節の公的な価値を決めるということになったのである。したがってヴァリニャーノも可能なかぎり「高貴」と呼ばれるにふさわしい少年を選ぼうと苦心したのだった。しかもそれはセミナリオの初穂《はつほ》であることが望ましいとなると、なかなかむずかしい人選だった。ただ血統だけよくても、外交官であるから、ポルトガル語、ラテン語ができる、風采がよい、品がいい、人好きがするなどの条件もあった。その上、りっぱな家族のなかで、長男は絶対に出さない。血統保持のためである。

だいたいそのころ西洋に行くなどということは、半ば死にに行くのと同じことだった。だから大家の長男は、ここにはいないのである。大なり小なり傍系の母子家庭が選ばれた。両親がそろっていたのはマルティーノだけだが、彼には前に書いたようにちゃんと家系を継ぐ兄がいた。死ぬ可能性が非常に高い使命に出てゆくこれらの少年は犠牲《いけにえ》の子羊だった。でもそれは珍しいことだったろうか？　大名の子供はみな人質に出ていた。バルトロメウは一時すべての子供を人質に出したことがある。神のために犠牲になるか、親のために犠牲になるか、それだけのちがいである。親に敵対している大名や武将の城に生命を脅かされながら明日をも知らぬ命を生きるよりは、荒れ狂う世界の海に、希望を胸に出てゆくほうがはるかにいい。死ぬ覚悟を教えられて育った武士の子供たちの平静さに宣教師たちは感嘆した。しかし、なぜ三人ではなく四人だったのか？　少なくとも副使のひとりは「スペア」だった。ひとり死んでも、三人残る。ふたりでは三王の代理にならない。しかし、四人ではひとり多すぎる。このことがやがて問題になるであろう。

内部告発者

それにしても、いったいどうしてこれほどしつこく少年たちの素性が議論されなければならなかったのか？　それは前にもすこし触れたスキャンダラスな内部告発のためである。このために世界的偉業とまで讃えられた少年使節派遣は一転していかがわしいペテンでもあるかのように論じられるようになった。使節派遣を疑わしいとみる見かたは今でも、日本では、あとを断たない議論である。この内部告発文書はアンリ・ベルナール師、アブランヘス・ピント師、岡本良知氏らが昭和二十四年にローマのイエズス会古文書館で見いだしたものである。

内部告発者は、スペイン人のペドロ・ラモンであった。彼は一五五〇年にスペインのアルカラに生まれ、二十一歳でイエズス会に入り、それからローマに送られ、ローマの修練院でヴァリニャーノの弟子になった。二十四歳で司祭になり、一五七四年にヴァリニャーノと宣教師の集団とともにアジアに出かけた。ヴァリニャーノはラモンをゴアの修練院の院長にした。ラモンは一五七七年長崎に来て府内《ふない》で日本語の勉強をした。一五八〇年に臼杵《うすき》に修練院ができたとき、ラモンは修練院長になった。しかし、ヴァリニャーノは、この修練院で訓話を行ったとき、自分ではじゅうぶん日本語ができると思っていたラモンではなく、フロイスにこの訓話を翻訳させてそのほかの修練院に発送させた。これを恨みに思ったという歴史家もいる。しかし、ラモンとヴァリニャーノのあいだの最大の対立は、布教の方針についてであって、スペイン人であるラモンは常にカブラル側に立っていた。のちに彼は軍事計画にもかかわっている。この対立は宣教師の思想と行動の基本にかかわるものなので、根深いものがあった。

彼は臼杵の修練院長として布教書の作成や翻訳に功績をあげたが、そのいっぽう、最強の背教者となったファビアン・不干斎《ふかんさい》を修練院から出してしまった。とはいえ、彼の修練院には長崎の二十六聖人殉教者となった聖パウロ三木もいた。一五八六年には薩摩の軍勢が臼杵と府内に迫ったので、修練院もセミナリオも閉鎖して、山口に行き、しかも、一五八七年の七月には秀吉の伴天連追放令が出たために、修練士とともに、平戸に逃げなければならなかった。内部告発の手紙はこのとき避難した平戸の生月島《いきつき》から一五八七年十月十五日にイエズス会総会長あてに書かれたものである。彼はこの手紙で、ヴァリニャーノの布教方針と使節団を激しく批判した。[*30]

「遣欧使節となった少年たちは、日本ではただの非常に貧しく哀れな者たちにすぎません。それなのに、ローマでは彼らを日本の王侯などと称して待遇されたそうで、それを聞いてわたしは恥ずかしくて顔を覆いたくなるほどです。当地でもみな驚いています。私はドン・マンショと称された少年をよく知っていますが、彼は豊後の国王の甥などではなく、ただ親戚のまた親戚にすぎません。ただし、豊後の領主フランシスコの妹と日向の領主が結婚したことは事実です。その後、日向王は滅亡し、マンショの父は殺され、母は逃げ出したので、豊後では、その親戚の者さえ、また豊後の王はもちろん、だれひとり彼のことを重視する者はいませんでした。その母親は生活できないので、貴族でもなく、金持ちでもない男と同棲し、またその後別れてしまいました。そのことはみな知っていることとです。このように見捨てられたマンショは、豊後では軽蔑されていて、教会が彼をかわいそうに思って、わたしが豊後の府内にいたときに迎え入れました。その当時、彼はヨーロッパではシャツにあたるものを一枚着ていただけであったので、わたしが着物を着せました。

(このようにみじめな者を)ヴァリニャーノが豊後に来ると、すぐに有馬のセミナリオに送りました。あるいはそれはそのすこし前にわたしたちが送ったのかもしれません。それは重要なことではありません。(重要なことは)ヴァリニャーノ神父は長崎で乗船する二、三十日前か、またはそれよりすこし前に、少年たちをローマに派遣することを決めました。したがって、豊後の殿様は、一行が出発するまでは、マンショが旅行することを考えても聞いてもいなかったほどで、マンショを派遣することを聞かされていませんでした。

わたしはフランシスコからじかに話を聞いており、以上の経緯をよく知っています。

もしもわたしの記憶に誤りがなければ、……殿はわたしに向かって、『なんのためにあの子供たちをポルトガルへやるのか』と聞きましたので、わたしは彼らに日本人を見せるためだと言いました。豊後の殿の心にはこういう使者を派遣するというような考えはなく、使節が差し出したような書状も書いたことがなかったことはたしかです。しかしわたしの記憶はたしかではありませんが、殿はヴァリニャーノを介して教皇からいただいた聖遺物の礼状かなにかを書いたことはあり得ます。それについてもたしかではありません。しかし、とにかく彼は使節の派遣などはしませんでした。……

しかし、当地に達した知らせによりますと、教皇はこの少年たちをまるで侯や王の使節に対するように、枢機卿会議で公式の歓待をしたということです。……わたしはイエズス会への不信が日本人のあいだに広まることをたいへん恐れています。

ほかの少年たちは、ヨーロッパでいうごく身分の低い貴族に、貧しい殿の子息たちで、いくらかは有馬と大村の殿の縁続きですが、それも遠い関係です。大村、有馬殿が使節に関与したかどうかは、豊後の殿の場合と同じだったろうとは思いますが、わたしは豊後にいたし、それらの少年は有馬の者ですからたしかではありません」

この告発の主旨は、まず伊東マンショは豊後の殿の甥などではなく、親戚のまた親戚にすぎず、その父は日向が薩摩に襲われたときに死に、母にも捨てられて町をシャツ一枚で歩いていたようなみじめな子供で、当地で軽蔑されている、そういう人間がヨーロッパで王侯のような待遇を受けたのは許せないということである。

しかし、ラモンの文章にはいろいろ矛盾があり、まちがいがあり、曖昧なところが多い。たとえば、「宗麟の妹と日向の殿が結婚した」という史実はない。しかし、もしラモンが言っていることが正しいのならば、マンショは宗麟の妹婿の孫にあたることになるから「縁の遠い者、親戚の親戚にすぎない」とは言えない。[*31]またラモンは「日向王は滅亡し」と書いているが、それは亡命であって、滅亡ではない。天正五年に島津が日向に侵入したときに伊東一族は都於郡城を落ちて豊後に逃げ延びたのは先に述べたとおりである。

一五八一年（天正九年）のイエズス会年報には「大身等のキリスト教を信じる者が多数あるなかでも、日向の王（伊東義賢）と、豊後の王の姪にあたる彼の母が第一である」と書いていて、伊東氏の当主が重要なキリシタンであることと、その母親もキリシタンで、彼女は宗麟の姪（妹の娘）だったことが記録されていたことがわかる。[*32]「しかし彼らは四年前薩摩の王から領国を奪われて豊後に逃れ、今は臼杵に住んでいる」とあり、翌一五八二年の会報には、「もと日向の王（義賢）、ジェロニモ（祐勝）の兄弟、マンショの従兄弟に洗礼を授けた」という記述がある。年報にあるのに、ラモンが否定するのは、そのような事情を知らなかったからかもしれないが、ラモンはまさにその豊後にいたのであるから、マンショが「当地では軽蔑されている」流浪の孤児のようだと書いたのは無知かまたは悪意からである。

実際に、領主格ではないマンショ個人がみじめな暮らしをしていたのはほんとうかもしれない。ラモンが彼を府内の教会に受け入れて衣服を着せたのもほんとうかもしれない。一族がキリシタンだから、マンショもそうであって、ヴァリニャーノが彼の信仰か才能かに目をつけて有馬のセミナリオに送ったのも経過としては自然である。しかし、ラモンは日本の大名や貴族というものはたちまちにして極貧になり、その運命は変転きわまりないものだという事情を知らなかったので、シャツ一枚のぼろ少年の印象から、彼が高貴な生まれだなどとはとんでもないことだ、シャツ一枚だったからかわいそうで拾ってやったのだという自分の印象と体験に固執した。

しかし、もっと腑に落ちないのは、ラモンが「日向は滅亡し」という書簡を総会長に送った一五八七年十月十五日の三ヶ月前、つまり一五八七年七月十六日（天正十五年六月一日）伊東氏は日向に領地を回復していたのである。[*33] 秀吉によって「本領御安堵」された祐兵《すけたけ》氏は義賢の叔父でやはりキリシタンである。ラモンはじつに日本の世情に無知であったと言わざるを得ない。

しかし、日本の歴史家も、マンショの少年時代に関する記録はラモンのものしかないので、ラモンを信用する人が多い。しかし高崎隆男氏はマンショの少年時代に関する記録を発見された。それは元和年間（一六一五年ごろ）の伊東藩士であった田丸信正が書いた『錦袋録』のなかに日向の刀匠《とうしょう》だった国広という人がいて、この人は「早くより満千代様の御供にて大友家にありしが、満千代様異国に渡り給い……刀鍛冶となり」とあるそうである。この国広は刀匠として著名になり、日向出身の、足利学校の校長であった宗銀《そうぎん》を頼って足利に行き、足利城主長尾新五郎顕長《あきなが》から足軽大将を命じられたということである。*34

このことを信ずるならば、マンショは侍臣《じしん》をともなって大友家に身を寄せていたことになり、流浪の孤児という存在から遠くなる。もしそうだとすると、ヴァリニャーノが宗麟を訪問したときにマンショを見知った可能性がある。そこで有馬のセミナリオに送ったと考えられる。また彼が純忠と相談したときに、宣教師記録が書いているように、最初は信長のお覚えめでたかった伊東祐勝少年を送るつもりだったが、安土から呼び寄せるにはもう船の出る日までの時間がなかったので、折よく宗麟の「親戚筋」にあたるよい年格好の少年が有馬にいることを思い出した。それで使節にはマンショを派遣することにした。もしそうなら、ラモンの告発の最初の部分はあてはまらないことになる。

それから告発の後段だが、これらの少年を「侯や王の使節に対するように遇した」とあるのは不当ではない。彼ら自身が王侯ではなく、王侯の使者として派遣されたということはどこにも書いてある。また彼ら自身が王侯であるかのように待遇したのは外国人の勝手であって、ヴァリニャーノは、この章の冒頭で紹介したゴアでのメスキータへの

「教示」のなかで、「少年たちに旅のあいだ、休まずに日本語とラテン語と音楽を教え、かならず、イエズス会のコレジオに宿泊させ、できるかぎりあたたかく迎えてほしいが、いかなるぜいたく、豪華、または度の過ぎたこともさせないようにしてほしい」と依頼している。「それは彼らを堕落させるからである。どこへ行くにもイエズス会師が彼らに必ずついて行くように、だいじなことは彼らが信仰心をいっそう堅固にして帰ってくることである。またヨーロッパのキリスト教を高く評価して帰ってくることである」[35]

　これらの少年は王侯としてではなく、セミナリオの初穂として、日本人の知性と教養を見せるために派遣されたのであり、また同時に、彼ら自身が将来日本の教会にあってすぐれた「司祭」となるべく派遣されたのであって、これを王侯のように遇したのは、まったくローマ側のやったことなのだ。これはフロイスが語ることだが、イエズス会の総会長アクァヴィーヴァは豪華な歓迎を嫌った、そして教皇には私的なレセプションを求めた。しかし、グレゴリオ教皇が「教皇庁の栄光のため、異教徒の改宗を言祝《ことほ》ぎ、異端を制圧するため」公的な歓迎式を決めたのである。[36]

　またミゲルはすでに述べたように、れっきとした領主の甥であり従弟であって大名の近親だから、ラモンが「遠い関係」というのは誤りである。だいたい彼は大村のことは知らないのである。また、有馬も大村もこの計画は知らないだろうと言っているが、これも憶測であって彼自身も確信はない。

この告発のひとつの動機は、ラモンはこの少年が使節として派遣されることを最初から知っていたか、すこし知っていたが、くだらないことと思っていたかである。なぜなら、ラモンの布教方針は、日本と西洋の対等の交流関係など考えることもできないものだったからである。日本人は支配または教化、同化すべきであって、西洋の王侯や教皇などに対等に遇されてはならないのだ。もともと、日本人はそんな値うちがないのだ。それが一五八五年にローマで「王侯」のような賛辞で迎えられるなどとは、彼は予期していなかった。そこで驚きかつ憤慨したということだ。それで、あれは「王子ではない、乞食だ」、そう叫びたかったのである。

そのことはヴァリニャーノ自身にも心外だった。最初から質素な使いでよかったし、そのことをなんどもメスキータに命じていた。彼らを王侯にしたてたのはだれか？ これはあとのお楽しみである。また、ラモンはついでに随伴していったメスキータのことも、同じ手紙のなかでけなしている。「彼は三、四年前にほとんどと言ってよいほど修練者のようにわたしとともに（わたしの下に）おりましたが、そのうちの二年間をセミナリオの子供たちと都で生活しました。彼は性格としては臆病で、勤勉ではなく、仕事にあまりなじまない人で、日本ではこれ以上の経験をもっていなかったのです」。しかるにこのような人間を巡察師は使節の後見人として一行に加えた、それがけしからん。メスキータ神父は、一五七五年から七六年ゴアの修練院で学んだときに、院長はラモンだったし、ラモンといっしょに日本に来た。前にも述べたように使節の同行者だったが、帰国してからの最大の業績は、一五九八年以後長崎のコレジオの院長として長崎の布教を絶頂に導いたことである。[37] 聖母被昇天の聖堂、山の聖母マリア聖堂、サン・ティアゴ病院を建設したのはこの神父である。一六一一年にはサン・ティアゴ病院の院長になった。彼が宣教師仲間や上長や日本人にいかに信用されていたかは、一六一四年に家康の禁教令が出たとき、彼らがメスキータを、説得のため家康のいる駿府に送ったのをみてもわかる。しかし、それは失敗し、疲れ果てた彼は宣教師たちがマカオに船で去る四日前に長崎で死んだ。[38]

　このような経歴からみて、ラモンがメスキータは自分の部下だった、勤勉ではない、臆病だ、仕事になじめないと、会の最高首脳である総会長に密告するのは、メスキータがローマで使節の後見として名をあげたことに水を差す意図があることは明らかである。しかも自分の弟子だった人である。いや自分の弟子だったから、彼の欠点はみな知っていると言いたいし、言えるのだろう。このように、告発の第一の動機は、要するにラモンの私怨《しえん》である。同時にイエズス会内部のカブラル派とヴァリニャーノ派の内紛が噴き出したものでもある。

　ヴァリニャーノはこれに抗弁して反論を書かなければならないほど苦労したが、その後もラモンを八良尾《はちらお》のセミナリオの院長に任命し、一五九一年以前にラモンはヴァリニャーノのもとで最終請願を立てた。ラモンはヴァリニャーノによってゴアの修練院の院長に指名されて以来、生涯を通じて修練士の教育に専心し、六十一歳で日本で死んだ。ラモンの告発は、しかし、イエズス会内部のトラブルではすまない波紋をスペイン人宣教師のあいだに引き起こした。どこからもれたのかわからないが、ラモンと同じ非難がこんどはフランシスコ会から出されて、ヴァリニャーノは非常に苦しい立場に陥った。使節らはヨーロッパで王子として待遇された、そのことからフランシスコ会士は、イエズス会士はこの少年らがあたかもこれらの王の継承者であると偽ったと非難した。それに対してヴァリニャーノは一五九八年に『アポロギア(反論)』を書いて、そのなかで「日本および中国のイエズス会について書かれたさまざまな誹謗について」答えた。[*39] ヴァリニャーノは、自分は彼らを王子や王だと言って紹介したことはない、自分は彼らをセミナリオの最初の果実だと紹介したのだと弁明した。また使節はひとりずつしか供を連れていない、そのことは公的なレセプションに向かないということを意味する。彼らは「個人として」迎えられ、宿泊はイエズス会宿舎でなければならないと主導したのだと述べた。また彼は、中浦ジュリアンと原マルティーノは王の使節ではない、使節の供の者である、なぜなら彼らふたりは貴族ではないからだと説明した。いっぽうマルティーノの姉妹は大村の王の兄弟と結婚しており、ジュリアンの父は大村と有馬のあいだの城の主《あるじ》だったことがあると説明した。

そしてこの九州では有馬と大村は勢力が弱く、依然として大友が権勢があったので、大友の使節であるマンショが正使である。彼の伯父が宗麟の姪と結婚し、マンショの祖父伊東義祐はかつて勢力ある日向の領主だったが、日向が落ちて大友の領内に避難、しかもこの伊東家は、秀吉のもとで、島津の追い落としに功があったため領地を回復したと説明した。

ヴァリニャーノは以上のようなわけだから、彼らは王子ではないが、平民ではないと語り、ヨーロッパで彼らがあげた名声が、彼らが日本で占めている真実の地位を、無理解からゆがめた、その送り主の重要性についても無理解だと怒りを表明している。しかし、それにもかかわらず、かつてヨーロッパにおいて、この使節のように日本についての知識を正しく伝えた者はいなかったのだと述べた。

この歴史についての権威松田毅一氏はフロイスにある「巡察師はにわかに決意した」、または「出発までの時日は少なかった」、ラモンの「二、三十日かまたはそれよりすこし前」、また宗麟の「わが甥ヒエロニムスを派遣したかったが巡察師の出発の日が迫ったので」ということばをひいて、一五八二年一月六日までは計画された「形跡がない」、したがって一月中旬以後に「にわかに使節行を決意したことを示している」と断言しておられるが、すでに述べた理由によってフロイスはヴァリニャーノから物理的、精神的に遠く、その心中を悟り得ない立場であったこと、純忠、ヴァリニャーノの近くにいたルセナとオルガンティーノは使節の計画は起こるべくして自然に巡察師の心中に計画されていたのだと言っていること、また、協議会の決議書にこのことが書かれていないのは、日本の使節をローマに送るということ自体が、基本的にスペイン、ポルトガル国王が布教の直接的保護者、責任者であって、ローマ教皇にじかに関わる問題ではないという考えをもったカブラル、コエリョ、ラモンらスペイン・ポルトガル勢力に反対されたために決議に至らなかったからであり、だからこそ、のちにスペイン人ラモンによって告発されたのであること、こういうことを考慮すれば、会議のあとにのみ計画が生まれたのだと断言することはできないのである。

加えて、ヴァリニャーノは安土のセミナリオで祐勝を見たときから、領主の親族の少年を外国に連れて行くことをしだいに脳裏に描きはじめていなかったとはだれにも言えない。そうであれば、八一年の十月に豊後にもどったときに、おおよその骨格を宗麟に話しておくことも可能、そしていよいよ出発がまぢかに迫り、具体化するにあたっては、書状で了解をとることも可能であったとも考えられる。

また松田氏は、使節はヴァリニャーノが日本における布教事業のために考案した一企画であって、「日本のキリシタン諸侯が、ローマ教皇に恭順の意をあらわそうとして企《くわだ》て実施したものではけっしてあり得ない」とこれまた断言しておられるのだが、はたしてそこまで言えるのだろうか。ルセナの報告を氏はどのように解釈されるのであろうか？　たしかにローマに送るという企画はローマから来たヴァリニャーノにしかできないから、企画者が彼であることは明らかである。しかし、それではキリシタン大名にまったくそういう考えがなかったかというとけっしてそうではない。

私は宗麟がいかに外国と交流したがってきたかを一章で長々と説明した。要点をまとめてみると、一五四五年（天文十四年）にポルトガル人ファリャらが来航、天文二十年ザビエル帰国船で家臣をポルトガル王、インド総督への使者として派遣、彼に見聞を聞く。[*40]このとき宗麟は神父たちから聞いた西洋の文化がほんとうかどうか自分で行って確かめてくるように家臣に命じた。これはザビエルの書簡にある。このとき国王と親善を結ぶために、書簡を書いて、友愛のしるしに精巧な細工の短刀を献上した。この使節が帰ってきたのは一五五二年、ガゴ神父といっしょである。このときザビエルは日本人留学生をふたり連れて行き、ひとりはローマまで行ってイエズス会士になったのは一章で述べたとおり、ローマに若者を連れて行くことはザビエル以来の悲願であった。しかもそれは豊後を基地として行われてきたことなのだ。もしも二度めの企てに彼を入れず、新参の有馬や、洗礼は早いが布教保護でははるかに彼に劣る大村だけが参加したとするならば、彼はむしろ無念に思ったであろう。

人間を理解するにはその歴史を見なければならない。彼は天文二十年にすでに独自にインド総督と、ポルトガル王ドン・セバスティアンと外交文書の交換をし、贈り物を交換していたのだ。その宗麟が「なんのために少年を派遣したのか」と聞いたとラモンは言っているが、どのような文脈でそのことばを言ったかは記されていない。それはあくまでもラモンの言ったことである。宗麟は国際外交のことは知悉《ちしつ》している。ただし、伊東少年を送ったことは知らなかったかもしれない。彼はすでに以前から有馬に送られていたからである。文書を送ったことも知らなかったかもしれない。しかし絶対に知らなかった、と言い切るには、ただひとりの証言ではじゅうぶんではない。ましてこの人間が平生《へいぜい》信用ができないとか、ヴァリニャーノに悪意をもっているような場合、証人としてはそのまま信用しないのは裁判の常識である。また賢明な裁判官は唯一の証言で犯人扱いはしない。あくまでも断言をさけるだけだ。つまり今のところ、知っていた可能性も、知らなかった可能性もあると言うにとどめるべきである。私はこうも考える。ラモンがいつ、どういう状況で、宗麟のこのことばを聞いたのかがまったく書かれていないのは、証言として曖昧だということである。なぜなら、ラモンがこの告発を書いたときは派遣から五年後の一五八七年で、しかも当の宗麟は死んでいた。ということは死人に口なしということである。つまり、このことばが、派遣からかなりたって、しかも死に瀕している人間が言ったことであり、しかも晩年は、島津との絶望的な戦いやら、馬鹿息子との確執やらで、そのようなことはもう頭になかった、つまり忘れてしまったということだって、りっぱに可能性としてはあるのだ。知らないと言った記録は文字に残るが、忘れていたという記録は文字に残らない。人間の真実はたいてい文字に残らないものだ。だからいつも連続した時間でその人間の本質を判断しなければならない。紙よりも人間理解のほうがだいじだ。

また当時のキリシタンは、「ぱっぱ」または「ぱーぱ」という名でまだ見ぬ教皇にあこがれと尊敬を抱いていたことが宣教師の報告のいたるところに見られる。たとえば高山ダリオの今生《こんじょう》の願いは、ローマに行って教皇の前にひざまずくことであったとオルガンティーノに語っている。また浦上では隠れキリシタンが、ひそかにつぎのような小歌を歌いついでいた。

沖に来るのはパーパの船よ[*41]
丸にやの字の帆が見える。
沖に見えるはパーパの船よ
丸にやの字が書いてある。

大葉耀氏によれば、パーパとはローマ教皇のことであり、パーパの船とはローマ教皇から遣わされた船、すなわち切支丹《キリシタン》の教書を伝える使命をもった異国船を意味した。丸にやの字とは、まるや、すなわち、聖母マリアのことである。宣教師が去り、置き去りにされた信者は、沖をながめて、こうしてふたたび宣教師が来ることを願って数百年を過ごすことになった。切支丹が教皇をどのようにとらえていたかがよくわかる史料である。

しかし、こうした内紛や対立が、スペイン人というラモンの国籍をつうじて、ライバルのフランシスコ会スペイン人によるイエズス会攻撃に引火したときは、全体として日本の教会の状態を悪化させたことは否定できない。経済的に破滅的な状況にあった日本教会に教皇の金と人材をもってこようとするためには、この使節派遣はたいへんいい政策であったはずだ。内部にその政策にけちをつける人間がいたということは、イエズス会にとって非常に不幸なことだった。だが、このことの最大の被害は、それが理由で、その後の日本の歴史家が、この外交使節問題を犯罪視するようになったということである。もともと耶蘇《ヤソ》嫌いの日本人に対して、この「醜聞」は格好の攻撃の種を提供したし、いまも提供しつづけている。

文書偽造の嫌疑とその「法廷」

捨てておけないのは、ラモンの告発のなかの文書偽造、詐欺に関する示唆である。それは大友宗麟が使節派遣のことも、教皇や総会長あての書状のこともまったく知らなかったという有力な「証言」として受け取られた。このことは宗麟がだまされた、また文書が偽造された、ということを言っているのである。

竹本弘文氏は「ヴァリニャーニは、宗麟から、イエズス会会長、ローマ法王、イスパニア国王、ポルトガル国王、枢機卿ドン・エンリーケ、インド副王らへあてて……大村純忠、有馬晴信らの膨大な偽造文書をつくった」と書き、結局、使節派遣は虚構でかためた詐欺的事業だったと総括している。[*42]

また渡辺澄夫氏は宗麟の書状に捺《お》された花押《かおう》（署名を紋様化したもので、文書の真正性を証明するものとして重視される）が、この書状発行よりも十年以前に使用されていたものであることを証明し、結果としてこれは偽造であると判断した。[*43]また松田毅一氏は、渡辺氏と同じく大友宗麟の書状が偽造であったという意見をもっている。[*44]氏が分析したのは、イエズス会古文書館にある総会長あての書状だが、それによれば、花押のほかに、この書状の日本語の文章では「伊東」ではなく「伊藤」となっている。私は、イエズス会総会長あての書状をローマで見たあと、大分県の県立図書館で、大分県先哲叢書のなかの「大友宗麟」から、活字になったものを書き写してきたが、それは以下のようなものである。[*45]

大友不龍獅子虎書状　（京都大学所蔵）

以賀良左令啓上候、さて、世主子之今波仁安之伴天連備慈多道留、至此遠国被差渡、弥実教之道理等被仰聞、其外種々善事等、被成御調儀候、難有奉存候、殊更諸貴理使且至愚老茂、世界之満足不過之候、然者吾等いとこ日向之伊藤せらふにも、此度備慈多道留御供可仕候処、当時遠国江居住候之間、無其儀候、併彼いとこまんしょ渡海申候間、万端可被添貴意事、可忝候、猶備慈多道留井まんしょ用御口上、閣委筆候、恐惶敬白、(天正十年)正月十一日

上謹世主子　今波仁安是羅留　尊老伴天連御中

豊州屋形　不龍獅子虎

たしかに「伊藤」となっている。伊東家は名家であるから、豊後の人間ならまちがえるはずはない。また松田氏の指摘する第二点も正しい。祐勝ヒエロニムスは姪の子供であっていとこではない。

なお大分県文化課の解読では宗麟の号は「不龍獅子虎」となっているが、松田氏によれば「不乱獅子虎」だということだ。イエズス会にある総会長あての書状は、私も見たし、シュッテ師が『日本の礼儀作法』一七七ページに載せているのでだれでも見ることができるが、これは私には「不龍獅子虎」に読める。西洋のことをやっている私には、

古文書の専門家の解読を信頼することがだいじである。だれにも専門というものがある。この不龍獅子虎という号が正しいかどうかは、専門家がだれも不満を言っていない。またこの花押は、田北学氏の『大友史料』第一輯《しゅう》で示されたように、宗麟が永禄七年（一五六四年）から元亀三年（一五七二年）のあいだに使用していたもので、一五八二年当時には宗麟は別の花押を用いていた。これだけ証拠がそろえば、この書状は、宗麟が書いたものではなく、また宗麟が眼を通して訂正したものでもないことはだれにも納得がいく。

しかも、松田氏はイエズス会古文書館と、ヴァティカン古文書館と京都大学で、有馬、大村、大友の日本書状を点検したところ、すべてが同一人の筆跡であったことを確認したということである。私が見たのは、イエズス会にある総会長のものだけだが、これらは専門的な筆跡鑑定をしないと確定できないと氏は公正にも言われているが私もそう思う。いずれこれらを一挙に展示して専門の鑑定家に見てもらえばその結果は科学的に出てくるであろう。そのことを私は疑わない。だが、それでもじゅうぶんではない。それら相互の鑑定をした上で、さらに大村、有馬、大友の「真筆と断定できる」史料との比較をしなければ、じゅうぶんではない。それはそれでじゅうぶん研究に値することである。

しかし、そのような鑑定の結果、この三人の王の書簡が同一の人間の筆跡であるとわかった場合、あるいは、これらが、確実な根拠にもとづいてそれぞれの人間の「真筆」であることが科学的に証明できない場合、それは、史料的価値を失い、偽造文書ということになるのだろうか。問題はそこにある。

有馬、大村の書状には宗麟の書状にあるような内容上のまちがいや花押の形態のちがいがないから、これはふたりが点検したものとみてよい。ふたりの花押までが偽ものだという指摘はいまのところないが、これも、実際、鑑定しないとわからない。しかもこの三つの書状が同一の筆跡ならば、どれも「真筆」ではないだろう。私は専門家ではないが、本文は明らかに同一筆跡に見える。もっともあたりまえの考えかたは、それらはヴァリニャーノのそばにいた日本人の能筆家か、あるいは大村の祐筆《ゆうひつ》が書いたものであるということである。内容は、西洋の君侯に合わせてどのような言いかたが効果的かをヴァリニャーノやルセナやメスキータ(この二人は日本語ができた。ヴァリニャーノはできなかった)が指示したことは疑えない。外交文書を祐筆が書くのは当然である。花押は、純忠と晴信は近くにいたのだから、おそらく彼らが書いたのであろう。彼らもまたいっさい知らなかったということはすでに述べたように、まったく状況的に考えられない。ルセナが書いているように、純忠とヴァリニャーノは人選まで行っていたからである。そのように考えると、これは偽造ではなく代筆である。偽造とは本人が知らないにもかかわらず、まったくの嘘を作り上げるものである。本人が内容を知りだれかに書かせたものは代筆であって偽造ではない。

いっぽう宗麟の書状の誤謬《ごびゅう》と花押のちがいがあるかぎり、これは花押を含めてすべて代筆者が書いたのであって本人が点検もしていないし、花押も書いていない。したがって、宗麟は豊後にいたので、じつは計画を知らなかったのではないかというラモンの言説が抱き合せになって偽造問題は宗麟に集まっているわけである。

ところで、偽造という根拠は、宗麟がラモンに言ったという「その少年はなんのために外国へ行ったのか」というひとことである。そこから、ラモンは、推定で「だから使節のことはなにも知らなかった」と言った。また日本の歴史家は、そのラモンを唯一の信頼できる史料として、これを信用し、さらに書状が彼の真筆ではないという事実と総合して、偽造だと断定した。

最初の問題については、前述したように、イエズス会研究者のモラン氏が、ヴァリニャーノが豊後にいた一五八一年の十月に来たときに相談しただろうと推測している。[*46] また氏は可能性として、「あるいはそれは最終モメントに決まったので、ただ文書で知らせただけ」と推測する。もし、遠くて間に合わないから、ではそういうことにしてくれと宗麟が言ったのなら、それは「偽造」ではなく「代筆」ということになる。問題は本人が了承していたかどうかにかかってくる。

ここでもし弁護に立つとするなら、どこが問題だろうか？　まずペドロ・ラモンの言ったことが信ずるに足りるかどうかを、つまりこの証人は真実を言っているかどうかを吟味する必要があるだろう。第二に「その少年たちはなにをしに行ったのか」ということばがその計画を知らなかったことを意味するのかということを吟味する必要があるだろう。まだそれでも足りないことがある。すべての裁判がそうだが、被告にも語らせなければならない。ヴァリニャーノ自身がこれらの(というのは非難したのはラモンだけではない。「商売敵《がたき》」のフランシスコ会がこれを機に大いに攻撃したので)非難に対して膨大な厚さの「反論」を書いているので、これも聞かなければならない。以上の手続きを踏まないで、有罪とするのはどうみても不公正である。

断わるまでもなく私はキリスト教徒でもないし、個人的にこの宗旨の味方をしているのでもない。しかし、弁護士であるとするならば、私はよろこんでヴァリニャーノ個人の弁護に立つ。私は彼の差別観のない布教方針を評価し、彼が日本文化を尊敬し、日本の少年を尊敬したことを評価している。彼の人間性を信じているのだ。弁護士である以上、私は彼の無罪を証明したいと思っている。私は一枚の史料よりも、その人間の行為や言動の総合によって判断する。早い話がラモンのひとことよりも、ヴァリニャーノが三十三年間アジアと日本でやったことを信じるのだ。証拠？ 人間よりも一枚の紙や一個の印鑑を信じるのが歴史家ならば、私は自分が歴史家ではないことに確信をもっている。史料ではなく、人間を読む歴史家だと言いかえてもいい。

第一の問題については私はすでにいろいろ言ってきた。ラモンがカブラル派であり、もともと反ヴァリニャーノであること、またメスキータについても偏見を語っていること、さらに、彼の「史料」にも明らかにまちがいや記憶ちがいがあることである。したがって、ラモンの文そのものが信用できない。

ヴァリニャーノ研究の第一人者シュッテ師を証人に呼ぼう。彼はラモンが出した問題についてこう書いている。

「ヴァリニャーノが二度めに豊後に滞在した一五八一年十月、彼の頭のなかにこのプランがあったかもしれないし、その計画について宗麟と話す時間もあったかもしれないが、それはまだ完成した計画ではなかった。だが、そのふたりのあいだで甥の祐勝が話題になる可能性はあった。それが会話か、手紙かは不明である。

それから六年たって一五八七年に生月島でラモンが、宗麟はそんなことはまったく知らなかったという仮説を強調した。……しかし、この計画が実行されたとき、ラモンは豊後にいたので、正確な情報を入手し、提供できる立場にはいなかった。

ここでラモンは宗麟の告解師であったので、彼がなにかの折りに、『いったいどうしてその少年たちがポルトガルに行くのか』と言ったことから、『王フランシスコはけっしてこのような使節を送る考えはなく、またいかなる手紙も書いたことがなかったと確信する』と書いている。『しかしわたしの記憶はたしかではありませんが、殿はヴァリニャーノを介して教皇からいただいた聖遺物の礼状かなにかを書いたことはあり得ます。それについてもたしかではありません。しかし、とにかく彼は使節の派遣などはしませんでした』とも書いている。……つまり、ラモンはこのことで教皇庁で読まれた宗麟の書状は偽造だということを示唆したのである。……もしもヴァリニャーノがこのような詐欺を働いたのなら、それを知った日本のふたりの大名がどうしてそれに反対しなかったのだろうか？」[*47]

実際には純忠は八七年に死に、宗麟も同じ年に死に、帰国を出迎えたのは有馬晴信のみであった。ゴアで彼らの死を知ったときに、少年らと巡察師は非常に落胆したと、フロイスも、サンデも書いている。しかし、もしも彼らをだまして行ったのなら、彼らが死んだことはさぞうれしいことだったろう。しかも、巡察師と使節らによれば、一五九〇年に長崎に帰国したとき、ひとり息子を出した母親や家族は喜び、晴信や、おおぜいの大村家の家臣、おおぜいのキリシタンに迎えられ、長崎の町は歓喜にみちたという複数の報告がある。だまして行った行為なら、長崎のキリシタン全部をだましたことになる。しかも彼らは、一五八七年に秀吉が出した伴天連追放令をなんとか撤回してもらうために、ヨーロッパからの外交文書や贈り物をもって秀吉に謁見するため、はでに長崎を出帆したのである。もしも詐欺なら、ヴァリニャーノは教皇庁、国王、すべての貴族、そして大村、有馬、大友と長崎の町民、秀吉のすべてをだましたことになる。したがって竹本氏が言うように、これは「イエズス会の壮大な虚構」と言うほかはなくなる。たしかに「壮大」と言うほかはない。世界規模の詐欺師である。

シュッテは続ける。「このような詐欺が、日本の大名の三家から抗議を受けないわけはなく、またこのような詐欺が通るほど法治国であるスペインは甘くない。さらに世界じゅうに布教地をもち厳格なコントロールを布《し》く教皇庁はなおさらである」。たしかにそうだろうが、ここでふたつのことを分けておく必要がある。西欧諸国は、非常に法的観念とその常識が発展していて、しばしばその弊害があるほどである。またイエズス会は報告、報告、また報告という報告マニアであって、それで無限大の報告書が堆積している会である。またなんども言ったように、上長の許可なしには、なにごとも末端に行かない。マカオ、ゴアで使節を迎えたのは、全会がこのことを知り、了承していたからである、しかもこの旅は八年に及んだ。したがって使節派遣事業はイエズス会の公的な事業であった。この点は、問題がない。問題はあくまで、じつに細部であって、このとき、三人の王のひとりがほんとうに使節を派遣したのかどうか、またもっと正確には、この書状が偽造かどうかということだ。この最後の点は、教皇庁やスペイン国王が吟味できたかどうか、それは別問題だ。日本の墨筆や花押の真偽は西洋人にはわからないだろう。ふつうの日本人にもわからないのだから。

では、死人に口なし、で死んでしまって、ラモンの言ったことに賛成も否定もできない宗麟自身に聞いてみよう。すでに私は前節で、宗麟が国際外交の先駆者であったことを述べた。それでも充分なのだが、ここでは、教皇に送った書状の内容を問題にしたい。ラテン語から訳されたものの大意を見てみよう。そのほうがわかりやすい。以下が宗麟の書状の文面である。

「（教皇は）……今を去る三十四年前に、耶蘇《ヤソ》会の一神父（ザビエル）を当日本国に派遣し給えり。その御父の蒔《ま》き給える種子、神の御仁慈によりてわが胸に降れり。この顕著なる御仁恩、またその他の御恩恵は、嗚呼《ああ》、全キリスト教民の至聖なる父よ、……余は戦乱と老齢と不例（病気）とのために妨げられずば、自身ただちに至聖なる貴地（ローマ）参拝のため参上し、……聖下の至聖なる御手により、我が胸に十字架の記号を印し給はらんことを祈求せるなるべし」

このくだりはザビエルにじかに会い、その人柄に感動して入信した宗麟、その洗礼名をそこからとった宗麟の心の歴史を語っている。もし自分が老齢であることと戦乱のさなかにあるのでなければ自分が教皇に崇敬の念をあらわしに行きたい、しかしそういう事情なので、代わってヒエロニムスという甥をやりたいが、遠方にいてしかも巡察師の出発が迫っているから、その代わりにヒエロニムスの従弟のマンショを派遣したい。だいたいこのような内容である。いたって簡潔で、余計なことはなにも書いてない。

私はこれが真筆だと言っているのではない。この内容が宗麟を裏切っていない、それどころか簡潔にその心の歴史や使節との関係を正確に告げているということを指摘しているにすぎない。そしてこの内容は、宗麟自身が書いたのでなければ、宗麟をよく知る人が書いたのである。したがって、このような書状を送ったと書状をもって知らされたとしてもなんら異論のない内容であっただろう。これは、その内容から見て、本人の意思を裏切った偽造ではなく、本人の意向を汲んだ代筆という性格のものであることは疑いがない。

最後に「被告」ヴァリニャーノ自身が書いた「弁明」を見てみよう。ヴァリニャーノは一五九七年の末から九八年のはじめにかけて、コチンで『アポロギア』を書いた。これは、フライ・マルティン・デ・アシェンシオン・デ・アグィッレというフランシスコ会士が書いたイエズス会批判論に答えて書かれたものである。このマルティンは一五九六年六月来日してその翌年の九七年二月に長崎で殉教した。トマス・オイテンブルグの本『十六、十七世紀における日本のフランシスコ会士たち』にはこう書いてある。「マルティン神父は最初から日本で宣教師になるつもりでスペインをあとにしたばかりか、あわよくばそこで殉教者として死ぬことを狙っていた」[*48]。このフライ・マルティンの『反イエズス会攻撃』は、印刷したものではパジェスの『日本切支丹宗門史』で読める[*49]。『アポロギア』は、ヴァリニャーノが「イエズス会に対して行われた非難と偏見に答える」ため、主としてフランシスコ会士マルティンの文章をとりあげながら逐一反論する形式になっていて、議論は多種多様なテーマに及んでいる。ヴァリニャーノの議論の大半は、このフライ・マルティンが、スペイン帝国による日本征服論者であったために、これを攻撃し、否定することに費やされているので、使節のことはほんとうにすこしか比重を占めていない。たとえば、フライは長崎には三万人キリシタン武士がいるから、これを味方にして日本を攻撃可能であると言っているが、ヴァリニャーノは二千人しかいないと反論し、だから攻撃などできない、また大坂の僧よりイエズス会のほうが勢力が上だというフライの大嘘をあざ笑って、それは嘘だと言っている。そして日本支配のためにキリシタンを利用するスペイン帝国主義を危険視し、かなり激しく中世神学者のような雄弁博学な論証でこれを論破している。

しかしまずいことに原稿を書いている最中にフライは殉教して、宗教的英雄になってしまった。カトリック教会の人にはもうなにも言えない。しかしカトリックではないイギリス人学者のモラン氏によればこの神父は「悪党で愚か者」である。イエズス会はスペイン系のフランシスコ会士が「はだしで日本にやってくること」に反対した。したがってフライはイエズス会に敵意をもっていた。

一五九七年十月九日の手紙でヴァリニャーノはアクァヴィーヴァに書いている。「(フランシスコ会士は)ことば、手紙、行動でイエズス会をことあるごとに攻撃、あいた口がふさがらないほどの嘘をまきちらしている。しかしわたしは最後に勝つのは真理だと信じている」。また太閤が憤慨して彼ら全員が処刑されたことについて「殉教は彼らにとって善いことだった。だが、キリスト教全体にとってはこれはきわめて悪いことだった」と書いた。殉教はキリスト教徒の最高の信仰の行為であるから、それについては黙ってしまうほかはないのに、大胆で冷静なことばである。しかも私はそれに賛成だ。ヴァリニャーノは、殉教は一回では終わらない、また起こると考えていた。日本人は先例のあることに忠実である。事実、これが最初で、あとは世界史上最大の殉教が続く。だいたい、一五九六年六月に来て九七年二月には処刑されたのだから、このわずかな期間に日本の状況が、日本語も知らないのにわかるはずはない。ヴァリニャーノは、フランシスコ会士がイエズス会を悪く言うことで、日本でのキリシタンの立場全部がだめになると思い、そのために躍起になった。ラモンのときには、総会長から聞いているだろうに、なにも反論を出版していないのに、こんどはそういうわけにはいかなかったのである。スペイン語で反論を書いたのはスペイン人のフランシスコ会士にあてたからである。

その文脈のなかの第五章が「フライ・マルティンがイエズス会はローマに使節を王の名で送った偽りについて語っていることについて」である。[*50] ここで彼は、フライ・マルティンが伊東マンショが貧乏者で日本の王などではないと非難し、第一、日本には暴君はいるが王などいないと（その限りにおいてけっこう正しい）言った文章を引いてそれに反論している。

ヴァリニャーノは、これらのカバリェーロス（騎士）が王だとは一度も言っていない、「わたしは豊後の王、有馬の王、そしてドン・バルトロメウ、つまり大村の王とprocura（相談）して、彼らのカバリェーロスをローマに派遣するようにしたのである。そしてそれをインドの管区長ならびに総会長に依頼した」[*51]。このあとヴァリニャーノは日本の国の政情を説明、この三人の領主が日本で一国の王であると言えることを語り、また当時最強の君主は信長であったことは、いまは秀吉がそうであるのと同じだと説明している。本文は日本の政治情勢のくわしい説明であって、啓蒙的なものだ。最後に彼は、これらの武士を国王、教皇その他のヨーロッパの人びとに紹介したことは日本の将来のためによきことである、日本のキリスト教にとってもいいし、ヨーロッパに行ったことは若者の信仰のためにもよかったと自己評価している。

さて、これで弁護の種は尽きた。ヴァリニャーノは法律家、実務家であって、大きな事業をおこす人間だが、聖人ではない。彼はマキャヴェッリとほとんど同時代の策略家であり、王侯を相手にする外交官でもある。彼はどうしても、使節を連れてローマに行かなければならないと思った。彼が「私欲」をもっていなかったことはいままで述べてきたことで明らかである。日本人の優秀さを世界に知らせ、世界の優秀さを日本人に知らせ、世界の援助を日本の教会にもたらすために、日本を宣伝したかったのである。そこで、彼はいったんインドに帰ったら数年以上は来られないから、どうしてもこの日本の窮状を救うために、この機会に使節をじかにローマに連れて行こうと思った。正式の使節であるためには、王の書状、正式外交文書が不可欠だ。近場の大名とはすぐに話がついた。だが遠くにいる宗麟と相談するために書簡を交換しているひまはない。しかし、宗麟のことはよくわかっている。自分を信頼してくれていることも、ふたりのあいだに深い信頼関係もあることも確信があった。そこでこういうことにするから了承してくれと手紙を送った。その返事が船が出る前に来たとは思われない。

しかし、ヴァリニャーノは船を出さないわけにはいかなかったのだ。船出のときが来たからである。

船出

一五八二年二月二十日、つまり、天正十年一月二十八日、カピタン・モール、イグナシオ・デ・リマのナウ船に乗って、伊東マンショ、千々石ミゲル、中浦ジュリアン、原マルティーノ、そのころまだ修道士だったメスキータ、日本人修道士ジョルジ・ロヨラ、そして使節のめんどうをみる日本人、アゴスティーノ、およびコンスタンティーノ・ドゥラードと呼ばれるふたりの少年、それに巡察師の一行九人が長崎を出帆した。同行した神父ロレンソ・メシア、イルマン（修道士）・オリヴィエーロ。トスカネッリはマカオまでだった。

ロヨラはこのとき二十歳だったが日本語と日本文学の成績がよく四人に日本語を教えることと、日本語の文章を書くために同行した。メスキータ師が基本的に、少年たちにラテン語を教える役割だったことを考えると、このふたりは十三、四歳の少年たちが長い旅のあいだに勉強を継続できるようにつけられた携帯用家庭教師だったということになる。コンスタンティーノはポルトガル語がうまく、同行中に注意深いメモを残した。松田毅一氏の考察では、彼のあだ名のドゥラードというのは「金銀細工師」のことで、もうひとりの少年アゴスティーノとともに、ヴァリニャーノが日本に導入した活版印刷にたずさわったので、将来の教育のために印刷所を開くつもりだったヴァリニャーノの深謀遠慮で一行に加わったものだとしている。

最近青山敦夫氏が『活版印刷人ドラードの生涯——天正遣欧使節の活版印刷』という本を出され、この忘れられていた日本最初の活版印刷工に光を当てた。それによると、ヴァリニャーノが彼を一行に加えたのは、使節の世話をするとともに、やはり西洋の印刷技術を習得させるためだったそうだ。[*52] 印刷技術を輸入して教えを広めるという計画は、ヴァリニャーノにとって使節派遣と同じほどだいじだったので、そのためにも若いポルトガル語のできる優秀な人間を連れて行く必要があった。実際には、ロヨラ神父も彼とともに印刷技術を学び、使節のなかの原マルティーノは書き手として、また編集者として日本の印刷事業に加わることになる。

青山氏は、このドゥラードには日本名がないが、それは彼はポルトガル人との混血児で捨てられたところを教会に拾われ、そこで育ったからだとしている。彼がひどくポルトガル語がうまいので、ヴァリニャーノは口ノ津から彼を連れてきて有馬のセミナリオに入れた。青山氏の本は小説仕立てになっているが、史料はみな押えてあるので、なかなかおもしろい。とくにドゥラードが同じ一行に加えられながら、身分のちがいで、使節の四人とは差別されているのを悲しむところや、彼らが別れを惜しむ親やきょうだいをもっているのに、彼にはだれも別れを惜しむ者がいないなどというところは、小説でなくてはあらわせないものを書いていて感動的である。このような本が出たことで、使節のかげにかくれて、しかもたいへんだいじなことをしたのに、歴史の下に沈んでいたもうひとりの少年が日の目をみることになった。

松田氏はドゥラードとは金銀細工師という意味で、父親は諫早《いさはや》の金銀細工師で、家業に近い活版印刷事業のために連れて行かれたと推論する。しかしポルトガル語で鍍金《メッキ》屋のことはドゥラドールというのである。そしてドゥラードとは金に塗られた、鍍金されたものという意味で、文字のままとれば、「金色に塗られたもの」ということである。これはまったく私の推定であるが、彼は金髪だったのではないだろうか。「史料がない」

から推定である。

さて、カピタンはこのように名誉ある使節一行を自分の船に乗せたことを、自分にとってこの上ない光栄だと思って張り切っていた。そして使節一行にふつうの船室ではなく、船長室を提供した。船室と船長室では天と地ほどの差である。ヴァリニャーノはこの船長の厚遇に深い恩義を感じていたので、マカオでもっと設備のいい、最新式の大型船に勧誘されたときにそれを断わり、この小さい船に乗り続けた。ところが、その大型船は座礁し、ほとんどの乗員が死んだ。もしこのとき誘いにのって大型船に乗っていたら、使節団はインドに着く前に全滅していただろう。

船出のようすは、フロイスが書いている。「その際には使者たちの家族は別れを惜しんで涙を流した。ことに、このとき大村城内にいたドン・ミゲルの母は、これほどに遠い国へ行き、長い航海をなすからは、ぶじに帰国することはかなわぬであろうと、暗黙のうちに覚悟を決めているとその子に言った。それにもかかわらず、派遣した諸王侯も、出発した一行も、ともになお青年であったから、みなひとしい勇気と歓喜の情を抑えることができなかった」

コエリョは一五八二年二月十三日の年報に、純忠が千々石ミゲルは母ひとり、子ひとりなので、子供を手放さないだろうと心配したこと、中浦ジュリアンも同じ状況なので、心配だと言っていたと書いている。最大の困難はやはり母親を説得することだったようである。

ここで、これからの旅路については、たくさんの報告があるので、それらを参照しながら、できるだけ信用のおける情報で語っていきたいと思うが、いくつかのおもな報告のなりたちや特徴を言っておきたいと思う。いちばん有名で定評のあるフロイスの使節記は、じつは、彼が使節に同伴していたのではなく、そのあいだずっと日本にいたので、彼の報告書がおおよそそうであるように実際に見聞したほかの宣教師の報告や書簡から編纂されたものである。また書かれたのは一五九一年から二年のあいだで、使節の帰国後のことである。メスキータやそのほかの随行者のメモがあったであろうし、たとえばイタリアでの情報は一五八五年にローマで出版されたアレッサンドロ・ベナッチの記録や、一五八六年のグァルチエーリの記録なども参照できたので総合的であることはたしかだが、個々の事実の詳細部分になると、彼個人が見たことではないので、誤りもあり、生彩を欠いている。

同様に有名なサンデの『見聞録』は事実上の編纂者はヴァリニャーノ、サンデはそのラテン語への訳者である。ヴァリニャーノは一五八七年末からゴアでこの編纂を始め、一五八八年九月にラテン語原稿が完成した。岡本良知氏によれば、ヴァリニャーノもメスキータおよびそのほかの随行者、そしてなによりも使節ら自身から記録をとって書いたものである。そしてこれはサンデの序文と、ヴァリニャーノの一五八九年九月二十七日マカオ発の書簡によってわかるように、その主たる目的は日本の神学生の勉強のための目的で編纂されているので、その内容は教化的、教育的で、これで日本の神学生に西洋文化史を教えようとする意図がある。しかし、実際に少年たちの口を借りて、プラトンの対話編のようにみごとに作ってある。しかし、その目的が教化である以上、それをさまたげるようなことは書いてないので、それはそう思って読む必要がある。

岡本氏は昭和十六年に訳したルイス・フロイスの使節記の序文で、「天正少年使節に関する西洋の記録はおびただしい数にのぼっているにもかかわらず、「あらゆる記録がヨーロッパ人の作成にかかり、しかもほとんどがカトリック関係者が作るところであるから一面的であることを免れない」と言っている。[*53] 一六〇一年のグスマン、上にあげたグアルチエーリはそれぞれスペイン的、イタリア的特徴があるが、当然、これはカトリックの布教史の一環だからカトリックの立場で書かれている。日本にも濱田耕作氏、新村出氏、松田毅一氏の使節記、結城了悟師のものなど数多くあって、それぞれ、東西文化交流の意義を高く評価する立場から肯定的に書かれているもの、日本人であってもカトリック的な共感をもって書かれたもの、逆に、非キリスト者の立場や、日本のナショナリズムの立場を強調するものなど、いろいろである。

私は、宗教はあまり関係がないと思っている。もしカトリック側の史料が全部だめなら、西洋人の多くがカトリックだから、西洋史がなりたたない。客観的であろうとしていることと、狂信的な信仰心で事実を誇張したり、ゆがめているということさえなければそれでいい。それでも基本的にはこの人物はカトリックだということを批判的に意識する必要がある。まったく同様に、この人物はイエズス会だ、フランシスコ会だ、あるいはナショナリストだと思って読むことも必要だ。その文章を書いた人がどういう立場で書いたかを前提にして、常に批判的にそれを読み、書いてあることを鵜《う》のみにしないということがわれわれにはいつも必要なことである。

日本人の場合も同様である。日本のカトリックの人にとっては、この物語はほんとうにだいじなものであるから、大きな感動をもって語られる。またキリスト教徒でなくても、日本が開かれた国際交流を行うべきだと思った和辻哲郎氏や家永三郎氏などは、多くの意義をこれに与えているので、東西文化交流上の意義を語っている。また一般に、日本側の歴史家は、キリスト教的な偏向を正そうと思うので、すべてを批判的にとらえようとする。最大の問題は、ヨーロッパと日本の双方を同時に眺めようとする視野が今までなかったことだ。キリスト者の立場も、非キリスト者の立場も、西洋人の眼も、日本人の眼も、どちらもだいじだ。なにしろ、まったく異なったふたつのものが出会って、稀にみるこの時代ができあがったのだから。

では船出の場面にもどろう。まず、サンデの『見聞録』は、さすがに、ミゲル自身の口を借りて、出発時のありさまをこんなふうに書いている。

「……今にも出帆せんとしていたわれわれに少なからぬ障害を(人類の敵)は加えようと謀《はか》った。しかもそれは親たちのわれわれに対する愛にかこつけ、われわれが親たちに対して抱く義務、恭順の覆いをかぶって現れてきたのだ。……われわれの母たちは、はじめこのことが計画されたときには、とても実現まではゆくはずがないと思って、たやすくこの旅行を承諾したのだが、さていよいよわれわれがすっかり旅支度《じたく》をととのえ、出帆の用意もすべてできあがったのを見ると、今さらのように祈りをあげ、涙を流すなど、そのほかいろいろなことをしてひたすらわれわれを、計画されたこの旅行から呼び戻そうとした。

加えられた障害は母たちの嘆願ばかりではなかった。多くの人びともまた、ことのほか長い航海の危険、困難、災厄、生きてふたたび祖国に帰る望みがけっしてないこと、それに疑いもない死が眼前にあるではないかと指し示してわれわれの心に重い恐怖を植えつけたのであった。

しかし、神は神の大いなる愛の導きを受けてこれに従う者には、あらゆる異常な困難をも打ちひしぐ心根《こころね》を常に与えたもう。

母たちものちには私情を去り、道理をもってことを考え、われわれの航海の重要さを、自分たちの悲しみや願いの上に置くようになり、恐怖も、神の御業《みわざ》と、巡察師のわれわれへの愛と、信頼によって打ち砕かれた。神父のわれわれへの愛は実の父の愛以上であったので、かかる愛が明らかにわかった以上は、われわれとしても、たとえ神父がわれわれをどのような危険に連れてゆこうとも、われわれも心から喜んでこれに従うべきであると、自分に言いきかせたほどだった。

またわれわれがこの航海にどうしても出なければならないと決心したひとつの理由は、この前にわれわれはすでに誓いを立てていたからである。実際、この誓いを破ったとあっては、われわれの名を汚すことになったのだ。とくにそれを、眼の前に恐怖や脅威をつきつけられて破るとあっては、なおさら不名誉である」。さすが十三歳でも武士の子である。

グスマンの本ではこのようになっている。「この少年たちは故国を去り、馴《な》れ親しんできた生活から離れ、また長く危険な旅、かつて日本人がだれひとり行ったことのない旅程につこうとしていたが、そのときに強い信仰心と強固な意志をあらわした。また彼らの母の信仰と忍耐もすばらしかった。彼女らはあるいは寡婦であり、あるいはその子ひとりしかもっていないにもかかわらず、二度と会うこともできないような遠方へ息子たちを放すことを納得した。そのとき、わが子に対する愛と、神への奉仕という願いが、母の自然な愛に打ち勝ったので、溢れる涙を抑えず、わが子に祝福を与え、主にわが子を捧げた。

パードレは母たちに向かい、彼らのだいじな息子をともなって行く上はかならず責任をもっと言いきかせ、母たちの悲しみをやわらげるために大いに努めた」[*54]
こうして船は港を離れたが、家族に泣いてもらえなかったのはドゥラードだけではなかった。正使であるマンショの母と家族がこの遠方まで来ていたとは考えられない。あるいは刀匠となった侍臣の国広がいたかもしれない。高崎隆男氏は、国広はマンショを長崎で送ったあと、唯一の主人を失ったので、伊東にもどることなく、出身の山伏《やまぶし》にもどったと書いている。

サンデの『見聞録』では、これらの少年は今後、ただヴァリニャーノのみを父としてその運命を彼に託したとある。それほど遠くない昔、ヨーロッパに船で向かった日本の若者がおおぜいいた。横浜の港が見えなくなったころの暗い海の記憶、その恐怖と寂寥は私の思い出のなかにもある。

海の恐怖

最初の三日間は晴れていたが、案の定《じょう》三日めには船は嵐に襲われて少年たちは船酔いに苦しみ胃液まで吐いてのたうちまわった。このときマンショだけは平気で、みんなの苦痛を「笑って見ていた」。しかし、マンショに言わせれば、酔って苦しんでいたほうが、死の恐怖と向かい合っているより楽だったそうだ。どういうわけか、この少年たちのなかでなにかと話題を提供するのは人気の高いミゲルで、お坊っちゃんでかわいらしく、母親に愛されて育ったので、やさしいところがあり、仲間にも宣教師たちにももっとも愛されていた。いっぽう、マンショは責任のある立場を意識しているせいか、または性格からか、常に正しい姿勢、動じない平静さを崩すことがない。口数は少なく、端然としている。

しかし冷静にマンショが語る荒れる海に翻弄される船旅の恐怖は、すべての宣教師の経験したものであって、そこで生き残ること自体がすでに神の恩寵《おんちょう》にひとしいものであった。六日めには嵐が止み、十七日め、三月九日に船はマカオに入り、そこで「市の司教、総督、イエズス会の神父らの大いなる歓呼のうちに」迎えられた。

そのころのマカオはポルトガル商人やイエズス会宣教師でにぎわっていて、宣教師らは、司教館や、大きなレジデンシア、それに壮麗な大聖堂を構えていた。少年たちはこのレジデンシアに滞在することになった。司教館は今も残っている。それはポルトガル商人の栄耀栄華をしのぶ西洋建築である。壮麗としか言いようのない大聖堂は正面壁を残すのみだが、廃虚であるがゆえに、いっそう形容しがたい崇高さをもってそびえている。この廃虚のなかの地下室には、マカオで死んだイエズス会宣教師らの墓が安置されている。じつはここにマルティーノが眠っている。宣教師の大追放令が出たとき、彼は多くの神父、そしてドゥラードらとともに、マカオに亡命した。そしてふたりともここで生命を終えた。しかし、このときマカオに来た少年たちは、むろん自分の未来は知らなかった。

ボクサー氏の言いかたによれば、十六世紀、このころこの海を行く者は、彼らが好むときに航海したのではなく、海が好むときに航海した。つまり、季節風が許すときにのみ航海できたのである。それは一年に一回、それも決まった季節決まったときにだった。

そこで彼らは一五八二年（天正十年）の三月にマカオに着いたのにその年の内にはつぎの停泊地マラッカに向けて出帆できなかった。彼らは風を待って十ヶ月もマカオに逗留した。しかし、それはすばらしい日々であった。マカオの繁栄、大聖堂、多くの学生のいる広大で絵画と彫刻に飾られた美しい礼拝堂のある修道院、そこで使節らは語学と音楽を学習し、イエズス会の宗教儀式に参加して将来の司祭職の準備をした。また、巡察師はローマで、教皇を前にして彼らにラテン語の朗唱をさせたいと思っていたし、書簡や礼状も書かせたいと思っていたので、この滞在はそのための教育にあてられた。

私はローマのイエズス会古文書館でマンショのポルトガル語の手紙の筆跡を見たが、たいへんに端麗で、几帳面な字体だった。しかし、いかにも一所懸命ペン習字をしたという感じでかわいいと言えば言えなくもないが、並み大抵の練習ではああはいかない。おそらく数年にわたって毎日練習したのだろう。恐ろしく速く書かれた達筆で美麗な、気取った装飾入りのヴァリニャーノの斜め文字とはまったくちがう。いっぽうフロイスやコエリョの文字ときたらひどいもので、ところどころ汚れや書き損ないがあり、汚くて保存も悪い。そのなかでは、とにかくヴァリニャーノの文字と配列のみごとさは群を抜いており、なぜか保存もよい。油紙のくるみかたがていねいだったのかもしれないし高級な和紙を使用していることもその保存のよさに関係しているのかもしれない。なにしろ、みな荒海を奇跡的に越えてきたものである。

こうしていよいよ出航の風が吹いたとき、三隻の船が彼らを誘った。そのうちの一隻はリマの船で、もうひとつは富裕な商人がもつすばらしい大型船だったが、前に言ったようにこの商人がこの船のあらゆる美点をあげて巡察師に願ったにもかかわらず「彼は紳士だったので、自分によく尽くしてくれたリマを捨てて、たとえ構造、強度においてすぐれていようともほかの船を選ぶことは自分の品位にふさわしくないと思いそれを断わったが、この商人がパードレから見放されたと嘆くことがないように、会からひとりの神父とひとりの修道士をその船に乗るようにした」。しかし、その大型船は難破し、その船に乗ったふたりはかろうじて上陸したものの、ひとりは重病になり、ひとりはマラッカの病院で死んだ。

マラッカからゴアまで一行は暑さに悩まされ、無風に苦しみ、こんどはマンショが熱病になった。彼は「一時はもはや絶望か」と思われたが、巡察師が必死に介抱して「すべてのことを投げうって夜となく昼となくわたくしのかたわらにお付きになって励まし、祈禱《きとう》をなさっていた」。おまけに水が尽きてきて、リマ自身が水の管理をして制限しなければならなかった。しかし、酷暑のなかで船長から日に二回だけ与えられる水では足りなかったので何人かは水を求めて海に飛び込んで死んだ。

ようやく船はセイロン島のコロンボに着いて一同はほっとした。じつのところ、コロンボには一九六一年に私も留学するためヨーロッパへ行くフランス郵船で寄港した。船には冷房があったが、外に出たときの暑さは堪えがたいものだった。このあたりを航海しているとき、私は日本とヨーロッパのあいだにはこれらの見知らぬ国々（われわれの多くはアジアを知らない）があり、そこには広大な海が横たわっており、それゆえに、日本は、じつに西洋から遠いのだと感じた。西洋とわれわれのあいだには荒れ狂う広大な海があった。

ここからゴアに至るまでの航海は、針路誤認、暗礁、海賊という、このころの航海につきものの災厄《さいやく》がいっせいにやってきたかと思われるほど危険なものであった。まず最初にセイロン島のコロンボからインドのコモリン岬を回ってゆくときに、船長はあやまってもう岬を過ぎたと勘ちがいして迂回してしまった。そのとき、巡察師が、その経験から、船長に懇望して水深を測らせ、かろうじて船を正しい航路にもどした。もしそうしなければ、船は浅瀬で座礁してしまい粉々になったかもしれない。

巡察師はそれから内インドのピスカーリアに一行を上陸させ、病気のメスキータを療養させたり、果物を食べたりしてからだを休めるため陸路で岬の反対側に出てコチンに出る船をつかまえることにした。このときも、船の錨《いかり》が流されてあわや暗礁に突っ込みそうになった。錨を吊っている綱のうち一本がいたんで細くなっていたので、錨はいまにも切れそうだった。そこで船員たちは、二本の綱を縒《よ》りあわせてなんとか水の流れに対抗し、暗礁からすこしはなれたところで船を停止させることができた。

ピスカーリアからふたたび本船に乗ろうとしたときに船は最大の危険に襲われた。出航したボートに二艘《そう》の海賊船が襲いかかった。「われわれはひたすら神に祈った。そして同時に本船にいる船員に信号を送って危険を知らせた」。船はさっそく錨を抜いて全速力で海賊船に向かって来たので、なんとか海賊を追っ払うことができた。

こうして船はインドのコチンに着いたが、それはもう一五八三年（天正十一年）の四月になっていた。しかもそれから半年間、十月まで船は出なかった。サンデの『見聞録』は、このへんで、ポルトガルによるインド植民の歴史を長々とミゲルの口を借りて語らせているのだが、これは大航海時代の西洋人から見た世界史の講義のようなものである。基本的に「世界の中心」にいる人間の立場で語られているので、植民を自己批判する気配などはまったくない。したがって、これを条件つきの史料（十六世紀の西洋人の植民地観）として読むのでなければすこしもおもしろくない。

しかし、なぜここでヴァリニャーノが長々と王権の偉大さについて、また王から派遣されたインド副王の権力の大きさについて、将来の日本人学生に強調しなければならなかったかということは理解できる。それは彼らに絶対主義の統一王権のもとでの「世界帝国」(世界システム)についての認識を与えた。この知識がなければ世界に出て行くことはできなかったのである。

平和について

王権を理解させようとするヴァリニャーノの意図はなんであったか。彼はミゲルのことばを借りて、全インドを支配しているのは、国王から王の名代をもらった貴族であるということを説明するが、このとき、純忠の息子のリノはこう言う。

「それほどの大きい権力と権威を与えられたその副王は、国王に謀反《むほん》を起こし、全インドの支配権、あるいは僭主権を獲得するようになるという危険があるのではなかろうか」

これは戦国時代の日本での状況から推察したためである。本国からこれほど遠い土地で全権を与えられているとなれば、当然そういうことが起こる可能性が高い。それについてミゲルはこう答える。

「いや、彼らの道徳を見ればそういう危険はないことがわかる。ふとしたはずみにそういう心を起こすことがあったとしても、謀反を策謀する副王に同意する集団を組織することはできない。なぜならば、キリスト教を奉ずる貴族や大名のあいだには、自分の国王に謀反をたくらむという心性がまったくないからだ」

ここで、ミゲルのもうひとりの従弟レオ（晴信の弟）が言う。

「どうかわれわれの国日本においても、ヨーロッパにおけると同じように、キリスト教の教えが栄え、その力によって、謀反と離反を常とする日本人の心を平和にし、日本においてこのように絶えまなく続くこの戦争が止みますように。キリスト教国におけるような平和と安らかさを、いつの日かわれらも楽しむことができますように」

むろんいうまでもなく、この平和は力のある者が、ない者を完全に支配した絶対主義王権の「平和」であり、植民地を暴力で押さえつけた「平和」であって、キリスト教がもたらした平和ではない。キリスト教徒が戦争をしなかったなどという事実はない。それどころか世界帝国を築き上げるとき、彼らはしばしば神の名において流血の侵略や収奪を行ってきた。しかし道徳は常に二重の顔をもっていた。国家や経済や政治の局面では戦いと力が支配していたが、個人の領域ではキリスト教徒はモラルを守ることを重視した。国内における家臣の関係、親子の関係、夫婦の関係においては、キリスト教の誠実と愛の教えはかなり守られていた。

イエス自身は「平和」を教えていた。「さいわいなるかな、平和をもたらす者。その人は神の子と呼ばれるであろう」と「マタイ伝（五章の九）」にある。そしてヴァリニャーノは神父だったから、戦国時代の信義もなにもない領地獲得戦争によって、どれほど住民や女子供が地獄を見ているかを知って嘆き、キリスト教さえ広まれば平和がくる、と思っていたのは事実であろう。実際に、信長も秀吉もキリスト教の臣下は欲のために主君を裏切らないということを経験によって知っていたので、彼らをそばにおき、その忠誠心をしばしば利用した。

レオのこの希望に対し、ミゲルはこう答える。

「ああ、不死の神が長い生命を与えてくれて、そういう（平和な）日本に住む幸福がわれわれにも与えられますように。日本の戦乱の火を消すには、それ以外にどうすることもできないのだから」

リノは疑う。「しかし、今の日本のありさまを見ると、キリスト教にもどうにもできないのではないかと疑わずにはいられない。それが今の日本のありさまだ。なぜならこの日本は諸王、諸侯や大将などの治める多数の国々に分割されているために、憎悪を発し、猜疑《さいぎ》の薪《まき》に火がつけられれば、内乱となってたがいのあいだの戦争となるのは、必然の勢いだからだ」

ミゲルは答える。

「キリスト教徒はたがいに心をつなぎあわせることができる。君主には忠誠で、近隣の諸侯にはたがいに信義をもっていることを教える。そこにキリスト教の力がある。また、キリスト教は(十戒のなかの)他人のものを奪ってはならないという教えを重んじ、地に平和をもたらすキリストを手本としているのだから。キリスト教世界はよく治まり、自分の財産を奪われることなく、平和に暮らしている」

異文化の認識

それから、彼らはどのような服装で旅をしたのかというリノの問いに答えてつぎのように言っている。

「それについては巡察師の賢明な判断によって、滞在するその土地の風習にしたがって、衣服はその土地のものを用いることにした。しかし、ヨーロッパの王室の人びとに会うときだけは、外国のものよりもむしろ日本の姿、日本の服装をとるべきであって、その場合には外国の姿に劣らないわれわれ日本の衣服を着ることになっていた。インド総督に会ったときもそうだし、フェリペ王のときも、教皇様のときもそうだった。

しかし、ヨーロッパでは頭や首、あるいは腕を露出したまま道を歩くということは不行儀なことになっているので、シャツ、胸当て(袖のない胴着のようなもの)、羊の皮の帽子などは用いていた」

「シャツは日本人から見ると窮屈そうにみえるが、実際にはこれは利益が多い。第一、体の動きが妨げられない。第二に寒さを防ぐのにこれ以上のものはない。着物のように、寒いときにふところに手や腕を入れてあたためる必要がない。第三に、習慣どおり毎日代えていると着物の襟《えり》に垢《あか》がつかない」

「けっして一方の服装を他方よりいいというような気持ちはないが、胸当てやシャツは大いによいものだと思う。このふたつは日本の従来のものに加えて着てみたらどうだろう。体つきもいっそう優雅にみえるし、寒さを防ぐにも効果的だ」

マンショは言う。

「ではレオは有馬のプロタジオ、リノは大村のサンチョ（喜前）、それぞれ兄弟に話して有馬藩と大村藩でこの風習をとり入れるように説いてみれば、もちろんうまくゆくだろう」。「いや時代は進んでゆくのだ。こういうことばかりではないさ。そのほかのことも、われわれがなすべきことは多い」

それから彼らはインドで黒い肌の人間を見て、なぜ肌の色がちがうのかについて議論する。その議論は地球の形態、その自転、南極と北極、北回帰線、南回帰線、赤道へと説明を行い、赤道に近いところに住む人間が太陽を受けて黒くなることを説明している。

ただし、これでは遺伝のことは説明できない。そこで、彼は、旧約聖書のセム、ハム、ヤペテの話を持ち出している。これは旧約の「創世記（九章の二十一―二十七）」にあるノアの物語のなかの話で、洪水から救われたあとノアがワインに酔って裸で寝ていたとき、ノアの二男のハムが父を嘲笑ったので、目覚めたノアはハムとその子孫を呪い「奴隷となって兄たちに仕えよ」と言った。そこからその後このハムが黒人の先祖となったという解釈が生まれた。このように黒人であることが罪の罰であるかのような解釈がなされた理由は、白人が自分たちが抱いている人種的偏見と黒人奴隷制度を正当化するためであった。ヴァリニャーノが少年たちにこのように語ったことは、この当時の知識人の限界を示している。

黄金のゴア

さて、このように有益な異文化体験を積み重ねながら、一行はコチンからゴアに着いた。いつ着いたかは諸説あって一定しない。およそ一五八三年（天正十一年）の十一月下旬であろうとされている。インドの副王であったドン・フランシスコ・マスカレニャスは四人の少年を抱擁し、彼らの首にローマで作られた貴重な遺物箱のついた黄金の鎖をかけた。ゴアには商館の並ぶ河口の町と、いまは古きゴア（オウド・ゴア）、黄金のゴアと呼ばれている、マンドビ川を上流に数十キロ(車で一時間くらい)さかのぼったところにある宗教区域とがあって、この古きゴアは、インドおよび東南・東アジアの布教の本部で、今もその神々しいほどの荘厳さは驚くばかりである。ここはインドでもないが、ヨーロッパでもない。それ以上のものであり、それ以外のものである。熱帯樹とまばゆい太陽の下にそびえる陰鬱なゴシック。インドにしかできなかった夢幻的なキリスト教都市と言うべきであろうか。大聖堂のほか、聖ザビエルの遺体を納めるボム・ジェームス聖堂、今は美しい廃虚となった修道院、今も修道士のいる修道院、そして三つの大きい住院、八十人以上が学べるコレジオ・デ・サン・パウロ、さらに司祭となる年長者のための修練院があった。ここはアジア地区最大の大学都市であった。そこには使節到着当時百六十人もの神父がいた。

むろん、この都市を一歩はずれて奥地に行けば根強くヒンドゥー教を信じる部族の人びとがいて、女神や男神をまつる神殿には赤や黄色の花を捧げている。私はゴアにいるとき、図書館が閉じた午後には毎日車で沼地やジャングルを越えて女神たちの神殿を訪ねていった。それこそがインドの大地のほんとうのすがただった。しかし、ゴアではザビエルの聖遺骸を崇拝しにくるインド人は今でもあとを断つことがない。ここにはザビエルの炎のような信仰がまだ生きている。一度蒔《ま》かれた心の火種は、日本のような根絶やし(ホロコースト)にでも会わないかぎりずっと続くのである。

ヴァリニャーノは、ここで意想外の打撃を受けた。ゴアにはローマの新しい総会長クラウディオ・アクァヴィーヴァから手紙がきていた。それはヴァリニャーノをインドの管区長に任命するもので、そのために彼は使節を連れてローマに行くことができなくなったのだ。上長への絶対服従がイエズス会の原則である。このとき、ヴァリニャーノは痛恨の思いだった。日本の使節を連れてローマへ凱旋することをどれほど夢見てきたか。その日のために少年たちをいかに恥ずかしくなく教育してきたか。この事業は彼のものであってほかのだれのものでもなかった。

すでに述べたように、アクァヴィーヴァはヴァリニャーノを非常に必要としていた。とくにインド布教地におけるポルトガル人の専横を正し、布教を教会の手にとりもどすために、ヴァリニャーノにひとはたらきしてもらいたいと思ったのである。このとき、アクァヴィーヴァには、インド管区の統治のほうが、使節派遣などよりもずっとだいじだったとしか思われない。もし使節派遣という任務がヴァリニャーノにとって日本教会の発展上、きわめてだいじであるということを知っていたのならば、ここで彼に足留めをかけたりはしなかっただろう。

そしてもしヴァリニャーノが彼ら少年たちとともにローマに行っていたなら、これから起こる多くの誤解を招くようなさまざまなこと、ヴァリニャーノにとって心外なことは起こらなかったにちがいない。言ってしまえば、ここからいろいろと悪く言われるような愚かなことがはじまったのである。

だいたい、どのような計画であれ、最初に企画立案した人間が途中で降りた場合にはうまくいくわけがない。非常に邪推すれば、イエズス会は、ヴァリニャーノの手からこの企画をとりあげたのである。これがのちに九十種もの本に書かれ、十六世紀末キリスト教世界最大の業績になると知っていてそうしたのか、まったく知らずにとりあげたのか、それは知るよしもない。その後、教皇庁での使節の名声は驚嘆すべきものだったから、これでイエズス会は一挙に名声をあげたと言っても過言ではない。ではその使節派遣の名誉はいったいだれに帰せられたのか。少なくともヴァリニャーノにではなかった。子供らの最高の晴れの場に、もっとも苦労した生みの親はいなかった。かつて失意のなかに去ったヴァティカン宮殿に、極東での自分の教え子を連れて立つというその達成感を彼は得ることができなかった。

少年たちもまたひどくショックを受けた。それまで彼が行くからついて来たのである。ヴァリニャーノは彼らを慰めるのに必死で、自分の絶望を隠した。サンデの『見聞録』ではミゲルが「親を失ったような気落ち」を感じていたと述べている。しかし、ヴァリニャーノは「会のパードレはみなだれでも同じ愛、同じ精神をもって彼らに接するのであって、ヴァリニャーノでなければならないということはないのだ」と説得した。とくに少年の世話役で、通訳であったメスキータにすべてを託したことが、少年らを安心させた。またゴアのコレジオの院長であったヌーノ・ロドリゲスがあらたに一行に加わった。

ヴァリニャーノはこのとき、ロドリゲスに使節の目的を教示したが、その内容は前に述べたとおりである。これは使節らがその本来の目的を果たすため、また彼ら自身将来の聖職者として悪しき影響を受けないよう、できるかぎり簡素に待遇され、また教皇に謁見するには、一行が数少なく、供の者もいないので、私的に謁見してほしいと書いた。

このとき、ヴァリニャーノは自分が持って行くはずだった数多くの日本に関する報告文書を彼らに託した。日本で行った協議会の議事録と決議書、布教者名簿、日本に関する『スマリオ』などである。そしてこのとき、推定であるが、後世、日本の歴史家の非難を受けることになった、数通の書状、ファルネーゼ枢機卿、あるいはスペイン国王などへの書状が作成されたのだ。おそらく一行に同行した能筆の日本人イルマン、ジョルジ・ロヨラがそれにあたったものと思う。というのは、教皇あて、および総会長あては日本で準備できたであろうが、スペイン王フェリペやファルネーゼ枢機卿までは作成されなかったと考えられるからだ。一五七八年以来モロッコ遠征で消息を断っていたポルトガル王ドン・セバスティアンは、彼らが日本を出るときには死亡が確認されておらず、その摂政ドン・エンリーケ枢機卿は、いったん即位したものの、一五八〇年一月三十一日に死去、その空隙を襲ってポルトガル王位を奪取したのはセバスティアンの叔父、つまり彼の母の兄弟であったフェリペ二世だった。この強制的即位は一五八〇年（天正八年）四月だが、これらのニュースは、使節が日本を出た一五八二年二月（天正十年一月二十八日）にはまだ日本に入っていなかった。したがってヴァリニャーノはここでこれらの政治的変化に合わせて書状を書き直す必要があった。また、イタリアでよく知られたヴァリニャーノ自身が率いてゆくならば不要であった多くの書状がにわかに必要になった。中央に知られていないふたりの宣教師が導いてゆく極東の少年の身の証《あかし》になるものとして、彼らの身分を証明し、その正統性を示すために、多くの書状をあらたに書く必要が生じたのであろうと私は推定する。

輝く海の上で

こうして統率者を失った一行は、一五八三年十二月の末にゴアを発ち、一五八四年一月にコチンに着き、コチンから二月二十日にリスボンに向かった。船は五月十日喜望峰を回り、二十九日にセント・ヘレナ島に着き、そこに十一日間滞在した。そこからいよいよ最終寄港地リスボンに向かった。

少年たちは、自分が同伴しないことになったために、いっそう必死になって行く先々のことを手配してくれた巡察師の措置に安心して、すっかり元気になり安らかな航海を続けた。

その航海のようすをメスキータはヴァリニャーノに書き送っている。安心させようという気持ちで書いたのであろう。

「毎朝われらは平素に変わらず祈禱に時間を過ごし、諸聖人の連禱を唱え、その後われら（聖職者）が聖職者連禱に数時間を費やしているあいだ、日本の公子らはラテン語を学習した。……彼らは毎日三時間娯楽をなし、一日中のもっとも多くの時間をその日課すなわち日本語の読み書きに、残余をラテン語の学習に費やした。

彼らがもっとも好んだのは、わたしが朗読する聖マタイの福音を聴くことであった。彼らはそのなかの自分が好きな節を暗記した。そしてその節をすらすらと暗誦することができた。聖マタイの教えは非常に彼らの気に入ったとみえて、たえずたがいにこの教えについて議論した。とくにその第五、第六、第七章を好んだが、それは、そこに不動の教えが含まれていたからである」

この第五章には有名な「山上の垂訓」がある。この章句はこの後も彼らの思考や行動に大きな影響を残した。最初にザビエルの教えに帰依し、彼を日本に導いたヤジローもまたマタイを暗記したそうである。それはキリスト教徒に固有の特異な教えではなく、メスキータが書いているように、非キリスト教徒にとっても深い真理を含んでいる。

幸いなるかな　貧しい者、天の王国はその人のものである
幸いなるかな　哀悼する者、その人は慰められるであろう
幸いなるかな　謙遜にして温和なる者、その人は地の相続人である
幸いなるかな　正義を渇き求める者、その人は満たされるであろう
幸いなるかな　慈悲深き者、その人は慈悲を得るであろう
幸いなるかな　心の清い者、その人は神を見るであろう
幸いなるかな　平和をつくる者、その人は神の子と呼ばれるであろう
幸いなるかな　正義のために迫害される者、天の王国はその人のものである

私は信者ではなく、以上の文章を中学の時に英語で習ったので、馴《な》れ親しんだジェームズ一世の英語版（一六一一年）の自由訳をここに書いた。これらの教えはキリスト教が本来、古代ローマによって征服されその重圧と隷属のもとに喘《あえ》いでいたユダヤの民の心の支えとして生まれたものであることをいきいきと思い出させる。貧しく、悲しむこと多く、誇るべき物を持たず、不正の跋扈《ばっこ》する世において正義を求め、弱い者に心を砕き、純粋にして不正を行わず、平和を愛して戦いに加担せず、正義のために迫害される人びとの宗教であった。

「彼らはこのわずかのあいだにもラテン語において著しい進歩をなした。ドン・マルテ

ィーノはラテン語で演説文を作成しはじめ、のちにイエズス会の総会長の前でこれを読むために暗記した。ドン・マンショはそれよりも短い演説文を作ったが、その後エヴォラにおいてわが会のパードレが彼のために数語を訂正した。彼はすぐれた記憶力と技巧をもっていたので、教皇猊下《げいか》の前でそれを暗誦しようとしてほとんど完全に習い覚えた。ほかの三人はそれぞれ教皇猊下を賛美する辞を作った。一行がこの航海中終始なんの病気もしなかったのは神のお恵みである」

「広い甲板上で彼らはたがいに語りあい、楽を奏して悦《よろこ》び、チェスをして楽しみ、とくに鮹《たこ》、鰹《かつお》、鯛《たい》を釣ることは彼らの心に叶《かな》った慰安であった。ある朝、爽快なる風を得て帆走していたあいだに、彼らがかねて用意した糸で一時間ならぬに大きな鰹十二尾を採った。その一尾の重さは十五人ないしは二十人分に相当したから、ついに釣り針をこわしてしまった。また魚のみならずして釣り針と糸とで鳥をも捕らえた」

このような報告を読んでヴァリニャーノが苦笑したのが目に見えるようである。この貴族が釣りや魚の大きさに興奮するとはとても思えない。メスキータは植物や動物に非常に興味があって、結城了悟氏によれば、日本に初めてイチジクを植えたのはこの人だということだ。メスキータのもとで少年たちは船旅を大いに楽しんだ。海辺に育ったジュリアンなどはここで大活躍をしたであろう。いっぽう母ひとり子ひとりで溺愛されていたミゲル若様のほうはそうは思えない。マンショはこんな楽しみを知らなかっただろう。マルティーノは学者肌だから見物していただけかもしれない。ドゥラードとかジュリアンのようなふつうの少年のほうがこういうことがうまいのが常である。

しかしついに喜望峰を通過してセント・ヘレナ島に逗留するころには、みなが釣りバカになったようだ。「公子らは釣りに専心してほとんど甲板上にのみ座し」、「漁獲があまりにも多くときには甲板が魚市のように見え」、「それを食するに苦しみ」、「貧困者に与え、残余はリスボンに送った」

「航海士と水夫長は、これまで長い年月海上生活を送ったが、このたびのような好天候と順調なる航海とに恵まれたことはかつてなかったと明言した。しかして、彼らは、その原因を、これらの公子の無邪気と善心に帰したのである」。しかし、なお多くの危難、とくに胸、腹の病気で船内に三十二人の死者が出るという災厄があったにもかかわらず、一行はぶじに一五八四年（天正十二年）八月十一日にリスボンに着いた。

枢機卿と日本刀

リスボンの町の灯を見た少年たちの感慨は深かった。ここまでぶじに着くこと自体が奇蹟だったからである。彼らは人の目につくことを嫌って夜になってからサン・ロケにある壮麗なイエズス会の住院に入った。カーサのイエズス会士はこれまでに「日本の宣教師が流した汗の報い」を見て歓喜した。長い旅の疲れをとるために一日彼らはそこで休養したが、すぐに上長たちは、これからの行動計画を練った。そのころポルトガルの国王は、前に言ったようにすでにフェリペ二世だったが、彼は、その甥にあたるオーストリア出身の枢機卿アルベルトにポルトガルの統治をゆだねていた。この人は、有名な錬金術好きの怪しい神聖ローマ皇帝ルードルフ二世の弟だった。この謁見は、フロイスの書きかたでは、先方から会いに来いと言われたらしい。枢機卿は「黒い緞子《どんす》の帳《とばり》で装飾された自分専用の車に美しい四頭の白馬」をさしむけてきた。枢機卿は一行を待ち構えていて、少年たちがひざまずいてその手に接吻しようとしたときに、それを断わって、みずから彼らを迎えるために起立したほどであった。このことはフロイスも書いているが、サンデも書いている。これは相当異例なことであった。私が知っているかぎりでも、枢機卿にまでなった人はみなたいそういばっている。

そこで枢機卿をはじめ使節たちも起立したまま挨拶が行われた。このとき、マンショとミゲルは「口頭で」宗麟、純忠、晴信の口上を述べ、メスキータがそれを通訳した。というのは、この枢機卿がポルトガルの統治者になっていることは前もって日本ではわからなかったので、書状がなかったものとみえる。枢機卿は非常に満足し、彼らの要求、つまり日本キリスト教会への配慮についてはじゅうぶん考えると答え、少年たちの年齢や、健康や、親族関係や、そのほかのことをこまごまと尋ね、長い時間を過ごした。このあたりは、ちょうど、フロイスやヴァリニャーノが信長に謁見したときのことを思い出させる。

フロイスは、リスボンではだれも彼らの周りで大さわぎをしなかったし、群集がひしめきあうこともなかった、ここではアジア人はめずらしくなかったからだと書いている。同じ日に彼らはリスボンの大司教を訪問した。この訪問は短時間だった。あくる日、リスボンのサンタンタンのコレジオを訪問し、学生たちに歓呼で迎えられた。このときは和服に着がえるというお色直しがあった。これはどうやらリスボンのイエズス会の上長が、日本の民族衣装を見たいというみんなの願望を汲んでそうやらせたのだろう。そのとき、和服を着ただけでなく、盃《さかずき》の礼事をしてみせたのでみな大感激だった。優雅だ、比類なく端正だと評判だったそうだ。

こういうことになると、だんだん見せ物っぽくなってくる。ヴァリニャーノがいたら絶対させなかったろう。和服は王侯の正式謁見のみと言っていたし、そうでないかぎり、どうせアジア人の民族衣装を見て楽しむだけになるのだ。案の定、噂を聞いた枢機卿殿下が、和服姿を見たいと言ってまた馬車を送ってきた。殿下は非常に満足してゆっくりと彼らを鑑賞した。フロイスはこう言いわけしている。「日本人が騎士でありかつ勇敢にして、軍役に身を捧げることを誇りとする人であればこそ、このように華やかにことごとしく待遇されたのである。しかしていかにも鮮やかにやさしげに衣服をつけ、かついよいよりっぱに礼儀正しくふるまえばふるまうほど、彼らの血統と貴い資質とが目立って見えたわけである」

つまり和服をつけた優雅な少年たちがジャニーズ系に見えたわけではないということをフロイスは言いたいのである。殿下はまた彼らが腰につけた刀に注目し、ひと振りの刀を片手にとってつくづくと熟視した。たまたま二男に生まれて、枢機卿になってしまったけれど、この若い王子は自分も戦争がしたいとハプスブルグの血が騒いだのかもしれない。日本刀をかざした枢機卿というのは私の好きなシーンではある。

ここで、殿下は信長がヴァリニャーノに献じた安土城の屏風《びょうぶ》を、そのために準備された一室で、従者を連れずひとりで鑑賞した。そして屏風の絵について細かく質問した。さすがその兄と同じ爛熟したマニエリスムの文化人である。ウィーンやプラハから遠く離れて寂しかったのであろう。しかしこの屏風は教皇への進物なので、殿下に贈られたのは銀の台付きの角《つの》の盃であった。

そのあとイエズス会の神父たちが、多くの有名な修道院を少年たちに見せた。なかでも、サン・ドミンゴ・デ・プリオールで、その当時、ドメニコ会の最高の説教師でありすぐれた著述家であったルイス・デ・グラナダに会えたことは少年たちには非常にいいことだった。このとき、フロイスは「日本語に訳されたその書」を献呈したと書いている。しかし、この学者の著作の日本語訳は一五九〇年天草で出版された『ヒイデスの導師』『ぎやどぺかどる』『どちりなきりしたん』であるから、そこからみると活版印刷される前に、翻訳が終わっていたのであろうか。老神学者はこれを見て非常に喜んだと言われる。その後、これらの本の編集印刷に従事したマルティーノ、ドゥラードにとってもだいじな体験であった。実際に会ったことのある人の本をつくるのと、そうでないのとでは、全然喜びがちがったはずである。また彼らが八月十六日の聖ロケ(ロクス)の儀式と祝祭に参加したことにも大きな意味があった。これは彼らがカトリック国の大都市で見た最初の盛大な都市祝祭であったからだ。

法と正義

いっぽうサンデの『見聞録』では、彼らはリスボンで王国の統治の方法について見聞したことになっている。そのくだりを見てみよう。

ミゲル「まず第一に、ヨーロッパの政治において注目しなければならないのは、王や共和国の統治者にはつぎのようなことが基本とされていることだ。王国、または共和国の統治の舵《かじ》をつかさどる首長たちは、私利を抑えて公益をはかるに努め、あまねく人民の全体が平和に安穏に暮らすことができ、そして功績と徳行とに応じて恩賞が分配されるように心せねばならない。つまり、真実、純正な正義の法規を万事において重んじなければならない。この目的のためにすべての法律、制度、布令がある。王や首長は人民全体または共和国からあらゆる種類の年貢、きわめて豊富な所得を集めるが、その目的は人民を法と正義の規則に応じて保護し、人民の税金に見合う程度の恩恵を返すためなのだ。

アリストテレスは『ニコマコス倫理学』で大衆を統治するには三つの様式があると言っている。第一はただひとりの君主が全大衆に対する最高の統治権を掌握する場合だ。ところがこの統治様式は、もし君主が法をもって人民を調整するのならば君主政治（モナルキア）と呼ばれるが、それはちょうどわれわれが天下すなわち全国土の施策と称するものに属している。

ところがそれがもし暴力かあるいは強権によって行われ、法と正義によって行われるものでなければ、学者はこれを僭主政治（ティラニア）と言っている。第二は同じひとつの統治権を多数の人びとがつかさどる場合である。もしそれが法の規定に従ってなされている場合には市民政治（ポリティア）と呼ばれ、これに反して政権が実力によって獲得されたものであればそれは民主政治（デモクラティア）と名づけられるのである。第三は大衆への施政全体が少数の手にある場合だ。それがすぐれた法を守る人びとである場合にはこの政治様式は貴族政治（アリストクラティア）と呼ばれるが、もし彼らが法を覆すような人びとであれば寡頭政治《かとう》(オリガルキア)と呼ばれる。善政とは法と法文を遵守するもの、悪政とは実力、強権、私欲を顧みるものだ。このためあらゆる首都には市民に正しく法を施行する最高官吏が任命され、都市や町には下級官吏がいる。奉行、判事、裁判官、市吏、三人委員などである。これらの人びとは訴訟事件に対して双方の言い分を聴取し考量したのち、訴訟を解決する」

マンショ「親愛なるリノよ、ヨーロッパでは、貴族が平民によって法廷に召還されるとしても、なにも驚くことはないのだ。なにしろ王自身さえ同じ法律に服しておられるのだから。たとえばだれかある私人が王か領主かによって、自分の資産になんらかの損害が加えられたと認める場合には、ヨーロッパ人のあいだであれほどまでに尊崇されている王の御名《みな》をすらいつでも法廷に持ち出すことが許され、しかもその際、王の威厳には、これによってなんの汚点もつかないのだ。このゆえに個々の王国には王の弁護人が任命されていて、その人を王の名代としていつでも法廷に呼び出すことができる。……だから王たちに関するあらゆるもめごとや訴訟沙汰さえも、王たちの恣意的な私欲によってではなく、きわめて正しい法律として古代から万人に認められた法によって裁かれるのである」

マルティーノ「わたしもまた、王たちによって守られている正義がヨーロッパにおいてどのようなものであるかについてひとこと申し添えよう。もしある人が戦場で功労があった場合、その人は自分の功労と労苦の証拠を差し出して、栄典、昇進、あるいは供与の増加について王と交渉し、自分の要求を王の官吏のもとに差し出すことができる。それればかりではない。もし万一、王の処置が不可、不当であると認めた場合には、彼はまた官吏にそれを持ち出して王と交渉することができる」

レオ「そういう制度に対してはただもう感服するほかはない。それが守られているからには、人を罰するにも、その労に報いるにも、不当、不正が生じることは全然ないことは疑いがない」

ミゲル「犯罪に関しても同じことが言える。訴訟は、告訴、摘発、審問によって開始される。そのいずれの場合にも双方の言い分と証拠が提出される。実際だれひとりとしてみだりに、または軽率に死罪を申しわたされることはなく、必ず長い時間をかけて事実をじゅうぶんに考慮してからのことである。だから、ヨーロッパ人は自分に対する処置に納得しているので、獄舎へ曳《ひ》かれて行くことをあまり気に病まない」

レオ「そこは大きなちがいだ。日本ではただの一日でも獄舎につながれたとなると、血と生命をもって償おうとする」

ミゲル「実際、われわれ日本人は獄舎に向かうとき、自分は疑いもなく死地におもむくのであり、自分らにはすでに死が申しわたされている、と覚悟している。だから、生命にふりかかる危険を暴力と武器とで払いのけることに躊躇しない。それというのも、不当に死を言いわたされて残酷に殺されたほかの人びとのことを知っているからだ。そこでは法も正義も行われなかったので、自分はそんな憂き目を見たくないと思うからだ」

マンショ「わが国の殿様は、法文にもよらず、ご機嫌しだい、癇癪《かんしゃく》まかせに、そしてもちろん、怒り、憎しみ、恐れ、そのほかこれに類するさまざまな心の動揺を基準にして他人の過失の大小を判断し、彼らに自己の憤怒の毒気を吐きかけ、無辜《むこ》の民に極刑を科することが頻々《ひんぴん》とあった」

レオ「だからといって家来のほうにもまったく罪がないわけではない。なぜなら、彼らはなにか自分に罰が科せられるかもしれないという疑いがすこしでも生まれると、簡単に主君を裏切ってほかの人のもとにおもむくという根性だから」

ミゲル「むろんわたしも人民が謀反を起こすのを許せとは言っていない。しかし、どうもこれに関するすべての邪悪の原因は、要するに司法の紊乱《びんらん》から起こっていると信じている。法と法文が遵守されている王のもとで生活している人びとは、自分が罰せられるときにも正しい法をもって当然の罰が下ると考えることができるが、そうでないところでは自分の冤罪《えんざい》をそそぎ、申し開きをする暇もなく、いかがわしい証拠によって名誉を破損されて、自分の無罪を証明するべき手段がそこにはなにひとつないと思ってしまうので、武器をとってわが身を守ろうとするのだ」

このような会話はむろん、ヴァリニャーノが彼らに教えた講義であって、彼ら同士がこんなりっぱな会話をしたわけではない。巡察師はこの『見聞録』を日本の青年に読ませ、教育によって日本を変えようと願っていたのである。今語られたことはあまりにもこれから起こることに似ている。ここで語られた暴君はあまりにも秀吉に似ている。獄舎に繋《つな》がれて死ぬ運命はあまりにもジュリアンに似ていた。

この『見聞録』は日本語にならなかった。もしなっていたら、まっさきに焚書《ふんしょ》の憂き目にあっていただろう。しかし、少年の脳裏にはなにも残らなかったと言うことはできない。もしすべてが無駄に終わったとしても、少年たちが法と正義の理念を学んだという歴史を消し去ることはできない。

こうして一行は、二十六日間リスボンにいたあと、九月五日にマドリードに向かった。枢機卿殿下は旅の費用として三百クルザドスを下賜《かし》した。その上、マドリードまで一行が自由に通行でき、だれもその荷物には手をふれることを許さないという旅券をそえた。荷物のなかにはまだ信長の屏風があったのである。これは西洋人の目から見るとかなり脆《もろ》いものであった。

血統によって継がれる王位

ポルトガルのなかでは、いろいろな人に歓迎されて、あちらへ来い、こちらへ来い、着物を着て来い、土産をもって来いというぐあいで一行の歩みはなかなかスペインの王宮に向かなかった。心配したヌーノ・ロドリゲスが、イルマンをひとり連れて先にマドリードに向かい、フェリペ王に信長からもらったものではない屏風を献上した。

しかし一行はまだ大学都市エヴォラに寄って大司教ドン・テオトニオ・デ・ブラガンサに礼を尽くさなければならなかった。この人はイエズス会が非常に世話になっている人であった。大司教はまた彼らの和服姿を喜び、「すべてのパードレ、イルマンとともに、そのすこぶる美麗優雅なる衣服を見、また彼らがたがいに慇懃《いんぎん》に敬意を示しあうようすを知りて、大いなる満足を得たり」とグァルチエーリは書いている。

またこのとき、メスキータは、大司教に、日本の書物数冊、それに信長からオルガンティーノにあてた書状を見せた。これらの日本文字を見て彼は大いに喜んだ。ついで大司教は少年たちが書いたラテン語の文章を読んで、短期間によく練習したことに驚嘆し、話のなかで日本人のイルマン、ジョルジ・ロヨラがラテン語の句を引用したのを聞いて、その句の意味がわかって引用したのかと訊いた。神父がわかっていますと言うと、かたわらの司祭に、一語一語綴らせるように言い、その綴りもまちがっていないのを知ってたいそう評価し、このようにラテン語に熟達したイルマンがいるのはすごいことだと言った。彼らは、なんべんもヴァリニャーノが日本人は優秀でしばしばポルトガル人より聡明だと言っているのに、どうしても信じられない、どうしても、アジア人が文字を書いたり、ラテン語を引用したり、書いたりすることが、その目で見るまでは信じることができなかったようにみえる。その意味ではヴァリニャーノは目的を果たしたと言える。

しかし、大司教の甥のブラガンサ公と、その母である、フェリペ二世の従姉妹にあたるブラガンサ公夫人ドンナ・カタリナを訪問したことはほとんど意味がなかったかもしれない。これは結局、王位にきわめて近い大貴族の一家がどれほど金持ちで、豪奢な生活をしているかを教えただけだった。よく引用されるのは、このときドゥラードがなぜかこの屋敷の厨房《ちゅうぼう》に入り込んで、銀の皿が何枚で大皿が何枚あるかとか、あらゆる大きさの塩壺十数個と食器セット全部を書き留めたメモである。このほか彼はベッドの飾り、インテリアまでことごとくを書いたから、これはそういう意味で貴重な記録になった。

カタリナ夫人は使節のために超豪華な館を提供したが、そこでは、「三つの部屋には錦の天蓋と掛布で美しく装われた六つの寝台があった。一行がこの寝台や室内を見わたしたときには、ことごとく黄金とはでやかな刺繍とで輝いている物ばかりが目についた。

寝台のうちとくにりっぱで華美なるふたつは、一行をともなってローマへ行くパードレに当てられていた。……パードレらは俗世の貧しさ賤《いや》しさを固守してきたのであるから、王侯の提供する尊敬をもしばしば受けないほうがいいということを、少年たちに納得させるために、ひそかに粗末なる寝台を修道士にとりきめて、じかに床《ゆか》においた床《とこ》に寝て、マンショとマルティーノにはいいほうの寝台を用いさせた」

そしてここでも日本の衣服はたいへん評判で、カタリナ夫人は和服をひとそろいもってこさせ、仕立て屋に命じてこれを作らせ、二男のドン・ドアルテに着させたくらいであった。十四、五歳の公子は着かたがわからないので、日本の少年が助けて刀の差しかたなどを教えてあげた。

こうして方々へ寄っていったが、トレドへ行ったとき、そこで死ぬような目にあった。そのときトレドでは疱瘡《ほうそう》がはやっていて、二千人もの子供がそれで死んだ。ミゲルがそれにかかり、死ぬような病気になって、一行は十六日間そこにとどまった。おとなしくて愛すべき（とフロイスの言う）ミゲルの回復のために熱心な祈禱が行われ、市の有力な医師ふたりが治療にあたった。ミゲルは十六日めにようやく回復し、疱瘡のあともほとんどなくなったそうである。

一五八四年十月十九日一行はトレドを発って二十日には首都に着いたが、こんどはマルティーノがひどい病気になった。脈が不整になり、高熱が出たので、パードレたちの心配は極限に達した。この町でもっとも著名な医師四人が呼ばれたが、そのうちのひとりは国王の侍医頭《じいがしら》だった。彼らが手をつくしたので、七日めに熱が下がり、十五日後に全快した。

そうこうするうちに、使節の評判はスペインの貴族上流名士のあいだにいよいよ高まってきて、折から、王太子の宣誓式が近かったので、そのために首都に集まってきたそれらの名士たちからの来訪がひどく多く、断わることもできなかったそうだ。

王太子の宣誓式は十一月十一日だったが、そのころまでには病人も外出できるようになっていたので、メスキータはマドリードにおけるポルトガルの代表者とふたりで国王を訪れ、いつ訪問をすればいいかと尋ねた。フェリペ二世はそのときマドリード郊外の、父カール五世が建てた狩猟用の館、エル・バルドというところにいて、三日後に迫った王太子の式のためにマドリードに帰る準備をしているところだったが、ご起立になって(相手への尊敬をあらわす)ふたりを迎え、使節を迎えるのは式のあとがいいだろう、そのほうが今より忙しくないからと言った。「太陽の沈まぬ国」の帝王が、神父を起立で迎えたのは、このときすでにヴァリニャーノ、および甥のアルベルト枢機卿、リスボンの管区長そのほかからのていねいな知らせや願い状が届いていたからである。アジアのカトリック布教は、この国王の保護にかかっているのだから、布教国の王からの使節は粗略に扱うことはできないし、それは王者の道に反するものであり、帝国の名にかかわることになる。

このとき国王は、自分への挨拶が遅れたのは使節が病気だからということを聞いていたし、そのために侍医をつかわしてもいたので、病人はどうかと親切にたずねた。そこでメスキータは言った。彼らが遠い国から来たのは、教皇猊下への服従を示すためであると同時に、キリスト教国王の偉大な勢力を実際にその目で見ることである、あらゆる王侯のうちで、フェリペこそは世界最大の王であるから、王太子のご宣誓式をその目で見たあかつきには、その盛大さをその故国で吹聴するであろう、したがってどうか晴れのご式を目の当たりに見せ、理解せしめるような場を一行にお与えくださいますよう。

国王はこころよくそれを承諾し、余もまた日本人の陪席を希望するぞと言われた。実際に国王は式場であるサン・ヘロニモ・エル・レアル修道院礼拝堂に一日前に見回りに行って、この礼拝堂のなかの、国王がミサを聴く高台を見て、その席がもうすでにある伯爵夫人やそのほかの貴婦人に予定されていることを知ると、「この席は日本人にあてよ」と言った。ここは二十五人ほども入る席だったからたいへんな優遇であった。この高台には身分の高い王族や貴族がいたが、みな使節が式をよく見えるように後方に座り、使節は前のほうに座った。メスキータはいろいろ説明できるようにまんなかに座った。

この式のようすはメスキータがフロイスやヴァリニャーノに報告した。そこには世界帝国の豪華絢爛たる世継ぎ紹介の式典が雄弁に語られている。中央の金と絹で覆われたひな壇には、天蓋のついた高台があって、そこには国王が座るための黒いビロードの椅子と、王太子（わずか六歳七ヶ月）の座る小型の椅子が据えてあった。これがひな壇の右手で、左手には教皇使節、神聖ローマ皇帝使節、ヴェネーツィア総督特使などスペインと浅からぬ縁のある大国の特使が並んだ。

中央の祭壇にはミサを仕切る枢機卿グランベーラの座る深紅の椅子があった。この枢機卿はカール五世時代からの国務大臣であり、ネーデルラント総督でもあった。また国王のふたりの王女、イサベルとカタリナは天蓋のなかにいた。このイサベルは、ネーデルラントとフランコニア伯爵領を持参金にしてのちにあのルードルフ二世と結婚した。妹のカタリナはこの翌年、トリーノのカルロ・エマヌエーレ一世と結婚した。

ところでこの宣誓式とは王太子への忠誠の誓いであり、血統の存続と王位の存続が合致していたヨーロッパの王国では重大なことがらであった。これは秀吉が輩下《はいか》の大名に息子への忠誠を誓わせたのと似ている。ちがうのは、これが神の前での宗教儀式で行われていることである。こう考えるとキリスト教はヨーロッパの王権維持に多大の貢献をしていたことが具体的に理解できる。祭壇には福音書と十字架にかけられたキリスト像があって、トレドの枢機卿が宣誓をさせた。役人が宣誓の文言《もんごん》を説明して、それから王国のすべてのおもだった人物が九十二人宣誓した。最初に王太子に宣誓を行ったのは、サンデによれば、フェリペの姉で神聖ローマ皇帝マクシミリアン二世の妻、ルードルフ二世の母であった皇太后で、皇太后に対する尊敬から国王は終始彼女に付き添った。どの記録をさがしてもいないのが王太子の母親である。どこかで見落としてしまったのか、どうも姉たちと年が離れているし、どうもそこがわからない……ふたりの王女のうしろに、ある公爵夫人がいて、そのうしろに二メートルもある長い裳裾《もすそ》を曳いた二十四人の女官が従っていたというのだが、フロイスが言うこのアヴェイロ公爵夫人というのがあるいは女官長であるかもしれず、姻戚関係に敏感なフロイスが王子の母が亡くなったともなんとも書いていないのが気になるところである。サンデはもちろん書いていない。

しかし『見聞録』は、この宣誓式の記述にかこつけてフェリペの権勢がどれほど世界的なものであるかを語ってきかせている。これはフェリペと同時代のイタリア知識人のヴァリニャーノの把握なので、貴重な史料だとみてよい。

リノ「あなたの今話しているフェリペ王はヨーロッパのあらゆる王のうち、至大、至高の王なのであろうか」

ミゲル「決定的に最高の権威をもつ神聖ローマ皇帝（オーストリア皇帝）を除けば、ヨーロッパの諸王は、各自自由であり、税金賦役を課せられない統治区域をもっている。しかしこれらの人たちを比較して、どの王に第一位を与えるかといえば、それはむずかしい。しかしながらそのなかでもフェリペ王は、その王権の及ぶ範囲が、ほかのヨーロッパのどの王よりも遠くかつ広い。……じつに地球の大部分を自分の主権の下においていた古代ローマの皇帝たちを除けば、フェリペ王ほど多くの、しかもあのように『遠く離れた』地方にまでも自分の軍旗を進めた王は今までひとりもいなかった。というのは世界の五つの部分、すなわちヨーロッパ、アフリカ、アジア、アメリカと南方の未知の部分のうち、フェリペ王はそっくりそのなかのひとつ、つまりアメリカをそのまま自分の支配下においているからである。富裕きわまるペルー王国、メキシコ王国、そしてブラジルさえそこに属している。しかも彼はヨーロッパのなかのもっとも肥沃な十七あるいは十八の国を握っている。第一に十四の王国を含む全エスパニアがあり、フランドル、ゼーランド、オランダ、ブラバンドなどを含むガリア・ベルギカの伯爵であり、さらにイタリアのナーポリ王国の王であり、シチリアの王であり、なんともっとも強大なミラーノ公国の公爵である。アフリカにも多くの城塞と都市をもち、貢納する国王をもっている。コンゴ、アンゴラ、聖トマス島、モザンビク、アジアではオルムス王国、インドでは多くの都市を支配し、東ではマラッカ市、さらには有名なモルッカ諸島、そして王の名にちなんでつけられた名前をもつフィリピナス（フィリピン）をもっている。その結果、世界のほとんどあらゆる大洋の航海は王の権限下にある。このことから判断しても、王の権力がいかに遠くに及んでいるかがわかるだろう」

リノ「どういう運命によって王は広大な支配権を樹立されたのであろうか」

ミゲル「まず第一にそれは神の摂理に帰すべきである。つぎに人間的なことを言えば、それは全部相続関係による継承というまったく宿命的な幸運に帰すべきである。まずアラゴンという王国があった。マルティーノという王子がシチリア王のフェデリゴの王女と結婚し、シチリア王国がアラゴン王国に併合された。つぎにナーポリ王国の女王ジョヴァンナがシチリア・アラゴン王国の太子であったアルフォンソを養子とした。このほかいきさつがあって、ナーポリ王国はアラゴン王国に属することになったのである。こうしてできたシチリア、ナーポリ、アラゴン王国の継承者フェルナンドはカスティーリャ王国の女王イサベラと結婚し、その結果この人はポルトガルを除く全エスパニアの支配権を得た。

このフェルナンド王の唯一の後継者である娘を、皇帝マクシミリアン一世の子供でガリア・ベルギカをもつ伯爵フェリペ一世と結婚させ、その王が崩御されたときに、その王子のカルロス様がいままであげたすべての王国の相続権を得たというわけである。カルロス王は全選挙侯の選挙によって神聖ローマ皇帝(カール五世)になったが、このお方のときに世界の五番めの部分であるアメリカが支配権に入ったのだ。この皇帝の王子であるフェリペ二世は、母方の伯父にあたるポルトガル王エンリーケが亡くなったので、全ポルトガルと、ポルトガルの支配権に属するアフリカおよびアジアの諸地方を獲得されたのである」

レオ「あなたの話を聞いていると、なんらの暴力も用いず、ただ相続権によって合併されたことになるのだが。それはわれわれにとって驚くべきことだ」

このようにして血統の存続と、その相続によって拡大し、または崩壊する王国の運命にとっては、子供が生まれないということこそ、王朝と支配権の終焉《しゅうえん》を意味する。そのためここでは子供が女性であるか男性であるかは問題にならない。しかしなんといっても王子にこしたことはない。したがって使節らは、世界の最強の王国スペインとその支配者がひとつ屋根の下に集まって歓喜している中枢にとびこんだのである。ここには黒を基調とするスペイン王族、貴族たちの式服がエル・グレコの絵のように並び（エル・グレコはこのときトレドにいた）、なかでも、フェリペ自身が黒の式服に剣をつけ、頭に更紗《さらさ》の布の冠をかぶっており、王女たちは金の緞子《どんす》に身を固め、そして当の王子の服は銀色であった。これがヨーロッパを席巻したスペイン宮廷の盛装時の趣味である。ここで真っ赤な色は式を主宰する枢機卿の椅子、そしてその枢機卿帽のみであった。ここで信長の深紅の椅子を思い出さずにはいられない。

しかしさすがにスペイン的な光景がこの荘厳な儀式の最中に起こった。幼い王子はあまり自分の立場がわかっていなかったので、宣誓を終わったオーストリア皇太后が忠誠のしるしとしてその手に接吻しようとしたとき、びっくりして、自分のほうが伯母さんの手に接吻しようとした。そこで皇后は王子を抱き締めてしまい、同じことが王女たちがしようとしたときにも起こって、最後に国王が王子に言いきかせてみなの接吻を手に受けるように教えた。こういうたくまざるシーンは観客にはかえって好ましいものであった。

しかし、アンチ・クライマックスが好きなフロイスはこの荘厳きわまりない儀式の最中に起こった滑稽な事件をいかにもうれしそうに書いた。「この厳粛荘重きわまるミサの進行中にはなはだおかしいことが起こった……」。枢機卿はミサのさなかに、きっと長引いてうんざりしたのだろう、序誦を省略しようとしていきなりサンクトスを唱えた。これを合図に鐘を鳴らすことになっていたので鐘が鳴った。ところが、内陣にいた聖歌隊にはこの経過がわからなかったので、いっせいにサンクトスを合唱しなければならないのに、枢機卿が序誦のことば、信者が必ずそのことばで「アーメン」と斉唱することになっている「ペル・オムニア・セクラ・セクロルム」と言ったのだと思って、「きわめて正しい調子でアーメンと斉唱した」。そこで、会場が失笑した。鐘つき係ははやく聖歌隊がサンクトスを歌うようにまた鐘を鳴らした。すると聖歌隊は序誦の第二の句「主は汝らとともに」が唱えられたと思って、「すこぶる調子高い声で『汝の霊とともに』と言った」。これらの祈りの文句と合唱はみなよく知っているので、それがまったく食いちがっていて、しかもすこぶる正しく高く斉唱されたというので、フロイスにはそれがひどく滑稽だったのである。それでだれか「余の知らない人」が大声でサンクトスだぞ、サンクトスと叫んだのでこの騒ぎが収まった。

この滑稽な失敗はただフロイスだけが書いている。たぶんそこにいたポルトガル人から聞いたのであろう。もっとも可能性が高いのはむろんメスキータである。ポルトガル人には、強引にポルトガルの王位についたスペイン国王への鬱積があるのでフロイスはこの話をおもしろく書いて憂さを晴らしている。儀式が荘厳であればあるほど、こういうへまはひときわおかしさを増す。フェリペはさぞ怒っただろう。だいたいこんなだいじな儀式で祈りを省略しようとする枢機卿にも驚嘆する。

フェリペ二世謁見

宣誓式のあと国王は使節に会いにくるように指定したので、一行は一五八四年十一月十四日、王宮に国王を訪問した。総会長からの厳命で最初イエズス会の管区長らふたりが行ってこの使節来訪の意味を説明してあった。国王はその主旨をよく理解したらしく、その謁見は例外的に非公式のものであった。おおぜいの供も連れていない使節のことなので、国王のほうもおおぜいの家臣や従者を侍《はべ》らせなかった。国王は馬車二台と護衛兵を迎えによこした。一行は和装で行くことになっていたので、刀、脇差し、足袋《たび》、草鞋《わらじ》、袴《はかま》を身につけ、道々人びとの好奇の目にさらされないように帳《とばり》をおろして、午後三時に王宮に向かった。王はいつもそうするのだそうだが、重要人物の訪問があるときにはかならず王宮に先に行って待ち受け、彼らが王宮の門から宮殿に進むありさまを、人目につかぬよう上から見る習慣があった。しかもそのことは前もって一行に通知してあった。警戒か敬意かそれはわからないが、いきなり部屋に入ってきた人間と謁見するのではなく、どのような供揃《ともぞろ》え、服装、人物かを見て、その対応を決めるのであろうか。世界じゅうから謁見にくるので謁見ビジネスに熟達していた。中央にいる支配者にはこれがもっとも要《かなめ》の仕事である。彼は容姿も行動もきびきびしていた。

国王は一行が到着するありさまを見て、前から来ている神父ふたりに、「一行が来たよ、もう着いたよ、いま待っているところだ（一行は彼処《かしこ》に在《あ》り、最早《もはや》到着せり、又《また》待ち合わせてあり）」と言った。そして自分は奥の部屋に引っ込んだ。

ところが一行が馬車を降りたところ、群集が殺到して一歩も進まなくなった。国王はいらいらして侍従長に護衛兵に道をあけさせるように命令した。

さて、そこから、少年たちは、十二の部屋を通って行き、いくつもの広間を通り抜けて案内された。こんなに部屋を抜けなくてもよかったのだが、このことは、国王がごく親しく奥の間で会おうとしたからだろうし、すこしばかり王宮を見せようと思ったからであろう。しかも案内されたのは国王の寝室の一部をなすガラス窓がついた特別な部屋であった。少年たちがその部屋に入って行くと、そこには国王、王太子、王女がたがいて、みな起立して一行を迎えた。

国王は例によって黒い服、末端に羊の毛のついた金鎖（これは金羊毛勲章、ハプスブルグ家の名誉を示す）をかけていた。腰には剣をつけ、マントを肩にかけていた。そしてこれもならわしだそうだが、そばの高い卓によりかかっていた。このように卓によりかかってこそ王者の風格が出る。

しかし、マンショが進み出て国王に恭順を示すためひざまずいてその手に接吻しようとしたとき、国王は彼をおしとどめて、彼を立たせ、親しく抱擁した。国王はたいへん機嫌よく、四人ばかりか従者であったふたりの少年にも同様にした。ところで、幼い王子は九十二人にキスをされたばかりだったので、もうそうするものと思ってみなに手を出して接吻させた。王女たちは父に倣《なら》った。最後にメスキータが宣誓式などの礼と祝辞を言おうとして国王の前にひざまずこうとしたが、国王は「ノー、ノー」と言ってこれを押しとどめた。

それから王は一行の着ていた衣服に深い興味を示し、どうなっているかを知りたがってマンショの服にさわってみたりした。メスキータは思わず、長い年月を旅してきたので破損して色褪《あ》せておりますが、と言いわけをしないわけにはいかなかった。実際、ずいぶん酷使してしまったものだ。国王に最初に見せるはずだったのに。しかし国王はそんなことはない、非常に綺麗だと言った。グァルチェーリや教皇庁の大使たちが記述したのを読むと、彼らの着物は絹の地紋のある白地に、鳥や花などをみごとに染め抜いたものだったそうである。そして金糸で刺繍がしてあった。和服は安土桃山時代の日本の工芸の最高峰である。ぜいたくがわかる人たちには、中国の上等の絹と日本の染めや縫いのすごさがわかったはずだ。

また国王も刀を手に取って、鞘《さや》はどうやって細工したのか、刀身はどうできているのかをつくづくと観察した。つぎに手袋を「熟視」し、袴の背にある腰板に注目し、柔らかいか堅いか手でさわって確認した。

このエピソードは笑いを誘う。というのはこのスペイン宮廷十六世紀末の衣装ときたら、人間の身体にさからうことを至上命令としていたようで、すべてを幾何学に押し込めていたのである。逆三角の堅い胸当て、頭を柱のように支えるために首に巻く堅い筒状のカラー、なにもかもカチカチであった。婦人たちのウエストときたらまるで細い柱のように締めつけてあった。首も腰も枷《かせ》にはまったようなものである。だから、腰板は違和感のあるものではなくて、どうやって作ってあるのか材質を知ろうとしたのかもしれない。しかし袴の腰板に手を突っ込まれたマンショはさぞくすぐったかったであろう。

それから国王が草鞋《わらじ》を「熟視」したので、マンショは「いち早く悟って」片方を無造作に脱いでわたした。国王はそれを手に取って底がなめし革か、なま革かをたしかめた。

これはヴァリニャーノがインドで作らせたものである。

それから使節は国王に進物《しんもつ》を献上した。これは巡察師によって選ばれたものであろうが、じつに日本工芸の粋を示すものであった。秘密な引出しのついた竹の箱、金箔《きんぱく》をちりばめた漆《うるし》の鉢、収納用の精緻な籠《かご》、底に漆を塗った盃、漆の文箱《ふばこ》などである。メスキータは準備に間がなかったことや長い旅でろくなものをもってこなかったので、ただごらんにいれたいだけなのでとしきりに弁解しつづけた。国王はひとつひとつを手に取って観察し、中国のものとはちがうと正しいことを言った。そのあとで、国王はこれらのものを貴族や名士たちに見せて、その技術の精巧さ、細工のみごとさ、そして図柄の美しさをほめた。

進物の贈呈がすんでからマンショとミゲルは日本語で「豊後、大村、有馬の三侯が、キリスト教信者となり、教皇への恭順を示すため、またその名声が世界に聞こえたフェリペ王にその名誉を尊敬するために派遣されたこと、またわれらが親しく訪れて王に対する熱烈な愛を示すべく派遣されたこと」を述べた。

国王は非常に喜び、その顔は「歓喜に満ちたもうた」。そして、ここはフロイスではなく、サンデによると、国王はこう答えた。「同じ宗教によって結ばれた日本の諸侯を深く心に銘記し、その証人を派遣されたことを喜び、将来においてもこのような友好がますます習慣となることをのぞむ」

使節は書簡を納めてあった文箱をとりだし、各自ひざまずいて文箱に接吻してから、それを奉呈した。国王は文字を見て、それを日本語で聴きたいと言い、イルマン・ジョルジにわたして読み上げよと言った。彼がその文を朗読しているあいだも、その文面や読みかたを見ようとしてその近くへ行き、どこから読みはじめるのかと訊いて、それがヨーロッパとはちがって上から下に読むのだと知って「珍事に驚嘆」した。まだ手紙の朗読が続いているあいだ、聞き慣れないことばや「奇妙なる発音」を聞いた王子や王女は笑いをこらえられなくなって、廷臣をはじめそこにいた人たちはみな、この情景に大喝采で大受けであった。

このとき朗読された大友宗麟の書状が問題の書状であり、今はその本物もポルトガル語の訳文のオリジナルも読めないので、ただフロイスの訳によって見るのみであり、これも一字一句、一〇〇パーセント正確とは信じがたいのは今まで言ってきたとおりである。しかしながら、細かいことはこのときにはスペイン国王にはどうでもよかったはずで、これほど遠方からキリスト教徒の王が使節を自分に派遣してくれたということがうれしかったのである。しかももし先のポルトガル王が生きていたら、その名誉は彼にはこなかったはずであった。だからこれはスペイン国王の極東支配権のおそらく最初の外交的確認だった。この書状は政情の急変を知ってヴァリニャーノがゴアで作成させたものとみてほぼまちがいがないであろう。そしてそれは外交上必要な措置であった。

フェリペは、この東方の使者に歓喜した。その後、王の寵愛していた侍従ドン・クリストバル・デ・モーラ、主馬頭ドン・ディエゴ・コルドバ、侍従デニア侯などそば近くにつかえる人びとは、陛下がこれほど機嫌よく待遇したことは見たことがないと断言した、とフロイスは書いている。王はかなり強制的に奪いとったポルトガルの諸権利が、確認され、いま自分の名声が世界の「隅《すみ》」にまで及んだことを自覚したのである。

そこで、あいかわらず「皇后陛下」はいなかったので、午後四時にまた例のアヴェイロ公爵夫人（フロイスがなんの説明もなく、この夫人の名だけをやたら出すのはどうも意味ありげである）や女官たちが列席する王宮内の礼拝堂の晩禱《ばんとう》に一同は出かけた。ご婦人たちが少年を見たがったからである。こうして一同は夕暮れになったので王宮を辞去することになったが、中庭には交通規制が必要なほどに人びとが殺到していた。町はもっと大騒ぎで、「ある貴婦人がたは、一行をイエス様が生まれたときに礼拝に来た聖なる三博士ででもあるかのように語った」*55

（下巻に続く）

集英社文庫

クアトロ・ラガッツィ 天正少年使節《てんしょうしょうねんしせつ》と世界帝国《せかいていこく》 上《じょう》

2008年3月25日 第1刷
2015年4月6日 第7刷

定価はカバーに表示してあります。

著 者 若桑《わかくわ》みどり
編 集 株式会社 集英社クリエイティブ
東京都千代田区神田神保町2-23-1 〒101-0051
電話 03-3288-9821
発行者 加藤 潤
発行所 株式会社 集英社
東京都千代田区一ツ橋2-5-10 〒101-8050
電話 【編集部】03-3230-6095
【読者係】03-3230-6080
【販売部】03-3230-6393(書店専用)
印 刷 大日本印刷株式会社
製 本 大日本印刷株式会社

フォーマットデザイン アリヤマデザインストア　　マークデザイン 居山浩二

ISBN978-4-08-746274-6 C0195